# HÁBITOS DE ALTO IMPACTO

Autor bestseller #1 de *The New York Times*

# HÁBITOS DE ALTO IMPACTO

Cómo incrementar
tu rendimiento y productividad
en todas las áreas de tu vida

## BRENDON BURCHARD

**Hábitos de alto impacto**
*Cómo incrementar tu rendimiento y productividad en todas las áreas de tu vida*

Título original: *High Performance Habits*
*How Extraordinary People Become That Way*

Primera edición: octubre, 2021

D. R. © 2017 by High Performance Research LLC.
Publicado mediante acuerdo con Folio Literary Management, LLC and International Editors' Co.

D. R. © 2021, derechos de edición mundiales en lengua castellana:
Penguin Random House Grupo Editorial, S. A. de C. V.
Blvd. Miguel de Cervantes Saavedra núm. 301, 1er piso,
colonia Granada, alcaldía Miguel Hidalgo, C. P. 11520,
Ciudad de México

penguinlibros.com

D. R. © 2021, Marta Escartín Labarta, por la traducción

ISBN: 978-607-380-434-9

Impreso en México – *Printed in Mexico*

*Dedicado a mi amor, Denise, la persona*
*más extraordinaria que conozco*

# Índice

# INTRODUCCIÓN

"La excelencia es un arte ganado a base de entrenamiento y hábito.
No actuamos correctamente porque tengamos excelentes virtudes,
sino que somos virtuosos porque actuamos correctamente.
Somos lo que hacemos repetitivamente.
La excelencia, entonces, no es un suceso, sino un hábito."
—Aristóteles

**—¿Por qué te aterroriza tanto querer más?**

Un gran escritorio de roble me separa de Lynn. Ella se recuesta en la silla y mira por la ventana un instante. Estamos en el piso 42, casi al nivel de la niebla matutina, con vista al océano.

Incluso antes de formular la pregunta, sé que no le va a gustar.

Lynn es una de esas personas que describirías como eficientes al extremo. Es dedicada y resolutiva. Sus puntos fuertes son el pensamiento crítico y el liderazgo. La han ascendido tres veces en cinco años. La gente la admira. Dicen que va por buen camino, que tiene lo que hay que tener.

"Aterrorizada" no es como la mayoría la describiría. Pero yo lo sé.

Ella me devuelve la mirada y empieza a contestarme:

—Bueno, yo no diría que estoy…

Me inclino y niego con la cabeza.

Se detiene y asiente, alisándose el suave cabello castaño. Sabe que no podrá salirse por la tangente en estos momentos.

—Está bien —dice Lynn—. Puede que tengas razón. Tengo miedo de pasar al siguiente nivel.

Le pregunto por qué.

—Porque apenas estoy sobreviviendo a éste.

#

Este libro habla de cómo algunas personas se vuelven extraordinarias y por qué otras bloquean esa posibilidad. Demostrará de una forma clara e inequívoca por qué algunas sobresalen, otras fracasan y, demasiadas, ni siquiera lo intentan.

Como coach de alto rendimiento he trabajado con mucha gente como Lynn. Los triunfadores luchan durante mucho tiempo y con muchas ganas para tener éxito, y se impulsan hacia adelante con determinación y energía. Y luego, en algún momento que nunca podrían haber previsto, se estancan, pierden la pasión o se agotan. Para aquellos que los observan puede parecer que son constantes y tranquilos mientras van avanzando. Pero en su interior los triunfadores suelen sentir que están dando vueltas, perdidos en un mar de prioridades y oportunidades. Se sienten inseguros sobre en qué centrarse o cómo replicar o aumentar su éxito con seguridad. Han llegado lejos en la vida, y aun así no disponen de principios uniformes con los que trabajar para mantener su éxito. Aunque son capaces, muchos viven con el miedo constante de que se quedarán atrás o fracasarán estrepitosamente a la hora de manejar las exigencias de la siguiente etapa del éxito. ¿Por qué el miedo y la dificultad? ¿Y por qué algunas personas se liberan de esta realidad, siguen subiendo cada vez más alto y disfrutan del vibrante bienestar que muchos otros envidian o consideran fuera de su alcance?

Para comprender el fenómeno, este libro reúne 20 años de investigaciones, 10 años de conocimientos obtenidos a partir del coaching de rendimiento de más alto nivel y un amplio conjunto de datos sobre personas de alto rendimiento de todo el mundo reunidos mediante encuestas, entrevistas estructuradas y herramientas de evaluación profesionales. Nos revelará lo que se necesita para convertirse no sólo en una *persona triunfadora*, sino en alguien con *alto rendimiento*, alguien que cree niveles de crecimiento constante, tanto de bienestar como de éxito externo a largo plazo.

Durante nuestro recorrido expondré muchos de los mitos que prevalecen sobre el éxito, como el motivo por el cual la determinación, la fuerza de voluntad, la práctica y las propias fuerzas y los talentos llamados naturales no bastan para llevarte al siguiente nivel en un mundo que te exige añadir valor, liderazgo y saber gestionar prioridades que compiten entre sí y proyectos complejos. Para alcanzar un alto rendimiento debes tener en cuenta algo más que tus pasiones y esfuerzos individuales, y tendrás que ir mucho más allá de lo que te gusta, lo que prefieres o lo que se te da bien por naturaleza, porque, para ser honesto, el mundo no se preocupa tanto de tus puntos fuertes y tu personalidad, sino por tu servicio y tus aportes significativos hacia los demás.

Cuando termines este libro nunca te volverás a preguntar qué es lo que se necesita realmente para tener éxito al comenzar un proyecto nuevo en el trabajo o perseguir un sueño atrevido e innovador. Te verás fortalecido y dispondrás de un conjunto de hábitos fiables (las investigaciones han demostrado que éstos funcionan con una amplia gama de personalidades y en distintas situaciones) para crear resultados extraordinarios a largo plazo. Tendrás una nueva sensación de energía vital y confianza por saber dónde centrar tus energías y cómo servir con la mayor eficiencia. Comprenderás cómo seguir creciendo después de disfrutar del éxito inicial. Si en alguna ocasión te ves arrojado a una situación en la que debes trabajar o competir con otros a los más altos niveles de desempeño, sabrás *exactamente* cómo pensar y qué hacer.

Esto no quiere decir que vayas a convertirte en un superhumano, ni que tengas que serlo. Tienes defectos; todos los tenemos. Aun así, cuando termines de leer este libro te dirás: "Al fin sé *exactamente* cómo estar siempre en mi mejor momento. Confío en mi capacidad para entender las cosas y soy totalmente capaz de superar la adversidad en mi camino hacia el éxito, durante el resto de mi vida". Tendrás un sistema mental de trabajo uniforme y un conjunto de hábitos comprobados que conducen de un modo fiable a un éxito a largo plazo en una gran cantidad de situaciones y en muchos aspectos de la vida. En mi trabajo como coach de alto rendimiento he visto cómo estos hábitos transforman la eficiencia de las personas de cualquier estrato social, desde los directivos de las 50 mejores compañías según la revista *Fortune* hasta artistas, o desde expertos de primer nivel hasta estudiantes de preparatoria. Si alguna vez buscaste un camino formal, respaldado por la ciencia y comprobado sobre el terreno para mejorar tu vida, lo has encontrado en este libro.

Equipado con la información que aprenderás en las siguientes páginas, vivirás una vida en la que tu máximo potencial estará en juego, tendrás un sentido vital de bienestar, serás capaz de liderar a los demás hacia la excelencia y te sentirás profundamente realizado. Asumiendo que tienes una disposición y disciplina totales para conseguir los hábitos de alto impacto, estás a punto de entrar en un periodo muy transformador de tu vida y tu carrera. Estás a punto de convertirte en alguien aún más extraordinario.

## ¿POR QUÉ ESTE LIBRO? ¿POR QUÉ AHORA?

He tenido la suerte de capacitar a millones de personas en todo el mundo en su crecimiento personal y profesional, y puedo decir que es un sentimiento palpable en todas partes en este momento: la incertidumbre de la gente respecto a cómo seguir adelante y qué decisiones son las adecuadas para ella, su familia y su carrera es enorme. Las personas quieren ascender, pero no las tienen en cuenta. Trabajan muy duro, pero no logran abrirse camino. Están motivadas, pero no siempre saben exactamente lo que quieren. Desean perseguir sus sueños y, al mismo tiempo, tienen miedo de que las llamen locas o de que fracasarán si lo intentan.

Añádele además las constantes tareas, las dudas sobre uno mismo, las obligaciones no deseadas, las abrumadoras elecciones y responsabilidades… todo eso es suficiente para agotar a cualquiera. Muchos tienen la sensación de que la situación nunca mejorará y siempre estarán nadando en un mar revuelto de distracciones y decepciones. Puede que eso te suene extremo, pero es así. La gente es optimista y está dispuesta a cambiar, pero sin la dirección o los hábitos correctos se arriesga a vivir una vida aburrida, incoherente e insatisfactoria.

Claro que muchos viven una vida feliz y maravillosa. Pero la constancia puede ser un problema. Pueden sentirse capaces, incluso pueden sentir que están en "su mejor momento" de vez en cuando, pero siempre está ese abismo al otro lado. Así, se cansan de los altibajos de los mejores momentos. Se preguntan cómo alcanzar un crecimiento y un éxito intensificados y *continuos*. No necesitan simplemente trucos nuevos para estar de mejor humor o en mejor forma; necesitan habilidades y métodos reales para avanzar de una forma integral en su vida y su carrera.

Eso no es nada fácil. Aunque todo el mundo dice que quiere avanzar en todas las áreas de su vida, a muchos, como Lynn, les preocupa que perseguir sus sueños ocasione daños colaterales: relaciones rotas, ruina económica, ridículo social o un estrés insoportable. Es posible que, en algún momento, todos nos preocupemos por cosas así. ¿No es cierto que, aunque ya sabes cómo hacer las cosas, a veces limitas tu visión del futuro porque *estás* muy ocupado, estresado o ya te extralimitaste?

No es que seas incapaz de rendir mejor. Sabes que en ocasiones un proyecto en el trabajo lo haces perfecto, pero te cuesta sacar adelante otro parecido. Sabes que puedes ser la estrella de un ambiente social, pero no de otro. Sabes cómo motivarte, pero a veces te odias a ti mismo al final del día por no haber hecho otra cosa más que aventarte un maratón de tres temporadas en Netflix.

Es posible, también, que hayas notado que otras personas avanzan más rápido que tú. Puede que hayas visto a uno de tus colegas pasar grácilmente de un proyecto a otro, con un éxito tras otro, sin importar lo que se interponga en su camino. Es como si, sin importar en qué contexto, equipo, compañía o sector los sitúes, siempre van a *ganar*.

¿Quiénes son y cuál es su secreto? Son personas de alto rendimiento y su secreto son sus hábitos. La buena noticia es que puedes convertirte en una de ellas, y puedes sacar ventaja de los mismos hábitos, sean cuales sean tus antecedentes, tu personalidad, tus debilidades o tu campo de trabajo. Con la capacitación y los hábitos adecuados, cualquiera puede convertirse en alguien con alto rendimiento, y puedo probarlo. Por eso escribí este libro para ti.

## CAMBIO DEL PUNTO DE PARTIDA

Muchos sentimos que hay una brecha entre nuestra vida ordinaria y la vida extraordinaria que nos gustaría tener. Quizá hace 50 años era más fácil ir por el mundo y salir adelante. El punto de partida para el éxito era más directo. "Trabaja duro. Sigue las normas. Mantén la cabeza baja. No preguntes demasiado. Sigue al líder. Tómate tu tiempo para dominar algo que te mantenga en activo."

Sin embargo, 20 años después el punto de partida comenzó a cambiar. "Trabaja duro. Rompe las normas. Mantén la cabeza alta… los optimistas ganan. Pregunta a los expertos. Tú eres un líder. Date prisa y descubre cómo hacerlo."

En la actualidad, para muchos, el punto de partida se siente lejano, borroso, casi inescrutable. Ya pasaron los días en los que nuestro trabajo era predecible y las expectativas de los que nos rodeaban eran "fijas". El cambio se aceleró. Ahora todo parece caótico. Tu jefe, tu pareja o tu cliente siempre quieren algo nuevo, y *de inmediato*. Tu trabajo no es tan sencillo ni está tan compartimentado como antes. Y en caso afirmativo, las probabilidades de que una computadora o un robot te sustituya en breve son altas. Para agravar el estrés, ahora *todo* está conectado, así que, si echas algo a perder, arruinas toda una red de otras cosas. Los errores ya no son asuntos privados; son públicos y mundiales.

Es un mundo nuevo. La certeza es mínima y, sin embargo, las expectativas son altas. En lugar de mantras sobre trabajar duro, seguir las normas, mantener la cabeza baja o en alto, existe una regla no escrita, aunque sumamente aceptada: "Haz como si no estuvieras trabajando tanto, para que tus amigos queden impresionados con tus publicaciones y fotos de ocio en el desayuno, pero sí, trabaja mucho. No esperes instrucciones, porque no hay normas. Trata de mantener la cabeza en su sitio, porque es un mundo de locos. Haz preguntas, pero no esperes que nadie sepa las respuestas. No hay líderes, porque todos lideramos, así que encuentra tu ritmo para este momento y añádele valor. *Nunca resolverás nada, simplemente sigue adaptándote, porque mañana todo vuelve a cambiar*".

Esto no sólo es desconcertante; salir adelante en medio del caos es como tratar de correr bajo tres metros de aguas turbias. No puedes ver hacia dónde vas. Tratas de avanzar a duras penas, pero no lo logras. Buscas ayuda, un borde, una cuerda, *lo que sea*, pero no encuentras aire ni escaleras que te permitan salir. Tus intenciones eran buenas, así como tu ética laboral, pero no sabes dónde aplicarlas. La gente confía en ti, pero tú no estás seguro de qué dirección tomar.

Incluso aunque no sientas que te estás ahogando, puede parecerte que te estás estancando. O igual tienes la sensación de un barco hundiéndose, crees que te dejarán atrás. Estoy seguro de que hasta ahora has seguido adelante gracias a tu pasión, agallas y trabajo duro. Habrás subido unas cuantas montañas. Pero las siguientes preguntas te están confundiendo: ¿Ahora hacia dónde? ¿Cómo seguir subiendo? ¿Por qué hay otros que suben más rápido que yo? ¿Cuándo, si es que lo logro, podré relajarme y echar raíces? ¿Siempre tiene que sentirse todo tan monótono? ¿De veras estoy viviendo mi mejor vida?

Lo que necesitas es un conjunto de prácticas en las que puedas confiar para dar rienda suelta a tus mejores capacidades. Estudia a las personas de alto rendimiento y verás que disponen de sistemas incorporados en su día a día que dirigen su éxito. Los sistemas son lo que separa a los profesionales de los novatos, y a la ciencia de la filosofía de poca monta. Sin los sistemas, no puedes comprobar las hipótesis, rastrear el progreso ni entregar resultados excepcionales sin cesar. Tanto en el crecimiento personal como en el profesional, estos sistemas y procedimientos son, básicamente, hábitos. ¿Pero cuáles funcionan?

## QUÉ ES LO QUE NO ESTÁ FUNCIONANDO

Cuando tratamos de lidiar con las difíciles exigencias actuales, ¿qué consejos recibimos? Los mismos que llevamos oyendo desde hace cientos de años, aunque con algunos giros inesperados:

- Trabaja duro.
- Apasiónate.
- Concéntrate en tus fortalezas.

- Practica mucho.
- Mantente firme.
- Sé agradecido.

No hay duda de que estos consejos son populares, positivos y *útiles*. Son sólidos y atemporales. No puedes fallar con esta filosofía. Y definitivamente es un gran discurso de apertura.

¿Pero son *adecuados* estos consejos?

¿Conoces a personas muy trabajadoras que sigan todas estas pautas y, aun así, ni siquiera estén cerca del nivel de éxito y realización que quieren lograr en la vida?

¿No es cierto que hay miles de millones que trabajan muy duro y que son el último eslabón de la cadena? ¿No conoces a decenas de personas apasionadas en tu ciudad que se hayan estancado? ¿Acaso no has conocido a muchísima gente que sabe cuáles son sus puntos fuertes y, a pesar de eso, sigue costándole tener claridad, no tiene ni idea de qué hacer cuando comienza un proyecto nuevo y sigue siendo superada por personas con menos fortalezas?

Puede que todos ellos tengan que practicar más, ¿no crees? ¿Qué tal si ponen en acción la teoría de las 10 mil horas? Sin embargo, a pesar de las muchas horas de práctica, siguen perdiendo campeonatos. ¿Será cuestión de actitud? ¿Acaso deberían simplemente ser más agradecidos y conscientes? Pues también hay mucha gente que persevera agradecida en trabajos y relaciones sin futuro.

¿Cuál es el problema?

## MI BÚSQUEDA DE UN CAMINO MEJOR

Yo era una de esas personas. De joven era de los que me ahogaba. A los 19 años estaba abatido y tenía tendencias suicidas después de mi ruptura con la primera mujer que había amado. Fueron tiempos oscuros. Irónicamente, lo que me sacó de ese desastre emocional en ese momento de mi vida fue un accidente de auto. Mi amigo iba manejando y nos salimos de la carretera a unos 140 kilómetros por hora. Los dos acabamos llenos de sangre y aterrorizados, pero vivos. El accidente cambió mi vida, ya que me dio lo que llamo "motivación de la mortalidad".

He escrito sobre mi accidente en mis libros anteriores, así que sólo compartiré lo que aprendí: la vida es valiosa más allá de las palabras, y cuando se te da una segunda oportunidad (y cada mañana, cada decisión, puede ser esa segunda oportunidad) debes tomarte un tiempo para definir quién eres realmente y qué es lo que en verdad quieres. Me di cuenta de que no quería suicidarme; quería vivir. Me habían roto el corazón, sí, pero seguía queriendo amar. Sentía que me habían dado una segunda oportunidad, así que quise que valiera la pena, que marcara la diferencia. *Vive. Ama. Importa.* Esas tres premisas se convirtieron en mi mantra. Fue entonces cuando decidí cambiar. Fue entonces cuando comencé a buscar respuestas para vivir una vida más cargada y conectada y contribuir a la vida.

Hice todo aquello que es de esperar: leí todos los libros de autoayuda. Tomé clases de psicología. Escuché audios de programas motivacionales. Fui a seminarios de crecimiento personal y seguí la fórmula que todos apoyaban: trabajé duro, fui apasionado, me concentré en mis puntos fuertes, practiqué. Me empeñé en ello. Me sentí agradecido en ese viaje. ¿Y sabes qué? *Funcionó.*

Esos consejos cambiaron mi vida. Tras unos años terminé en un buen trabajo, con una buena novia, un buen grupo de amigos y un lugar decente en el que vivir. Tenía mucho por lo que sentirme agradecido.

Pero entonces, incluso cuando aún seguía poniendo en práctica todos esos buenos consejos básicos, me estanqué. Durante seis o siete años mi vida no avanzó tanto. Era exasperante. Hay algo frustrante en trabajar duro, ser apasionado y agradecido y, aun así, no avanzar, no sentirlo. También hay algo agotador al respecto: sobresalir en ocasiones, pero también sentirse exhausto muy a menudo; tener determinación y recibir una remuneración, pero no sentirse recompensado; estar motivado, pero no crear un impulso real; relacionarse con los demás, pero no llegar a conectar del todo; añadir valor, pero no marcar la diferencia. Ésa no es una visión de la vida que deseamos.

Poco a poco me fui dando cuenta de que había tenido algo de éxito, aunque no podía decir *por qué*. No era tan disciplinado como quería, estaba lejos de encontrarme entre los mejores y tampoco estaba contribuyendo al nivel que yo deseaba. Quería un plan estricto sobre lo que tenía que hacer cada día, y en cada situación nueva, para así aprender más rápido, contribuir mejor y, además, disfrutar más del trayecto.

Me di cuenta de que el problema con la vieja fórmula para el éxito —trabaja duro, apasiónate, concéntrate en tus puntos fuertes, practica mucho, empéñate en ello, sé agradecido— es que gran parte está dirigida hacia los resultados *individuales* y el éxito *inicial*. Todo eso te mete en el juego y te mantiene en él. Pero ¿qué ocurre *después* de haber obtenido esas primeras victorias? ¿Qué ocurre después de haber obtenido esas clasificaciones, logrado algo de pasión, conseguido ese trabajo o comenzado ese sueño, logrado algo de pericia, ahorrado algo de dinero, haberse enamorado, obtenido un poco de impulso? ¿Qué es lo que ayuda a estar entre los mejores, a liderar, a crear un impacto duradero por encima de ti mismo? ¿Cómo puedes generar la confianza que necesitas para alcanzar el siguiente nivel de éxito? ¿Cómo puedes mantener el éxito alegremente a largo plazo? ¿Cómo puedes inspirar y facultar a otras personas a que hagan lo mismo?

La respuesta a estas preguntas se convirtió en una obsesión personal y, finalmente, en mi profesión.

## LECCIONES SOBRE EL ALTO RENDIMIENTO

Este libro es la culminación de los 20 años transcurridos desde que comencé a buscar respuestas a tres preguntas fundamentales:

1. ¿Por qué algunas personas y equipos tienen éxito con mayor rapidez que otras y mantienen dicho éxito con el tiempo?
2. De aquellos que lo logran, ¿por qué algunos son desdichados y otros felices durante el trayecto?
3. ¿Qué motiva a la gente a recurrir a niveles más altos de éxito, en primer lugar, y qué tipo de hábitos, capacitación y apoyos la ayudan a mejorar más?

Mi trabajo y mis investigaciones respecto a estas preguntas —lo que se conoce ahora como estudios sobre el alto rendimiento— me llevaron a entrevistar, capacitar o entrenar a muchas de las personas más felices y con más éxito del mundo, desde directivos a famosos, desde emprendedores de primera a artistas como Oprah o Usher, desde padres a profesionales en docenas de sectores y a más de 1.6 millones de estudiantes de 195 países de todo el mundo que han tomado mis cursos en línea o han visto mis videos.

Esta aventura me llevó a entrar en salas directivas llenas de tensión y en los vestidores del Super Bowl, a pistas olímpicas, subí a helicópteros privados con multimillonarios y me senté a la mesa de muchas personas en todo el mundo, donde hablé con mis estudiantes, los participantes en mis investigaciones y gente corriente que se esforzaba por mejorar su vida.

Este trabajo me ayudó a crear el curso en línea más famoso sobre alto rendimiento, el boletín más leído relacionado con el tema y el mayor conjunto de datos sobre las características de las personas de alto rendimiento contadas por ellas mismas. También culminó con la fundación del High Performance Institute, donde, junto con un equipo de académicos, llevé a cabo una investigación sobre cómo piensan las personas de alto rendimiento, cómo se comportan, cómo influyen a otros y cómo ganan. Hemos creado la única evaluación sobre rendimiento aprobada en todo el mundo, además del primer programa de certificación profesional sobre este campo: Certified High Performance Coaching™. Hemos tenido la suerte de poder entrenar, capacitar y dar seguimiento a más personas de alto rendimiento que cualquier otra organización en el mundo, y yo personalmente certifiqué a más de 200 coaches de alto rendimiento de primer nivel al año.

Este libro está lleno de todos los conocimientos obtenidos gracias a dichos esfuerzos. La investigación no sólo abarca 20 años de mi propio crecimiento personal y experimentación, sino que también incluye información sobre intervenciones de coaching con miles de clientes, evaluaciones detalladas del antes y el después de miles de asistentes a los talleres, entrevistas estructuradas con cientos de personas en la cumbre de sus áreas, conocimientos recogidos a partir de críticas de textos académicos y cientos de miles de comentarios codificados de mis estudiantes y de mis videos gratuitos de capacitación en línea, que han recibido más de 100 millones de visitas.

Gracias a este vasto conjunto de datos y a dos décadas de experiencia he encontrado hábitos que han sido probados y comprobados tanto en contextos personales como profesionales. Esto es lo que aprendí:

**Con los hábitos correctos, cualquiera puede aumentar drásticamente sus resultados y convertirse en una persona de alto rendimiento en casi cualquier campo.**

El alto rendimiento no está muy correlacionado con la edad, la educación, los ingresos, la etnia, la nacionalidad ni el sexo. Esto significa que muchas de las excusas que utilizamos para explicar por qué no podemos tener éxito son erróneas. El alto rendimiento no se logra por ser un determinado tipo de *persona*, sino gracias a un determinado conjunto de *prácticas*, a las que llamo *hábitos de alto impacto*. Cualquiera puede aprenderlos, sean cuales sean sus fortalezas, su experiencia, su personalidad o su cargo. Las personas a las que les cuesta avanzar pueden usar este libro para revitalizar su vida, seguir adelante y alcanzar su potencial. Y aquellas que ya tienen éxito pueden usar estas páginas para pasar al siguiente nivel.

**No todos los hábitos se crean de la misma forma.**

Resulta que hay hábitos malos, buenos, mejores y excelentes para alcanzar tu máximo potencial en tu vida y tu carrera. Es importante saber qué prácticas en tu vida van en primer lugar y cómo se ordenan para crear hábitos eficientes. Si hay algo especial sobre el trabajo de mi equipo de investigadores es que hemos descifrado el código y hemos descubierto *qué hábitos son los más importantes* y cómo puedes establecer prácticas que los fortalezcan y los mantengan. Sí, puedes comenzar un diario de agradecimientos y esto te hará más feliz, pero ¿es eso suficiente para impulsarte hacia el progreso real en todos los aspectos de tu vida? Sí, puedes comenzar una nueva rutina por las mañanas, pero ¿será eso suficiente para mejorar de forma significativa tu rendimiento y felicidad en general? (La respuesta es no, por cierto.) Entonces, ¿dónde enfocarse? Hemos descubierto que seis hábitos conscientes pueden hacer que la balanza se incline para ayudarte a alcanzar el alto rendimiento en múltiples áreas de tu vida. También descubrimos que hay hábitos para avanzar de forma estratégica y hábitos estratégicos para disfrutar de la vida. Los aprenderás todos.

### Los logros no son tu problema; el posicionamiento, sí.

Si estás leyendo estas palabras significa que los logros no son el problema. Ya sabes cómo fijar objetivos, hacer listas de comprobación o resolver pendientes. Te preocupas por sobresalir en el campo que elijas. Sin embargo, lo más probable es que estés pasando por una fase de cierto estrés y agobio. Puedes cumplir, seguro, pero vas a aprender algo que todo triunfador debe descubrir: sólo porque la gente quiera cargarte de trabajo porque eres bueno no significa que debas dejarla hacerlo. *Lo que puede lograrse no siempre es lo importante.* Hay muchísimas cosas que puedes hacer. Por eso, la pregunta esencial cambia de "¿cómo puedo lograr más?" a "¿cómo me gustaría *vivir?*" Este libro es un plan de escape de la singular y antinatural búsqueda del éxito externo por el único motivo del logro por el logro en sí mismo. Se trata de reposicionar tus pensamientos y comportamientos de modo que puedas experimentar crecimiento, bienestar y realización conforme vayas avanzando.

### La certeza es la enemiga del crecimiento y del alto rendimiento.

Hay demasiadas personas que quieren tener certeza frente al caos de este mundo. Pero la certeza es el sueño de los tontos y, por lo tanto, la ventaja para los charlatanes. La certeza acaba por cegarte, te establece límites fijos o falsos y crea hábitos "automáticos" que se convierten en pensamientos pésimos y predecibles y abren las puertas a tus competidores para que te sobrepasen. Las personas que tienen certeza están más cerradas a aprender, son más vulnerables al dogma y tienen mayor probabilidad de que las ataquen por la espalda y que sean rebasadas por aquellos que innovan. Aprenderás que las personas de alto rendimiento dejan atrás su necesidad juvenil de certeza y la sustituyen por curiosidad y auténtica confianza en sí mismas.

### La tecnología no nos salvará.

Nos han vendido la idea de esa visión seductora de un mundo en donde los nuevos dispositivos nos harán más inteligentes, más rápidos y mejores. Pero muchos ya estamos comenzando a ver más allá de los focos mediáticos. Las herramientas no pueden sustituir a la sabiduría. Podrás tener todos los dispositivos del mundo y meterte de lleno en el movimiento del "yo cuantificado" (*quantified self*), en donde cada paso, cada segundo de sueño, cada latido del corazón y cada momento de tu día se registran, se puntúan y se ludifican. Sin embargo, aunque mucha gente está conectada y registrada, sigue teniendo problemas y estando sola. Demasiada gente se está registrando en todas las aplicaciones y estadísticas y, aun así, sigue perdiendo el contacto con sus ambiciones reales y su espíritu. En medio de todo el entusiasmo generado por la tecnología que mejora nuestra vida, resulta que lo que más sirve para cumplir con el trabajo son los sencillos hábitos humanos de alto rendimiento.

## ¿QUÉ ES EL ALTO RENDIMIENTO?

Para los fines de este libro, el alto rendimiento se refiere a *tener éxito por encima de las normas estándar de una forma constante y a largo plazo*.

Sea cual sea el modo en el que definen el éxito en cualquier campo, alguien de alto rendimiento (sea una persona, un equipo, una compañía o una cultura) simplemente lo hace mejor durante periodos más largos. Pero el alto rendimiento no se trata sólo de mejoras que nunca terminan. Una simple mejora no siempre acaba en alto rendimiento. Muchas personas están mejorando, pero no por eso se están superando; se van moviendo paso a paso hacia adelante, al igual que todos los demás. Mucha gente logra progresos, pero no un impacto real. Quienes alcanzan su máximo rendimiento incumplen las normas. Exceden constantemente las expectativas y los resultados esperados.

El alto rendimiento también es muy distinto al simple desarrollo de la experiencia. La misión no consiste sólo en aprender una nueva habilidad u otro idioma, o convertirse en un maestro del ajedrez, un pianista de fama mundial o un directivo. Aquellos que alcanzan el alto rendimiento en cualquier campo no nada más son buenos en una tarea o habilidad; también aprendieron las competencias adyacentes necesarias para complementar una destreza determinada. No son estrellas efímeras con un único éxito. Disponen de numerosos conjuntos de habilidades que les permiten tener éxito a largo plazo y, lo que es más importante, liderar a los demás. Ponen en práctica metahábitos (hábitos que los ayudan a manejar sus hábitos) que les permiten sobresalir en múltiples áreas de su vida. Un mariscal de campo ganador del Super Bowl no sólo sabe cómo lanzar el balón. Tiene que dominar la fortaleza mental, la nutrición, la autodisciplina, el liderazgo de equipo, la fuerza y la condición física, la negociación de contratos, el fortalecimiento de la marca, y muchos otros temas. Alguien que alcanza un alto rendimiento en cualquier profesión debe ser competente en muchas de las áreas que se interrelacionan con dicha profesión.

En nuestra definición de alto rendimiento, "constantemente" seguido de "a largo plazo" puede parecer redundante. Sin embargo, los dos son, de hecho, distintos. Por ejemplo, quienes alcanzan alto rendimiento no "terminan" con éxito en el último minuto de una década de esfuerzos. Ni se estrellan en la línea de meta del éxito. Son constantes. Superan las expectativas con regularidad. Hay una constancia en sus esfuerzos que elude a sus colegas. Por esa razón, cuando los miras después de su éxito, te das cuenta de que no son ganadores por sorpresa.

Como aprenderás, para cumplir esta definición de "tener éxito por encima de las normas estándar de una forma constante y a largo plazo" son necesarios hábitos que protejan tu bienestar, conserven relaciones positivas y te garanticen que sirves a los demás según vas ascendiendo. *No puedes vencer las normas si has dejado la piel trabajando.* Resulta que el éxito sostenido de los que alcanzan un alto rendimiento se debe en gran medida a su planteamiento positivo para enfrentarse a la vida. No sólo se trata de los logros en una profesión o en un solo tema de interés. Se trata de crear una vida de alto rendimiento, en la cual experimentes una sensación continua de compromiso, alegría y confianza total que provenga de ser la mejor versión de ti mismo.

Ésa es la razón por la que la estrategia del alto rendimiento va más allá de esos conceptos conocidos, como "concéntrate en tus fortalezas" y "dedícale las 10 mil horas". Muchas personas tienen unas fortalezas personales increíbles, pero acaban con su salud en su búsqueda del éxito y, por tanto, no pueden mantener un alto rendimiento. Muchos practican o le dedican de forma obsesiva las horas hasta tal punto que destruyen las relaciones que necesitan para apoyar su crecimiento constante. Alejan al coach que estaba ayudándolos a avanzar; arruinan una relación, y las repercusiones emocionales los sacan del juego; decepcionan a sus inversionistas y, de repente, ya no entra capital para que puedan seguir creciendo.

> Yo me preocupo por que tengas éxito y, además, una vida agradable llena de emociones y relaciones positivas.

El alto rendimiento, según mi definición y como confirman los datos, no se trata de avanzar a toda costa. Se trata de formar hábitos que te ayuden tanto a sobresalir como a enriquecer todos los aspectos de tu vida.

Las organizaciones también se mueven en la escala del alto rendimiento. Hoy más que nunca las organizaciones mundiales luchan por permanecer al frente de forma constante. Muchos altos directivos están luchando contra las culturas organizativas indiferentes o de bajo rendimiento. Buscan desesperadamente asumir visiones audaces y presionar más a sus empleados, pero ya se dieron cuenta de que éstos se están agotando. Por eso a los ejecutivos les encantará este libro: estarán felices de saber que sus organizaciones pueden estar saneadas y tener un alto rendimiento. De hecho, para conseguir lo último es necesario lo primero. Los hábitos que aparecen en este libro funcionan tanto para equipos como para las personas por separado.

Para aquellas personas muy exitosas y los líderes que quieran ayudar a sobresalir a sus organizaciones: confíen en que pueden alcanzar el siguiente nivel del éxito de forma más sensata, rápida y segura que la última vez. De hecho, hay una mejor manera de vivir y liderar, y la buena noticia es que no es ningún misterio. Los hábitos de alto impacto que aparecen en este libro son precisos y factibles, pueden repetirse cuantas veces quieran, pueden expandirse y son sustentables.

## QUÉ SABEMOS DE QUIENES ALCANZAN UN ALTO RENDIMIENTO

¿Qué sabemos sobre las personas que tienen éxito por encima de las normas estándar de una forma constante y a largo plazo?

**Las personas de alto rendimiento tienen más éxito que sus colegas y, aun así, están menos estresadas.**

La creencia de que tenemos que sonreír y soportar cada vez más cargas y ansiedad conforme vamos teniendo más éxito no es cierta (siempre que tengamos los hábitos adecuados en la vida). Puedes vivir una vida extraordinaria muy distinta a la batalla que libra la mayoría de las personas al luchar por sobrevivir o experimentar logros únicamente por accidente. Esto no quiere decir que aquellos que alcanzan un alto rendimiento nunca se sientan estresados —también les pasa—, pero lo sobrellevan mejor, resisten más y experimentan menos bajadas de rendimiento causadas por el cansancio, las distracciones o los agobios.

**A las personas de alto rendimiento les encantan los retos y se sienten más seguras de que lograrán sus objetivos a pesar de la adversidad.**

Son demasiadas las personas que evitan cualquier riesgo que implique dificultad en su vida. Temen que no puedan soportarla o que las juzgarán o rechazarán. Las personas de alto rendimiento son distintas. No es que no alberguen ninguna duda en sí mismas. Es que están deseando probar cosas nuevas y creen en sus capacidades para sacarlas adelante. No se encogen ante los retos y eso no sólo las ayuda a progresar en la vida, sino que también inspira a los que las rodean.

**Las personas de alto rendimiento gozan de mejor salud que sus colegas.**

Comen mejor. Hacen más ejercicio. El 5% de los mejores dentro de los que alcanzan un alto rendimiento tienen 40% más de probabilidades de hacer ejercicio tres veces a la semana. Todo el mundo quiere estar sano, pero es posible que crean que tienen que canjearlo por el éxito. Están equivocados. En una encuesta tras otra descubrimos que los de alto rendimiento gozan de más energía, tanto mental como emocional y física, que sus colegas.

**Las personas de alto rendimiento son felices.**

Todos queremos ser felices. Pero muchas personas son triunfadoras infelices. Logran resolver muchos asuntos, pero no se sienten satisfechas.

No ocurre lo mismo con las personas que alcanzan alto rendimiento. Resulta que cualquiera de los hábitos de alto impacto que hemos descubierto, incluso aunque se practiquen sin los demás, aumenta la felicidad de la vida en general. Aplicados en su conjunto, los seis hábitos que aprenderás aquí no sólo te llevarán a la excelencia, sino que te harán más feliz... y los datos lo demuestran. Las emociones positivas de compromiso, alegría y seguridad que definen el estado emocional de aquellos que alcanzan un alto rendimiento pueden ser las tuyas.

**Las personas de alto rendimiento son admiradas.**

Sus colegas las respetan, aunque quienes alcanzan un alto rendimiento consigan mejores resultados que ellas. ¿Por qué? Porque para convertirse en una persona de alto rendimiento el ego pasa a un segundo plano frente a la actitud de servicio. Las personas de alto rendimiento han dominado el arte de influir en los demás de tal forma que éstos se sienten respetados, valorados y apreciados, y con mayores probabilidades de convertirse también en personas de alto rendimiento.

**Las personas de alto rendimiento obtienen mejores calificaciones y alcanzan puestos de éxito de mayor nivel.**

El alto rendimiento está estadísticamente correlacionado con el promedio general. En un estudio con 200 atletas universitarios, descubrimos que cuanto mayor era su puntuación en el indicador de alto rendimiento (High Performance Indicator, HPI) —una herramienta de evaluación para medir el potencial de alto rendimiento— mayor era su promedio. Aquellos con alto rendimiento también tienen mayor probabilidad de convertirse en directivos y altos ejecutivos. ¿Por qué? Porque sus hábitos los ayudaron a liderar a otras personas y a subir en el organigrama.

**Las personas de alto rendimiento trabajan con pasión, no dan importancia a las recompensas tradicionales.**

El alto rendimiento no tiene correlación con la compensación económica. Esto significa que lo que te pagan no afecta tus probabilidades ni tu capacidad para funcionar a un alto nivel. Las personas de alto rendimiento no trabajan duro por el dinero, sino por algo llamado *necesidad*, de la que hablaremos enseguida. No les importan los trofeos, los premios ni las bonificaciones; les importa el significado. Por eso, en las encuestas, las personas de alto rendimiento casi siempre indican que se sienten bien recompensadas sea cual sea su nivel de ingresos. En muy pocas ocasiones sienten que su trabajo es poco agradecido o que los demás no valoran su arduo trabajo. No es porque su trabajo sea único o sea siempre su trabajo soñado. Más bien es que se lo plantean con un propósito, y eso las ayuda a sentirse más comprometidas, competentes y satisfechas.

**Las personas de alto rendimiento son asertivas (por los motivos correctos).**

Se meten en experiencias y se expresan, no para "conquistar", ni siquiera para competir; son asertivas porque tienen el hábito del valor para compartir ideas nuevas, participar en conversaciones complejas, expresar sus verdaderos pensamientos y sueños y defenderse. Los datos también muestran que hablan en nombre de los demás y defienden las ideas de otros con mayor frecuencia. Es decir, están perfectamente enfiladas para llegar a ser líderes directos e inclusivos.

**Las personas de alto rendimiento sirven y ven más allá de sus fortalezas.**

Existe la creencia de que deberíamos centrarnos en nuestras "fortalezas" innatas. Pero la época de mirarse el ombligo pasó hace mucho tiempo. Debemos ver más allá de lo que nos es dado de forma natural y convertirnos en lo que tenemos que ser para crecer, servir y liderar. Las personas de alto rendimiento lo consiguen. Se preocupan menos por "encontrar sus fortalezas" y más por "adaptarse y servir" —por eso investigan qué es lo que necesita arreglarse y se convierten en la persona que puede hacerlo—. No se preguntan con tanta frecuencia "¿quién soy y para qué soy bueno?", sino más bien "¿qué se necesita para ser útil aquí y cómo puedo convertirme en ello o liderar a los demás para que lo logren?" Las personas de alto rendimiento no informan que trabajan en sus fortalezas más que otras personas, por lo que ese planteamiento no es lo que les da la ventaja.

**Las personas de alto rendimiento son singularmente productivas: han llegado a dominar la producción prolífica de calidad.**

Sea cual sea el campo, producen más resultados de calidad relevantes para dicho campo. No quiere decir que hagan más, *per se*; es probable que muchos de sus colegas lleven a cabo más tareas. Significa que quienes alcanzan el alto rendimiento hacen más tareas que están muy valoradas en su principal área de interés. Recuerdan que lo principal es mantener lo principal como principal. Ese enfoque y esfuerzo para crear únicamente resultados que serán significativos los ayuda a sobresalir.

**Las personas de alto rendimiento son líderes serviciales y adaptables.**

Lo que diferencia mi trabajo sobre el alto rendimiento de la publicidad constante que rodea a los expertos mundiales es que yo no busco expertos solitarios ni casos atípicos. Quienes alcanzan el alto rendimiento no piensan, viven ni practican en un vacío. Influyen sobre la gente y añaden un valor importantísimo a quienes los rodean, no sólo tratan de ganar concursos ni partidas de ajedrez. Tienden a ser líderes que pueden adaptarse a circunstancias adversas y guiar a los demás hacia su propio éxito y contribuciones. Como tales, quienes alcanzan el alto rendimiento pueden ir de proyecto en proyecto y tener éxito, una y otra vez. Es como si, sin importar el contexto, equipo, compañía o industria en donde los pongas, ganarán, no porque sean genios ni lobos solitarios, sino porque influyen de forma positiva en los demás para crecer. **No sólo desarrollan *habilidades*; también desarrollan *a las personas*.**

Soy consciente de que leer una lista como ésta puede hacer que una persona de alto rendimiento parezca un trabajador infalible y prodigioso. Sin embargo, eso no es así en absoluto. La enumeración anterior es una buena descripción general de las personas de alto rendimiento, pero hay cabida para las diferencias individuales y la variación. Por ejemplo, es posible que algunas de las personas que alcanzan alto rendimiento no gocen de la misma buena salud que otras, aunque generen resultados más productivos. Algunos pueden ser saludables y felices, pero no reciben tanta admiración. En otras palabras, estas descripciones no son cien por ciento exactas para el cien por ciento de los individuos. Pero es probable que con el tiempo sus hábitos, que son los que expli-

camos en este libro, lleven a obtener los beneficios que se enumeran...
y a una vida extraordinaria.

Si aún no encajas en ninguna de las descripciones anteriores, no te
preocupes; las personas de alto rendimiento no nacen así. Como yo ya
capacité a más de un millón de personas sobre este tema, puedo decir
que no hay superhumanos entre ellas. Las personas de alto rendimiento
no son fundamentalmente distintas de ti ni de nadie más por algún
talento especial, fortaleza distintiva, milagro genético o composición fija
de la personalidad. El alto rendimiento no es una fortaleza natural; es el
resultado de un conjunto específico de hábitos conscientes. Puedes
aprender estos hábitos y alcanzar el alto rendimiento en casi cualquier
tarea que elijas. Y podemos medirlo y demostrarlo.


## LOS HÁBITOS DE ALTO IMPACTO

Si hay algo que define mis investigaciones y mi planteamiento de capacitación, es que determinados hábitos otorgan una ventaja competitiva,
y convierten a alguien con un rendimiento promedio en alguien con un
alto rendimiento. Las personas de alto rendimiento simplemente han
dominado seis hábitos —bien a propósito o por accidente, debido a la
necesidad— que son los más importantes para alcanzar y mantener un
éxito a largo plazo.

A estos seis hábitos los llamamos los *HP6*. Tienen que ver con la
claridad, la energía, la necesidad, la productividad, la influencia y el
valor. Reflejan cómo se comportan en realidad y de forma constante las
personas que alcanzan el alto rendimiento: de objetivo en objetivo, de
proyecto en proyecto, de equipo en equipo, de persona a persona. Cada
uno de los hábitos puede aprenderse, mejorarse y aplicarse a todos los
aspectos de la vida. Puedes comenzar usando estos hábitos hoy mismo,
y te volverás mejor persona. Hablaremos de cada uno de los hábitos en
los siguientes capítulos y te daremos prácticas para que los vayas desarrollando.

Sin embargo, antes de meternos de lleno en los *HP6*, hablemos de los
hábitos en general. Tradicionalmente se consideraba que los hábitos se
crean cuando hacemos algo tantas veces que se vuele casi automático.
Haz algo sencillo que sea fácil de recordar, hazlo de manera repetida y

recibe recompensas por ello y así comenzarás a desarrollar un hábito que pronto se convertirá en tu segunda naturaleza. Por ejemplo, después de hacerlo unas cuantas veces, es fácil atarse las agujetas, manejar un auto, escribir con el teclado. Todo eso lo puedes hacer sin pensar demasiado. Lo hiciste tantas veces que se convierten en *rutinas* automáticas.

Este libro *no* trata de ese tipo de hábitos. No me interesa enseñarte comportamientos de rutina simplistas que pueden hacerse casi de forma inconsciente. Quiero que estés *totalmente consciente* cuando pelees batallas, te esfuerces por llegar a la cima y lideres a otras personas. Eso se debe a que los hábitos que importan de verdad para mejorar el rendimiento no son inconscientes. No se vuelven automáticos ni más fáciles necesariamente con el tiempo, porque el mundo es cada vez más complejo conforme vas buscando mayores éxitos. Por lo tanto, debes ser consciente de tus pasos según vas subiendo.

Esto significa que los hábitos de alto impacto que aprenderás en este libro son hábitos conscientes. Éstos deben ser elegidos de forma consciente, debes desear que existan y revisarlos constantemente para fortalecer tu carácter y aumentar tus probabilidades de éxito.

**Los hábitos conscientes no suelen llegar por sí solos con facilidad.** Tienes que practicarlos con tu mente enfocada por completo en ellos, sobre todo cuando cambies de entorno. Cada vez que te sientas estancado, cada vez que comiences un proyecto nuevo, cada vez que midas tu progreso, cada vez que trates de liderar a los demás tienes que pensar deliberada y conscientemente en los hábitos de alto impacto. Tendrás que usarlos como una lista de control, del mismo modo que un piloto usa la lista de control previa al vuelo antes de cada despegue.

Además, creo que esto es algo bueno. No quiero que mis clientes avancen de forma inconsciente, por reacción o compulsión. Quiero que sepan lo que hacen para ganar y que lo hagan con una intención plena y un propósito claro. De ese modo son los capitanes de su propio destino, no esclavos de sus impulsos. Te quiero a cargo, consciente y con la mente clara sobre lo que estás haciendo, para que puedas ver mejorar tu rendimiento cada vez más, y así puedas ayudar a otros a mejorar.

Va a costar mucho trabajo desplegar los hábitos de alto impacto que estás a punto de aprender, pero no rehúyas del esfuerzo.

Cuando llames a la puerta de la oportunidad,
no te sorprendas si te responde el trabajo.

Algunos dirán que podía haber presentado unos hábitos más sencillos, y probablemente vendería más libros. Pero si quieres mejorar tu vida, lo fácil no es el camino; el crecimiento sí lo es. Y los datos demuestran claramente que estos seis hábitos marcarán una diferencia significativa en tu vida, aunque sí exigen atención y esfuerzo constantes. Si nuestro objetivo es el alto rendimiento, entonces tendremos que trabajar para poner en práctica y desarrollar estos hábitos en todos los ámbitos de la vida... durante el resto de nuestra vida.

Del mismo modo que un atleta nunca deja de entrenar, quienes alcanzan el alto rendimiento nunca dejan de programar y fortalecer sus hábitos.

El éxito real —el éxito holístico y a largo plazo— no llega al hacer lo que es natural, seguro, conveniente ni automático. A menudo el viaje hacia la grandeza comienza en el momento en el que nuestras preferencias por la comodidad y la certeza se ven anuladas por un propósito mayor que exige retos y esfuerzo.

Las habilidades y fortalezas de las que dispones ahora probablemente son insuficientes para que pases al siguiente nivel de éxito, por lo que es absurdo pensar que no tendrás que trabajar en tus debilidades, desarrollar nuevas fortalezas, probar hábitos nuevos, crecer más allá de donde crees que están tus límites o tus dones. Por eso no estoy aquí para venderte la solución fácil de concentrarte simplemente en lo que ya te resulta sencillo.

Para que quede claro: queda mucho trabajo por hacer.

## PERMISO CONCEDIDO

Además de los hábitos, ¿qué otros aspectos detienen el avance de la mayoría de la gente? He descubierto que muchas personas sienten que no se merecen pasar al siguiente nivel, o que no están listas para ese paso. Dudan de su valor o esperan algún tipo de validación externa (ascensos, certificaciones, galardones...) antes de poder comenzar a jugar en las ligas mayores. Esto es falso, por supuesto. Te mereces un

éxito extraordinario igual que todos los demás. Y no necesitas el permiso
de nadie para comenzar a vivir la vida a tu manera. Sólo necesitas un
plan. Y te prometo que está en este libro.

A veces las personas no han buscado tener más éxito en su vida porque están rodeadas de gente que les dice: "¿Por qué no puedes ser feliz
con lo que tienes?" Quienes dicen esto no comprenden a las personas
de alto rendimiento. Puedes ser inmensamente feliz con lo que tienes, y
aun así seguir luchando para crecer y contribuir. Así que no dejes nunca
que nadie te disuada de tu ambición por una vida mejor. No te subesti-
mes ni a ti ni a tus sueños por ningún motivo. *Está bien querer más.* No
tengas miedo de tus nuevas ambiciones. Sólo debes comprender cómo
alcanzarlas con un mejor enfoque, elegancia y satisfacción que la última
vez. Simplemente sigue el camino que te marca este libro.

En el próximo capítulo se revelarán seis hábitos de alto impacto, los
HP6, y encontrarás más información sobre cómo se descubrieron. Al
conocer la ciencia que se esconde tras estos hallazgos te resultará más
fácil comprender el matiz y el poder de este planteamiento. Después
pasaremos directo a hablar de cada uno de los seis hábitos. A cada uno
le dedico un capítulo entero, y te enseñaré tres prácticas nuevas para
ayudarte a establecer cada hábito en general. Por último te advertiré
sobre las trampas que pueden hacer que te estanques o fracases, y terminaré con lo principal para que mantengas tu progreso.

Como tu guía, inspiraré nuevos pensamientos, te desafiaré por el
camino y te ayudaré a tomar conciencia de lo que en verdad importa.
Si a veces parezco demasiado entusiasta, perdóname. Acabo de pasar
una década capacitando a personas extraordinarias, y sé los resultados
increíbles que te esperan. Al contrario de lo que sucede con un *podcaster*
o un académico, a mí sólo me compensa recibir resultados que puedan
medirse, y lo hice para personas y equipos de todas las clases sociales
y de todo el mundo. He visto lo que es posible para ti, y escribir esta
oración le da vida a mi alma. Mis estudiantes y los datos demuestran
que estos métodos sirven una y otra vez, y eso alimenta mi pasión por
compartir estas ideas. Así que sí, tendrás que perdonar mi entusiasmo
en algunos momentos. Este trabajo me apasiona. Pero si me permites
hacerlo, puede que también me permitas hacer preguntas complicadas
y sugerirte acciones que puedan parecer aburridas o que puedan hacerte
sentir incómodo. Si estuviera sentado a tu lado te pediría permiso para

presionarte y retarte, y para exigirte que lo des todo. Como elegiste este libro, no tengo ninguna duda de que estás listo para el viaje.

También debería advertirte sobre lo que no encontrarás en las siguientes páginas. Trabajé duro para que este libro sea lo más práctico posible, y di prioridad a las estrategias que puedes aplicar para mejorar tu vida frente a las anécdotas sobre personas que no conoces e información académica que probablemente no te interese. No pretendo que este libro sea una obra completa de psicología del ser humano ni ciencia sobre los logros; es un intento de filtrar 20 años de conocimientos en un práctico plan de acción. En una obra de este alcance es inevitable que encuentres generalizaciones y preguntas sin respuesta, pero hice lo mejor que pude para no incluirlas.

Limitarme a los hábitos prácticos en este libro fue complicado. El primer borrador tenía 1 498 páginas, y tuve que tomar decisiones muy difíciles sobre qué eliminar. Para resolverlo, seguí el consejo que te di antes, y que me enseñaron muchas personas de alto rendimiento:

> **Para tener éxito, recuerda siempre que lo principal
> es mantener lo principal como principal.**

En este libro lo principal es enseñarte los hábitos que te convertirán en alguien extraordinario. Sirve para ayudarte a comprender el concepto de los hábitos y también para practicarlos con confianza.

Por eso eliminé algunos materiales entretenidos y estimulantes —los perfiles de algunos personajes históricos o líderes contemporáneos y algunas historias fascinantes sobre experimentos de laboratorio—, porque iban más acordes con mi blog o podcast que con este libro. Tomé esta decisión para que el libro sea más un manual del usuario que una colección de estudios monográficos o notas académicas. Compartiré viñetas sobre lo que es trabajar con personas de alto rendimiento, y también mucho material sobre nuestras conclusiones de las investigaciones, pero la mayor parte del tiempo me centraré en lo que deberás hacer para alcanzar el siguiente nivel del éxito. Si quieres saber más sobre las historias de otras personas o estudios monográficos, visita mi blog o mi podcast en Brendon.com. Si quisieras un enfoque más académico e investigar más sobre nuestra metodología, consulta HighPerformanceInstitute.com.

Me esforzaré para que este libro sea útil y atemporal, para que, sin importar las veces que lo releas en tu vida, la lección siga siendo relevante y rigurosa. Como nuestros estudiantes siempre preguntan cómo se aplican estos temas en mi caso como personaje público, compartiré algunos ejemplos personales. Pero hasta éstos son básicamente ilustraciones de lo que aprendí de las personas de alto rendimiento. Ya que lo que más importa para mejorar tu rendimiento son seis hábitos determinados, no perderé el tiempo contándote sobre la dieta de algunas de las personas de alto rendimiento, ni de su infancia, libros preferidos, rutinas matutinas ni de sus aplicaciones favoritas; todo eso es sumamente variable, y llegamos a la conclusión de que no hay una gran correlación entre todos esos aspectos y el alto rendimiento. Así que dejaré ese tipo de charlas sobre el estilo de vida a los *podcasters* y a los periodistas que hacen entrevistas fascinantes a personajes fascinantes. Este libro es distinto, porque se trata sobre rendimiento, no sobre personalidad ni curiosidades. No es un libro de perfiles; es un libro de *prácticas* demostradas.[1] Se trata de *ti*. Se trata de cómo pensar y de los hábitos que tienes que comenzar a poner en práctica de forma deliberada en tu vida. Pongámonos manos a la obra.

## QUÉ HACER AHORA MISMO

Eres una persona ocupada, lo sé. Tienes muchas cosas que hacer hoy. Puede que haya despertado tu curiosidad y estés dispuesto en serio a mejorar tu vida justo en este momento. Pero también sé que existe el riesgo de que tu interés no se traduzca en acciones inmediatas. Por eso tengo dos sugerencias para ti justo en este momento, para abrirte camino *hoy mismo*.

**1. Haz la evaluación que aparece en HighPerformanceIndicator.com (en inglés).**

No te preocupes, es gratuita y sólo tardarás de cinco a siete minutos en terminarla. Sí dispones de cinco a siete minutos. Tendrás los resultados de las seis categorías relacionadas con el alto rendimiento. Descubrirás dónde no te está yendo bien y dónde sí. Esta evaluación te ayudará a predecir si, en tu trayectoria actual, tienes probabilidades de lograr objetivos o sueños a largo plazo. En cuanto termines la evaluación y obtengas tus resultados recibirás recomendaciones sobre cursos y otros recursos gratuitos (en inglés). Puedes compartir ese enlace o tus resultados con tus colegas o tu equipo. Compara tus resultados con los de los demás, pero asegúrate de volver a este libro y aprender cómo mejorar.

**2. Lee hoy mismo los dos capítulos siguientes.**

Sí, hoy mismo. Ahora. No tardarás mucho. Si te decides y te comprometes a leer los próximos dos capítulos, aprenderás cuáles son los factores que marcan la diferencia estadística para ayudarte a tener éxito a largo plazo, sin importar lo que hagas. Al final dispondrás de formas para mejorar que podrás medir y nunca más volverás a preguntarte qué es lo más importante para lograr un éxito duradero.

El alto rendimiento puede ser tuyo. Te espera una vida extraordinaria por delante. Sólo tienes que pasar la página.

# Más allá de lo natural: la búsqueda del alto rendimiento

"No te molestes en ser mejor que tus contemporáneos
o tus predecesores.
Intenta ser mejor que tú mismo."
—William Faulkner

**Un correo que cambió mi vida:**

Brendon,

soy INTJ en el indicador de tipos de Myers-Briggs. Esto no te dice absolutamente nada sobre mí ni mi capacidad para tener éxito. No ahora. No en los próximos años.

Mis dos principales fortalezas en *StrengthsFinder* (buscador de fortalezas) son "desarrollador" y "triunfador". Esto tampoco te dice absolutamente nada sobre mi capacidad para resolver asuntos ni alcanzar ningún resultado específico.

En Kolbe obtuve la mayor puntuación como un *Quick Start* (inicio rápido). Esto no significa nada, porque con el paso del tiempo he tenido que lidiar con la vida real y mejorar en los otros modos en los que era pésimo, como *Fact Finder* (buscador de hechos), *Follow Thru* (seguimiento) e *Implementor* (implementador).

Prefiero el azul al verde.

Soy más león que chimpancé.

Soy diligente, pero muy a menudo perezoso. Me identifico más con un círculo que con un cuadrado. Llevo principalmente una dieta mediterránea, pero me gustan las hamburguesas. Me gusta estar con gente, por un rato, pero con frecuencia anhelo escaparme a la soledad con una taza de té y un buen libro. Compro todas las semanas en *Whole Foods*, pero como muchas veces en un restaurante mexicano.

Toda esta información no te dice nada en absoluto sobre mis habilidades, mis probabilidades de éxito ni mi rendimiento en el futuro.

Así que deja de tratar de encasillarme en un estereotipo o de asumir que mis "fortalezas" o mis antecedentes me dan algún tipo de ventaja. Etiquetar a las personas es terrible, no importa cómo se haga. Te oigo decir que estas evaluaciones sirven para investigar y aprender sobre mí mismo, no para etiquetarme ni dirigirme *per se*.

Pero fíjate, conocemos mis supuestas "fortalezas" y aun así no me están ayudando a avanzar. Mis tendencias naturales no hacen el trabajo. Como líder, tengo que ser honesto, a veces no se trata sólo de quién soy, lo que prefiero o en qué soy bueno por naturaleza. Se trata de que me levante para cumplir una misión, no de que la misión se ponga a mis pies para ponerse al nivel de mis fortalezas limitadas.

Sé que te gustaría preguntarme también sobre mis antecedentes. Sabes que soy de la región central, pero estoy viviendo en California. Mi mamá nos crio a mi hermana y a mí ella sola. Era peluquera por las mañanas y mesera en un buffet por las noches. Mi papá nos dejó cuando yo tenía 14 años. Mis calificaciones eran normales. Sólo se metieron conmigo en la escuela una o dos veces. Me encantaba jugar golf en la universidad. Durante aproximadamente cinco años después de la universidad pasé por dos relaciones bastante malas. Me despidieron una vez. Pero también hice algunos buenos amigos, y poco a poco fui ganando confianza. Puede decirse que me tropecé con el trabajo que hago en la actualidad, pero es genial.

Estos antecedentes tampoco te dicen nada sobre mi potencial. No te dan ninguna pista ni un camino por el que seguir.

Sólo estoy siendo sincero, Brendon. Sé que te gustan las evaluaciones de la personalidad y preguntar sobre mis antecedentes. Pero si todo el mundo tiene un pasado y una historia, entonces no hay duda de que ni el pasado ni la historia de una persona son los que le dan ventaja.

Supongo que lo que estoy diciendo es que me basto yo solo para mirarme el ombligo. Te contraté para que me dijeras qué hacer para pasar al siguiente nivel, Brendon. ¿Qué prácticas funcionan, independientemente de la personalidad que se tenga?

No digas quiénes son las personas de alto rendimiento. Dime qué hacen con todo detalle, en sus proyectos, que pueda replicarse. Con todo detalle. Ése es el oro.

Encuéntramelo y tendrás un cliente para toda la vida. Si no, llegó la hora de separar nuestros caminos.

#

Este correo me lo mandó Tom, un cliente de coaching, al principio de mi carrera. Sobra decir que me tomó por sorpresa. Tom era una persona amable y un ejecutivo de éxito. Era colaborador y siempre estaba deseando probar cosas nuevas.[1] Un correo como éste, en el que nuestra relación laboral se ponía a prueba a menos que encontrara "el oro", no era normal en él. La siguiente conversación que tuve con él fue aún más directa. Estaba exasperado.

Tom quería resultados. Pero yo no estaba seguro de cómo podríamos lograrlos. Esto fue hace una década. Entonces, cuando sólo era un "coach de vida" común y corriente, lo normal era seguir cuatro pasos para descubrir cómo ayudar a alguien a mejorar su rendimiento.

A menudo se comenzaba por preguntar al cliente sobre lo que quería y qué "creencias limitantes" se interponían en su camino. También los entrevistabas sobre su pasado, tratando de descubrir cualquier circunstancia que podría estar influyendo en sus comportamientos actuales.

En segundo lugar se usaban herramientas de evaluación para ayudar a determinar las preferencias, los patrones y los estilos de personalidad. El objetivo era ayudar a las personas a comprenderse mejor a sí mismas y a cualquier comportamiento que pudiera ayudarlas a tener éxito. Las herramientas más conocidas eran el Myers-Briggs, el Clifton Strengths-Finder, el Kolbe ATM Index y el DiSC® Test. Con frecuencia el coach de vida contrataba a expertos o asesores capacitados para usar estas herramientas para que ellos mismos las evaluaran.

En tercer lugar el coach examinaba los informes de rendimiento del trabajo y hablaba con las personas del círculo próximo al cliente, usando evaluaciones de 360 grados para averiguar cómo lo percibían los demás y qué es lo que querían de él. También se hablaba con las personas con quienes vivía y trabajaba.

En cuarto lugar se evaluaba su productividad actual. Había que fijarse en sus resultados anteriores para ver en qué destacaba, qué procesos lo ayudaban a crear un buen trabajo y cómo preferían comportarse para crear un impacto.

Así que, en esta tradición, yo seguía todos esos pasos. Como a Tom le gustaban los informes y los datos tangibles, pasábamos mucho tiempo hablando y comentando las evaluaciones. Trabajábamos con muchos asesores de alto nivel que eran expertos en las distintas herramientas. Teníamos carpetas llenas de información.

Después, en un lapso de dos años, a pesar de conocer las peculiaridades de mi cliente, sus talentos, sus puntuaciones y sus antecedentes, lo vi fracasar continuamente.

Me sentía fatal. No lograba averiguar por qué no estaba logrando los resultados que él quería. Fue entonces, más o menos, cuando me envió el correo.

## EL LABORATORIO

Si avanzamos rápidamente una década desde el correo de Tom, ahora tengo la suerte de contar con uno de los mayores laboratorios —que es como llamamos a mi público mundial y a mis plataformas— de crecimiento personal y profesional en el mundo. Hasta este libro, mi público está formado por más de 10 millones de seguidores en nuestras páginas de Facebook, dos millones o más de suscriptores al boletín informativo, un millón y medio de estudiantes que han terminado mi serie de videos o cursos en línea, miles de asistentes a nuestros seminarios sobre alto rendimiento de varios días, millones de lectores de libros y del blog sobre los temas de motivación, psicología y cambio de vida y más de medio millón de suscriptores en mi canal de YouTube. Este público ha ayudado a que mis videos de crecimiento personal superen los 100 millones de visitas en línea… y todo sin un solo video de gatos.

Lo que tiene de especial ese público es que se acerca a nosotros únicamente para buscar consejos y capacitación sobre crecimiento personal, y eso nos brinda un punto de vista esclarecedor sobre lo que le está costando más a la gente, qué es lo que dice que quiere lograr en la vida y qué es lo que la ayuda a cambiar. En el High Performance Institute usamos esta gran cantidad de público que nos sigue para hacer encuestas, entrevistas, analizar los datos a partir del comportamiento y los comentarios de los estudiantes y estudiar los resultados del antes y el después de los cursos de capacitación en línea y las sesiones personales de coaching basadas en el rendimiento. Siempre que queremos comprender algo sobre el comportamiento humano y el alto rendimiento acudimos a nuestro laboratorio para buscar ideas nuevas.

Mucho de lo que hemos aprendido de este gran público y de los conjuntos de datos es de sentido común. Para tener éxito, el trabajo duro, la pasión, la práctica, la resistencia y las habilidades personales son casi siempre más importantes que el coeficiente intelectual, el talento innato o el lugar de procedencia. Nada de esto debería sorprenderte, ya que estos conocimientos coinciden con las investigaciones contemporáneas sobre el éxito y el rendimiento de primera clase. Si lees cualquiera de los últimos estudios en ciencias sociales (encontrarás bastantes notas finales, por si quieres leer los estudios personalmente) verás que el éxito en general, en casi todos los ámbitos, es posible gracias a factores maleables, aspectos que puedes cambiar y mejorar con el esfuerzo. Por ejemplo:

- la actitud que decidas adoptar[2]
- el enfoque que les des a tus pasiones, y la persistencia con la que las persigas[3]
- la cantidad de práctica con la que te dediques[4]
- el modo en el que comprendas y trates a los demás[5]
- la disciplina y constancia con las que luches por tus objetivos[6]
- el modo en el que te recuperes de los fracasos[7]
- la cantidad de ejercicio físico que hagas para mantener tu cuerpo y mente activos y para ocuparte de tu bienestar[8]

Lo que ha surgido de nuestro trabajo y de las publicaciones científicas y académicas es que el éxito no sólo lo logra un *determinado tipo de personas*, sino personas de *todas las clases sociales que ponen en marcha un conjunto determinado de prácticas*. La pregunta que inspiró este libro fue: "¿Cuáles son, con exactitud, las prácticas más eficientes?"

## DEBEMOS ENCONTRAR LO QUE IMPORTA

> "La motivación es lo que te ayuda a empezar.
> El hábito es lo que te ayuda a seguir."
> —Jim Rohn

Durante los últimos años nos hemos enfocado en lo que es más útil para ayudar a las personas a lograr un éxito a largo plazo. Y hemos descubierto que Tom lo sabía por intuición: las personas de alto rendimiento actúan de forma distinta a los demás, y sus prácticas pueden replicarse en los proyectos (y prácticamente en cualquier situación), sean cuales sean tus preferencias, tu personalidad o tu pasado. De hecho, hemos descubierto que existen seis hábitos conscientes que suponían la mayor diferencia en los resultados del rendimiento en varias áreas. Incluso tus mayores fortalezas o capacidades naturales son irrelevantes si no se ven apoyadas por estos hábitos.

Para descubrir cuáles eran los hábitos más importantes usamos conceptos esenciales de las publicaciones académicas, información de nuestro laboratorio mundial y datos de más de 3 mil sesiones de coaching sobre rendimiento. Después, ordenamos todas estas entradas y creamos preguntas estructuradas para entrevistar a personas de alto rendimiento.

Descubrimos a personas de alto rendimiento mediante los métodos típicos de las ciencias sociales, como la identificación en encuestas y mediciones de rendimiento objetivas (como rendimiento académico, rendimiento deportivo, resultados empresariales y financieros objetivos, etc.). Por ejemplo, preguntamos su grado de conformidad con las siguientes afirmaciones:

- La mayoría de mis colegas me consideraría una persona de alto rendimiento.
- En los últimos años he mantenido por lo general un elevado nivel de éxito.
- Si "alto rendimiento" se define como tener éxito a largo plazo en lo que uno hace, en comparación con la mayoría de la gente, me identifico como una persona de alto rendimiento.
- En mi campo de interés principal he tenido éxito durante más tiempo que la mayoría de mis colegas.

Después entrevistamos personalmente a los que se identificaban firmemente con estas afirmaciones (y, en muchas ocasiones, entrevistamos a sus colegas). También hicimos encuestas adicionales a quienes se identificaban a sí mismos como personas de alto rendimiento y les preguntamos lo siguiente:

- Cuando inicias un proyecto nuevo, ¿qué te propones de forma consciente y constante para ganar?
- ¿Qué rutinas personales y profesionales te ayudan a permanecer concentrado, con energía, creativo, productivo y eficiente? (Preguntamos por cada rasgo por separado.)

- ¿Qué hábitos has comenzado y descartado, y qué hábitos has mantenido porque parecen funcionarte siempre?
- ¿Qué pensamientos o afirmaciones recurrentes te dices a ti mismo deliberadamente para rendir al máximo cuando a) te enfrentas a situaciones nuevas, b) respondes ante la adversidad o las decepciones, y c) ayudas a los demás?
- Si tuvieras que decir tres aspectos que te hacen ser exitoso, y supieras que sólo puedes aplicar esos tres aspectos de nuevo en tu siguiente proyecto importante, ¿cuáles serían?
- Cuando te preparas para una reunión (o un partido, una actuación, una escena, una conversación, etc.) verdaderamente importante, ¿cómo abordas a) tu preparación, y b) tus prácticas?
- Si aceptaras mañana mismo un nuevo proyecto de equipo muy importante, ¿qué dirías y harías con exactitud para preparar a tu equipo para tener éxito?
- ¿Con qué hábitos logras victorias rápidas y cuáles son tus prácticas a más largo plazo que te hacen destacar?
- Cuando estás bajo la presión de un plazo que se aproxima, ¿cómo conservas o proteges tu bienestar?
- ¿Qué es lo que te dices normalmente cuando dudas sobre ti mismo o te sientes decepcionado o que estás fracasando?
- ¿Qué es lo que te da confianza, y cómo "enciendes" tu confianza cuando la necesitas?
- ¿Cómo te planteas tratar con otras personas en tu vida que a) te apoyan, b) no te apoyan, y c) quieres que te apoyen, pero no lo hacen?
- ¿Qué prácticas te mantienen feliz y saludable mientras tratas de luchar por objetivos más ambiciosos?

Estas preguntas y muchísimas más nos ayudaron a comenzar a reducir los factores y los hábitos que, según las personas de alto rendimiento, eran los que suponían la mayor diferencia para lograr su éxito. Surgieron puntos en común muy claros y creamos una lista inicial de casi dos docenas de hábitos de alto impacto.

Después lanzamos encuestas al público en general, con preguntas parecidas a las que habíamos formulado a aquellos que se consideraban a sí mismos personas de alto rendimiento. Después de estudiar cuáles eran los hábitos que mejor diferenciaban a las personas de alto rendimiento de quienes habían respondido a nuestras encuestas generales, acortamos aún más la lista. Por último la redujimos al máximo con los hábitos que eran intencionados, visibles, adaptables, que podían entrenarse y, lo más importante, eficientes en varias áreas. Es decir, queríamos hábitos que ayudaran a alguien a tener éxito no sólo en un área de trabajo determinada, sino en temas, actividades y sectores distintos. Buscábamos hábitos que cualquier persona, en cualquier lugar, en cualquier campo de trabajo, pudiera aplicar una y otra vez para mejorar considerablemente su rendimiento.

Al final, sólo seis hábitos dieron la talla. A estos seis últimos los llamamos los hábitos de alto impacto, o HP6.

Una vez que identificamos los HP6, llevamos a cabo más revisiones bibliográficas y pruebas de validación. Creamos el Indicador de alto rendimiento (High Performance Indicator, HPI), que está basado en los seis hábitos y en otras mediciones de éxito demostrado. Probamos el piloto del HPI con más de 30 mil personas de 195 países y demostramos cuantitativamente su validez, fiabilidad y utilidad.[9] Descubrimos que estos seis hábitos no sólo se combinan para correlacionarse con el alto rendimiento, sino que cada hábito se correlaciona con el alto rendimiento por sí mismo. Y en su conjunto, se correlacionan con otros resultados importantes en la vida, como la felicidad general, una mejor salud y las relaciones positivas.

Los HP6 te ayudarán a tener éxito, sin importar si eres estudiante, emprendedor, gerente, directivo, atleta o padre de tiempo completo. Tengas o no éxito en la actualidad, estos hábitos te ayudarán a alcanzar el siguiente nivel.

Aunque existen muchos otros factores que pueden afectar tu éxito a largo plazo —la suerte, la elección del momento oportuno, el apoyo social o logros creativos repentinos, por nombrar unos pocos— tú eres quien controla los HP6, que mejoran tu rendimiento mucho más que cualquier otro aspecto que hayamos medido.

Si quieres alcanzar niveles más altos de rendimiento en cualquier cosa que hagas, debes ser constante con lo siguiente:

1. **Busca claridad** sobre quién quieres ser, cómo quieres interactuar con los demás, qué quieres y con qué lograrás encontrar un

mayor significado. Cuando inicies cualquier proyecto o alguna iniciativa importante debes preguntarte lo siguiente: "¿Qué tipo de persona quiero ser mientras hago esto?", "¿Cómo debo tratar a los demás?", "¿Cuáles son mis intenciones y mis objetivos?", "¿En qué puedo enfocarme para tener un sentido de conexión y satisfacción?" Las personas de alto rendimiento se hacen este tipo de preguntas, no sólo al principio de una tarea, sino constantemente en el camino. No sólo "lo tienen claro" una vez y elaboran una declaración sobre la misión que resiste el paso del tiempo; buscan la claridad constantemente una y otra vez según va pasando el tiempo y van adoptando proyectos nuevos o se introducen en situaciones sociales diferentes. Este tipo de autocontrol de rutina es uno de los sellos distintivos de su éxito.

2. **Genera energía** para que puedas mantener la concentración, el esfuerzo y el bienestar. Para seguir con tu mejor rendimiento tendrás que cuidar activamente tu fortaleza mental, tu energía física y tus emociones positivas de formas muy específicas.

3. **Aumenta la necesidad** de un rendimiento excepcional. Para ello tendrás que acceder activamente a los motivos por los que debes actuar bien sin excepciones. Esta necesidad se basa en una mezcla de tus patrones internos (por ejemplo, tu identidad, tus creencias, tus valores o expectativas para la excelencia) y las exigencias externas (por ejemplo, las obligaciones sociales, la competencia, los compromisos públicos, las fechas límite). Se trata de que siempre sepas tus motivos y de que atices el fuego en todo momento, para que sientas la presión o el impulso necesarios para alcanzarlos.

4. **Aumenta la productividad en tu campo de interés principal.** Concéntrate específicamente en tu producción prolífica de calidad (Prolific Quality Output, PQO) en el área en la que quieras que se te reconozca y quieras tener impacto. También tendrás que minimizar las distracciones (incluso las oportunidades) en tu atención de crear PQO.

5. **Ejerce influencia** en aquellos que te rodean. Te hará mejor y hará que las personas crean en ti y apoyen tus esfuerzos y ambiciones. Si no creas una red de apoyo positivo de forma consciente, los logros más importantes a la larga son casi imposibles.

6. **Demuestra valor** y expresa tus ideas, atrévete a actuar y defiéndete a ti mismo y a los demás, incluso a pesar del miedo, la incertidumbre, las amenazas o las condiciones cambiantes. El valor no es un acto ocasional, sino un rasgo de decisión y voluntad.

## HÁBITOS DE ALTO IMPACTO

Busca claridad. Genera energía. Aumenta la necesidad. Aumenta la productividad. Influye. Demuestra valor. Éstos son los seis hábitos que tienes que adoptar si quieres alcanzar un alto rendimiento en cualquier situación. En los cientos de esfuerzos personales y comportamientos sociales que observamos, estos hábitos son los que más ayudan a mejorar drásticamente el rendimiento.

En los próximos seis capítulos abordaremos el poder extraordinario que se libera si pones en práctica estos hábitos.


## LAS FORTALEZAS POR SÍ SOLAS NUNCA SON SUFICIENTES

Es posible que hayas notado que en ninguna parte de esta lista dice que te centres en tus bendiciones, dones o talentos innatos, ni en tu pasado o tus fortalezas. Eso es porque no importa la gran personalidad que tengas, o las supuestas fortalezas innatas que poseas, cuánto dinero tengas, lo hermoso o lo creativo que seas, qué talentos hayas cultivado o cuánto éxito hayas tenido en el pasado; nada de esto valdrá mucho por sí solo. No importarían si no supieras lo que quieres y cómo conseguirlo (claridad), si te sintieras demasiado devastado para actuar (energía), si no tuvieras el impulso o la presión para lograr las cosas (necesidad), si no pudieras concentrarte y crear los resultados que más importan (productividad), si te faltaran las habilidades personales para lograr que los demás crean en ti o te apoyen (influencia) o si no pudieras arriesgarte o defenderte a ti o a los demás (valor). Sin los HP6, incluso la persona más talentosa estaría perdida, cansada, desmotivada y sola, sería improductiva o tendría miedo.

La eficiencia en la vida no se logra centrándose en lo que nos resulta automático, fácil ni natural. Más bien es el resultado de cómo nos esforzamos por lograr los retos más complicados de la vida, por crecer por encima de nuestra zona de confort y trabajar conscientemente para superar nuestros prejuicios y preferencias, para que podamos comprender, amar, servir y liderar a los demás.

Cuando esgrimo este argumento, las personas suelen oponerse, ya que el movimiento de las "fortalezas" es muy popular. En lo personal, yo sigo cualquier herramienta que ayude a las personas a aprender más sobre sí mismas. También admiro muchísimo a Gallup, la organización que ha liderado la revolución basada en las fortalezas. Pero no recomiendo que la gente use la conjetura de las fortalezas para liderar a los demás o para buscar alcanzar el siguiente nivel de éxito en su vida. El movimiento de las fortalezas se basa en la idea de que tenemos fortalezas "innatas", talentos con los que nacemos. Da por sentado que somos buenos "de forma natural" en algunos aspectos desde nuestro nacimiento y que podemos concentrarnos en ellos. No hay duda de que ésa es una fórmula para sentirse bien y es mucho mejor que obsesionarse con nuestras debilidades todo el tiempo.

Tengo mis reservas sobre el movimiento de las fortalezas porque en un mundo tan complejo y cambiante como el nuestro, nadie logra alcanzar la cima de una manera natural. No importa en qué seas bueno por naturaleza; si quieres subir más alto debes ir más allá de lo que te llegó sin más al nacer o en tus años adolescentes, ¿no crees? Por eso el argumento de lo innato no es tan sólido. Para alcanzar un rendimiento excepcional y ganar a largo plazo tendrás que desarrollarte mucho más allá de lo que te resulta fácil o natural, porque el mundo real está lleno de incertidumbre y exigencias cada vez mayores para poder crecer. Tus fortalezas de nacimiento "naturales" no serán suficientes. Como dijo Tom en el correo que me envió y te mostré al inicio de este capítulo: "Se trata de que me levante para cumplir una misión, no de que la misión se ponga a mis pies para ponerse al nivel de mis fortalezas limitadas". Si tienes grandes ambiciones para contribuir con cosas extraordinarias tendrás que crecer y amoldarte más allá de tu naturaleza. Para alcanzar el alto rendimiento tendrás que trabajar en tus debilidades y aprender un conjunto de habilidades totalmente nuevas por encima de lo que te resulta fácil o lo que te gusta hacer. Debería ser de sentido común: si en serio quieres dejar huella tendrás que crecer más para dar más, y eso no será fácil ni natural.

Al fin y al cabo, incluso si no estás de acuerdo con mi proceso de pensamiento, saber tu tipo de personalidad o tus supuestas fortalezas innatas no es tan útil para ayudarte a lograr tu próxima gran meta en entornos inciertos. Saber tu marca o tu fortaleza y tratar únicamente de ser "más de lo mismo" es como decirle a un oso que está tratando de sacar la miel de un panal situado en un acantilado peligroso: "Sólo trata de ser un poco más oso".

A mis amigos y colegas que dirigen empresas: dejemos de gastar todo ese dinero en esas carísimas evaluaciones de fortalezas y personalidad en vanos intentos de categorizar a las personas y en su lugar centrémonos en capacitarlas para que adquieran hábitos comprobados que todo el mundo puede usar para mejorar su rendimiento.

La buena noticia es que nadie carece "de forma innata" de ninguno de los hábitos de alto impacto. Aquellos con alto rendimiento no son afortunados cargados con una enorme bolsa de fortalezas al nacer. Simplemente ponen en práctica los hábitos de los que hemos hablado, y lo hacen de modo más constante que sus pares. Eso es. *Ahí está la diferencia.*

Por eso no importa si eres extrovertido o introvertido, INTJ o ESFP, cristiano o ateo, de México o de Singapur, artista o ingeniero, gerente o directivo, triunfador o analizador, mamá o marciano… cada uno de los seis hábitos de alto impacto tiene la capacidad de impactar drásticamente en las áreas que más te importan. En conjunto, tienen la capacidad de revolucionar tu rendimiento en todas las áreas significativas de tu vida. No tienes que ser bueno desde tu nacimiento con los HP6. Tienes que trabajar en ellos todo el tiempo. Siempre que quieras tener éxito en un nuevo objetivo, proyecto o sueño, tienes que sacar a relucir los HP6. Cada vez que te encuentres rindiendo por debajo de tu máximo potencial, emplea los HP6. Si alguna vez te preguntas por qué estás fracasando en algo, haz el HPI e identifica en qué hábitos estás sacando bajas puntuaciones. Después, mejora esa área y estarás de nuevo en el buen camino.

Este enfoque intencionado es una distinción importante, sobre todo porque nos libera del mito de que el éxito les llega de forma más "natural" a unos que a otros. Al echar un vistazo a la década que pasé sirviendo a tantos triunfadores de élite y a todas nuestras encuestas y evaluaciones profesionales, no hemos visto que el alto rendimiento se correlacione de forma consistente con la personalidad, el coeficiente intelectual, el talento innato, la creatividad, los años de experiencia, el sexo, la raza, la cultura ni el salario.[10] En las últimas dos décadas de investigaciones en neurociencia y psicología positiva los investigadores han comenzado a darse cuenta de lo mismo y le han dado la vuelta al viejo modelo. Lo que hacemos con lo que tenemos tiende a ser mucho más importante que lo que tenemos en primer lugar. Tus cualidades innatas son menos importantes que tu decisión de cómo ver el mundo, crecer, liderar a los demás y ser persistente ante las dificultades.

Todos conocemos a alguien que tiene todas las cartas a su favor —una educación privilegiada, una gran personalidad o una mente creativa—, y a pesar de eso no se levanta del sillón ni tiene éxito. Muchos reciben salarios muy elevados, pero no son personas de alto rendimiento. Cualquier persona de una organización que haya aplicado evaluaciones de fortalezas en su equipo puede atestiguar sin dudarlo que varios de sus colegas conocen sus fortalezas e incluso trabajan en temas que tienen relación con ellas y, aun así, no logran presentar un trabajo excepcional. Y en cualquier cultura de una gran compañía siempre hay personas de alto rendimiento y personas de bajo rendimiento. ¿Por qué? Porque el alto rendimiento no se limita a un determinado tipo de personas. No se trata de ganar la lotería genética, de cuánto hayas trabajado, del color de tu piel, de cuántas personas te apoyan ni de cuánto te están pagando. Todo radica en tus hábitos de rendimiento, de los cuales tienes el control absoluto.

Es importante insistir en esta conclusión, porque hay mucha gente que usa estos factores para explicar su bajo rendimiento. Ponte a pensar en cuántas veces has oído motivos como:

- "Es que mi personalidad me impide seguir adelante. No soy [extrovertido, intuitivo, carismático, abierto, meticuloso]."
- "No soy la persona más inteligente en esta habitación."
- "Es que no tengo los mismos dones naturales que ellos. No nací siendo bueno en eso. No tengo la combinación adecuada de fortalezas."
- "Mi parte dominante del cerebro no es la derecha."
- "No tengo la experiencia suficiente."
- "Soy [mujer, negro, latino, un hombre blanco de mediana edad, inmigrante], y por eso no estoy teniendo éxito."
- "La cultura de mi compañía no me apoya."
- "Sería mucho mejor si me pagaran lo que valgo realmente."

Ya es hora de que todos reconozcamos estos motivos por lo que son: simples excusas para justificar un rendimiento por debajo de lo óptimo, sobre todo en el largo plazo.

Esto no quiere decir que los factores intrínsecos no importen en absoluto. Existen pruebas muy sólidas de que son importantes, sobre todo en el desarrollo en la infancia, y muchos de estos factores pueden influir drásticamente en tu estado de ánimo, tu comportamiento, tus decisiones, tu salud y tus relaciones como adulto (si quieres consultar un tratamiento más académico de los motivos por los que dichos factores son importantes, pero menos de lo que la gente piensa en lo que se refiere al éxito a largo plazo, consulta nuestros artículos publicados en HighPerformanceInstitute.com/research).

Los líderes deberían tomar nota de esto: centrarse en cualquiera de los factores que mencioné en esa lista no te servirá mucho para ayudar a tu equipo a mejorar su rendimiento. Esos factores no son muy fáciles de definir, controlar ni mejorar. Por ejemplo, imagínate que estás trabajando en un proyecto con algunos colegas de tu equipo. Entre ellos, hay uno que no está rindiendo como debe. Imagínate lo ridículo que se vería si te acercaras a esa persona y le dijeras:

"Si tan sólo pudieras mejorar tu personalidad…"

"Si pudieras aumentar tu coeficiente intelectual…"

"Si pudieras cambiar tus dones innatos…"

"Si pensaras más con la parte derecha de tu cerebro…"

"Si tuvieras cinco años más de experiencia en tu haber…"

"Si pudieras ser más [asiático, negro, blanco, hombre, mujer]…"

"Si pudieras mejorar la cultura de aquí en este instante…"

"Si pudieras pagarte la cantidad perfecta para ser más productivo…"

Lo has entendido. No es útil centrarse en estas clasificaciones.

En resumidas cuentas, si vas a centrarte en algo para mejorar el rendimiento de tu equipo, comienza con los HP6.

## LA MAREA CRECIENTE SACA A TODOS LOS BARCOS A FLOTE; UN HÁBITO SACA A FLOTE A TODOS LOS DEMÁS

Nos gusta pensar en los HP6 como "metahábitos" porque consiguen que el resto de buenos hábitos encajen. Al buscar la claridad desarrollas el hábito de preguntar, mirar, observar tus comportamientos, evaluar si vas por el buen camino. Al generar energía, estarás más descansado, llevarás una alimentación más saludable, harás más ejercicio. Y así sucesivamente.

Lo fascinante de nuestra investigación sobre los HP6 es que cada mejora en cualquiera de las áreas mejora las demás. Esto significa que si aumentas la claridad, es probable que notes mejoras en la energía, la necesidad, la productividad, el valor y la influencia. Nuestro análisis también sugiere que aunque las personas que sacan una puntuación alta en un hábito tienden a calificar alto en los demás, cada hábito les da una ligera ventaja añadida para aumentar su puntuación general de alto rendimiento. Mejora uno solo de estos hábitos y mejorarás tu rendimiento.

Otro aspecto fascinante que aprendimos es que todos los HP6 predicen la felicidad en general, es decir que cuanto mayor sea tu puntuación en cualquier hábito, más probabilidades tendrás de decir que eres feliz con tu vida. Por tanto, si se adquieren en conjunto, los HP6 son un potente indicador no sólo de si eres una persona de alto rendimiento, sino también de si serás feliz o no.

## ¿EXISTE ALGO ASÍ COMO EL "ESTADO MENTAL" DE ALTO RENDIMIENTO?

> "La euforia se logra a través de la participación total
> y profunda en la vida."
> —John Lovell

La gente suele preguntarme si hay un "estado" determinado que le permitirá tener éxito a largo plazo. Por definición, los estados mentales y emocionales no perduran. Son efímeros. Los estados de ánimo se quedan con nosotros un poco más, y los hábitos son los que más perduran, y por eso nos enfocamos en ellos.

Pero creo que a lo que quieren llegar es a saber "¿cómo me sentiré cuando haya alcanzado el alto rendimiento? ¿Qué se siente, para poder analizarlo y repetirlo con los mismos resultados?"

La pregunta puede responderse con los datos. En un análisis por palabras clave de los datos de encuestas públicas a más de 30 mil personas de alto rendimiento queda bastante claro: cuando las personas hablan sobre cómo se sienten cuando alcanzan el alto rendimiento, dicen sentir un compromiso, alegría y confianza totales (en ese orden).

Esto significa que tienden a estar totalmente inmersas en lo que están haciendo, que les gusta lo que hacen y que tienen confianza en su capacidad para resolver los asuntos.

Resolución y *flow* (como en la expresión inglesa *I'm in flow*, que indica un estado de satisfacción absoluto debido al equilibrio entre el esfuerzo y las habilidades) cerraban la lista de las cinco palabras más usadas; no consideramos "en mi zona" en nuestras encuestas porque es una expresión más que una palabra, pero fue el descriptor que más se empleó. Determinación, enfoque, intención, intencionalidad y meticulosidad cerraban la lista de los principales conceptos usados por la gente para describir lo que se sentía al estar en un estado de alto rendimiento.

Ahora que sabes esto puedes comenzar también teniendo el fin en mente. Empieza por centrar toda tu atención en cada uno de los momentos de tu vida. Comienza a atraer más alegría. Atrae más confianza. Todo esto no sólo te hará sentir mejor, sino que también te ayudará a rendir más. Aun así, hay que tener el mismo cuidado con los estados que con las fortalezas: sin hábitos eficientes, no bastará.

## COMPROBACIÓN DE LOS HP6

Gracias a los HP6 obtuve una estrategia demostrada para tener éxito en los proyectos de mi vida, Hoy en día son un sistema operativo estándar para afrontar cualquier situación nueva. Los he estado usando en mi carrera profesional y los resultados han sido sorprendentes y bastante públicos.

Los hábitos y conceptos que aparecen en este libro no sólo me han servido a mí; han mejorado considerablemente la vida de decenas de miles de nuestros estudiantes, quienes aplican el HPI antes y después de nuestros programas en línea, nuestras capacitaciones presenciales y experiencias de coaching. Les encanta ver datos que demuestran que están mejorando su vida. Con frecuencia vemos cómo nuestros estudiantes aumentan de forma significativa sus puntuaciones de alto rendimiento en general (y la felicidad en su vida, también). Además, hemos usado el HPI en organizaciones para ayudarlos a localizar dónde deberían enfocarse sus empleados y equipos en cuanto a su desarrollo.

Es más, hemos visto resultados notables durante las intervenciones de coaching de nuestros clientes. Más de 3 mil sesiones de coaching de una hora dirigidas por Certified High Performance Coaches™ (coaches de alto rendimiento titulados) independientes revelan que las personas pueden cambiar sus comportamientos de forma drástica y alcanzar un rendimiento más alto en muchas áreas de su vida en semanas, no en años.

Esto no quiere decir que los hábitos de alto impacto sean el remedio universal para todos los desafíos que se presentan en la vida. En esta última década como coach de alto rendimiento e investigador he buscado muchas pruebas que refuten los HP6, y con gusto las compartiré aquí. En nuestra cacería de dichas pruebas buscamos personas que no hubieran alcanzado el alto rendimiento a pesar de practicar los hábitos descritos en este libro. ¿Existe alguien en el mundo que, de forma activa, busque la claridad, genere energía, aumente la necesidad, aumente la productividad, influya y demuestre valor y sea alguien cuyo rendimiento es bajo o, incluso, un fracasado? Nunca me he encontrado con nadie así, pero el sentido común me dice que tiene que haber alguna excepción en alguna parte. ¿Puede alguien no tener uno de los hábitos y, aun así, tener éxito? Por ejemplo, ¿puede alguien tener un éxito arrollador y carecer de la claridad? Por supuesto. ¿Puede alguien no tener valor y aun así tener éxito? Te apuesto lo que quieras a que sí. Pero recuerda, no estamos hablando del éxito inicial. Estamos hablando del éxito a largo plazo. Es probable que si no practicas cualquiera de los HP6 durante mucho tiempo decaigan tus puntuaciones de alto rendimiento (y de felicidad). Básicamente no serás tan eficiente o extraordinario como podrías serlo.

Algunos críticos dirán que nuestras descripciones de los hábitos de alto impacto o las afirmaciones que se usan en el HPI son demasiado imprecisas o que están abiertas a varias interpretaciones. Ése es un riesgo que se corre siempre que se describe el comportamiento humano. Si decimos que alguien "tiene agallas", "es creativo", "es extrovertido" o "le cuesta permanecer concentrado", siempre se puede argumentar que dichas descripciones son imprecisas o generalizadas. Pero eso no significa que no podamos tratar de definirlos, medirlos o informar a los demás sobre ellos. El estudio de la psicología humana es una labor imprecisa, pero merece la pena el esfuerzo si nos ayuda a descubrir lo que nos convierte en personas de alto rendimiento. Todo lo que podemos hacer es usar las herramientas, aprobadas, aunque imprecisas, y seguir acercándonos a una forma de describir y correlacionar las afirmaciones y los hábitos que se cumplen en los casos de las personas de alto rendimiento. Y eso es lo que hemos estado haciendo.

Además de tratar de refutar de manera activa nuestras propias suposiciones, hemos intentado superar los prejuicios de nuestros propios informes tratando de ver qué parte de lo que informaron las personas en nuestras encuestas iniciales se cumplía en su vida cotidiana. Para ello, las entrevistamos aleatoriamente, comparamos las mediciones de rendimiento objetivas y buscamos los comentarios de sus allegados. En la mayoría de los casos descubrimos que las personas son sinceras cuando responden a estos temas, porque quieren evaluar con precisión dónde se encuentran y descubrir en qué pueden mejorar. También incluimos afirmaciones contrarias y puntuación en muchas de nuestras encuestas, para ver si las respuestas eran ciertas.

Como todos los investigadores, siempre estoy abierto a nuevas pruebas, y miro los resultados, incluso los que aparecen en este libro, como un simple paso más en el largo camino para comprender a los seres humanos y su funcionamiento. Te recuerdo que no soy psicólogo, psiquiatra, neurocientífico, biólogo ni cualquier otro título que recuerde. Soy un coach y entrenador profesional de alto rendimiento a quien le pagan por los resultados obtenidos, no por teorizar ni discutir. Y esto, inevitablemente, me inclina hacia lo que he visto que funciona. Así, aunque me siento afortunado por haberme convertido en la persona mejor remunerada y más seguida del mundo en este tema, soy, sin lugar a dudas, tan falible como cualquier otro escritor o profesional que trate de abordar un tema de tanta envergadura y complejidad. Me queda mucho por aprender sobre el alto rendimiento. Hay muchos aspectos que se desconocen aún en este campo y que hay que investigar. ¿Qué efectos tienen las enfermedades mentales, las experiencias en la infancia o los factores socioeconómicos y neurobiológicos a la hora de formar y mantener estos hábitos? ¿Cuáles de los hábitos son más útiles en determinadas industrias, profesiones o niveles educativos?

A lo largo de este libro te invito abiertamente a que te formules tus propias preguntas y a que pongas en duda mis afirmaciones. En nuestros artículos publicados he solicitado al público más pruebas de nuestras ideas, y me encantaría saber también tus opiniones y comentarios. Cada día mi equipo y yo tratamos de aprender más puntos distintivos (y más detallados) sobre este tema. Lo seguiré estudiando durante toda mi vida. Me encantaría saber qué es lo que te funciona a ti y qué no. Y estés de acuerdo o no con lo que encontrarás en las siguientes páginas, te sugiero humildemente que te quedes con lo que te funciona y descartes lo demás.

## PRUÉBALO TÚ MISMO

En tu caso, ¿obtendrás unos resultados tan drásticos con los HP6 como los que hemos observado en nuestras investigaciones, capacitaciones y coaching? Me encantaría probarlos contigo. Por eso, una vez más, te invito a que seas el juez de la eficiencia de estos hábitos. Si aún no te has decidido a seguir mis consejos en el capítulo anterior, antes de que sigas leyendo, haz el HPI. Sólo te llevará unos minutos y es gratis en línea en HighPerformanceIndicator.com. Obtendrás una puntuación en cada uno de los seis hábitos y no, no te etiquetará. Haz la encuesta. Hazlo ahora. Y asegúrate de escribir tu correo para que pueda enviarte otro enlace para volver a evaluarte dentro de siete a 10 semanas (en ese intervalo, lee este libro y ve los videos que recibirás después de hacer la evaluación, para que dispongas de las herramientas necesarias para mejorar). Tú mismo sabrás, por tus respuestas a la evaluación en unas semanas, de qué forma este trabajo puede comenzar a cambiar tu vida.

Hay algo que queda completamente claro tras nuestras conclusiones: nunca debes esperar a ir en busca de un sueño o a añadir valor por miedo de que carezcas de "lo que hay que tener". El alto rendimiento se da por lo que piensas y haces con conciencia de manera periódica con el fin de sobresalir y servir en los niveles más elevados. Esta aventura sirve para que te retes a ti mismo y desarrolles unos buenos hábitos que te harán sentir vivo y te ayudarán a alcanzar tu máximo potencial.

En Montana, donde me crie, tenemos un dicho: "Hay que tener el mapa antes de entrar al bosque". Algún día no muy lejano te encontrarás en una situación incierta donde tu rendimiento será muy importante. Antes de que llegue ese día, lee este libro y comienza a practicar los seis hábitos de alto impacto. Éste es tu mapa, y te llevará por los caminos intrincados de la vida hasta tus mayores niveles de éxito. En el próximo capítulo pondremos la **X** en el mapa. Obtendremos claridad sobre quién eres y a dónde quieres ir en esta etapa de tu vida.

# PRIMERA PARTE

# Hábitos personales

**HÁBITOS DE ALTO IMPACTO**

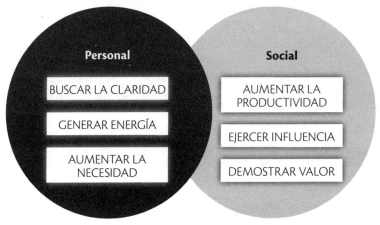

**Personal**
- BUSCAR LA CLARIDAD
- GENERAR ENERGÍA
- AUMENTAR LA NECESIDAD

**Social**
- AUMENTAR LA PRODUCTIVIDAD
- EJERCER INFLUENCIA
- DEMOSTRAR VALOR

# BUSCAR LA CLARIDAD

"Si no tienes las ideas claras, estarás comunicando
simples sonidos."
—Yo-Yo Ma

VISUALIZA LOS CUATRO FUTUROS

DEFINE EL SENTIMIENTO QUE BUSCAS

DEFINE LO QUE ES IMPORTANTE

**Kate, la mujer sentada frente a mí, llorando, "lo tiene todo".**

Dirige a miles de empleados en una de las compañías más importantes de su sector. Es una líder admirada y tiene muchísimos años de experiencia. Como su compañía es extremadamente productiva, su salario de seis cifras es casi el doble de la media para su cargo. Pero nunca deja que eso se le suba a la cabeza. Sólo presume cuando ensalza las virtudes de su equipo. Está orgullosa de lo duro que trabajan y de cómo se apoyan unos a otros.

Sea lo que sea de lo que esté hablando Kate, puedes darte cuenta de que está verdaderamente interesada en ti. Tiene una elegancia indescriptible. Siempre que la veo entrar en una habitación pienso en el dicho: "Hay dos tipos de personas: la primera entra en una habitación y dice: 'Ya llegué'; la otra entra y dice: '¡Ah, ahí estás!'"

Kate está criando a tres niños. Su madre murió de cáncer cuando ella tenía 15 años, por lo que le da mucha importancia a estar ahí para sus hijos.

Hace poco volvieron a ascenderla, por lo que su esposo, Mike, dejó su trabajo para quedarse en casa con los niños. Están felices de poder pasar más tiempo juntos.

Kate me contrató como su coach, y para que nos conociéramos mejor me invitó a una barbacoa en su casa en las afueras. Pocos minutos después de llegar a su casa esa tarde soleada ya estaba con cuatro de sus amigas, hablando en la cocina y tomándonos unos vinos. Les pregunté de dónde conocían a Kate y cómo la describirían. Dijeron que era "una excelente persona", "generosa", "alguien a quien quieres parecerte" y "una persona exitosa que nos hace parecer perezosos a los demás". Una de sus amigas dijo que Kate participaba en todo y, aun así, siempre podías contar con ella. Otra dijo que le impresionaba cómo Kate podía hacerlo todo y, aun así, arreglárselas para hacer yoga. Cuando otra dijo: "No sé cómo lo hace todo", las otras tres asintieron y murmuraron como si estuvieran en misa.

Poco después, Kate me pidió que me sentara en su despacho en la casa para hablar. Unas ventanas que llegaban hasta el techo iluminaban la estancia, y las puertas francesas daban al porche, donde pude ver a Mike preparando la parrilla.

Kate parecía estar de buen humor. Y después le comenté cuánto la admiraban sus amigas.

De repente se le quebró la voz. Dijo que agradecía sus cumplidos; después, los ojos se le llenaron de lágrimas. Desvió la mirada y, en consecuencia, la perdí también a ella.

Como suelo hacer en estas situaciones, respondí con humor. Le pregunté:

—¿De qué me perdí? ¿Acaso odias en secreto a alguna de esas mujeres?

—¿Cómo? —parece confundida, pero cuando se da cuenta de que estaba bromeando, se recupera rápidamente—. ¡Ay! —dice riendo—. No, no, es que estoy muy sentimental.

—Ya veo. ¿Qué te pasa?

Mira por la ventana a su esposo y a sus amigas en el patio. Trata de tranquilizarse, se sienta derecha, se seca las lágrimas con la mano.

—Significa mucho para mí que mis amigas digan cosas bonitas, Brendon. Me alegro de que las hayas conocido, y también a Mike.

Su voz se vuelve a quebrar y siguen brotándole lágrimas. Después vuelve a mirar al exterior, hacia el suelo, y niega con la cabeza.

—Lo siento, mi vida es un desastre en estos momentos.

—¿Un desastre? —le pregunto.

Asiente, se enjuga las lágrimas y se vuelve a enderezar.

—Sé que es estúpido. "Ay, pobrecita de mí", ¿verdad? La señora con el buen trabajo y la estupenda familia no es feliz. Suena a telenovela. Y sé que no estás aquí como terapeuta. Es sólo que cuando te sientes tan afortunada y la gente se fija en ti, es difícil quejarse. Por eso te pedí que vinieras. La estoy pasando mal, aunque nadie se dé cuenta. No quiero que ni tú ni nadie sientan lástima por mí. Y no quiero que me digas que no soy un desastre… eso es lo que hacen mis amigas. Es bueno que deje salir todo esto. Las cosas están bien, pero hay algo que va mal.

—Cuéntame.

—¿Alguna vez te has sentido como si solamente te estuvieras dejando llevar, quizá por demasiado tiempo?

Pienso: "¿Acaso hay un tiempo adecuado durante el que alguien tenga que vivir la vida simplemente dejándose llevar?" Pero no lo digo, porque me acaba de preguntar si alguna vez lo he sentido. Cuando la gente está luchando con sus emociones, suele exteriorizar la situación y pregunta cosas sobre los demás en lugar de apropiarse de esos sentimientos.

—¿Es así como te sientes, Kate? ¿Como si te estuvieras dejando llevar?

—Supongo.

Me inclino hacia ella.

—¿Cómo explicas esas dos sensaciones: dejarte llevar y ser un desastre?

Hace una pausa.

—No lo sé con exactitud. Por eso quería conocer tu punto de vista. Tengo tantas cosas en la cabeza. Siento que no paro de reinventar la rueda y nunca la alcanzo. Y eso me hace sentir un desastre de algún modo. Y aun así, soy buena en lo que hago, por eso puedo arreglármelas. Por eso siento que simplemente me estoy dejando llevar y que todo el caos se ha convertido casi… en rutina. Están pasando muchas cosas, pero no me estoy ahogando. Sólo me siento un poco frustrada y preocupada al mismo tiempo. ¿Tiene sentido todo esto?

—Claro que sí. ¿Cómo has manejado todos esos sentimientos?

Kate parece no estar segura y echa un vistazo por la ventana.

—Ahí está el problema. No sé si los he manejado en absoluto. Estoy haciendo todo lo que se supone que se debe hacer, ¿sabes? Dicen que hay que estar presente y amar a tu familia. Lo intento. Cada día trato de ser buena para los niños y para Mike. Dicen que hay que ser eficiente. Tengo las listas de tareas, los planes y las listas de comprobación para que todo suceda. Resuelvo las cosas. Dicen que hay que ser apasionada en el trabajo. Lo soy. Dicen que hay que ser constante y resistente. Lo he sido. He superado muchísima discriminación de género en mi carrera. He llegado muy lejos y estoy feliz y nadie tiene que sentir lástima por mí. Pero no lo sé, Brendon…

—Sí, creo que sí lo sabes. Cuéntamelo.

Se recuesta en la silla. Se desploma sobre los hombros y toma un sorbo de vino mientras más lágrimas le caen por las mejillas.

—Con todo este ir y venir y tratar de hacerlo todo, estoy empezando a sentirme un poco desconectada de todo. Un poco… perdida.

Asiento y espero hasta oír lo que casi siempre viene después.

—Ya no sé lo que quiero.

#

Seguro que conoces a mucha gente como Kate. Es trabajadora, inteligente, capaz y atenta. Como muchos triunfadores, tiene una lista de objetivos y logra la mayoría de ellos. Pero la verdad es que no sabe cómo lograr que su vida vuelva a brillar.

Si no cambia inmediatamente sus hábitos, estará en problemas. Esto no quiere decir que fracasará. Cuando los triunfadores la pasan mal en la vida real, no es como en la televisión. No hay ningún dilema existencial escandaloso ni una crisis de los 40 que les haga dejar todo en un instante o destrozar sus relaciones o negocios en un frenético fin de semana de locura.

Así no actúan los triunfadores. Cuando la pasan mal, sobre todo si no están seguros de lo que quieren, tienden a marchar como buenos soldados. No quieren arruinarlo todo. Tienen miedo de hacer cambios repentinos, porque la realidad es que las cosas van bien. No quieren alejarse de todo por lo que han trabajado tanto. No quieren dar marcha atrás ni perder la intensidad o que sus colegas o competidores los superen.

En lo más profundo de su ser saben que hay otro nivel, una calidad de vida distinta. Pero sienten una incertidumbre profunda ante el hecho de cambiar lo que ya está funcionando. Mejorar algo que va mal es fácil para el triunfador. Pero meterse con algo bueno… es aterrador.

Indecisos sobre lo que quieren realmente, los triunfadores suelen elegir seguir adelante. Pero en algún momento, si no tienen claro quiénes son y qué quieren en esa etapa de su vida, todo se empieza a desbaratar. Al principio el declive de su rendimiento es sutil. Comienzan a sentir que algo no va bien, así que ya no ponen tanto empeño en sus esfuerzos. Retroceden un poco. Eso no quiere decir que sientan que les falta algo en su vida. "Tengo mucho que agradecer", dirán. Pero el problema no radica en algo externo por lo que deberían sentirse agradecidos; es que algo dentro de ellos no está bien. Como en el caso de Kate, están frustrados o preocupados, aunque su vida vaya bien.

Comienzan a preocuparse: "Puede que no haya encontrado lo que me llena del todo"… aunque hayan dado tanto en su vida a ese "todo".

Cuando las luces de la oficina se apagan al final de la noche o cuando al fin consiguen un momento de silencio después de semanas de trabajar duro, su charla interna comienza a arañar su realidad:

- *¿Acaso merece la pena toda la complejidad que he creado en mi vida?*
- *¿Es ésta la dirección correcta para mi familia y para mí en esta etapa de nuestra vida?*
- *Si tan sólo me tomara un descanso, unos cuantos meses para aprender algo nuevo o probar un rumbo nuevo, ¿me perdería o dejaría pasar oportunidades?*
- *Las cosas van bien, así que, si intento algo nuevo, ¿pensará la gente que estoy loco? ¿Acaso estoy siendo estúpido o desagradecido?*
- *Ya casi no doy más de mí. ¿De verdad creo que puedo hacer algo más, justo ahora?*
- *¿Soy lo suficientemente bueno para aguantar en el siguiente nivel?*
- *¿Por qué estoy empezando a sentirme tan distraído?*
- *¿Por qué mis relaciones se sienten tan vacías?*
- *¿Por qué no tengo más confianza en mí en este momento de mi vida?*

Si estas preguntas permanecen sin respuesta durante mucho tiempo, todo comienza a desbaratarse. Alguien como Kate comienza a pensar que, de todas las montañas que ha ascendido en su vida, muchas fueron las equivocadas. Se da cuenta de que lo que es alcanzable no siempre es lo que es importante.

Enseguida va decayendo la motivación del día a día. Comienzan a sentirse apresados o insatisfechos. Empiezan a centrarse en proteger sus éxitos y no en progresar. Ya nada les parece emocionante.

Pero nadie se da cuenta de eso al principio, porque un triunfador sigue siendo bueno. Claro que la pasión ya no está al mismo nivel que antes, pero al menos todo el mundo en casa y en el trabajo son bastante felices (o puede que simplemente no sean conscientes).

Ésta es la situación en la que se encontraba Kate. Nadie sabía que era "un desastre", pero ella no podía evitar sentirse así.

Por último, la insatisfacción se extiende a las relaciones en casa o en el trabajo, y los demás se dan cuenta. El estrés que provoca la decepción establece límites extremos que molestan a los seres queridos o a los colegas. La persona en cuestión se pierde reuniones y evita las llamadas. Llega tarde al trabajo. Su contribución con buenas ideas decae. No regresa las llamadas. Es obvio, tanto para el triunfador como para los que lo rodean, que simplemente ha comenzado a dejarse llevar. El entusiasmo, la alegría y la confianza han desaparecido y, con ellos, también el rendimiento.

Si esto te suena familiar en lo personal, entonces este capítulo es tu oportunidad para empezar de nuevo. Y si todo esto te suena exagerado, probablemente sea porque aún no te has topado con esa pared. Asegurémonos de que siga siendo así.

## FUNDAMENTOS DE LA CLARIDAD

"La sensación es clara e indiscutible. Es como si de repente sintieras toda la naturaleza y de repente dijeras: Sí, es verdad."
—Fyodor Dostoievski

En este capítulo hablaremos sobre cómo encontrar la claridad en tu vida. Es sobre cómo piensas en el mañana y qué haces para permanecer conectado con lo que te importa en la actualidad. El hábito esencial de buscar la claridad ayuda a las personas de alto rendimiento a mantenerse comprometidas, en crecimiento y satisfechas durante todo el camino.

Nuestras investigaciones muestran que, en comparación con sus colegas, las personas de alto rendimiento tienen más claro quiénes son, qué quieren, cómo conseguirlo y qué es lo que consideran significativo y satisfactorio. Hemos descubierto que si puedes aumentar la claridad de alguien aumentará su puntuación de alto rendimiento en general.

Tengas o no un grado elevado de claridad en la vida, no te asustes, porque puedes aprender a desarrollarla. La claridad no es un rasgo de la personalidad del que algunos disponen por fortuna y otros no. Así como una central eléctrica no dispone de energía (la transforma), tú no dispones de ninguna realidad determinada. Tú mismo generas tu realidad. En esta misma línea de pensamiento, no es que dispongas de claridad, sino que la generas.

Así que no esperes un destello de inspiración que te revele qué es lo siguiente que vas a querer. La claridad se genera formulándose preguntas, investigando, probando cosas nuevas, escogiendo entre las oportunidades que te da la vida y averiguando lo que es bueno para ti. No es como si salieras a la calle un día y de repente te cayera encima el piano de los propósitos y todo te quedara clarísimo. *La claridad es el fruto de una reflexión cuidadosa y una experimentación consciente.* Resulta de formularte preguntas constantemente e ir refinando tu perspectiva sobre la vida.

Las investigaciones sobre la claridad nos dicen que las personas exitosas conocen las respuestas a determinadas preguntas fundamentales: ¿Quién soy yo? (¿Qué valoro? ¿Cuáles son mis fortalezas y mis debilidades?) ¿Cuáles son mis objetivos? ¿Cuál es mi plan? Estas preguntas pueden parecer básicas, pero te sorprendería cuánto puede afectar a tu vida el saber las respuestas.

Tener claro quién eres está asociado con la autoestima en general. Esto quiere decir que el grado de positividad con el que te ves a ti mismo va unido a lo bien que te conoces. En la otra cara de la moneda, la falta de claridad está estrechamente asociada con las neurosis y las emociones negativas.[1] Por eso el conocerse a uno mismo es tan importante para el éxito inicial. Tienes que saber quién eres, qué es lo que valoras, cuáles son tus fortalezas y tus debilidades y hasta dónde quieres llegar. Este tipo de conocimiento te hace sentir mejor sobre ti mismo y sobre la vida.

El siguiente paso es tener objetivos inequívocos y estimulantes. Décadas de investigaciones demuestran que cuando se tienen objetivos específicos y complicados aumenta el rendimiento, sin importar si dichos objetivos los creaste tú mismo o te los asignaron. Los objetivos claros y ampliados nos dan energía y nos llevan a un mayor disfrute y rendimiento y a una mayor productividad y satisfacción en nuestro trabajo.[2] La elección de objetivos ampliados en cada una de las áreas de tu vida es un buen punto de partida para el alto rendimiento.

También deberías poner fechas límite a tus objetivos, porque si no, no seguirás hasta el final. Los estudios demuestran que tener un plan específico unido a tus objetivos —saber cuándo y dónde harás algo— puede al menos duplicar la probabilidad de lograr un objetivo complicado.[3] Disponer de un plan definido es tan importante como la motivación y la fuerza de voluntad. También te ayuda a no enfocarte en las distracciones y te vacuna contra los estados de ánimo negativos; cuanto más claro lo tengas todo, más probabilidad tendrás de terminar las cosas aun en los días en los que sientas pereza o cansancio.[4] Cuando ves los pasos justo frente a ti, es difícil ignorarlos.

Nuestras investigaciones refuerzan aún más esta teoría. En una encuesta les pedimos a más de 20 mil personas que leyeran las siguientes afirmaciones y se calificaran a sí mismas en una escala del 1 al 5, donde 1 significaba "totalmente en desacuerdo" y 5, "totalmente de acuerdo":

- Sé quién soy. Tengo claros mis valores, mis fortalezas y mis debilidades.
- Sé lo que quiero. Tengo claros mis objetivos y mis pasiones.
- Sé cómo conseguir lo que quiero. Tengo un plan para lograr mis sueños.

Cuanto mayor sea tu puntuación en preguntas de este tipo, mejor será tu puntuación general en alto rendimiento. La información obtenida en el High Performance Indicator también muestra que unos resultados elevados en el apartado de claridad están estrechamente asociados con una mayor confianza en uno mismo, una mayor felicidad en general y mayor firmeza. Las personas con una mayor claridad también tienden a informar que su rendimiento es superior al de sus colegas y sienten que están marcando más la diferencia. En el caso de los estudiantes, cuanto mayores son sus puntuaciones en el apartado de la claridad, mayor es su promedio. Esto significa que los jóvenes que tienen más claros sus valores, sus objetivos y su camino a seguir suelen tener un mejor promedio.

Casi todo esto es de sentido común, por supuesto. "Conócete a ti mismo y lo que quieres" no es exactamente un consejo de vanguardia. Aun así, hay que examinarlo: ¿Tienes claro todo eso? Si no es así, empieza por ahí. Puede ser tan sencillo como llevar un registro sobre estos temas. Sin embargo, de momento vamos a centrarnos en la promesa del libro: los conceptos más avanzados que aumentarán tu rendimiento. Para llegar ahí, tengamos en cuenta lo que le dirías a alguien como Kate, que ya sabe quién es y lleva décadas estableciéndose y logrando objetivos complicados.

## EL SIGUIENTE PASO EN LA CLARIDAD SE TRATA DEL FUTURO

"He mirado desde allí y he visto la tierra prometida."
—Martin Luther King Jr.

Hace poco, en mi carrera, comencé a preguntarme si las personas de alto rendimiento tenían una cosmovisión particular sobre la claridad; sobre sí mismas, lo que quieren y cómo lograrlo. Me preguntaba, si es que lo había, qué era lo que tenían más claro que la mayoría de la gente.

Para descubrirlo analicé los comentarios de estudiantes de alto rendimiento, recurrí a investigadores sobre los logros y hablé con coaches de alto rendimiento titulados (Certified High Performance Coaches™) sobre qué es lo que les daba ventajas a sus clientes. También llevé a cabo entrevistas estructuradas enfocadas únicamente en el tema de la claridad, con casi 100 personas que habían declarado ser de alto rendimiento en nuestras encuestas. Les pregunté, entre otros aspectos, lo siguiente:

- ¿Cuáles son los aspectos que tienes claro que te ayudan a rendir mejor que a tus pares?
- ¿En qué te centras para tener claro qué es lo más importante?
- ¿Qué es lo que no tienes claro y de qué modo afecta eso a tu rendimiento?
- ¿Qué haces cuando te sientes inseguro o sin dirección?
- Si tuvieras que explicarle a alguien a quien estuvieras orientando qué factor es el que hace que tengas éxito, ¿qué le dirías?
- ¿Qué más sabes sobre ti mismo (más allá de tus valores, fortalezas y planes) que te convierte en una persona de éxito?

En casi todas las preguntas básicas de quiénes eran o qué querían las personas de alto rendimiento tuvieron una gran capacidad de concentrarse en el futuro y detectar cómo lograrían la excelencia. No sólo sabían quiénes eran; de hecho, pocas veces se centraron en su personalidad o preferencias actuales. En su lugar, pensaban constantemente en quiénes querían ser y cómo lograr llegar a serlo. No sólo conocían sus fortalezas actuales; sabían qué otros conjuntos de habilidades tenían que dominar en los próximos meses y años para servir con excelencia en el siguiente nivel. No sólo tenían planes definidos para lograr sus objetivos este trimestre; tenían listas de proyectos futuros que las llevarían a un sueño más grande. No sólo pensaban en cómo podrían conseguir lo que querían este mes para ellas; se obsesionaban con el mismo planteamiento sobre cómo ayudar a los demás a conseguir lo que querían en su vida y su carrera.

Este "planteamiento hacia el futuro" iba mucho más allá de lo que querían ser o cómo lograrían lo que querían ellas y los demás. También podían describir con gran claridad cómo querían sentirse en sus próximas tareas, y sabían específicamente qué condiciones podrían destruir su entusiasmo, su satisfacción y su crecimiento.

Gracias a esta investigación descubrimos hábitos específicos que ayudan a crear este tipo de claridad llevada al siguiente nivel.

## PRIMERA PRÁCTICA
- - - - - - - - - - - -

### VISUALIZA LOS CUATRO FUTUROS

"Sueña nobles sueños, y cuando sueñes, en ellos te convertirás.
Tu visión es la promesa de lo que un día serás; tu ideal es la profecía
de lo que un día llegarás al fin a descubrir."

—James Allen

Las personas de alto rendimiento tienen claras sus intenciones para sí mismas, su entorno social, sus habilidades y su servicio hacia los demás. A estas áreas las llamo personal, social, habilidades y servicio, o los cuatro futuros.

### Personal

"Conócete a ti mismo" es el consejo atemporal que está inscrito en el Templo de Apolo en Delfos, Grecia, desde hace más de 2 400 años. Sin embargo, existe una diferencia entre "conócete a ti mismo" e "imagínate a ti mismo". Aquellos con alto rendimiento se conocen a sí mismos, pero no se quedan ahí estancados.[5] Están más enfocados en esculpirse a sí mismos para convertirse en personas más fuertes y capaces. Ésa es otra gran diferencia: introspección frente a intención.

Hemos descubierto que las personas de alto rendimiento pueden articular su yo futuro con mayor facilidad que los demás. Desde un punto de vista estratégico, esto quiere decir que suelen responder más rápido a mi pregunta: "Si pudieras describir tu yo futuro ideal, la persona en la que estás tratando de convertirte, ¿cómo lo describirías?" y, además, su respuesta es más segura y razonada.

Al revisar las grabaciones de mis entrevistas me queda claro que las personas de alto rendimiento han meditado al respecto mucho más que los demás. Sus descripciones llegaron antes, y la parte coherente (esa que viene después de los "eeehh" y "me alegra que me hagas esa pregunta") llegaba en promedio de siete a nueve segundos más rápido. Sus respuestas eran menos dispersas que las de los demás. Cuando les pedía que describieran la mejor versión de sí mismas en el futuro con tres palabras, las personas de alto rendimiento también respondían más rápido y con más confianza.[6]

Tratar de imaginarse a uno mismo en el futuro con mucha claridad es difícil para cualquiera. Por eso la mayoría tiende a hacerlo sólo una vez al año... ¡Exacto, en Año Nuevo! Sin embargo, las personas de alto rendimiento pasan mucho tiempo pensando en la mejor versión de sí mismas y en el ideal en el que están tratando de convertirse. En entrevistas con 20 de mis clientes (los 10 que calificaron más alto y los 10 que calificaron más bajo en el HPI), descubrí que los clientes cuyo rendimiento era el mayor decían que piensan en su yo futuro ideal y que participan en actividades relacionadas con ello casi 60 minutos más a la semana que los clientes con las puntuaciones más bajas. Por ejemplo, si te ves a ti mismo como un gran comunicador en el futuro, no sólo será más probable que imagines situaciones de ti mismo hablando con otras personas, sino también que pases más tiempo haciéndolo. Haces cosas de forma activa que ponen de manifiesto una característica futura que deseas.

Esto no quiere decir que las personas de alto rendimiento sean más introspectivas que los demás. Muchos registran sus pensamientos cada semana y podría decirse que son conscientes de sí mismos, pero no por ello son personas de alto rendimiento. Por ejemplo, muchos piensan en sí mismos constantemente, pero gran parte de esos pensamientos son cavilaciones negativas. Entonces, lo que marca la diferencia es que las personas de alto rendimiento se imaginan una versión positiva de sí mismas en el futuro, y después se involucran de forma activa para tratar de alcanzarla. Esta parte de involucrarse de forma activa es importante. No esperan hasta la semana o el mes siguientes para manifestar una característica. Están viviendo su mejor momento ahora.

Creo que entiendes lo que quiero decir, así que será mejor que resumamos este consejo con algo muy sencillo que puedes hacer: pon más intención a la hora de ser quien quieres llegar a ser. Ve más allá de tus circunstancias actuales. Imagínate la mejor versión de ti mismo en el futuro y comienza a actuar como esa persona hoy mismo.

Esto no tiene por qué ser complicado. A los 19 años, cuando estaba tratando de recuperarme de un accidente de auto, hubo tres palabras que me ayudaron a darle un giro a mi vida. Estas tres palabras, como sabes, estaban inspiradas por las lecciones que me había enseñado la vida cuando me enfrenté a mi muerte. Son simples y concisas: VIVE. AMA. IMPORTA.

Estas tres palabras se convirtieron en mi forma de comprobar mi claridad en la vida. Cada noche, recostado en la cama justo antes de quedarme dormido, me preguntaba: "¿Viví hoy al máximo? ¿Amé? ¿Le importé a alguien?" Me he formulado esas preguntas cada noche durante más de 20 años. La verdad es que no siempre me voy a la cama con un rotundo "¡Sí!" a las tres preguntas. Tengo días malos, como todo el mundo. Pero las noches en las que puedo responder sí a las tres preguntas, cuando siento que lo tengo todo claro y voy por buen camino, son las noches que mejor duermo. Esa práctica tan sencilla me ha dado más claridad que cualquier otra cosa que haya hecho en la vida. En la actualidad sigo llevando una pulsera con esas tres palabras grabadas. No necesito la pulsera. No necesito seguir haciéndome las preguntas. Pero lo hago porque me hace seguir teniendo las cosas claras e ir por el buen camino.

El trabajo que tuve que hacer con Kate fue algo parecido. Sus prácticas de formación de su identidad se habían estancado.

> No había pensado en una mejor versión de sí misma
> desde hacía mucho tiempo, porque le estaba yendo
> muy bien sin necesidad de hacerlo.

Así que, en una sesión de coaching, le pedí que se describiera a sí misma en distintas situaciones de su vida en las últimas semanas: cuando llegaba a casa, jugando con sus hijos, en una presentación en el trabajo, con sus amigas o en una cita con Mike. Después le pedí que volviera a hacerlo, pero esta vez tenía que describirse a sí misma en esas situaciones como si fuera una mejor versión futura de sí misma. Comenzó a darse cuenta de que la persona que había sido en las últimas semanas no era exactamente quien se imaginaba siendo en los próximos años. Eso debería ser una llamada de atención para cualquiera.

El siguiente paso fue pedirle que pensara en tres palabras con las que aspiraba a describir a su yo futuro. Las palabras que dijo fueron animada, alegre y agradecida. Ninguna de sus descripciones o palabras sonaba en absoluto a "dejarse llevar", que era como se había sentido últimamente. Esta actividad fue a la vez sencilla, pero reveladora para ella. A veces son los procesos de pensamiento más sencillos los que nos ayudan a resetear o a centrarnos. Por lo general Kate tenía confianza en sí misma, pero el problema radicaba en que había dejado de visualizar a una futura Kate en la que convertirse. Eso era lo que la estaba dañando: *sin visión no hay entusiasmo*. Así que hice que pusiera sus tres palabras a las que aspiraba en su teléfono como una alarma que sonaba tres veces al día. Es decir, conforme Kate iba pasando el día, sonaría una alarma y vería las tres palabras en su teléfono para recordarle quién era y en quién podía convertirse.

Ahora es tu turno.

1. Describe cómo te has sentido en las siguientes situaciones en los últimos meses: con tu pareja, en el trabajo, con tus hijos o tu equipo y en entornos sociales con desconocidos.
2. Ahora, pregúntate: "¿Es así como me veo realmente siendo en el futuro?" "¿Qué distinguiría a mi yo del futuro en la forma en que se vería, se sentiría o se comportaría en esas situaciones?
3. Si pudieras describirte con sólo tres palabras a las que aspirarías —palabras que resumieran quién serías en tu mejor momento en el futuro—, ¿cuáles serían? ¿Por qué son importantes esas palabras para ti? En cuanto encuentres tus palabras, escríbelas en tu teléfono como una alarma que suene varias veces al día.

## Social

Las personas de alto rendimiento también tienen claras sus intenciones sobre cómo quieren tratar a los demás. Tienen una conciencia situacional y una inteligencia social muy elevadas, y eso las ayuda a tener éxito y liderar.[7] En cualquier situación importante saben quién quieren ser y cómo quieren interactuar con los demás.

Si esto te parece de sentido común, veamos si también es una práctica común en tu día a día:

- Antes de que fueras a tu última reunión, ¿pensaste en cómo querías interactuar con cada uno de los presentes?
- Antes de tu última llamada por teléfono, ¿pensaste en el tono que elegirías para hablar con la persona al otro lado de la línea?
- En la última noche que saliste con tu pareja o tus amigos, ¿estableciste una intención para la energía que querías crear?
- La última vez que te enfrentaste a algún conflicto, ¿pensaste en tus valores y cómo querías entenderte con la otra persona al hablar con ella?
- ¿Piensas de forma activa en cómo prestar más atención a lo que te dicen, cómo generar emociones positivas con los demás o cómo puedes ser un buen ejemplo a seguir?

Las preguntas de este tipo pueden ayudarte a ver en tu interior y calibrar tu nivel de intención.

He descubierto que las personas de alto rendimiento también se preguntan con frecuencia unas cuantas cuestiones primarias justo antes de interactuar con alguien. Son preguntas como éstas:

- ¿Cómo puedo ser una buena persona o un buen líder en esta situación que se me presenta?
- ¿Qué necesitarán los demás?
- ¿Qué tipo de ambiente y tono quiero establecer?

Te comparto aquí otros aspectos interesantes que descubrí. Cuando les pedí que eligieran palabras que describieran sus mejores interacciones con los demás, las personas de alto rendimiento respondieron la mayoría de las veces con palabras como *amables*, *agradecidas*, *respetuosas*, *abiertas*, *honestas*, *empáticas*, *cariñosas*, *atentas*, *cálidas*, *presentes* y *justas*. Cuando les pedí elegir tres palabras que definieran lo mejor posible cómo les gustaría que los demás las trataran, las personas de alto rendimiento valoraban sobre todo ser respetadas y queridas.

El tema del respeto, en particular, aparece muchas veces en las conversaciones con personas de alto rendimiento. Quieren que se les respete y quieren demostrar respeto hacia los demás. Y esto les importa en todas las áreas de su vida, incluso en su hogar. Un estudio de campo con 200 parejas en los Estados Unidos que llevaban mínimo 40 años

casadas —y seguían considerándose felices— demostró que el valor
y la fortaleza más importante para la pareja era el respeto.[8] Las cuatro
peores conductas que acaban en divorcio (la crítica excesiva, ponerse
a la defensiva, el desprecio y las evasivas) suelen sentirse tan ofensivas
precisamente porque son indicadores de falta de respeto y de que la
otra persona te infravalora.[9]

> Lo que resulta evidente en todos los casos de personas
> de alto rendimiento es que anticipan interacciones sociales
> positivas y se esfuerzan constante y conscientemente
> para crearlas.

Es una conclusión universal. En lo que se refiere a sus interacciones
con los demás, no sólo ponen el piloto automático. Lo hacen con intención, y eso mejora su rendimiento.

Cuando piensan en el futuro, está claro que también han pensado
en su vida social a grandes rasgos. Han pensado en cómo les gustaría
ser recordadas; piensan en su símbolo y su legado. Las personas de
alto rendimiento están atentas a lo que pasa, más allá del día de hoy,
más allá de la reunión, más allá de las obligaciones y tareas del mes. Se
están preguntando constantemente: "¿Cómo quiero que me recuerden
las personas a las que quiero y a quienes sirvo?"

Mientras trabajaba con Kate, me quedó clarísimo que valoraba y
adoraba enormemente a su familia. Aun así, ella sentía que siempre
estaba tratando de abarcar tantas cosas que no estaba tan presente como
le gustaría. En una ocasión me dijo: "Siento que se merecen más de
mí, pero no sé si tengo tanto para darles". ¿Sabes cuál es el problema
con eso? Cuando lidias con tantas cosas constantemente y te sientes
exhausto, no piensas en el futuro. Sólo tratas de sobrevivir el día a día,
y comienzas a perder la nitidez de la intención de tus interacciones con
tu familia y tus equipos del día siguiente.

Ésta es una lucha frecuente con los triunfadores. Quieren ser mejores amantes y padres, pero se sienten demasiado angustiados. Su error
es el mismo que estaba cometiendo Kate. Ella seguía pensando que lo
que necesitaba era más tiempo para ser una buena madre o una buena
esposa. "Algún día —pensaba— lograré ser la madre que quiero ser para
mis hijos y la esposa que espero ser." Pero tanto tú como yo sabemos

que "algún día" en realidad significa "nunca". Para ayudar a Kate a cambiar y mejorar sus relaciones, hice que se imaginara sus interacciones con la gente antes de que ocurrieran, y después que viviera con esas intenciones cada día. No necesitaba más tiempo ni esperar un día más. No se trataba de cantidad, sino de calidad. Así que le pedí a Kate que intentara esta actividad, y también te recomiendo a ti que la pruebes:

a. Anota el nombre de todas las personas de tu familia directa y de tu equipo.
b. Imagínate que dentro de 20 años cada persona está describiendo por qué te quiere y te respeta. Si cada uno pudiera decir sólo tres palabras que resumieran las interacciones que tuvieron contigo en la vida, ¿cuáles querrías que fueran esas tres palabras?
c. La próxima vez que te encuentres con cada una de esas personas piensa en tu tiempo con ellas como una oportunidad para demostrar esas tres cualidades. Ten esas palabras como un objetivo y comienza a vivir apropiándote de ellas. Rétate a ti mismo para ser esa persona ahora. De este modo tus relaciones volverán a la vida.

Como le decía a Kate todo el tiempo: es casi imposible sólo "dejarse llevar" cuando tus intenciones son claras y convincentes.

## Habilidades

También descubrimos que las personas de alto rendimiento tienen muy claro el conjunto de habilidades que necesitan para crecer ahora y ganar en el futuro. No se quedan en blanco cuando les preguntas: "¿Cuáles son las tres habilidades en las que estás trabajando ahora para crecer y tener más éxito el año que viene?"

Cuando me llaman para que trabaje con los ejecutivos de alto rango de la lista Fortune 500 los hago abrir sus calendarios y que me cuenten lo que tienen que hacer en los próximos días, semanas y meses. Resulta que los ejecutivos con mayores puntuaciones en el HPI suelen tener más bloques de tiempo ya programados para aprendizaje que sus colegas con puntuaciones más bajas. Tiene una hora por ahí reservada para una capacitación en línea, otra para coaching ejecutivo, otra para leer e incluso otra para dominar alguna afición (piano, aprendizaje de algún idioma, clase de cocina, o cosas así). Han creado un plan de estudios propio y están comprometidos en aprender de forma activa. Lo que une sin duda todos estos bloques de tiempo programado es el deseo de aprender determinados conjuntos de habilidades. La capacitación en línea es sobre cómo codificar o cómo manejar mejor las finanzas; el coaching ejecutivo se centra en aprender habilidades de escucha; la lectura se enfoca en una habilidad determinada que han estado tratando de dominar, como estrategia, prestar atención en reuniones o elaboración de historias; la afición es algo que se toman en serio; no sólo lo hacen por placer, *per se*, sino para ir dominándolo de manera activa.

Aquí va la gran diferencia: las personas de alto rendimiento también trabajan en habilidades que se centren en lo que yo llamo su principal campo de interés (PFI, por sus siglas en inglés). No son aprendices dispersos. Se han enfocado en los intereses que más les apasionan y establecen actividades o rutinas para aprender habilidades en esas áreas. Si les encanta la música, se fijan en qué tipo de música quieren aprender y la estudian. Su PFI es específico. No sólo dicen "música" y después tratan de aprender toda clase de música: tocan la guitarra, se unen a una orquesta, cantan en un grupo... Eligen, por ejemplo, una guitarra de cinco cuerdas, encuentran un buen profesor y buscan tiempo para sesiones de práctica que se centren más en ir armando sus habilidades y no en una exploración ocasional. En otras palabras, conocen sus pasiones y se apartan un tiempo para aprender las habilidades que convertirán dichas pasiones en aptitudes. *Esto quiere decir que las personas de alto rendimiento no abordan su aprendizaje como generalistas, sino como especialistas.*

Como a estas alturas ya estás un poco familiarizado con mi trabajo, usaré mi carrera como ejemplo. Comencé como analista de gestión del cambio para una consultoría mundial. Acababa de salir de la escuela de posgrado. En mis primeros seis meses en el trabajo me enfoqué en él como la mayoría de mis colegas: como un generalista. Estaba tratando de aprender todo sobre la compañía, mis clientes, el mundo. Eso es lo que haces cuando eres un novato.

Sin embargo, pronto me di cuenta de que muchos de los socios eran expertos en algo específico. Y si quería destacar por encima de los otros 80 mil o más empleados lo mejor era que dominara un conjunto de habilidades... y rápido. Me decidí por liderazgo, que también había sido mi área principal en el posgrado. En particular, quería dominar la habilidad de saber cómo crear un programa para los líderes y sus equipos. *El liderazgo era mi* PFI; *la elaboración de programas, la habilidad.* Solicité o creé proyectos pertinentes. Mi carrera subió como la espuma.

Cuando dejé el mundo corporativo en los Estados Unidos para convertirme en escritor y entrenador de tiempo completo tomé decisiones parecidas. En este caso, mi PFI era el crecimiento personal. Pero había miles de escritores, blogueros, oradores y entrenadores con el mismo PFI. ¿Cómo podría destacar? Me di cuenta de que la habilidad de la que carecía la mayoría de ellos no estaba relacionada con el tema, sino con el modo en el que lo vendían. Yo iba en el mismo barco. El crecimiento personal siempre había sido una de mis pasiones, y me había pasado la mayor parte de mi tiempo de lectura estudiando psicología, neurociencia, sociología y economía del comportamiento. Me fascinaban esos temas. Por eso no necesitaba enfocarme más en ellos. Tenía que enfocarme en construir mi marca. Entonces di un giro radical: mi PFI sería el marketing.

Ésta fue una enorme decisión en mi caso, porque no tenía ningún talento, habilidad, fortaleza ni antecedentes en el campo del marketing. Pero me di cuenta de que era la llave que me abriría las puertas del éxito en mi nueva carrera. Así que comencé a estudiar a fondo los conjuntos de habilidades. No me centré en todas las habilidades relacionadas con el marketing, como haría un generalista, del mismo modo que no me había enfocado en el liderazgo en general durante mi época corporativa. En lugar de eso dirigí mi atención a la publicidad por correo electrónico y la producción de video. Tomé cursos en línea sobre estos temas y acudí a seminarios. Contraté a un coach. Mi calendario estaba lleno de actividades para ir mejorando esas dos habilidades. Durante 18 meses me enfoqué casi exclusivamente en aprender y probar cosas nuevas relacionadas con la publicidad por correo electrónico y con la realización de videos. En particular, aprendí a capturar correos electrónicos y enviar a los suscriptores boletines semanales con un enlace a una capacitación en video destacada en mi blog. También aprendí a colocar todos mis videos en una zona exclusiva para miembros en línea y a cobrar a la gente para que accediera.

Dieciocho meses después descubrí que había tenido éxito como un pionero avezado en la educación en línea. Miles de personas se estaban inscribiendo a mis cursos en línea, y eso que algunos costaban más de 1 000 dólares. Mucha gente del sector pensó que se trataba de una especie de truco de magia o dieron por sentado que yo era algo así como un genio del internet. Ninguna de esas dos afirmaciones era cierta. Solamente había mirado hacia el futuro, había identificado lo que me hacía falta para ganar en el sector en los años siguientes y, después, había reordenado mis actividades para aprender las habilidades que necesitaba para tener éxito. La lección era sencilla, pero poderosa:

> **Mira hacia el futuro.**
> **Identifica las habilidades clave.**
> **Prepara de forma obsesiva dichas habilidades.**

Esto parece sencillo, pero en un mundo donde estamos tan distraídos y somos tan reactivos se ha convertido en un arte perdido. Nos olvidamos de ir construyendo nuestro plan de vida, incluso aquellos de nosotros que estamos en los niveles más altos. Recuerdo que una vez tuve la suerte de que me llevaran a hablar con Oprah Winfrey y su equipo directivo. El momento de iluminación se dio con la idea de que las personas de alto rendimiento arman su propio programa. Recuerdo que me sorprendió que, después de terminar la capacitación, de todo lo que había dicho, el equipo publicó una cita mía para resumir nuestra sesión: "Si dejas tu crecimiento al azar, siempre vivirás en la tierra de la mediocridad".

Espero que la moraleja quede clara: sea cual sea tu nivel actual de rendimiento, tener claro cuál es tu PFI y las habilidades que necesitas dominar para alcanzar tu siguiente nivel de éxito debe ser una prioridad.

Reconectar con tu pasión y establecer una estructura para aprender más habilidades relacionadas con ella es un punto de inflexión. Es sólo una de las estrategias que aplicó Kate para irrumpir en la sensación que tenía de simplemente dejarse llevar. Pasamos un tiempo hablando sobre lo que le iba a suponer triunfar en su PFI en los 10 años siguientes, y se dio cuenta de que podía aprender nuevas habilidades relacionadas con su sector. Después de inscribirse a unos cuantos cursos y de encontrar un mentor en su trabajo que la iba a ayudar a aprender más, me envió este correo:

Es sorprendente, pero en algún punto de mi carrera me volví tan buena en lo que estaba haciendo que me olvidé de lo mucho que me gustaba aprender. Dejé de ver lo que necesitaba aprender en el futuro. Pero hoy he terminado un curso en línea, y no puedo describir lo plena que me siento por ese simple hecho. Ha sido como graduarse de la preparatoria de nuevo. Ese tipo de optimismo ante el futuro volvió a mi vida porque aprender abre la mente y le ruega que entre al juego. No puedo creer que cambiar la forma en la que me sentía fuera tan fácil como decidir aprender de nuevo.

Tú puedes seguir el ejemplo de Kate. Prueba con esto:

1. Piensa cuál es tu PFI y escribe tres habilidades que son características de las personas que tienen éxito en dicho campo.
2. Debajo de cada habilidad, escribe lo que vas a hacer para aprenderla. ¿Vas a leer, a practicar, a conseguir un coach, irás a una capacitación? ¿Cuándo? Establece un plan para aprender estas habilidades, anótalo en tu calendario y sé constante.
3. Ahora, piensa en tu PFI y escribe tres habilidades que necesitarás para tener éxito en ese campo de aquí a cinco o 10 años. En otras palabras, trata de imaginar el futuro. ¿Cuáles son los conjuntos de habilidades nuevos que necesitarás con mayor probabilidad? No pierdas de vista esas habilidades y comienza a aprenderlas lo antes posible.

## Servicio

Había pasado demasiado tiempo desde que Kate había sentido que estaba marcando la diferencia. Había perdido el espíritu de servicio hacia los demás, y eso es lo que le había provocado simplemente dejarse llevar en el trabajo. Aunque allí no había cambiado nada, comenzó a ver sus días como una serie de tareas vacías. En particular, aunque era una líder excepcional en el trabajo y sentía en serio el espíritu de servicio cuando lideraba sus equipos, había perdido su conexión con aquellos a quienes afectaba su trabajo en última instancia: sus clientes.

Resultó que Kate no había hablado con ninguno de sus clientes en años. Se había convertido en una ejecutiva interna en una gran compañía, muy alejada de la línea del frente... y de las personas a las que su organización servía en realidad. Así que comenzó la práctica mensual de ir a visitar a sus clientes; escuchaba lo que le tenían que decir y les preguntaba lo que querían que su compañía hiciera por ellos en el futuro. Muy pronto, su entusiasmo por el trabajo regresó con fuerza.

El último de los cuatro futuros, después de lo personal, lo social y las habilidades, está relacionado con el modo en el que las personas de alto rendimiento ven el mañana y tienen en cuenta su servicio hacia el mundo. En particular, las personas de alto rendimiento se preocupan profundamente por la diferencia que marcarán ante los demás y en el futuro en general, por lo que organizan sus actividades actuales para que su contribución sea sincera y elegante. Esto puede sonar como una descripción muy amplia, pero así es como hablan las personas de alto rendimiento. Suelen hablar de lo importantes que son todos los esfuerzos adicionales que hacen para maravillar a las personas en la actualidad para dejar un legado en el día de mañana. Ése es el motivo por el cual a muchas personas de alto rendimiento les importan de verdad los detalles del modo en el que tratan a los demás o se acercan a su trabajo. Un mesero de alto rendimiento se obsesiona por que la mesa esté puesta con simetría y precisión, no sólo porque es su trabajo, sino porque se preocupa por la experiencia total del cliente y por el modo en el que se percibirá al restaurante, ahora y en el futuro. Un diseñador de productos extraordinario se obsesiona con el estilo, la adecuación y la función, no sólo para que las ventas sean muy altas esta temporada, sino también para crear auténticos admiradores y servir a una visión más amplia de la marca. Lo que tiene en común todo esto es el enfoque en el futuro que encierra esta pregunta: "¿Cómo puedo servir a la gente con excelencia y que mi contribución ante el mundo sea extraordinaria?"

Lo contrario es fácil de detectar.

**Cuando alguien se desconecta del futuro
y de su contribución al mismo, rinde por debajo
de sus posibilidades.**

No tiene nada por lo que emocionarse ante el mañana, por lo que deja de preocuparse por los detalles de hoy. Por eso es tan importante que los líderes estén involucrando constantemente a sus equipos en conversaciones sobre el mañana.

¿Qué es lo que dará el mayor valor a aquellos a los que sirves? Las personas de alto rendimiento están obsesionadas con esta pregunta. Y no uso la palabra *obsesionar* a la ligera. En nuestras entrevistas, descubrimos que las personas de alto rendimiento dedican gran cantidad de sus pensamientos a preguntas acerca del servicio: cómo añadir valor, inspirar a quienes los rodean y marcar la diferencia. Su atención en esta área podría describirse mejor como una búsqueda de relevancia, diferenciación y excelencia.

La relevancia tiene que ver con eliminar aquello que ya no importa. Las personas de alto rendimiento no viven en el pasado y no mantienen sus proyectos favoritos en primer plano. Se preguntan "¿qué es lo que importa ahora y cómo puedo aportar?" La diferenciación permite que las personas de alto rendimiento se fijen en su sector, su carrera e, incluso, sus relaciones, por lo que las hace únicas. Quieren destacar por lo que son y añadir más valor que los demás. La excelencia proviene de un criterio interno que se pregunta "¿cómo puedo aportar más de lo que se espera de mí?" Para las personas de alto rendimiento, la pregunta "¿cómo puedo servir con excelencia?" interesa probablemente más que cualquier otra.

De nuevo, en un gran contraste, las personas de bajo rendimiento están demasiado centradas en sí mismas frente al servicio. Para ellas tiene más presencia en su mente la pregunta "¿qué quiero yo ahora?" que "¿qué es lo que quieren ahora las personas a las que sirvo?" Se preguntan "¿cómo puedo arreglármelas con el mínimo esfuerzo?" y no "¿cómo puedo servir con excelencia?" Las personas de bajo rendimiento se preguntan "¿por qué no reconocen mis fortalezas únicas?", mientras que las personas de alto rendimiento se preguntan "¿cómo puedo servir de forma única?"

Al final de este capítulo encontrarás una hoja de ejercicios en la que se resumen todas las ideas de los cuatro futuros. De momento, permíteme presentarte un apartado con el que terminarán todas las prácticas de este libro, llamado "Apuntes sobre el rendimiento". Estos apuntes son actividades en las que tienes que terminar oraciones y que te ayudarán a reflexionar un poco más sobre los importantes conceptos que estás aprendiendo. Te recomiendo que escribas y completes cada uno de estos enunciados en un diario aparte. Si quisieras tener un libro de ejercicios con todos los apuntes incluidos y más espacio para la reflexión, consulta HighPerformanceHabits.com/tools.

Puedes usar la hoja de ejercicios o uno de tus diarios para dar rienda suelta a tus pensamientos; de todos modos, yo te sugiero que te sientes y escribas lo que quieres lograr en la vida. Sin objetivos no hay crecimiento. Sin claridad no hay cambio.

---

**Apuntes sobre el rendimiento**

1. Cuando pienso en los cuatro futuros (personal, social, habilidades y servicio), el área en la que no he tenido tanta intención como debería es...

2. Las áreas en las que no he tenido en cuenta a quienes estoy sirviendo y liderando son...

3. Para dejar un legado que perdure, las contribuciones que puedo comenzar ahora son...

---

## SEGUNDA PRÁCTICA

### DECIDE QUÉ SENTIMIENTO ESTÁS BUSCANDO

"No te preguntes qué necesita el mundo.
Pregúntate qué te hace sentir vivo y hazlo.
Porque lo que el mundo necesita es más gente que se sienta viva."
—Howard Thurman

Esta segunda práctica te ayudará a aumentar y mantener la claridad en tu vida y consiste en preguntarte con frecuencia "¿cuál es el sentimiento principal que quiero aportar a esta situación y cuál es el sentimiento principal que quiero obtener de esta situación?"

La mayoría de la gente es pésima en esto. En especial las personas de bajo rendimiento son muy descuidadas con el tipo de sentimientos que están experimentando o quieren experimentar en la vida. Se tropiezan con las situaciones y dejan que éstas definan cómo se sienten. Esto explica por qué tienen una baja conciencia de sí mismas y un autocontrol muy pobre.

Las personas de alto rendimiento demuestran un grado elevadísimo de inteligencia emocional y de lo que yo llamo "sentimiento de voluntariedad". En situaciones donde se exige rendimiento pueden describir sus emociones con exactitud, pero, lo que es más importante, también pueden calibrar el significado que extraen de estas emociones y determinar los sentimientos que pueden soportar.

Voy a darte un ejemplo. Trabajé con un velocista olímpico que estaba en la cima de su rendimiento ese año. Pero en años anteriores sus participaciones habían sido bastante erráticas. A veces ganaba una competición; otras, ni siquiera lograba clasificar. Cuando me llamaron para trabajar con él, llevaba una racha ganadora de un año. En nuestra primera sesión juntos le pregunté:

—Si tuvieras que describir por qué estás ganando ahora, con sólo tres palabras, ¿cuáles serían?

Él dijo:

—Sentimiento, sentimiento, sentimiento.

Cuando le pedí que se explicara, él dijo:

—Tenía muy claras las sensaciones que necesitaba en mi mente y cuerpo antes de entrar en la pista, cuando me preparaba en los tacos de salida, lo que sentía en medio del *sprint* y lo que quería sentir después de cruzar la meta, e incluso cuando iba de camino al túnel.

Le pregunté si eso quería decir que tenía control sobre sus emociones y ya no experimentaba ansiedad por su rendimiento. Se rio.

—No. Cuando estoy en los tacos de salida mi cuerpo sigue sintiendo la energía y la emoción de toda la situación… Mi cuerpo es consciente de forma natural de lo que está en juego, y tengo una emoción de [algo de miedo] que sigue ahí pase lo que pase. Pero no siento nervios. Defino la sensación. Me digo a mí mismo que lo que estoy sintiendo es una sensación de buena disposición, de agitación.[10]

He oído a muchísimas personas de alto rendimiento describir esta práctica de una u otra forma. Pueden sentir su estado emocional en un momento determinado, pero suelen elegir anularlo definiendo lo que quieren sentir.

Hagamos una pausa para distinguir entre emociones y sentimientos. Aunque los investigadores no se ponen de acuerdo en definir lo que es una emoción, muchos concuerdan en que las emociones son distintas a los sentimientos.[11] Por lo general las emociones son instintivas.

Un desencadenante —que puede ser una situación externa o simplemente nuestro cerebro anticipando algo— genera una respuesta emocional como miedo, diversión, tristeza, ira, alivio o amor. A menudo, la respuesta emocional ocurre sin que intervenga nuestra voluntad consciente; tal sólo sentimos la emoción de repente porque el cerebro interpretó algo que estaba pasando y le adjudicó un significado y una emoción, guiado principalmente por cómo habíamos sentido la situación en el pasado. Esto no quiere decir que seamos conscientes de todas nuestras emociones ni que no podamos generar una emoción de forma consciente. Por ejemplo, ver a tu hijo pequeño sonreírte puede inundarte de alegría el corazón, pero también puedes hacer que aparezca la emoción de la alegría pensando de manera consciente en ese mismo hecho un poco después o sin el estímulo real. Aun así, la gran mayoría de las emociones que sentimos en la vida son automáticas y físicas.

La palabra *sentimiento* en este caso se usa para referirse a una representación mental de una emoción. No es que sea una afirmación muy precisa, pero es útil para nuestros propósitos: piensa en una emoción casi como una reacción, y en un sentimiento como una interpretación.[12] Como en el caso del velocista, la emoción del miedo puede aparecer, pero no tienes que elegir sentirte asustado y salir corriendo. Puedes experimentar la emoción repentina del miedo, pero en el siguiente instante decidir permanecer centrado. Siempre que te tranquilizas estás decidiendo tener un sentimiento distinto a la emoción que puede haberte poseído. Antes de entrar en una situación que exija rendimiento, las personas de alto rendimiento piensan en cómo se quieren sentir, sin importar las emociones que puedan presentarse, y visualizan cómo quieren sentirse al dejar la situación, sin importar qué emociones puedan presentarse. Después ejercen autocontrol para lograr dichas intenciones.

A continuación te presentaré otro ejemplo que muestra esta dinámica en juego. Si estoy en una reunión y de repente la gente empieza a discutir con un tono negativo, es probable que experimente emociones inmediatas como miedo, ira o tristeza. La respuesta es bastante predecible: el corazón comenzará a latirme muy fuerte; las manos, a sudar; la respiración se tornará superficial. Esas emociones pueden llegar a suscitar el sentimiento de temor o ansiedad. Sabiendo esto, puedo decidir sentirme diferente en la reunión, aunque dichas emociones aparezcan por instinto. Puedo decirme a mí mismo que las emociones sólo me están avisando para que preste atención, me defienda o sienta empatía hacia los demás. En lugar de dejar que la emoción evoque el sentimiento de temor, puedo dejar que suceda, respirar profundo un par de veces y decidir estar alerta, pero tranquilo. Puedo seguir respirando profundo, hablar en un tono neutral, sentarme cómodamente en la silla, pensar de forma positiva sobre las personas de la sala, elegir ser una fuerza tranquilizadora en medio de la tormenta; todas estas decisiones generan un nuevo sentimiento que es distinto al que apareció al principio.

Mis emociones automáticas no tienen<br>por qué estar a cargo. Mis sentimientos son míos.

Con el tiempo, si decido crear los sentimientos que quiero a partir de mis emociones, es probable que el cerebro se acostumbre a mis nuevos sentimientos. De pronto el miedo ya no se siente tan mal, porque el cerebro ha aprendido que sabré lidiar con él. Mis antiguas referencias de cómo me sentía después de la emoción han cambiado, y eso puede cambiar el poder de la emoción automática en sí.[13] Posiblemente la emoción de miedo siga apareciendo, pero ahora el sentimiento que tengo a partir de ella es lo que creé en el pasado.

Las emociones van y vienen. En su mayor parte son inmediatas, instintivas y físicas. Pero los sentimientos duran, y a menudo son el resultado de la reflexión, sobre la cual sí tienes el control. La ira puede ser la emoción que aparezca, pero el rencor (un sentimiento duradero) no tiene por qué ser tu sentencia de muerte.

Esto puede sonar como si sólo estuviera diseccionando palabras, y vuelvo a admitir que mis descripciones son poco precisas[14] (ninguna descripción de cualquier función de la mente o el cuerpo puede ser precisa, porque siempre hay una diferencia, y ningún pensamiento o emoción es una isla; nuestros sentidos e intenciones interactúan y se superponen en una vasta red neuronal). Pero comparto esto aquí porque es muy obvio que las personas de alto rendimiento están generando los sentimientos que quieren con más frecuencia de la que están aceptando las emociones que aterrizan sobre ellas. Cuando los atletas de alto rendimiento dicen que están tratando de concentrarse al máximo, lo que quieren decir es que están tratando de usar su atención consciente para estrechar su enfoque y sentirse concentrados al cien por ciento. La concentración máxima no es una emoción que pase así sin más; los atletas llegan ahí tras minimizar las distracciones y sumergirse en lo que están haciendo. Para los atletas de primer nivel y las personas de alto rendimiento de cualquier condición social el *flow* es un sentimiento que ellos mismos eligen. Lo invocan; no se trata de una emoción afortunada que, convenientemente, aparece justo en el momento del pistoletazo de salida.

Cuando dejamos de ser conscientes de nuestros sentimientos es cuando estamos en problemas. Entonces, la negatividad del mundo puede comenzar a mezclar las emociones negativas, y éstas, si no controlamos su significado, pueden evocar sentimientos negativos a largo plazo que, a su vez, preparan el escenario de una vida terrible. Pero si buscamos experimentar la vida y todas sus emociones y, aun así, decidimos sentirnos centrados, felices, fuertes y cariñosos durante todos los altibajos, entonces habremos logrado algo muy poderoso. Blandiremos el poder de los sentimientos deliberados, y de pronto la vida se sentirá como queríamos que fuera.

Eso es lo que había estado olvidando Kate. Se había perdido muy a menudo en un mar de emociones impredecibles. No estaba decidiendo sentirse de un modo por encima de otro. No era consciente de cómo estaba tratando las emociones y experiencias, por lo que se volvió simplemente reactiva. No estaba dejándose llevar. Estaba atravesando emociones, por lo que ya no estaba sintiendo la vida de la forma que ella quería.

Todo lo que tuve que hacer fue conseguir que ella eligiera cómo se quería sentir en cada situación en la que se encontrara, y esa simple intención y actividad atrajeron más vitalidad y color de nuevo en su vida.

En tu vida diaria, comienza a preguntarte "¿qué quiero sentir hoy? ¿Cómo podría definir el significado del día para sentir lo que quiero?". La próxima vez que tengas una cita con alguien piensa en los sentimientos que quieres crear. Antes de sentarte con tu hijo para ayudarlo con las matemáticas, pregúntate "¿qué es lo que quiero sentir cuando ayudo a mi hijo? ¿Qué sentimientos quiero que tengan sobre mí, sobre las tareas, sobre su vida?" Este tipo de claridad e intención cambiará el modo en el que vives la vida.

**Apuntes sobre el rendimiento**

1. Las emociones que he estado experimentando mucho últimamente son…

2. Las áreas de la vida donde no estoy teniendo los sentimientos que quiero son…

3. Los sentimientos que quiero experimentar más en la vida son…

4. La próxima vez que sienta que va a aparecer una emoción negativa, me diré a mí mismo…

## TERCERA PRÁCTICA

### DEFINE LO QUE ES IMPORTANTE

*"La infelicidad es no saber lo que queremos y matarnos para conseguirlo."*
—Don Herold

Las personas de alto rendimiento pueden hacer casi todo lo que su corazón y su mente se propongan. Pero no todas las montañas merecen escalarse. Lo que diferencia a las personas de alto rendimiento de los demás es su ojo crítico para descubrir lo que va a ser significativo para su experiencia de vida. Pasan más tiempo haciendo cosas que consideran significativas, y eso las hace felices.

No es la falta de fuerza lo que nos aprisiona en las vidas que no vivimos. Más bien es la falta de una causa decisiva, algo por lo que merezca la pena esforzarse, un propósito ambicioso que nos incendie el corazón y nos ponga a marchar hacia adelante. Nuestro esfuerzo para lograr una vida significativa es uno de los principales factores asociados con el bienestar psicológico.[15]

¿Pero qué queremos decir con *significado*?

Cuando la mayoría de la gente habla sobre "significado en el trabajo" suele comentar *a)* el disfrute de las tareas de su trabajo, *b)* la coincidencia de los valores personales con el trabajo, y *c)* el cumplimiento de los resultados del trabajo.

Cuando los investigadores tratan de identificar qué es significativo para la gente, suelen enfocarse en lo importante que consideras una actividad para ti, cuánto tiempo pasas en ella, tu compromiso o tu apego a dicha actividad y si harías el trabajo, aunque estuviera mal remunerado. Tratan de descubrir si ves el trabajo simplemente como un empleo, o una carrera importante o una vocación.[16] Suelen asociar un sentido de propósito claro con un sentido general de significado en la vida.[17]

¿Las personas de alto rendimiento ven el significado de la misma forma? Elegimos a 1 300 personas al azar de entre quienes habían logrado el 15% más alto del HPI y les formulamos este tipo de preguntas:

- ¿Cómo sabes cuándo estás haciendo algo significativo?
- ¿Qué se siente?
- Si tuvieras que elegir entre dos proyectos buenos, ¿cómo lograrías elegir aquel que fuera más significativo para ti?
- ¿Cómo sabes cuándo estás haciendo algo que no está aportando significado a tu vida?
- Al final de tus días, ¿cómo sabrás si viviste una vida significativa?

Como las preguntas eran abiertas, las analizamos en búsqueda de patrones. Lo que surgió fue que las personas de alto rendimiento tendían a asociar cuatro factores con un significado.

En primer lugar, relacionaban el entusiasmo con el significado. Cuando se veían orilladas a elegir entre dos proyectos, por ejemplo, muchas dijeron que se decidirían por aquel que les entusiasmara más. Este hallazgo encaja con las conclusiones de la investigación, que indican que el entusiasmo predecía de forma independiente la satisfacción en la vida, las emociones positivas, menos emociones negativas, un dominio absoluto del entorno, el crecimiento personal, las relaciones positivas, la aceptación de uno mismo, el propósito en la vida, el compromiso, el significado y los logros.[18] Está claro que si quieres tener una vida positiva harías bien en invocar la mayor cantidad de entusiasmo posible. Este hallazgo me inspiró a formularme esta pregunta cada mañana en la regadera: "¿Por qué asunto puedo entusiasmarme o emocionarme hoy?" Esa pregunta tan sencilla ha cambiado la forma en la que me enfrento a cada día. Prueba a hacértela tú.

La segunda unión con el significado era la conexión. Las personas que se aíslan socialmente informan que su vida ha perdido significado.[19] Las relaciones sociales, sobre todo con las personas más cercanas a nosotros, son las fuentes que le aportan significado a la vida más mencionadas.[20]

Como todos los demás, las personas de alto rendimiento valoran las relaciones que tienen en la vida y en el trabajo. Sin embargo, lo que éstas tienen de especial es que la conexión suele estar directamente relacionada con el significado, sobre todo en el trabajo. La conexión no se trata tanto de la comodidad sino del reto. En otras palabras, las personas de alto rendimiento sienten que su trabajo tiene más significado cuando están en un grupo de colegas que las desafía. También en su día a día valoran estar rodeadas de personas inspiradoras que las empujan para crecer más que, digamos, con personas con las que sólo resulta divertido estar o son amables.

En tercer lugar, aquellos con alto rendimiento relacionan la satisfacción con el significado. Si lo que están haciendo crea una sensación de satisfacción personal, sienten que su vida es más significativa. Saber qué significa "satisfacción" para las personas es tan difícil como descubrir cómo definen "significativo". Pero para las personas de alto rendimiento existe una ecuación muy evidente para lo que lleva a la satisfacción personal. Cuando tus esfuerzos se corresponden con una de tus pasiones principales, te hacen crecer a nivel personal o profesional, y con ellos haces una contribución clara y positiva respecto a los demás, tiendes a decir que esos esfuerzos son satisfactorios.

Pasión + Crecimiento + Contribución = Satisfacción personal

Otros investigadores han descubierto que la seguridad, la autonomía y el equilibrio también pueden ser importantes de cara a la satisfacción, sobre todo en el trabajo.[21]

La cuarta forma en la que las personas de alto rendimiento dicen que sus esfuerzos tienen significado es porque les hace sentir que su vida "tiene sentido". Los psicólogos llaman a este fenómeno *coherencia*.[22] Significa que la historia de tu vida —o de acontecimientos recientes en tu vida— te resulta comprensible de algún modo.

Esta sensación de coherencia parece ser especialmente importante para las personas de alto rendimiento. Quieren saber que sus esfuerzos se ajustan a algo importante, que su trabajo es significativo, y que su vida está creando un legado y alimentando un propósito mayor.

A menudo, el deseo de que todo tenga sentido es más importante para una persona de alto rendimiento que la autonomía y el equilibrio. Dejarán a un lado su propio deseo de control o equilibrio entre el trabajo y la vida si sienten que lo que están haciendo tiene sentido y aporta algo a un todo superior.

En definitiva, es necesario llevar a cabo más investigaciones sobre el modo en el que las personas de alto rendimiento ven el significado. Aun así, mis investigaciones junto con mi equipo son un buen punto de partida. Esta sencilla ecuación puede resultarte útil:

Entusiasmo + Conexión + Satisfacción + Coherencia = Significado

No es necesario que todos estos factores se den al mismo tiempo para que sintamos el significado. A veces simplemente ver a tu hijo pasar por la habitación puede ser suficiente. O terminar ese informe tan importante. Una cita agradable o ser el anfitrión de un almuerzo de orientación puede hacer que la vida tenga significado.

Lo importante es esto: *tienes que pensar de forma más consciente y constante respecto a lo que encontrarás significativo en la vida.* Puedes empezar analizando tus propias definiciones de significado y cómo mejorarlo en tu vida. Cuando descubres la diferencia entre el trabajo improductivo y el trabajo de tu vida has dado el primer paso en el camino hacia el propósito.

---

**Apuntes sobre el rendimiento**

1.  Mis actividades actuales que más significado me aportan son...
2.  Las actividades o proyectos que debería dejar de hacer, porque no me aportan ningún significado, son...
3.  Si tuviera que añadir nuevas actividades que me aportaran más significado, las primeras serían...

## ES LA HORA DE UNIRLO TODO

"El significado de la vida es lo que sea que le atribuyas."
—Joseph Campbell

Debes tener una visión de ti mismo en el futuro. Tienes que percibir cómo quieres sentirte y qué será significativo para ti. Sin esas prácticas, no tienes nada por lo que soñar ni por lo que esforzarte, nada de emociones y diversión en tu día a día que te lancen hacia adelante.

Hemos hablado de muchas cosas en este capítulo. ¿Cómo unimos todas estas nociones para que nuestras prácticas para lograr la claridad sean fuertes y constantes?

Recomiendo lo mismo que hice por Kate, quien sentía que sólo estaba dejándose llevar en el trabajo, sus relaciones y su vida. Recordarás que era tan buena que ya no le era necesario seguir intentándolo. Se olvidó de mirar hacia el futuro y tener intenciones firmes, lo que la llevó a estar ocupada, pero insatisfecha. La llevó a sentirse perdida. Para ayudarla a reorientarse, hice que comenzara con un sencillo hábito de contemplación que tocara todas las prácticas que has aprendido en este capítulo. Le di a Kate una herramienta llamada la gráfica de la claridad (Clarity Chart™). Es una hoja de diario que le pedí que escribiera todas las tardes de los domingos durante 12 semanas. A continuación encontrarás la versión reducida, pero puedes descargar la versión completa en HighPerformanceHabits.com/tools.

No es necesario que llenes la gráfica cada semana (no estás obligado a hacer nada de lo que te estoy sugiriendo). Pero te prometo que esta actividad te ayudará, aunque tus respuestas no cambien mucho de una semana a otra. La claridad que se logra con el alto rendimiento se da porque colocamos estos conceptos en el tablero de nuestra mente consciente. Es posible que hayas pensado de vez en cuando en los conceptos de los que hemos hablado en este capítulo. Pero nuestro objetivo es concentrarnos en ellos con más constancia que nunca. Eso es lo que provoca el cambio. Con una mayor concentración llegará una mayor claridad, y con ella llegarán acciones más constantes y, al final, el alto rendimiento.

## La gráfica de la claridad

Puedes descargar la versión semanal imprimible en HighPerformance-Habits.com/tools (en inglés).

| **Personal** | **Social** |
|---|---|
| Tres palabras que describen la mejor versión de mí mismo son… | Tres palabras que podrían definir cómo quiero tratar a los demás son… |
| _____ | _____ |
| _____ | _____ |
| _____ | _____ |
| Algunas ideas de cómo puedo aterrizar estas palabras con más frecuencia la próxima semana son… | Algunas personas en mi vida con las que podría mejorar mis interacciones esta semana son… |
| **Habilidades** | **Servicio** |
| Las cinco habilidades que más estoy tratando de mejorar en estos momentos de mi vida son… | Tres formas sencillas en las que puedo añadir valor a quienes me rodean esta semana son… |
| _____ | _____ |
| _____ | _____ |
| _____ | _____ |
| La forma en la que puedo aprender o practicar esas habilidades esta semana es… | Algo que podría hacer esta semana con excelencia y concentración real para ayudar a alguien más es… |

**Concéntrate en el sentimiento**

Los principales sentimientos que quiero cultivar en mi vida, mis relaciones y mi trabajo esta semana son…

La forma en la que generaré estos sentimientos será…

**Define lo que es importante**

Algo que puedo hacer o crear y me aportará más significado en la vida es…

# GENERAR ENERGÍA

"El mundo pertenece a las personas más enérgicas."
—Ralph Waldo Emerson

LIBERA TENSIONES, ESTABLECE INTENCIONES

TRAE LA ALEGRÍA

MEJORA LA SALUD

**—Si sigo con este ritmo acabaré por consumirme, o puede que hasta llegue a morirme.**

Arjun se ríe y se mueve incómodo en su silla.

—Entonces todo esto no sirvió de nada.

Su aspecto es el de alguien que prácticamente no ha dormido en meses. Tiene la cara hundida. Los ojos rojos, y ya no le brillan como antes. Ya no tiene la carga energética que se veía en la portada de esa revista de negocios del año pasado.

Finjo sorpresa.

—Así que morirte, ¿eh? ¿Y cuándo crees que eso pueda "llegar a pasar"? ¿Estamos hablando de la próxima semana? ¿De este año? ¿Del próximo?

—No estoy seguro. Pero no se lo digas a nadie.

Es muy valiente al contarme esto. A nadie le gusta admitir que ha estado trabajando a morir. Sobre todo, aquí en Silicon Valley, lo de trabajar sin parar es como una medalla de honor. Esta península está llena de adictos al trabajo, jóvenes e inteligentes, hinchados de cafeína y sueños de convertirse en multimillonarios en unos cuantos años.

Hace seis horas me llamó un amigo y me pidió si podía añadir a Arjun a la conversación para presentarnos. Intercambiamos algunos cumplidos y dos horas después llegó a recogerme el jet privado de Arjun. Ahora estoy sentado en una sala de conferencias totalmente acristalada en sus oficinas cera de San Francisco. Son las tres de la mañana y somos los únicos en el edificio. Algunos triunfadores no bajan la guardia hasta después de la medianoche.

No estoy del todo seguro de la razón por la que me ha traído volando hasta aquí. Por teléfono, sólo me dijo que era urgente y que pensaba que yo podía ayudarlo. Yo siempre había querido conocerlo algún día, así que accedí.

—¿Qué te pasa? —le digo—. No creo que me hayas traído volando hasta aquí para hacer de mamá y para que te diga que tienes que dormir más.

Se ríe y se recuesta en la silla.

—No. No es por eso. Sé que necesito descansar más.

—¿Y aun así no descansas?

—Lo haré.

Ya he oído esto antes. La historia ésa de que algún día me cuidaré más.

—Ahora mismo tengo que apurarme —dicen todos—. Para crecer. Para apoderarme del mundo.

—Bueno, eso no es verdad, Arjun. Y está bien. La verdad es que no te vas a calmar. Seguirás trabajando duro y a un ritmo descabellado, como llevas haciendo los últimos 15 años. No te consumirás. Sólo te deprimirás terriblemente y sin remedio. Te despertarás un día, aún más rico y satisfecho de lo que estás ahora, y la vida no se sentirá como querías que fuera. Entonces tampoco te consumirás. Pero tomarás una pésima y abrupta decisión. Renunciarás o fracasarás. Te darás cuenta de que tu cuerpo y tu mente no te defraudaron; fueron tus decisiones. Pero supongo que ya sabes eso.

—Sí —dice, mientras se sube la manga izquierda de la camisa. Señala la marca de una aguja—. No te asustes. No son drogas. Estoy haciendo eso del coctel de Myers. Un montón de vitamina B y esas cosas. Me parece que no está ayudando mucho, ¿sabes?

No muestro ninguna reacción. A estas alturas ya he visto de todo: todos esos parches, recetas y dietas relámpago que usa la gente en un intento desesperado de revitalizar su vida. Cuando las personas quieren ganar ventaja, casi siempre suelen buscar en el exterior.

—Entonces, ¿qué te ayudaría, Arjun? Eres un tipo inteligente; probablemente ya sepas las respuestas. Por eso, con todo respeto, no quiero que pierdas el tiempo. Son las tres de la mañana. ¿Por qué estoy aquí?

—Quiero volver a sentirme bien. Ya no quiero estar en una montaña rusa emocional. No quiero estar cansado. Tiene que haber una forma para vencer y seguir siendo feliz. La gente dice que es posible. Pero en 40 años yo no la he descifrado, te lo aseguro. Pero sé que tú me puedes ayudar.

—¿Y cómo sabes eso?

Arjun se sube la manga del otro brazo. Se sujeta la muñeca en alto y me enseña una pulsera de cuero, con una cita mía. La señala con el dedo.

—Quiero tener esto otra vez, hermano.

—¿Quién te la dio?

—Mi esposa. Es vergonzoso, pero te lo contaré. Estamos teniendo problemas. Ella fue a uno de tus cursos. Ahora es otra persona. Dijo que me compró esto porque yo lo necesitaba. Porque los dos lo necesitábamos.

—¿Tenía razón?

Suspira y se levanta, acercándose a mí, y mira por la cristalera hacia los otros despachos.

—No puedo… no puedo lograr que toda esta gente siga subiendo si yo me siento tan decaído. Mi energía se está hundiendo. El equipo lo nota. No estoy feliz y no quiero sentirme más así.

La inscripción en la pulsera de cuero dice TRAE LA ALEGRÍA.

## FUNDAMENTOS DE LA ENERGÍA

"La energía es la delicia eterna."
—William Blake

Como te imaginarás, hace falta mucha energía para tener éxito a largo plazo. Las personas de alto rendimiento tienen el triplete mágico de la Energía con "E" mayúscula —la del tipo holístico que incluye a la vitalidad positiva y duradera, tanto mental como física y emocional. Es la fuerza clave que las ayuda a rendir mejor en muchas áreas de su vida. Es la razón por la que las personas de alto rendimiento tienen mucha más pasión, resistencia y motivación. Si logras acceder a la Energía con "E" mayúscula almacenada en tu interior, el mundo es tuyo.

En nuestra investigación sobre el alto rendimiento, para medir la energía pedimos a la gente que se evaluara a sí misma en una escala del 1 al 5 con afirmaciones como éstas:

* Tengo la resistencia mental necesaria para estar presente y concentrado a lo largo del día.
* Tengo la energía física necesaria para lograr mis objetivos cada día.
* Por lo general, me siento animado y optimista.

También revertíamos la puntuación con afirmaciones como:

• Mi mente se siente lenta y confusa.
• Me siento exhausto físicamente con demasiada frecuencia.
• Siento muchas emociones y energía negativas.

Te darás cuenta de que la energía no sólo es física, que es como muchas personas la conciben. La lucidez mental también es importante. Al igual que las emociones positivas. De hecho, a las tres se las ha relacionado directamente con el alto rendimiento. Así que cuando use la palabra *energía* en este libro no te olvides de que abarca todo el espectro de la vitalidad mental, emocional y física.

El encabezado de nuestra investigación sobre este tema puede parecerte obvio: los bajos niveles de energía se relacionan directamente con puntuaciones generales de alto rendimiento bajas. Pero los detalles de los hallazgos seguro que captan tu atención:

Cuanto menor es tu puntuación en energía...

• menor es tu felicidad en general
• menor es tu entusiasmo para aceptar retos
• menor es tu percepción de tu propio éxito frente al de tus colegas
• menor es tu confianza cuando te enfrentas a la adversidad
• menor es el grado de influencia que tendrás ante los demás
• menor será la probabilidad de que comas bien o hagas ejercicio.

Una energía tan baja no sólo daña tu capacidad para alcanzar un alto rendimiento en general, sino que impregna todos los aspectos de tu vida. Te sientes menos feliz. No te enfrentas a los grandes desafíos. Sientes como si todo el mundo te estuviera pasando por encima. Tu confianza se derrumba. Comes peor. Engordas. La pasas mal para lograr que la gente confíe en ti, te compre, te siga o te apoye.

Sin embargo, la otra cara de la moneda también funciona. Aumenta tu energía y mejorarás todos esos factores.

Y aún hay más. La energía también está relacionada positivamente con los logros académicos, la creatividad y la confianza. Normalmente, esto significa que cuanta más energía tenga alguien, más probabilidad tendrá de alcanzar mayores niveles educativos, de que se le ocurran ideas más creativas en el trabajo y de defenderse y actuar para lograr sus sueños. Ése es el motivo por el cual las organizaciones y las instituciones académicas de todo el mundo deberían considerar muy seriamente mejorar las puntuaciones en energía de sus empleados y estudiantes.

En lo que se refiere a sus funciones laborales, los presidentes y directores ejecutivos tienen la energía más alta —bastante más que la de aquellos en otras funciones que hemos medido, como gerentes, trabajadores en sus inicios, estudiantes o becarios y cuidadores. Esto sigue siendo válido incluso aunque establezcamos un control por edades. Un hallazgo sorprendente fue que la energía de los presidentes y directores ejecutivos es equivalente a la de los atletas profesionales. Resulta que para llegar a ser presidente tienes que preocuparte por tu energía tanto como un mariscal de campo de la NFL, porque se ocupa aproximadamente la misma cantidad.

En conclusión: cuanta más energía tenga alguien, mayor probabilidad tiene de ser feliz y alcanzar la cima de su principal campo de interés.

Además, resulta que el matrimonio también es bueno para tu energía, así como para vivir una vida más larga. En nuestras encuestas, las personas casadas tienen más energía que aquellas que nunca se casaron.[1] Vamos, ve y diles a todos tus amigos que temen al matrimonio que eso que dicen de que el matrimonio te vuelve tonto, te agota o te pone de mal humor no tiene ningún fundamento.

Por último, la energía está bastante relacionada con la productividad.[2] Si alguna vez quieres llegar a hacer más, no es necesario que te compres ninguna aplicación nueva ni que organices mejor tus papeles. No se trata tanto de mejorar tus habilidades para escribir correos electrónicos, sino de mejorar tu energía.

Mi experiencia personal capacitando a personas extraordinarias da validez a los datos... y algo más. Muy a menudo veo que las personas se olvidan de concentrarse en su energía conforme van creciendo en su vida profesional, y es entonces cuando llega el desastre. He visto cómo la baja energía destruye matrimonios, convierte a las personas en monstruos estresados y aniquila años de beneficios económicos de muchas compañías en sólo unos meses tras el colapso de su presidente.

Casi todas las investigaciones actuales relacionadas con la salud confirman la importancia de nuestro bienestar, que es el término que se suele usar para describir un sentido más completo de la energía. Por desgracia, no somos buenos cuidando nuestro bienestar. Más de un tercio de los estadounidenses son obesos, lo que supone más de 147 mil millones de dólares a los Estados Unidos en gastos médicos.[3] Sólo alrededor de 20% de los estadounidenses logra superar la actividad aeróbica y muscular recomendada por los Centros para el Control y la Prevención de Enfermedades (CDC).[4] Otros estudios muestran que 42% de los estadounidenses adultos dice que no están haciendo lo suficiente para manejar el estrés, 20% dice que no hace ninguna actividad para aliviar o manejar el estrés y uno de cada cinco dice que no tiene a nadie en quien apoyarse para encontrar ayuda emocional.[5]

Uno de cada tres estadounidenses en activo padece de estrés crónico en el trabajo, y menos de la mitad dice que su organización apoya el bienestar de sus empleados.[6] Todo ello a pesar de que las compañías que promueven el bienestar de sus empleados son más productivas, sus gastos médicos son menores, retienen más tiempo a su gente, que, a su vez, toma mejores decisiones.[7]

El estrés es el factor decisivo que destruye la energía y el bienestar. Ralentiza la producción de células nuevas en el cerebro, reduce la serotonina y la dopamina (que son esenciales para el estado de ánimo), y activa la amígdala al tiempo que disminuye la función del hipocampo… convirtiéndote en una persona exhausta con una memoria muy mermada.[8]

Podríamos dedicar muchísimos libros al tema del bienestar y ni siquiera arañar la superficie. Pero quiero centrarme en las mediciones de energía como las describí al inicio de este capítulo, y ver cómo se correlacionan con el alto rendimiento personal.

La buena noticia es que puedes aumentar drásticamente tu energía y tu rendimiento en general con unas sencillas prácticas. Tu energía no es un estado emocional, mental o físico estático. Repito, no "tienes" la energía, como tampoco la tiene una central eléctrica. En ella, la energía se transforma y se transmite. De la misma forma, tampoco "tienes" felicidad. Más bien transformas tus pensamientos en sentimientos que son o no felices. No debes "tener" tristeza; puedes transformarla en algo más.

Esto quiere decir que no tienes que "esperar" a la alegría, la motivación, el amor, la emoción ni ninguna otra emoción positiva en tu vida.

Puedes decidir generarla, a tu gusto, en el momento que elijas, gracias al poder del hábito.

Como cualquier otra área de tu vida o cualquier otro conjunto de habilidades, puede mejorarse. A continuación te presentaré las tres grandes prácticas que he visto utilizar a las personas de alto rendimiento para mantener su ventaja y su energía.

## PRIMERA PRÁCTICA
- - - - - - - - - - - - -

### LIBERA TENSIONES, ESTABLECE INTENCIONES

*"La excelencia del ser humano es un estado mental."*
—Sócrates

En la década que llevo capacitando a personas de alto rendimiento he descubierto que la forma más sencilla, rápida y eficaz de ayudarlas a aumentar su energía es enseñarles a dominar las transiciones.

Cada día la gente pierde una gran cantidad de concentración, voluntad y energía emocional porque gestiona muy mal las transiciones. También pierde el beneficio de una resistencia mental y física mayor a lo largo del día.

¿A qué me refiero con las transiciones? Pues cada mañana, al despertarte y comenzar tu día, experimentas una transición del descanso a la activación. El inicio de tu día es una transición.

El momento en el que dejas a tus hijos y empiezas el trayecto… es una transición de pasar tiempo en familia a pasar tiempo manejando. Cuando llegas al trabajo, abres la puerta del auto y entras en la oficina es una transición de tu tiempo en soledad hacia el trabajo con otras personas.

En el trabajo, cuando terminas de crear una presentación y revisas tu correo… es una transición. Pasas del modo creativo al modo de revisión de correos. Cuando termina una reunión y regresas a tu escritorio, te sientas y te metes de lleno en una conversación telefónica también es una transición. Termina el día laboral, vuelves a meterte al auto y vas al gimnasio. Dos transiciones más. Llegas a casa después de un largo día y entras para convertirte en mami o papi. Transición.

Ya lo entendiste. Nuestros días se componen de distintas transiciones.

Estas transiciones son increíblemente valiosas; son un espacio muy poderoso de libertad entre actividades. En este espacio es donde descubrirás tu mayor fuente de restauración y amplificación de energía.

Piensa en todas las transiciones que experimentas durante el día.

Tómate unos minutos y anota algunas aquí:

------------------------------------------------------------------------

------------------------------------------------------------------------

------------------------------------------------------------------------

------------------------------------------------------------------------

------------------------------------------------------------------------

------------------------------------------------------------------------

------------------------------------------------------------------------

------------------------------------------------------------------------

------------------------------------------------------------------------

Ahora, déjame que te plantee algunas preguntas sobre estas transiciones:

- ¿Alguna vez te llevas la energía negativa de una actividad a la siguiente?
- ¿Alguna vez te sientes agotado y, aun así, pasas a tu siguiente actividad sin un descanso, aunque sabes que deberías tomarte un respiro?
- ¿Vas perdiendo el sentido de presencia y agradecimiento por la vida y por los demás conforme va avanzando el día?

La mayoría de la gente responde afirmativamente a las tres preguntas.

Estoy convencido de que si podemos hacer que cambies la forma en que pasas de una actividad a la siguiente podemos revitalizar tu vida. Así que… ¿estás listo para un experimento?

A partir de ahora, cuando pases de una actividad importante a otra, prueba hacer esto:

1. Cierra los ojos durante uno o dos minutos.
2. Repite la palabra *liberar* en tu mente una y otra vez. Mientras tanto, ordénale a tu cuerpo que libere toda la tensión en los hombros, en el cuello, en el rostro y la mandíbula. Libera la tensión de la espalda y las piernas. Libera la tensión de tu mente y tu alma. Si te resulta complicado, sólo céntrate en cada parte de tu cuerpo, respira profundo y repite la palabra *liberar* en tu mente. No tienes que hacerlo mucho tiempo; sólo repite la palabra *liberar* durante uno o dos minutos.
3. Cuando sientas que has liberado algo de tensión (¡no tiene por qué ser toda la tensión acumulada en tu vida!) pasa a la siguiente parte: ESTABLECE INTENCIONES. Esto quiere decir que pienses en lo que quieres sentir y lograr en la siguiente actividad que vas a llevar a cabo cuando abras los ojos. Pregúntate: "¿Cuánta energía quiero aportar para esta actividad que sigue? ¿Cómo puedo disfrutar el proceso?" Éstas no tienen por qué ser las preguntas exactas, pero sirven para darte una idea del tipo de preguntas que le indicarán a la mente que debe estar más presente en la siguiente actividad.

Esta actividad tan sencilla, practicada de forma consciente a lo largo del día, puede ayudarte a manejar mejor el estrés y ganar más presencia. Tiene un poder extraordinario.

¿No me crees? Inténtalo. Ahora mismo. Ya sabes qué hacer. Deja el libro durante 60 segundos. Respira profundo durante ese tiempo. Libera la tensión de tu cuerpo. Después, pregúntate: "¿Qué energía quiero sentir cuando retome la lectura? ¿Cómo puedo retener mejor la información? ¿Cómo puedo disfrutar aún más de la lectura de este libro?" Quién sabe, es posible que te sientas más presente en la lectura, que subrayes más párrafos y vayas a tu lugar preferido para leer o por más café para poder disfrutar aún más del libro. ¿Ves cómo funciona?

Ahora que ya sabes cómo funciona esta práctica, puedes imaginarte decenas de transiciones en las que aplicarla. Imagínate que estás a punto de contestar algunos correos. Tu siguiente actividad es comenzar a crear una presentación. En la transición entre ambas, aléjate un poco de tu escritorio y cierra los ojos un minuto o dos. Repite la palabra *liberar* hasta que sientas que la tensión se vaya y encuentres un momento de paz. Después, establece una intención sobre cómo quieres sentirte creando tu presentación y sobre cómo quieres que salga. Fácil.

Yo hago esta actividad de LIBERAR TENSIONES, ESTABLECER INTENCIONES antes y después del entrenamiento, antes de tomar el teléfono para llamar a alguien, antes de escribir un correo a mi equipo, antes de grabar un video, antes de salir del auto e ir a comer con amigos, antes de salir a un escenario frente a 20 mil personas. Me ha salvado muchas veces de la ansiedad y de un mal rendimiento: antes de entrar en una sala para que Oprah me entrevistara, antes de sentarme a cenar con un presidente de los Estados Unidos, antes de proponerle matrimonio a mi esposa. Todo lo que puedo decir es: ¡Gracias, Dios, por esta práctica!

Tú también puedes encontrar y reunir nueva energía y más vida en los momentos intermedios. Recuerda, sólo hace falta que te tomes unos minutos, cierres los ojos y LIBERES TENSIONES, ESTABLEZCAS INTENCIONES.

Si quieres ir más allá y alcanzar un mayor dominio, prueba con una práctica de 20 minutos, la técnica de meditación de liberación (RMT, por sus siglas en inglés). He entrenado a más de dos millones de personas en esta técnica de RMT, y me encuentro con estudiantes por todo el mundo que la consideran uno de los hábitos que han adoptado y que más les ha cambiado la vida. Sólo cierra los ojos, siéntate derecho y, respirando profundamente, deja que toda la tensión se escape de tu cuerpo mientras vas repitiéndote a ti mismo la palabra *liberar*. Como es inevitable que pasen pensamientos por la mente, no trates de espantarlos ni reflexionar sobre ellos… sólo déjalos ir y vuelve al mantra de "liberar". El objetivo de la meditación es liberar la tensión tanto física como mental. Ayuda el tener una voz que te guíe en el proceso con música de fondo, así que ve a YouTube y escribe mi nombre y "Release Meditation Technique" (técnica de meditación de liberación).

No importa cómo decidas tomarte un descanso, meditar o tratar de manejar el estrés; la idea es que crees un hábito y te apegues a él. La mayoría de las prácticas de meditación puede lograr una disminución significativa del estrés y la ansiedad, lo que provoca un aumento de la atención, la presencia, la creatividad y el bienestar.[9] Los neurocientíficos siguen descubriendo que las personas con mayor experiencia en meditación demuestran una mayor conectividad con las redes atencionales del cerebro y entre las regiones atencionales y las regiones frontales medias, que son esenciales para las habilidades cognitivas tales como la de mantener la atención y desvincularse de las distracciones.[10] Los efectos positivos de la meditación no sólo ocurren durante la práctica, sino que siguen siendo evidentes en la vida cotidiana.[11] En un estudio se vio que los efectos positivos (como una menor ansiedad) de sólo unos meses de meditación duran más de tres años.[12]

¿Recuerdas a Arjun, el creador de tecnología de punta del que te contaba al principio de este capítulo? Él quería evitar el agotamiento y experimentar más alegría en su vida. Pues esa noche, justo antes de terminar nuestra conversación a eso de las 4:30 de la mañana y de que su chofer me llevara de vuelta al aeropuerto, le enseñé esta práctica. Dos días después recibí este correo:

Hola, hermano:

Te quiero dar las gracias de volar a verme. Agradezco nuestra conversación y tu tiempo, sobre todo tras avisarte con tan poca antelación. Estoy ansioso por que trabajemos juntos. También quería compartir una pequeña victoria contigo. Hoy, cuando llegué a mi casa, traté de hacer la técnica de liberación que me enseñaste. Me senté en el auto unos minutos antes de entrar en la casa. Cerré los ojos y me repetí a mí mismo la palabra *liberar*. Creo que estuve así máximo cinco minutos. Después, me pregunté: ¿cómo puedo entrar a casa sin el trabajo y los negocios en mente? ¿Cómo saludaría a mi esposa si fuera el mejor esposo del mundo? ¿Cómo me comportaría esta noche con mi hija si me diera cuenta de lo valioso que es para ella este momento en su vida? ¿Cómo aparecería si tuviera la máxima energía posible? No recuerdo todo lo que pasó por mi mente, pero establecí la intención de entrar en la casa, amar a mi esposa y darle toda mi energía. Entré como un hombre nuevo, como si hubiera ganado la lotería de la vida. Tenías que haberme preparado para lo que venía después, porque [mi esposa] pensó por un momento que me había vuelto loco. Pero después se dio cuenta de que volvía a ser yo. Mi hija también lo notó. Acabamos de pasar una velada maravillosa. No tengo palabras para describirla. Pero me devolviste a mi familia. Ahora se están preparando para acostarse. No podía esperar para escribirte una nota de agradecimiento. Por primera vez en mucho tiempo, quiero que sepas que me sentí vivo de nuevo. [Mi esposa] dijo que hablas de gente que se acerca al poder de la intención. Cuéntame entre tus ejemplos. Gracias.

## SEGUNDA PRÁCTICA

## TRAE LA ALEGRÍA

*"Casi todo el mundo es tan feliz como decide serlo."*
—Abraham Lincoln

Nuestra investigación ha demostrado que la alegría desempeña un papel muy importante en el éxito de las personas de alto rendimiento. Recuerda que la alegría es una de las tres emociones positivas que definen la experiencia del alto rendimiento (las otras dos son la confianza y el compromiso total en el momento, descrito a menudo como presencia, *flow* o *mindfulness*).

Por eso te sugiero que si decides establecer una intención que vaya a aumentar tu energía y a cambiar tu vida más que cualquier otra, lo hagas de manera que traiga más alegría a tu vida diaria. La alegría no sólo te convertirá en una persona de alto rendimiento, sino que será la entrada de casi todas las demás emociones positivas que los humanos deseamos en la vida. No conozco ninguna emoción más importante que el amor, aunque también creo que el amor sin alegría puede sentirse vacío.

La emoción positiva, en general, es uno de los mejores indicadores de la buena vida: altos niveles de energía y alto rendimiento. La gente con más emociones positivas tiene matrimonios más satisfactorios, gana más dinero y goza de mejor salud.[13] Cuando la emoción positiva está presente, a los estudiantes les va mejor en los exámenes,[14] los gerentes toman mejores decisiones y son más eficientes con sus equipos,[15] los médicos hacen mejores diagnósticos,[16] y las personas son más amables y dispuestas con los demás.[17] Los neurocientíficos incluso han descubierto que las emociones positivas fomentan el crecimiento de células nuevas (plasticidad), mientras que las emociones negativas provocan su deterioro.[18]

La información del High Performance Indicator muestra que aquellos que logran unas puntuaciones generales más altas en alto rendimiento e informan tener más éxito a largo plazo que sus colegas también informan que son más alegres y optimistas que ellos. Asimismo experimentan menos energía y emociones negativas.

En las entrevistas, resulta obvio que las personas de alto rendimiento están contentas cuando hablan sobre su oficio, su carrera y sus relaciones. No siempre les gusta todo el trabajo duro que implica el éxito, pero están agradecidas y cautivadas por su oficio y sus oportunidades en general. Parece que la alegría, por encima de todo lo demás, es lo que les da la Energía con "E" mayúscula. Si sientes alegría, tu cuerpo, tu mente y tu realidad emocional se elevarán.

¿Has oído aquello de que 80% del éxito consiste simplemente en estar ahí? Bueno, si quieres ser una persona de alto rendimiento, debes estar ahí y traer alegría.

Todo esto suena estupendo, pero ¿qué pasa si careces de emoción positiva? ¿Qué ocurre cuando la vida no es dichosa? ¿Y si la gente a tu alrededor es negativa?

Pues será mejor que cambies eso. La emoción positiva es un requisito previo para lograr el alto rendimiento. *Y eres tú quien está a cargo de tu experiencia emocional permanente.* Recuerda la lección del último capítulo: tú puedes elegir tus sentimientos (las interpretaciones que les das a las emociones que sientes), y cuanto más lo hagas, más cambiarás la forma en la que experimentas las emociones. Tú eres quien está a cargo de cómo te sientes. Ése es quizá uno de los mejores dones del ser humano.

Esto no quiere decir que las personas de alto rendimiento siempre estén felices y sean perfectas y maravillosas. Como todos los demás, experimentan emociones negativas, sólo que las sobrellevan mejor y, puede que esto sea mucho más importante, dirigen conscientemente sus pensamientos y conductas a generar emoción positiva. Repito, las personas de alto rendimiento se colocan voluntariamente en estados positivos. Del mismo modo en que los atletas se preparan específicamente para entrar en concentración absoluta, las personas de alto rendimiento cultivan la alegría de forma consciente. Para comprender cómo lo hacen, le pedí a un grupo de personas elegidas al azar y cuyas puntuaciones en el HPI eran altas que me describieran cómo generaban las emociones positivas y los sentimientos positivos en general. ¿Qué era lo que traía alegría a su vida específicamente (y qué no)? ¿Y qué hábitos, si los había, practicaban de forma consciente para permanecer en un estado de alegría durante más tiempo? Lo que surgió de sus respuestas es que las personas de alto rendimiento tienden a seguir hábitos similares todos los días. Tienden a:

1. Preparar las emociones que quieren experimentar, anticipándose a acontecimientos clave (o del día en general). Piensan en cómo se quieren sentir y se hacen preguntas o practican visualizaciones que generen esos sentimientos (esto va en la misma línea que el "concentrarse en el sentimiento" del capítulo anterior).

2. Anticipar resultados positivos de sus acciones. Son optimistas y creen firmemente que sus acciones serán recompensadas.

3. Imaginar las posibles situaciones que puedan provocarles estrés y cómo las manejaría dignamente la mejor versión de sí mismas. Aunque anticipen resultados positivos, son realistas y saben que pueden tropezarse con obstáculos, por lo que se preparan para afrontar las dificultades.

4. Tratar de introducir agradecimiento, sorpresa, asombro y retos en su día a día.

5. Llevar las interacciones sociales hacia las emociones y experiencias positivas. Son lo que una de las personas que respondió llamó "repartidores conscientes de generosidad".

6. Reflexionar con frecuencia sobre todo aquello por lo que están agradecidas.

Si hicieras todo esto de forma consciente y constante, también te sentirías bastante alegre. Lo sé porque es lo que me pasó a mí.

### Cómo recuperé mi vida

En 2011, cuando estaba de vacaciones en el desierto con unos amigos, destrocé un todoterreno por ir por la playa a unos 65 kilómetros por hora. Me rompí la muñeca, se me dislocó la cadera, me rompí algunas costillas y más tarde me diagnosticaron síndrome posconmoción debido a una lesión cerebral. Escribí sobre aquella experiencia en la introducción de mi libro *Recárgate*, así que no voy a entrar en detalles. Lo que sí diré es que fue una época horrible de mi vida. La lesión dañó mi concentración, mi control emocional, mis capacidades para el razonamiento abstracto, mi memoria y mi equilibrio físico. Durante semanas me dediqué exclusivamente a seguir la corriente y a dejar que mis emociones sacaran lo mejor de mí. No estaba gestionando bien las frustraciones del día a día, porque (he de ser sincero) no creo que lo estuviera intentando lo suficiente. Estaba tan concentrado en recuperarme de mis lesiones físicas que descuidé la necesidad de reparar la mente, que también se había visto afectada por mi lesión cerebral. Por eso me frustraba fácilmente con mi equipo, le hablaba mal a mi esposa, no pensaba en el futuro y normalmente me sentía bastante triste.

Pero un día, después de leer algunas de nuestras conclusiones sobre las personas de alto rendimiento, me di cuenta de que no estaba practicando mis hábitos matutinos. También sabía que, si no establecía nuevos desencadenantes mentales que me ayudaran a activar emociones y experiencias más positivas en mi vida, la lesión cerebral me absorbería y mi condición normal sería reacción y tristeza. Con la investigación sobre los seis aspectos que usaban las personas de alto rendimiento para traer alegría a su vida comencé una nueva rutina matutina y nuevos desencadenantes.

Cada mañana, en la regadera, me hacía tres preguntas para preparar la mente para un día positivo:

- ¿Por qué razón puedo emocionarme hoy?
- ¿Qué o quién podría confundirme o provocarme estrés hoy, y cómo puedo responder positivamente, desde la mejor versión de mí mismo?
- ¿A quién puedo sorprender hoy con un gracias, un regalo o un momento de aprecio?

La primera pregunta la elegí en particular porque muchas personas de alto rendimiento decían que disfrutaban de la anticipación tanto como del acontecimiento alegre en sí. Los neurocientíficos han descubierto lo mismo: la anticipación puede ser tan poderosa a la hora de liberar hormonas como la dopamina, que te hace estar feliz, como el acontecimiento positivo en sí.[19]

Claro que había días en que estaba en la regadera y no podía pensar en nada por lo que emocionarme. Entonces me preguntaba: "¿Qué podrías inventarte o hacer hoy que te llegara a emocionar?"

La segunda pregunta la elegí para poder seguir la práctica de las personas de alto rendimiento sobre imaginar situaciones estresantes potenciales y cómo podría manejarlas dignamente la mejor versión de sí mismos. Tiendo a formularme estas preguntas en voz alta, como si me las estuviera haciendo alguien más, y las respondo también en voz alta. Eso quiere decir que, cuando estoy en la regadera, digo: "Brendon, ¿qué situación podría estresarte hoy, amigo, y cómo la manejaría la mejor versión de ti mismo si surgiera?" o "Brendon, si pasa X, piensa en Y, y después haz Z".

Hasta puedo llegar a imaginarme resolviendo el problema y describiendo cómo podría sentirme: "Ahí está Brendon en la reunión, un poco nervioso. El corazón le late muy rápido porque está olvidándose de respirar y está concentrado sólo en sí mismo. Tiene que relajarse ya, hacerse presente y concentrarse en hacer preguntas a la gente y serle útil".

Puede parecer una situación extraña: yo de pie en la regadera, pensando en situaciones estresantes todas las mañanas y hablando conmigo mismo. Pero pensar detenidamente en los obstáculos y hablar contigo en segunda persona puede tener mucho más poder que hablar en primera persona.[20] Te permite tener perspectiva. A esta práctica yo la llamo autoenseñanza, porque lo que haces es distanciarte de ti mismo y enseñarte como lo harías con un amigo para que resuelva una circunstancia difícil. Muchas personas de alto rendimiento lo hacen.

Este proceso es parecido a lo que los psicólogos llaman "desactivación cognitiva", una práctica en la que se trata de externalizar y desactivar las emociones o situaciones difíciles. Por ejemplo, a una persona que padezca ansiedad se le puede instruir para que le dé un nombre a su ansiedad, por ejemplo, "José Deprimente", de modo que en lugar de que el problema sea algo personal, el tipo malo del paciente sea alguien externo. Esto permite que el paciente se divorcie del problema. De este modo, si el problema externo llama a su puerta, pueden decidir si abrirle o no.

La tercera pregunta la incluí porque quería asegurarme de que cada día podía anticipar resultados positivos de mis acciones. Sabía que pensar en cómo sorprender a los demás con agradecimiento me daría una doble ración de generosidad: tendría una descarga de gratitud sólo por pensar en alguien a quien darle las gracias y otra al compartir mi agradecimiento con esa persona. Además, el hacerme esta pregunta también me ayuda a tratar de introducir el agradecimiento, la sorpresa, el asombro o el reto en mi día a día.

Al ser consciente de estas tres preguntas temprano por la mañana, comenzaba el día con entusiasmo, dispuesto a superar los retos como la mejor versión de mí mismo, y emocionado por relacionarme con los demás con agradecimiento.

Esta sencilla práctica matutina puede crear anticipación, esperanza, curiosidad y optimismo, todas ellas emociones positivas que han demostrado conducir hacia la felicidad y hacia resultados positivos del estado de salud, como un menor cortisol, menos estrés y una mayor esperanza de vida.[21]

## Nuevos desencadenantes mentales

Todas las personas de alto rendimiento a las que he entrevistado hablan sobre cómo se apoderan del control de sus pensamientos y los inclinan hacia estados mentales positivos. No esperan a que la alegría les llegue: la traen.

Por eso, cuando me estaba recuperando de mi lesión cerebral, decidí crear una serie de desencadenantes que me recordarían que tenía que guiar las interacciones sociales hacia experiencias y emociones positivas.

1. El primero fue lo que yo llamo un "desencadenante de aviso". Me pongo una alarma en mi celular con la frase TRAE LA ALEGRÍA. Pongo la alarma tres veces al día para que me aparezca el texto ¡TRAE LA ALEGRÍA! como etiqueta. Puedo estar en una reunión, en una llamada de teléfono o escribiendo un correo, y de repente mi teléfono vibra cuando salta la alarma y muestra esas palabras (como ya viste en el capítulo sobre claridad, también pongo otras palabras y frases en el teléfono para recordarme quién quiero ser y cómo quiero interactuar con los demás). Si tu telé-

fono vibra, lo miras, ¿no? Así que ahí estaba yo, en mi rutina diaria, a veces simplemente dejándome llevar y tratando de recuperarme del accidente, y ¡zas! mi teléfono vibraba. Me recordaba que tenía que traer alegría a ese momento. Durante años ese recordatorio ha condicionado mi mente consciente y mi subconsciente para que aporte sentimientos positivos a mi día a día.

2. El segundo que establecí fue lo que yo llamo un "desencadenante en el marco de la puerta". Cada vez que paso por una puerta me digo a mí mismo: "Encontraré lo bueno en este cuarto. Entro en él como un hombre feliz listo para servir". Esta práctica me ayuda a estar presente, a buscar el bien en los demás y a preparar la mente para ayudar a los demás. ¿Qué frase positiva podrías decirte a ti mismo cada vez que entres por una puerta?

3. El tercero que establecí fue un "desencadenante de espera". Siempre que estoy esperando en una fila para comprar algo, me pregunto a mí mismo: "¿Qué nivel de presencia y vibración siento ahora mismo, en una escala del 1 al 10?" Con esta pregunta estoy comprobando mi estado emocional, puntuándolo y decidiendo si es suficiente para cómo me quiero sentir y cómo quiero vivir la vida. Muchas veces, cuando me siento en un nivel de 5 o inferior, la mente da un chasquido de atención y dice: "Oye, hermano, tienes suerte de estar vivo. ¡Sube tu energía y disfruta de la vida!" A veces la culpa de saber que no te estás sintiendo tan animado como deberías puede ser una gran fuerza motivadora para ponerse las pilas.

4. El cuarto fue un "desencadenante de contacto". Siempre que me presentan a alguien, recibe un abrazo. No porque sea alguien a quien le gusta abrazar por naturaleza… de eso nada. Comencé con este desencadenante porque había leído muchísimo sobre lo importante que es el contacto para el bienestar y la felicidad.[22]

5. El quinto desencadenante que creé fue el "desencadenante del regalo". Siempre que pasa algo positivo a mi alrededor, digo: "¡Vaya regalo!" Hago esto porque muchas personas de alto rendimiento hablaban sobre cómo tenían una sensación de veneración o de sacralidad en su día a día. A veces llegaba de un lugar espiritual —sienten alegría porque se sienten bendecidos por Dios—. Otras veces proviene de un lugar de sobrecogimiento y asombro

sobre lo hermoso que puede llegar a ser el mundo. En otras ocasiones hablan sobre los regalos de su vida como una "culpa agradecida" —sienten que se les ha dado demasiado, demasiadas oportunidades, por lo que en lo más profundo de su ser sienten la responsabilidad de ganarse esas bendiciones devolviéndolo de otras formas—. Sea como sea, ven su vida y sus bendiciones como un regalo (algunos científicos han llegado a definir nuestra capacidad de dedicar una sensación de sacralidad a nuestras actividades e interacciones diarias como otra forma de inteligencia humana, en particular, una inteligencia espiritual).[23] Así que, si un trato sigue adelante, o alguien recibe buenas noticias sobre un ser querido, o pasa algo positivo e inesperado, me oirás decir: "¡Vaya regalo!"

6. El sexto era un "desencadenante de estrés". Mi lesión cerebral estaba provocando que siempre me sintiera con prisas, casi aterrado. Pero un día decidí que las prisas y el estrés ya no iban a formar parte de mi vida. El estrés lo crea uno mismo, por lo que decidí dejar de fabricarlo. Siempre he creído que podemos elegir una tranquilidad y alegría internas incluso en medio del caos, así que decidí hacer justo eso. Siempre que parecía que algo se me escapaba de las manos, me levantaba, respiraba profundamente 10 veces, y me preguntaba: "¿En qué aspecto positivo puedo concentrarme y cuál es la próxima acción de integridad que debería llevar a cabo ahora?" Con el tiempo, esta práctica les quitó el poder a los sentimientos de prisa y estrés provocados por mi lesión.

Como complemento de los desencadenantes, comencé a escribir un diario por las tardes, en el que anotaba tres cosas que me habían hecho sentir bien ese día. Después cerraba los ojos durante unos minutos para revivir esos momentos. Volvía a ponerme en la situación que había experimentado. Veo lo que veía, oigo lo que oía, siento lo que sentía. A menudo, en la reflexión, valoraba el momento con mucha más atención y concentración que cuando había ocurrido. Me río más. Siento mi corazón latir más rápido. Lloro más. Tengo una sensación aún mayor de asombro, alegría, agradecimiento, significado o gratitud por la vida.

También comencé a hacer lo mismo todos los domingos por la tarde. Reviso mis escritos de agradecimiento de la semana anterior y los vuelvo a vivir con la misma conexión emocional. Si puedo cerrar los ojos durante cinco minutos y, durante todo ese tiempo, pensar sin problemas en una lista cada vez mayor de cosas por las que estar agradecido, entonces sé que estaba prestando atención durante la semana.

Claro, la gratitud es el abuelito de todas las emociones positivas. También ha sido el centro de gran parte del movimiento de la psicología positiva... porque funciona. Puede que no haya una mejor manera de aumentar la felicidad constante que la de comenzar una práctica de gratitud.[24]

> La gratitud es el marco dorado por el cual vemos
> el significado de la vida.

Todo esto en su conjunto me ayudó a mantener la alegría en la parte central de mi mente y mi vida mientras me recuperaba de la lesión cerebral.

He conocido a muchas personas de alto rendimiento que comenzaron rutinas y desencadenantes parecidos para recuperarse de una mala racha de salud. Cuando compartí esto con Arjun, el gigante de la tecnología del que te hablé al principio de este capítulo, descubrimos que él nunca había creado ningún desencadenante consciente en su vida que activara emociones positivas. Él era, con sus propias palabras, "una persona por lo general equilibrada y buena para reaccionar ante la vida de una forma serena". Pero descubrió que el hecho de simplemente reaccionar bien ante la vida seguía contando como una vida limitada. Si no pones intención y te estableces recordatorios para generar alegría en tu vida, no estarás experimentando la emoción de la vida en toda su extensión.

Con sólo tres o cuatro desencadenantes nuevos en su vida, Arjun cambió por completo. Sus desencadenantes favoritos eran dos. El primero era que siempre que se sentía estresado y estaba solo, se levantaba, respiraba profundamente 10 veces y después se preguntaba: "¿Cómo manejaría esta situación la mejor versión de mí mismo?" El otro era un desencadenante que estableció para que siempre que su esposa dijera su nombre él se dijera a sí mismo: "Estás en este planeta para esta mujer. Trae alegría a su vida".

Su intención para elevar su energía para quienes lo rodeaban es algo que espero que imites. Si siempre estás en un estado de aceleración, ansiedad, estrés e hiperactividad, entonces ¿qué energía estás enseñando a los demás que adopten? Si no vas a traer más conciencia y alegría a tu vida por la simple mejoría personal, entonces hazlo por los que te rodean, quienes, de otro modo, podrían resultar dañados por el desenfrenado contagio emocional.

Las personas de alto rendimiento cultivan la alegría por el modo en el que piensan, en lo que se enfocan y el modo en el que se relacionan y lo reflejan en su día a día. Es una elección. Doblegan su voluntad y sus conductas para generar alegría. Esto los anima, pero, además, también sirve a los otros. Por eso ha llegado el momento de despertar y resurgir al mundo con un espíritu juvenil.

---

### Apuntes sobre el rendimiento

1. Tres preguntas que podría hacerme cada mañana para fomentar emociones positivas para el resto del día serían...

2. Algunos desencadenantes nuevos que podría establecer para mí son (consulta mis ejemplos de desencadenante de aviso, marco de la puerta y esperar en la fila)...

3. Una nueva rutina que podría comenzar para revivir los momentos positivos de mis días es...

---

## TERCERA PRÁCTICA

### MEJORA LA SALUD

"Puede que no te sientas excepcionalmente robusto, pero si eres un adulto de complexión promedio, no tendrás en tu modesta montura menos de $7 \times 10^{18}$ joules de energía potencial, la suficiente para explotar con la fuerza de 30 enormes bombas de hidrógeno, asumiendo que supieras cómo liberarla y realmente quisieras convencernos de algo."
—Bill Bryson

Antes de empezar a escribir este capítulo me puse de pie frente a mi computadora, fui a la cocina, me tomé un vaso de agua, bajé las escaleras, me subí a mi bicicleta estática durante un desafiante *sprint* de tres minutos e hice algunos estiramientos de Vinyasa Flow Yoga durante dos minutos. Después volví a subir a mi despacho, me senté, cerré los ojos e hice mi práctica de LIBERAR TENSIONES, ESTABLECER INTENCIONES. Si pudieras verme tras bambalinas en mis seminarios me verías hacer una rutina parecida: pasando energía al cuerpo y preparando la mente para servir. Aprendí esta disciplina de personas de alto rendimiento que, según advertí, siempre estaban mejorando su energía con movimientos físicos y patrones de respiración. Me di cuenta de que su alimentación era más saludable y de que trabajaban más que el público en general, por lo que empecé a seguir los mismos patrones.

No siempre había sido así. Antes de cumplir los 30 estaba en bastante baja forma física. Trabajaba de 12 a 16 horas al día como asesor. En mi trabajo estaba casi siempre sentado frente a una computadora creando presentaciones y planes de estudio. Todo ese tiempo sentado desencadenó un dolor de espalda que provenía de antiguas lesiones y el dolor me impedía entrenar tanto como yo quería. Enseguida caí en la trampa en la que caemos muchos de nosotros: dejé de cuidarme. Dormía mal, comía mal y pocas veces entrenaba. Me di cuenta de que mi rendimiento en el trabajo, y en mi vida en general, se estaba resintiendo, pero era difícil romper el ciclo, porque me contaba a mí mismo tontas historias sobre lo complicado que debe ser estar sano.

Cuando las personas no gozan de buena salud no es porque no sepan cómo estar sanas. Todos sabemos qué hacer para aumentar nuestra energía física, porque a estas alturas es de sentido común; ejercicio: entrena más. Nutrición: haz comidas más saludables. Sueño: trata de dormir de siete a ocho horas. Nada que objetar hasta aquí, ¿verdad?

Desafortunadamente mucha gente tiene mucho que objetar. Dicen un montón de cosas sin sentido que justifican sus malas conductas en estas áreas. Con demasiada frecuencia los triunfadores echan la culpa de su baja energía física a su constitución o al tiempo que les exige su sector, la cultura de su compañía o las obligaciones personales.

Yo hacía lo mismo. Hacía comentarios bienintencionados, aunque poco meditados, como éstos:

**"Todos en mi sector trabajan mucho, así que tengo que dejar de hacer algo en algún lugar."**

¿Y qué es lo que dejaba? El cuidado de mi salud. Claro que cuando decía "mi sector" estaba confundiendo las normas del sector con las de los cinco locos intransigentes con los que estaba trabajando, quienes también estaban descuidando su salud y sus familias. Por suerte, en ese momento de mi vida trabajaba para una compañía mundial, y me di cuenta de que muchas de las personas que estaban a mi nivel gozaban de buena salud. Era obvio que algunas habían descubierto la forma de estar sanas haciendo el mismo trabajo que yo. De hecho, vi a mucha gente de mi nivel y por encima de mí que cuidaba mucho mejor de sí misma, disfrutaba más de la vida y conseguía incluso mejores resultados que yo.

**"Bueno, he llegado a tener éxito durmiendo sólo cinco horas, así que el sueño no es un factor en mi caso."**

Decía esto sin pararme a pensar en cuál era el siguiente pensamiento lógico: imagínate cuánto éxito tendría con sólo dos horas más de sueño. La falta de sueño no estaba correlacionada con mi éxito. Eso no era lo que me estaba dando ventaja. Pero era joven y descerebrado. Comencé a investigar formas de recortar mi sueño para poder dormir menos. Afortunadamente, no pude obviar los 50 años de investigación sobre el sueño que encontraba una y otra vez y decían que la duración correcta del sueño (entre siete y ocho horas para la mayoría de los adultos) deriva en puntuaciones cognitivas más altas, menos estrés, mayor satisfacción en la vida, mejor salud, más productividad, mayor aprovechamiento y menos conflicto. En esos estudios quedaba claro que un sueño deficiente va asociado con trastornos psiquiátricos, obesidad, enfermedades coronarias, infartos... y la lista continúa.[25]

**"Me concentraré en mi salud y mi felicidad dentro de 90 días. Ahora mismo estoy muy ocupado."**

Las personas que dicen esto tienden a estar en un ciclo perpetuo de cansancio; dicen 90 días, pero en realidad han pasado, y seguirán pasando, años antes de que descansen y se vuelvan a sentir humanos. Ése también fue mi caso en algún momento. Aprendí que lo que hacemos en nuestro día a día —sí, también durante esos días ajetreados— tiende a convertirse en hábitos que son difíciles de romper.

### "Es mi constitución."

Solía dar excusas biológicas o genéticas para justificar cómo me sentía físicamente, debido a un defecto congénito en la columna o a causa de mis accidentes anteriores. Pero esta lógica tampoco se sostenía mucho. No hay duda de que los antecedentes familiares o determinados factores genéticos causan o pueden ser la causa de las enfermedades (los antecedentes familiares de cáncer, las enfermedades cardiovasculares, la diabetes, los trastornos autoinmunes y las enfermedades psiquiátricas influyen bastante). Tenemos un grado extraordinario de control personal sobre nuestra salud general y a largo plazo. Nuestros hábitos diarios y nuestro entorno pueden activar o no las predisposiciones genéticas.[26] Y sea cual sea el área de estudio, se demuestra una y otra vez que la inactividad física es uno de los principales culpables de todos los resultados negativos relacionados con la salud.

### "No tengo tiempo para X."

En esta excusa, la X suele referirse a entrenar, a tener una alimentación saludable, a comprar de forma sustentable o a la meditación. De hecho, muchas veces todas estas actividades te consiguen más tiempo, porque te dan más energía y productividad. Si estás más alerta, más atento y eres más capaz de dar salida a aquello que importa, porque te tomaste tiempo para entrenar y comer de forma más saludable, entonces estas actividades no irán en tu contra.

Comparto todo esto contigo porque sé que no soy el único que cae en la trampa de este tipo de pensamientos negativos. ¿Alguna vez te has dicho cosas así a ti mismo? ¿Qué otras historias te cuentas para poder seguir con tus malos hábitos? Sé que es una pregunta difícil, pero merece la pena pensar en ella. Es más, vamos a calibrar tu salud física ahora mismo. En una escala del 1 al 10, ¿qué tan sano te considerarías? Piensa en el 1 como si estuvieras prácticamente muerto, mientras que el 10 significaría que casi siempre te sientes con mucha energía física y fortaleza. ¿Cuál es tu número?

Si no sientes que estás en el 7 o por encima, entonces puede que éste sea el capítulo más importante del libro. Puedes obtener avances extraordinarios e inmediatos en tu energía mental y emocional simplemente cuidando mejor de tu cuerpo físico. Y tienes que hacerlo. Lo que ves en el mundo depende de tu estado de ánimo y de tu energía física. Es decir, todo parece horrible cuando te sientes horrible. Y todo es maravilloso cuando te sientes maravilloso. Queremos que te sientas maravilloso.

## Ponte en forma ya

Si eres sincero contigo, sabes que la investigación es concluyente: *tienes que hacer ejercicio*. Mucho. Sobre todo si te preocupa tu rendimiento mental. El ejercicio aumenta la producción del factor neurotrófico derivado del cerebro (FNDC). El FNDC hace que crezcan nuevas neuronas en el hipocampo y otras áreas del cerebro, lo que crea un aumento de la plasticidad y la capacidad de aprender más rápido, recordar mejor y mejorar la función cerebral en general.[27] Éste es un punto importante que muchas personas pasan por alto: el ejercicio mejora el aprendizaje. También disminuye el estrés, que es un asesino del rendimiento mental.[28] De hecho, el estrés reduce el FNDC y la función cognitiva en general, y el ejercicio es tu mejor apuesta para eliminar gran parte de ese estrés.

Como aumenta tu energía, el ejercicio también te permite cumplir con tus tareas generales con mayor rapidez y eficacia. Estimula tu memoria funcional, eleva tu estado de ánimo, aumenta tu capacidad de concentración y te hace estar más alerta, todos ellos aspectos que aumentan tu rendimiento.[29]

> Así que, si para cubrir las exigencias de tu trabajo o de tu vida tienes que aprender rápido, manejar el estrés, estar alerta, prestar atención, recordar cosas importantes y mantener un estado de ánimo positivo, entonces tienes que tomarte más en serio lo de hacer ejercicio.

Si te preocupas por tus contribuciones al mundo, te preocuparás por ti mismo. Esto no quiere decir que tengas que matarte en la caminadora, ya que casi todos estos efectos positivos aparecen si practicas ejercicio moderado. O sea que basta con que entrenes sólo unos días a la semana. Debes retomar un buen plan de entrenamiento. Se ha demostrado que con sólo seis semanas de ejercicio físico se mejora la producción de dopamina y la receptividad del cerebro, que, a su vez, mejora tu estado de ánimo y tu rendimiento mental. También aumenta la producción de norepinefrina, que te ayuda a cometer menos errores en tareas que exigen desgaste mental.[30] Recuerda, la energía es física, emocional y mental… y el ejercicio mejora cada una de estas categorías.

Un descubrimiento sorprendente de nuestra investigación sobre más de 20 mil personas de alto rendimiento es que 5% de las mejores entre ellas tiene 40% más de probabilidades de hacer ejercicio al menos tres veces por semana que el 95% que está por debajo. Está claro que si quieres estar en las listas de las personas con más éxito en la vida, ha llegado la hora de que te tomes en serio lo de hacer ejercicio.

Si tienes hijos, deberías tomarte esto aún más en serio. Es vital que inspires a tus hijos para que lleven una vida saludable. Los niños ágiles pueden prestar más atención que aquellos que no lo son, y el ejercicio establece una diferencia tangible en su coeficiente intelectual y sus logros académicos a largo plazo.[31]

Y sí tú ya no eres un niño (estás en un grupo demográfico más adulto), entonces el ejercicio lo es todo. Se ha demostrado que es tan eficaz contra la depresión como los medicamentos (aunque no debería ser considerado como un sustituto). Las personas que hacen más ejercicio padecen menos depresión, probablemente debido a sus efectos de aumento de dopamina en el cerebro.[32] El ejercicio también impulsa la producción de serotonina y mejora la calidad del sueño, lo que, a su vez, produce más serotonina[33] (si no lo sabías, la mayoría de los antidepresivos está formulada para atacar la liberación y reabsorción de serotonina, motivo por el cual tantos investigadores recomiendan a los pacientes depresivos que hagan ejercicio aunque no estén tomando medicamentos).[34] El ejercicio también disminuye el dolor (con efectos prácticamente iguales a los del THC y el cannabis) y reduce la ansiedad, ambos, problemas muy presentes en los adultos mayores.[35]

Estoy seguro de que todos podemos admitir que hay una sensación cada vez mayor de estrés en la actualidad. Está en el aire. La mejor manera de tratar con esa amenaza es experimentar más emociones positivas (trayendo intencionalmente más alegría a nuestra vida) y liberar la tensión mediante el ejercicio. Te prometo que si introduces el ejercicio como una parte muy importante de tu vida, muchos más aspectos se colocarán mágicamente en su sitio.

Una vez que hayas organizado tus rutinas de entrenamiento, comienza a mejorar tu dieta. En los Estados Unidos, 60% de los adultos padece sobrepeso u obesidad en la actualidad, y no podemos echarle toda la culpa a la disminución de la actividad física. Gran parte se debe al consumo excesivo de alimentos.[36] La gente simplemente come demasiado, y esto desencadena terribles resultados en la salud y el rendimiento. Los investigadores han descubierto que comer en exceso se parece mucho a una adicción y puede ser resultado de cómo funciona el cerebro de algunas personas. Aun así, los investigadores también llegaron a la conclusión de que comer en exceso es el resultado de una mala toma de decisiones: elegir de forma consciente la recompensa a corto plazo antes que la salud a largo plazo.[37]

Si hay una regla que los proveedores de salud repiten más que ninguna otra, es que deberías ser consciente de cuándo estás comiendo no para alimentarte, sino solamente para saciarte cuando tu estado de ánimo no es bueno. Cuidado con usar las comidas como una forma de enterrar las emociones negativas. Si te sientes mal, muévete. Sal a pasear y cambia tu estado emocional antes de ponerte a comer. No siempre es fácil, lo sé. Pero el esfuerzo merece la pena, porque si puedes cambiar cómo te sientes antes de comer, será más probable que elijas alimentos más saludables. Y ésa es la clave. Resulta que lo que comes puede resultar igual de indicador de buena salud como el ejercicio. "Come bien, siéntete bien, rinde bien" es una verdad. Y no sólo para nosotros como personas. El acceso a una buena nutrición tiene efectos positivos muy importantes en el rendimiento macroeconómico de países enteros.[38] En especial, para los niños, los logros cognitivos y el éxito en la escuela han estado ligados directamente con una nutrición adecuada.[39]

Quizá ya sabrás que tienes que llevar una alimentación más saludable, así que te digo que empieces. También te recomiendo que acudas a un nutricionista que pueda ayudarte a descubrir si tienes alergias alimentarias (una fuente común de pérdida energética) y a elaborar la mejor dieta que se adapte a tus necesidades de rendimiento.

## Dónde comenzar

Después de haber entrenado a mucha gente que intenta mejorar su energía, he aprendido que un buen lugar para empezar a mejorar tu salud es llevar un horario de entrenamiento regular, sobre todo si gozas de buena salud en general. Cuando las personas entrenan, tienden a empezar a cuidar más su dieta y su sueño.

En la otra cara de la moneda, he descubierto que para quienes no gozaban de buena salud comenzar con buenos hábitos alimentarios los ayudó a seguir con el ejercicio. Esto se debe a que perder peso suele ser más fácil con cambios en la dieta que con visitas al gimnasio tres veces a la semana. Ir al gimnasio es algo nuevo; comer no lo es. Cambiar lo que comen es más fácil que lograr que adopten un hábito totalmente nuevo de entrenamiento constante.

Como siempre, consulta con tu médico antes de cambiar nada de tu entrenamiento físico u otras rutinas de salud. Pero tienes que saber que todos los buenos doctores recomiendan que duermas bien, que lleves una buena alimentación y tengas rutinas de ejercicio. Si el profesional médico que te trata no te pregunta con detalle sobre tus rutinas de cuidado de la salud y no te recomienda ninguna dieta específica o ejercicio, ni te aconseja sobre los patrones de sueño relacionados con tus metas actuales y futuras, entonces te sugiero que busques otra opinión.

También te recomiendo que busques en tu interior y establezcas un buen ambiente a tu alrededor, en el que las personas se preocupen por la salud. Si estás trabajando en una compañía que no promueve el ejercicio ni cualquier otra forma de bienestar (tu seguridad, salud, felicidad y sentido de realización), desconfía. A las empresas que no se preocupan por el bienestar de sus empleados no les va tan bien como a sus competidores.[40] A pesar de eso, menos de la mitad de los estadounidenses en activo dice que sus organizaciones apoyan el bienestar del empleado, y uno de cada tres dice que padece estrés crónico en el trabajo. Sólo 41% dice que su jefe ayuda a los trabajadores a desarrollar y mantener un estilo de vida saludable.[41] Está claro que tomar el control de nuestro propio bienestar y nuestra salud sólo depende de cada uno, porque nadie más lo va a hacer por nosotros.

Cuando trabajo con directivos les pongo las cosas muy claras: si la organización a la que pasas la semana sirviendo no promueve el bienestar, entonces o ellos mismos promueven una iniciativa interna que ponga el bienestar en el mapa o comienzan a buscar otro lugar donde trabajar. Claro está, si quieren trabajar con personas de alto rendimiento y convertirse en una de ellas.

En mis seminarios reto a la gente a que use los 12 meses siguientes para ponerse en mejor forma que nunca. Es sorprendente cuántas personas nunca se han comprometido en serio a hacerlo. Si quieres hacerlo, puedes empezar por aquí:

- **Empieza por hacer lo que ya sabes que deberías estar haciendo para mejorar tu salud.** Ya sabes si tienes que hacer más ejercicio, comer más vegetales o dormir más. Si eres sincero contigo mismo, es probable que sepas exactamente qué hacer. Así que sólo es un asunto de compromiso y hábito.
- **Debes conocer todas las medidas posibles disponibles sobre tu cuerpo.** Acude a tu médico de cuidado primario y solicita un diagnóstico médico completo. Dile que quieres lograr una salud perfecta durante los próximos 12 meses de tu vida y que quieres que te haga todos los análisis posibles y razonables de los que disponga para ayudarte a evaluar tu salud. Así podrás conocer tu índice de masa corporal, tu colesterol, los triglicéridos y tus factores de riesgo. No te hagas sólo un examen médico de rutina; solicita el diagnóstico médico más completo que te puedan ofrecer. Si vas a derrochar dinero en algo este año, que sea en tu salud. Te recomiendo que vayas más allá de la revisión física normal y también que encuentres un lugar donde te hagan análisis de laboratorio completos, radiografías, revisión de las vacunas, detección de cáncer y escáneres cerebrales.
- **Además de una evaluación completa con tu médico de cuidado primario, te sugiero que busques el mejor especialista en medicina deportiva de tu ciudad.** Encuentra a alguien que trabaje con los atletas profesionales. Este tipo de especialistas suelen tener un enfoque totalmente distinto para mejorar la salud.
- **Si no sabes qué hacer en el aspecto nutricional, encuentra el mejor nutricionista de la ciudad para ayudarte a elaborar un plan de**

**alimentación personalizado.** Asegúrate de hacerte las pruebas de alergias alimentarias y sal de allí con las ideas claras sobre lo que tienes que comer, cuánto y cuándo. Una consulta con un gran nutricionista puede cambiar tu vida para siempre.

- **Empieza a entrenarte para dormir ocho horas cada noche.** Digo "entrenar" porque la mayoría de la gente no puede dormir toda la noche seguida; no por causas biológicas, sino por falta de preparación para dormir. Intenta esto: no te pongas frente a una pantalla una hora antes de dormir; baja la temperatura de tu hogar a 20 grados por la noche; aísla tu dormitorio de cualquier luz y ruido. Si te despiertas en mitad de la noche, no te levantes y no revises tu celular. Prepara a tu cuerpo para que se quede ahí tumbado. Comienza a enseñar a tu cuerpo que tiene que estar tumbado en la cama durante ocho horas pase lo que pase. Si quieres más trucos para dormir, lee *La revolución del sueño*, de mi gran amiga Arianna Huffington.

- **Consigue un entrenador personal.** Si has decidido que tu forma física sea un objetivo principal en tu vida, no trates bajo ninguna circunstancia de mejorar tu salud física sin un entrenador. Sí, puedes ver videos de entrenamientos en casa, pero la responsabilidad frente a un entrenador te hará mejor. Si no puedes permitirte contratar a un entrenador, encuentra a un amigo que esté en perfecta forma y pídele si puedes empezar a entrenar con él. No dejes que el ego se interponga en tu camino; que no puedas seguirle el ritmo no significa que no puedas presentarte. Empieza una rutina de entrenamiento regular y conviértela en algo social.

- **Si quieres un plan sencillo para principiantes, y tu médico lo aprueba, te recomiendo que hagas una rutina de dos en dos.** Consiste en dos entrenamientos de levantamiento de pesas de 20 minutos y dos rutinas de ejercicios de cardio de 20 minutos a la semana. En todas las sesiones, mantente al 75% de tu esfuerzo, es decir, hazlas con intensidad. Sólo son cuatro sesiones de ejercicio intenso a la semana. Los otros tres días puedes salir a caminar a paso rápido de 20 a 45 minutos. No te olvides de consultarlo con tu médico para que te confirme si esta rutina es adecuada para ti.

- **Y ve en progresión.** No empieces al 75% directo del sofá. Si lo haces, podrías lesionarte o cansarte demasiado, y decidir que el ejercicio no es para ti. Y ése sería un resultado terrible.

- **Al final haz muchos estiramientos.** De cinco a 10 minutos de estiramientos ligeros o yoga por la mañana y por la noche te ayudarán a aumentar tu flexibilidad y movilidad.
- Te relajará el cuerpo y no estarás cargando tanta tensión.

---

### Apuntes sobre el rendimiento

1. Quiero estar lo más sano posible en el plano físico en esta etapa de mi vida porque...
2. Si me fuera a poner en la mejor forma física de mi vida, las tres primeras cosas que dejaría de hacer serían...
3. Las cosas que empezaría a hacer serían...
4. Un programa semanal que podría usar para estar más sano y al que podría apegarme sería...

---

## COMPROMÉTETE

> "Se necesita un gran esfuerzo para detener el declive y restaurar el vigor."
> —Horacio

La energía es esencial para el alto rendimiento. Puedes tener todos los demás hábitos implantados en tu vida, pero si no dominas éste, no te sentirás bien. Nadie quiere sentirse confuso mentalmente, ahogado por las emociones negativas ni físicamente exhausto. Por suerte, estos estados de ánimo suelen ser el resultado de malas decisiones, no de la genética. Puedes optimizar tu cociente de energía general en la vida si así lo decides. Y quizá ése es nuestro deber último, ya que nuestra vitalidad dicta en última instancia la forma en que trabajamos, amamos, nos movemos, adoramos, nos relacionamos y lideramos.

Comprométete a mejorar tu energía. Comienza por tomarte más minutos al día para liberar la tensión del cuerpo y la mente. Decide traer alegría a tu experiencia vital del día a día. Y decide ahora mismo que en los próximos 12 meses vas a ponerte en la mejor forma física de tu vida. Sé que es una vara muy alta. Pero si ésa fuera la única decisión que tomaras a partir de un libro como éste, el simple esfuerzo ya te cambiaría la vida. Si recibiera un correo tuyo dentro de un año en el que me dijeras: "Brendon, no hice nada de lo que recomendaste, salvo ponerme en forma", eso me llenaría de una gran dicha.

# AUMENTAR LA NECESIDAD

"Sólo aquel que se consagra a una causa, con toda su fuerza
y alma, puede ser un verdadero maestro.
Por esta razón, ser maestro lo exige todo de una persona."
—Albert Einstein

AVERIGUA QUIÉN NECESITA QUE HAGAS TU MEJOR JUGADA

CONFIRMA EL PORQUÉ

SUBE DE NIVEL A TU EQUIPO

**—¿Qué otra cosa podía hacer?**

Los tres marines que estaban sentados en la mesa con Isaac asintieron, mientras una mesera les rellenaba sus cafés.

Le pregunto:

—¿No tenías elección?

Se ríe.

—Bueno, siempre hay elección. En aquel momento tenía tres opciones: cagarme en los pantalones, salir huyendo o ser un marine.

Me reí más fuerte que nadie de los de la mesa. Los otros chicos están acostumbrados a este tipo de cosas. Le pregunto:

—¿Qué te decías a ti mismo mientras corrías hacia la explosión?

Isaac estaba patrullando a pie cuando uno de los vehículos de su convoy golpeó un dispositivo explosivo improvisado. La explosión lo derribó y lo dejó inconsciente. Cuando volvió en sí, vio que el vehículo estaba ardiendo, envuelto en una espiral de humo, y recibiendo fuego enemigo. En ese momento fue cuando empezó a correr hacia él.

—Sólo piensas que no quieres que muera ninguno de tus chicos. Eso es en lo único que piensas: en los chicos.

Isaac mira por la ventana de la cafetería hacia la calle y nadie habla. Por un instante, todo el mundo parece perdido en sus propias historias.

—A veces —continúa Isaac— todo lo que eres entra en juego en un momento. Sólo fueron unos pocos minutos. Lo recuerdo como si fuera una película de dos horas. Es como si toda tu vida y todo lo que significa satisficieran las necesidades de un momento.

Baja la mirada hacia su silla de ruedas.

—Sólo que no terminó como yo pensaba. Ahora soy un inútil. Todo se acabó.

Es probable que Isaac nunca vuelva a caminar. Es un héroe, porque proporcionó la cobertura y la acción que ayudaron a evacuar a uno de los sobrevivientes de la explosión. Le dispararon justo cuando lograron poner a salvo al superviviente herido, uno de sus mejores amigos.

Uno de los otros marines sentados a la mesa se burla.

—Nada se ha acabado, hermano. Te recuperarás. Vas a estar bien.

Isaac le responde, ofendido.

—¿Es que no me ves? Ni siquiera puedo ayudarme a mí mismo. No puedo servir a mi país. ¿Qué sentido tiene?

Sus amigos me miran.

—Tienes razón —le digo—. No tiene sentido… a menos que tú decidas darle uno. O el sentido de tu dolor es para decirle al mundo: "Así es como he elegido tratar con esto, rindiéndome" o es el de demostrarte a ti mismo, a tus compañeros marines y al mundo que nada te detendrá ni a ti ni al espíritu de servicio que llevas en tu interior.

Mis palabras caen como si nada. Isaac sólo cruza los brazos.

—Sigo sin encontrarle sentido.

Uno de sus amigos se inclina hacia él.

—Y nunca lo harás. Si no tienes una razón de ser, hermano, estás acabado. Pero el asunto es que tú eliges la razón. No tienes que mejorar. O decides que tienes que mejorar. Depende de ti. Tomas una decisión pésima que hace que tu vida sea deprimente para siempre. La otra, te saca de la cama.

Isaac dice en un susurro:

—¿Por qué intentarlo? —y después se queda callado. Es ese tipo de silencio del que nadie quiere formar parte, como ver a alguien al borde de un precipicio, inseguro de si rendirse o vivir.

Después de un rato me queda claro que no siente la necesidad de tomar una decisión en este momento. Puedo ver que sus amigos se sienten defraudados. La indecisión no es una característica con la que los marines se lleven bien. Finalmente, uno de ellos acerca la cara a sólo unos centímetros de la de Isaac y se le queda mirando con una intensidad con la que sólo un militar puede salirse con la suya.

—Maldita sea, Isaac, porque no tienes otra elección. Porque te vas a obsesionar con tu recuperación del mismo modo que entrenaste en la infantería: como un marine. ¡Porque tu familia cuenta contigo! Porque puedes contar con nosotros, pero no aceptamos excusas. Porque el destino de un guerrero es más grande que sus heridas.

#

Comparto esta historia contigo como ejemplo de una verdad bastante poco inspiradora: no tienes que hacer nada. No tienes que estar presente en la vida, en el trabajo, en tu familia. No tienes que salir de la cama en un día complicado. No tienes que preocuparte por ser la mejor persona que puedas ser. No tienes que esforzarte por vivir una vida extraordinaria. Y aun así, algunas personas sienten que tienen que hacerlo. ¿Por qué?

La respuesta es una frase que explica uno de los impulsores más poderosos de la excelencia y la motivación humanas: la necesidad del rendimiento.

¿Mejorará Isaac físicamente? En muchos aspectos, sólo depende de él. Los médicos han dicho que puede volver a caminar... si se esfuerza para lograrlo. No hay promesas, le dicen, pero hay una posibilidad. ¿Mejorará emocionalmente? De nuevo, depende de él. Tiene mucha gente a su alrededor que lo apoya. Pero se ofrece apoyo a mucha gente que lo necesita, y no lo acepta. La única diferencia está en si alguien decide que es necesario para mejorar. Sin necesidad, no hay acción consistente.

La necesidad es el impulso emocional que hace que el gran rendimiento sea un deber y no una preferencia. A diferencia de los deseos más débiles que te llevan a querer hacer algo, la necesidad te exige que actúes. Cuando sientes la necesidad, no te sientas a esperar o desear. Resuelves las cosas. Porque tienes que hacerlo. No hay mucha elección; tu alma y tu corazón y las necesidades del momento te están diciendo que actúes. Simplemente se siente bien hacer algo. Y si no lo hiciste, te sentirás mal contigo mismo. Te sentirás como si no estuvieras a la altura de lo que se espera de ti, ni cumpliendo tus obligaciones, tus tareas o tu destino. La necesidad inspira a lograr un mayor sentido de motivación que lo normal, porque la identidad personal está en juego, lo que crea una sensación de urgencia para actuar.

Todo esto del "alma y el corazón" y el "destino" puede sonarte un poco esotérico, pero a menudo es la forma en la que las personas de alto rendimiento describen la motivación oculta tras varias de sus acciones. Por ejemplo, en muchas entrevistas suelo preguntar a las personas de alto rendimiento por qué trabajan tanto y cómo logran permanecer tan concentradas, tan comprometidas. Sus respuestas casi siempre son parecidas a éstas:

- Así soy yo.
- No me imagino haciendo otra cosa.
- Nací para hacer esto.

También hay una sensación de obligación y urgencia:

- La gente me necesita ahora; cuenta conmigo.
- No puedo perder esta oportunidad.
- Si no hago esto ahora, me arrepentiré siempre.

Dicen cosas como lo que dijo Isaac: "Es como si toda tu vida y todo lo que significa satisficieran las necesidades de un momento".

Cuando tu necesidad es grande, concuerdas absolutamente con esta afirmación: "Siento un compromiso y un impulso emocional muy profundos por tener éxito, y me fuerza constantemente a trabajar duro, ser disciplinado y esforzarme al máximo".

Las personas que declaran sentirse muy identificadas con afirmaciones como ésta puntúan más alto en el HPI en casi todas las categorías. También informan tener más confianza, felicidad y éxito en periodos largos que sus colegas. Cuando este impulso emocional de necesidad no existe, ninguna táctica, herramienta ni estrategia pueden ayudarlas.

Si he aprendido algo de mi investigación y de una década de intervenciones desarrollando a personas de alto rendimiento es que no puedes volverte extraordinario si no sientes que sobresalir es absolutamente necesario. Tienes que comprometerte más emocionalmente con lo que estás haciendo y alcanzar ese punto en el que el éxito (o sea cual sea el resultado que persigas) no es sólo una preferencia ocasional, sino una necesidad del alma. Este capítulo habla de cómo lograrlo.

## FUNDAMENTOS DE LA NECESIDAD

> "La necesidad es maestra y tutora de la naturaleza.
> Es su tema y la fuente de sus invenciones, su freno y su regla perpetua."
> —Leonardo Da Vinci

Éstos son los factores que influyen en la necesidad del rendimiento (y que yo llamo las cuatro fuerzas de la necesidad): identidad, obsesión, deber y urgencia. Los dos primeros son principalmente internos. Los otros dos, principalmente externos. Cada uno es una fuerza impulsora de la motivación, pero juntos te hacen actuar de manera previsible a niveles superiores.

Los matices de la necesidad no siempre son obvios, así que dedicaremos unos momentos a la descripción antes de pasar a la prescripción. Tenme paciencia, porque apuesto lo que quieras a que identificarás algunas áreas significativas de tu vida en las que una mayor necesidad puede cambiar el juego.

## NECESIDAD DE RENDIMIENTO

**Fuerzas internas**

Identidad (normas personales para la excelencia)

Obsesión por temas o procesos

NECESIDAD

**Fuerzas externas**

Deber social, obligación o propósito

Urgencia (plazos reales)

## FUERZAS INTERNAS

"Todo lo que he intentado hacer en la vida
he tratado de hacerlo bien de todo corazón; todo aquello a lo que me he
consagrado, lo hice por completo."
—Charles Dickens

¿Alguna vez has notado que te sientes culpable cuando no estás viviendo según tus valores o no estás siendo la mejor versión de ti mismo? Tal vez crees que eres una persona honesta, pero sientes que mientes muy a menudo. Te fijas objetivos, pero no los cumples. Y, al contrario, ¿has notado lo bien que te sientes cuando eres una buena persona y cumples con lo que dices y deseas? Esos sentimientos de frustración o felicidad con tu rendimiento son a lo que me refiero cuando hablo de fuerzas internas.

Nosotros los humanos tenemos muchas fuerzas internas que moldean nuestra conducta: tus valores, tus expectativas, tus sueños, tus objetivos y tu necesidad de seguridad, de pertenencia, congruencia y crecimiento, por nombrar unas pocas. Piensa en estas fuerzas internas como un sistema de guía interno que te insta a seguir siendo "quien eres" y crecer para convertirte en la mejor versión de ti mismo. Son fuerzas que moldean sin cesar tu identidad y tus conductas durante toda tu vida.

Hemos descubierto que hay dos fuerzas internas específicas (normas personales para la excelencia y la obsesión por un tema) que son especialmente poderosas para determinar tu capacidad para tener éxito a largo plazo.

## Altos estándares personales y compromiso con la excelencia

> "La calidad de la vida de una persona es directamente proporcional
> a su compromiso con la excelencia, sea cual sea su campo de trabajo elegido."
> —Vince Lombardi

No hace falta decir que las personas de alto rendimiento tienen estándares muy altos. En particular, se preocupan profundamente de si rinden bien en cualquier tarea o actividad que consideren importante para su identidad. Esto es válido tanto si eligen la tarea como si no. También es válido tanto si la disfrutan o no. Es su identidad —no siempre la elección o el disfrute de la tarea— lo que las impulsa a hacerlo bien.[1] Por ejemplo, un atleta puede no disfrutar especialmente un entrenamiento impuesto por su entrenador, pero lo hace porque se ve a sí mismo como un atleta de élite deseando hacer lo que sea para mejorar. Los investigadores organizativos también han descubierto que las personas no rinden bien sólo porque desempeñen tareas con las que están satisfechas, sino porque se establecen objetivos que las desafían y que significan algo para ellas en lo personal.[2] La satisfacción no es la causa de un gran rendimiento; es el resultado. Cuando hacemos lo que se ajusta a nuestra futura identidad, estamos más motivados y es más probable que hagamos un gran trabajo.

Por naturaleza, todos queremos hacer un buen trabajo en aquello que nos importa.

**Sin embargo, las personas de alto rendimiento se preocupan aún más por la excelencia, y por eso se esfuerzan más en sus actividades que otros.**

¿Cómo podemos saber que ellas se preocupan más? Porque declaran que monitorean su propia conducta y sus objetivos de rendimiento con mayor frecuencia. Las personas de alto rendimiento no sólo saben que tienen altos estándares y quieren sobresalir; varias veces al día revisan si están cumpliendo dichos estándares. Es este monitoreo propio el que las ayuda a seguir adelante. Tras cientos de entrevistas de rendimiento, he descubierto que las personas de bajo rendimiento, por otro lado, suelen ser menos conscientes de sí mismas y a veces descuidan su conducta y sus resultados.

Estas conclusiones se ajustan a lo que los investigadores han descubierto sobre los objetivos y la conciencia sobre uno mismo. Por ejemplo, las personas que se proponen objetivos y se monitorean con frecuencia tienen una probabilidad de casi dos veces y media más de lograrlos.[3] También elaboran planes más rigurosos y se sienten más motivadas para cumplirlos.[4] En una revisión de 138 estudios que abarcaban a más de 19 mil participantes, los investigadores descubrieron que supervisar el progreso es tan importante para lograr los objetivos como establecer un objetivo claro en primer lugar.[5] Si no vas a supervisar tu progreso, es mejor que no te propongas ningún objetivo ni esperes estar a la altura de tus propios estándares. Esto puede aplicarse a casi todos los aspectos de nuestra vida, incluso los más mundanos. Imagínate que te visualizas a ti mismo como una persona sana y quieres perder algunos kilos. Si no te pones un objetivo y registras tu progreso, es casi seguro que fracasarás. Un metaanálisis descubrió que el monitoreo personal estaba entre los medios más eficaces para mejorar los resultados de la pérdida de peso.[6]

Entonces, ¿cómo se relaciona todo esto con el alto rendimiento? Necesitas alguna clase de práctica para comprobar si estás cumpliendo tus propios estándares personales. Puede ser algo tan sencillo como escribir cada noche y plantearte este tipo de preguntas: "¿He actuado con excelencia hoy? ¿He estado a la altura de mis valores y expectativas para dar lo mejor de mí y hacer un buen trabajo?"

Hacerte este tipo de preguntas todos los días puede sacar a la luz algunas verdades incómodas. Nadie es perfecto e, inevitablemente, hab días en los que no estés orgulloso de tu rendimiento. Pero eso forma parte del asunto. Si no te monitoreas, serás menos constante y avanzarás con mayor lentitud. Y si sí te monitoreas, es posible que de vez en cuando te sigas sintiendo frustrado. Así es como funciona.

Aquellos con alto rendimiento pueden ser duros consigo mismos si no perciben crecimiento ni excelencia en lo que están haciendo. Pero eso no significa que sean infelices o que se estén convirtiendo en unos neuróticos estresados que siempre creen que están fracasando. Recuerda los datos: las personas de alto rendimiento son más felices que sus colegas, perciben que están menos estresadas que ellos y sienten que están marcando una gran diferencia y están siendo bien recompensadas por esos esfuerzos. Se sienten así porque ven que van por el buen camino. *Y sienten que van por el buen camino porque revisan sus comportamientos con frecuencia.*

En todas las charlas que he tenido con personas de alto rendimiento me he dado cuenta de que estaban deseosas de enfrentarse a sus defectos y abordar sus debilidades. No evitan la conversación. No pretenden ser perfectas. De hecho, quieren hablar sobre cómo mejorar, porque en su interior, su identidad y disfrute van unidos al crecimiento.

Entonces, ¿cómo pueden verse en el espejo las personas de alto rendimiento tan a menudo y no desanimarse? Tal vez sea simplemente porque la autoevaluación es algo a lo que están acostumbradas. Se sienten cómodas con ella. No tienen miedo de observarse a sí mismas, con todo y sus defectos, porque lo hacen con mucha frecuencia. Cuantas más veces haces algo, menos te hiere.

Aun así, las personas de alto rendimiento pueden ser duras consigo mismas cuando fracasan, porque la excelencia es muy importante para su identidad. Cuando tu identidad dice: "Soy alguien que resuelve y lo hace con excelencia" o "Soy una persona exitosa que se preocupa por los detalles y por cómo resulta todo", entonces te preocupa que las cosas se tuerzan. Para las personas de alto rendimiento esas afirmaciones no son sólo eso, sino una parte integral de quienes son. Esto significa que existe una presión interna real por hacerlo bien y que la presión puede ser difícil de manejar o hacerla desaparecer.

Y por supuesto, si las personas de alto rendimiento no tienen cuidado, estos altos estándares pueden ser contraproducentes. Podemos volvernos demasiado críticos con nosotros mismos, y la autoevaluación pronto se equipara con el dolor. Cuando eso ocurre, o dejamos de preguntarnos si estamos actuando con excelencia (porque la respuesta es demasiado dolorosa) o seguimos preguntándonos y psicoanalizándonos. La preocupación excesiva por cometer errores aumenta la ansiedad y disminuye el rendimiento.[7] Cuando una estrella del golf de repente se atora en el hoyo 18, no es porque carezca de la necesidad de hacerlo bien. Es porque dejó que la necesidad generara un nivel de expectativa y presión que la debilita.

Aun así, es extremadamente raro que las personas de alto rendimiento se atoren, porque, repito, están muy acostumbradas a manejar las necesidades muy demandantes.[8]

Es importante que tengamos en cuenta nuestras conclusiones sobre las personas de bajo rendimiento. Éstas informan que sólo se monitorean a sí mismas de un tercio a la mitad de veces a la semana menos que sus colegas de alto rendimiento. Y muy pocas veces están de acuerdo al cien por ciento con afirmaciones como "Tengo una identidad que prospera en la búsqueda de la excelencia, y mis conductas diarias lo demuestran". Puede que una identidad de excelencia sea demasiado arriesgada. Si te sientes mal contigo mismo con frecuencia porque estás rindiendo menos de lo normal, entonces es normal que prefieras evitar la autoevaluación. Pero ésta es la máxima ironía para las personas de bajo rendimiento: si no se monitorean más a sí mismas, su rendimiento nunca mejorará. Y, sin embargo, si se monitorean más, tendrán que lidiar con las inevitables autocríticas y decepciones.

**El objetivo de todas las personas de bajo rendimiento debe ser establecer nuevos estándares, monitorearse con más frecuencia y aprender a sentirse cómodas al analizar con detenimiento y resolución su propio rendimiento.**

No pretendo que sea una tarea fácil. Evitar las emociones potencialmente negativas es un impulso humano muy arraigado. Claro que me doy cuenta de que sentir una necesidad intensa no es siempre un camino de rosas. Si te esfuerzas al máximo en cualquier área de tu vida puedes volverte muy vulnerable. Es aterrador exigirte mucho a ti mismo y llegar al límite de tus capacidades. Puede que no lo hagas bien. Puede que fracases. Si no estás a la altura de las circunstancias, puedes sentir frustración, culpa, vergüenza o tristeza. Sentir que tienes que hacer algo no siempre es algo agradable.

Pero supongo que es el máximo intercambio que pueden hacer las personas de alto rendimiento. Sienten que tienen que hacer algo con excelencia, y si fracasan y tienen que soportar emociones negativas, que así sea. Valoran demasiado la ventaja de rendimiento que proviene de la necesidad para dejarla escapar. Los beneficios recompensan de sobra el posible malestar.

No le tengas miedo a este concepto de necesidad. Mucha gente desconfía de la idea cuando se la planteo. Teme no tener lo suficiente o que no pueda manejar las miserias de las exigencias reales. Pero la necesidad no sólo significa que pasó algo "malo" y que ahora "estás obligado" a reaccionar. No significa que la exigencia sea una carga negativa que tengas que soportar.

Por eso, a las personas de bajo rendimiento les suelo decir lo siguiente:

**A veces, la forma más rápida de regresar al juego es volver a esperar algo de ti mismo.**

Anímate y liga tu identidad a la consecución de un buen trabajo. Y no te olvides de fijar objetivos desafiantes. Décadas de investigación en las que participaron más de 40 mil personas han demostrado que aquellos que se establecen objetivos difíciles y específicos superan en rendimiento a quienes establecen objetivos vagos y nada desafiantes.[9]

Considérate a ti mismo como alguien a quien le encantan los retos y ve por tus grandes sueños. Eres más fuerte de lo que piensas, y el futuro te guarda experiencias excelentes. Claro que puedes fracasar. Claro que puede ser incómodo. Pero ¿qué otra alternativa te queda? ¿Reprimirte? ¿Llegar a la última parte de tu vida y sentir que no diste lo máximo de ti? ¿Ir deambulando por la vida aburrido o complaciente dentro de tu pequeña burbuja de seguridad? No dejes que ése sea tu destino.

Las personas de alto rendimiento deben tener éxito a largo plazo porque tienen las agallas para esperar algo grande de sí mismas. Se repiten constantemente que deben hacer algo y hacerlo bien, porque esa acción o ese logro serían coherentes con su identidad real.

Los sueños que tienen las personas de alto rendimiento sobre llevar vidas extraordinarias no son simples deseos o esperanzas. Convierten su sueño en una necesidad. Su identidad futura está unida a él y esperan poder hacerlo realidad. Y lo consiguen.

## Obsesión por comprender y dominar un tema

*"Para tener éxito a largo plazo como coach o en cualquier puesto de liderazgo tienes que estar obsesionado de algún modo."*
—Pat Riley

Si un estándar interno para lograr la excelencia hace que un rendimiento sólido sea necesario, entonces la fuerza interna de la curiosidad lo hace disfrutable.

Como sería de esperar, las personas de alto rendimiento son extremadamente curiosas. De hecho, su curiosidad por comprender y dominar su principal campo de interés es uno de los sellos distintivos de su éxito. Ésta es una observación universal recogida de todas las personas de alto rendimiento. Sienten un impulso interno enorme de concentrarse en su campo de interés a largo plazo y desarrollar una competencia profunda. Los psicólogos dirían que tienen una elevada motivación intrínseca; hacen cosas porque son interesantes, disfrutan con ellas y son personalmente satisfactorias.[10] Las personas de alto rendimiento no necesitan una recompensa ni un empujón de alguien para hacer algo, porque lo encuentran gratificante por naturaleza.

Esta pasión profunda y duradera por un tema o disciplina determinados se ha advertido en casi todas las investigaciones modernas sobre el éxito. Cuando las personas hablan sobre "agallas", hablan sobre una combinación entre pasión y perseverancia. Si has oído hablar sobre la "práctica consciente" —a menudo malinterpretada como la regla de las 10 mil horas— sabes que importa cuánto tiempo te concentras en algo y te capacitas para ello. Las conclusiones son sencillas. Las personas que se convierten en las mejores en algo se concentran durante más tiempo y con más ahínco en su destreza.[11]

Pero he descubierto que las personas de alto rendimiento deben tener algo más que sólo pasión. La pasión es algo que todo el mundo puede entender. Es aceptable. Nos dicen que debemos ser apasionados, vivir con pasión, amar con pasión. La pasión es la expectativa, la primera puerta al éxito. Pero si eres capaz de permanecer muy comprometido emocionalmente y enfocado al máximo a largo plazo, incluso cuando la motivación y la pasión suben y bajan en olas de interés de forma inevitable, o cuando los demás te critican (y sabes que puede que tengan razón), o cuando fracasas una y otra vez, incluso cuando te ves forzado a ir mucho más allá de tu zona de confort para poder seguir ascendiendo, o cuando las recompensas y el reconocimiento se separan demasiado, o cuando todos los demás se habrían rendido o pasado página, o cuando todas las señales indican que deberías dejarlo… eso es un paso más allá de las agallas hacia el territorio de lo que muchos podrían llamar una obsesión irresponsable. Está al borde de la imprudencia. Retomé esta idea de *El manifiesto por la motivación*:

> Nuestro reto es que nos han condicionado para creer lo contrario; que las medidas audaces o el avance rápido son en cierto modo peligrosos o temerarios. Pero cierto grado de locura y temeridad es necesario para avanzar o innovar cualquier cosa, para realizar cualquier aportación nueva, notable o significativa. ¿Qué empresa extraordinaria se ha logrado sin un poco de temeridad? Se requiere de esa supuesta temeridad para que suceda lo extraordinario: cruzar océanos, abolir la esclavitud, enviar al hombre a la Luna, construir rascacielos, descodificar el genoma humano, emprender nuevos negocios e innovar toda la industria. Es temerario intentar algo que nunca se ha intentado, ir en contra de la tradición, comenzar antes de que todas las condiciones sean buenas y los preparativos, perfectos. Pero el audaz sabe que para ganar, primero debe empezar. También comprende a fondo que cierto grado de peligro es inevitable y necesario si ha de haber una verdadera recompensa. Sí, cualquier inmersión en lo desconocido es temeraria, pero ahí se encuentra el tesoro.

¿Estoy siendo poco explícito? No… Esto es de lo que las personas de alto rendimiento me hablaron en todo el mundo.

Cuando te apasiona lo que haces, la gente lo entiende.
Cuando estás obsesionado, cree que estás loco.
Ésa es la diferencia.

Es esta casi temeraria obsesión por dominar algo lo que nos hace sentir la imperiosa necesidad de actuar a niveles más altos.

En cualquier campo de trabajo, aquellos que carecen de obsesión son fáciles de detectar: los navegantes poco interesados, los amantes poco entusiastas, los líderes poco comprometidos... Puede que les falte intensidad en sus intereses, sus pasiones o su deseo en general. Aunque no necesariamente. A veces tienen muchos intereses, pasiones y deseos. Pero lo que les falta es ese detalle, esa permanente e insaciable obsesión. A los pocos minutos de conocer a alguien ya sabes si tiene alguna obsesión. En caso afirmativo, tiene curiosidad, está comprometido y emocionado por aprender y hablar sobre algo determinado y especialmente importante para él. Dice cosas como: "Me encanta hacer lo que hago, estoy un poco obsesionado". O: "Vivo, como y respiro esto; no puedo imaginarme haciendo otra cosa; esto es lo que soy". Hablan con entusiasmo y elocuencia sobre alguna misión en búsqueda de la excelencia o la maestría en su campo, y registran las horas de estudio, práctica y preparación para lograr dichos fines. Sus obsesiones aterrizan en sus calendarios como verdaderos esfuerzos de trabajo.

El momento en el que sabes que algo ha dejado de ser una pasión para convertirse en una obsesión es cuando ese algo queda unido a tu *identidad*.

Cambia de ser un deseo de *sentir* un determinado estado de emoción (pasión) a una misión para *convertirse* en un determinado tipo de persona.
Pasa a formar parte de ti, algo que valoras mucho más profundamente que lo demás. Se convierte en algo *necesario* para ti.

Del mismo modo que algunas personas tienen miedo de fijarse altos estándares para sí mismas, muchas otras temen obsesionarse. Prefieren tener intereses casuales y llamas ocasionales. Es más fácil vivir con pasiones que no tienen nada que ver con lo que eres.

Déjame recordarte algo: las personas de alto rendimiento pueden manejar este tipo de presión interna. No les importa sumergirse en lo más profundo de sus pasiones. La obsesión no es algo que temer. Más bien al contrario. Es casi como una medalla de honor. Cuando alguien está obsesionado con algo, le gusta tanto hacerlo que no siente la necesidad de disculparse ante los demás por ello. Pierde horas trabajando en una tarea o mejorando una habilidad. Y le encanta.

¿Pero son obsesiones "dañinas"? Supongo que eso depende de cómo se definan las cosas. Si te fascina tanto algo que te vuelves adicto o piensas en ello de forma compulsiva, entonces, sí. Eso no es precisamente saludable. Si defines una obsesión como una "preocupación perturbadora y persistente", tal como lo hace el *Merriam-Webster* para uno de los sentidos de la palabra, entonces, sí, llevarla hasta el grado de "perturbadora" probablemente es dañino. Pero el diccionario también define obsesión de estas maneras:

- Un estado por el cual alguien piensa en otra persona o en alguna cosa de forma constante o frecuente, sobre todo de una manera que no es normal.
- Alguien o algo en lo que piensa una persona constantemente o con frecuencia.
- Una actividad en la que alguien está muy interesado o pasa mucho tiempo en ella.
- Un interés o preocupación persistente y anormalmente fuerte sobre algo o alguien.

En mi opinión, no creo que ninguno de estos sentidos de la palabra sea en especial dañino. Por eso digo que depende de la definición que se elija. Lo que sé sobre las personas de alto rendimiento es que sí pasan muchísimo tiempo pensando y llevando a cabo sus obsesiones. ¿Es esto "anormal"? Por supuesto.

### Pero lo normal tampoco es siempre saludable.

Seamos sinceros: en este mundo disperso de hoy, el tiempo normal que pasamos en casi cualquier actividad es de dos minutos. Así que, si una cantidad anormal de concentración es "dañina", entonces las personas de alto rendimiento son culpables de la acusación. Pero yo no veo a las personas de alto rendimiento como dañinas… y paso más tiempo observándolas que cualquier otra persona. Si te estás preguntando si tú tienes alguna obsesión dañina, es muy fácil descubrirlo: cuando tu obsesión empieza a controlarte a ti en lugar de ser tú quien la controla, si comienza a destrozar tu vida y tus relaciones y a provocar tristeza a tu alrededor, entonces tienes un problema.

Pero eso no les pasa las personas de alto rendimiento. Si fuera así, por definición, no serían personas de alto rendimiento. Los datos lo confirman.[12] Las personas de alto rendimiento son felices. Tienen confianza. Su alimentación es bastante saludable y hacen ejercicio. Manejan el estrés mejor que sus colegas. Les encantan los retos y sienten que están marcando la diferencia. En otras palabras, podría decirse que tienen el control.

Ése es el motivo por el que animo a la gente a que siga experimentando en la vida hasta que encuentre algo que encienda algún interés poco común. Después, si se ajusta a tus valores personales y a tu identidad, zambúllete en ello. Curiosea. Déjate entusiasmar por algo y profundiza. Deja que vuelva a la vida esa parte de ti que quiere obsesionarse y dominar algo. Cuando los estándares personales altos se encuentran con grandes obsesiones, entonces aparece la alta necesidad; también el alto rendimiento. Y eso es sólo el juego interno de la necesidad. Con las fuerzas externas el juego se vuelve verdaderamente interesante.

Antes de pasar a las fuerzas externas, quiero que reflexiones sobre las siguientes afirmaciones:

- Los valores que son importantes para mí en la vida son…
- Una situación reciente en la que no me apegué a mis valores fue…
- La razón por la que no creí necesario apegarme a mis valores en ese momento es…
- Una situación reciente en la que estuve orgulloso de apegarme a mis valores o de ser un tipo de persona determinado fue…
- La razón por la que creí necesario ser ese tipo de persona entonces fue…
- Los temas por los que creo estar obsesionado son…
- Un tema por el que no me he estado obsesionando de una forma racional es…

## FUERZAS EXTERNAS

*"Nunca sabes lo fuerte que eres hasta que ser fuerte es tu única opción."*
—Bob Marley

Una fuerza externa de la necesidad es cualquier factor externo que te impulse a rendir bien. Algunos psicólogos podrían describir esto simplemente como "presión".[13] Personalmente, pocas veces uso el término *presión*, porque tiene muchas connotaciones negativas. En su mayor parte, las personas de alto rendimiento no sienten presiones constantes y no deseadas que causen su impulso por lograr la excelencia. Como todos los demás, tienen obligaciones y plazos, pero la distinción radica en que lo eligen conscientemente y, por tanto, no las ven como presiones negativas que tienen que llevar a cabo. No se ven empujadas al rendimiento; son arrastradas hasta él.

Solía estar equivocado en esto. En uno de nuestros estudios piloto para el High Performance Indicator pedimos a la gente que evaluara si estaba totalmente de acuerdo con esta afirmación: "Siento una exigencia externa (de mis colegas, mi familia, mi jefe, mi mentor o mi cultura) para tener éxito en un nivel elevado". Para mi sorpresa inicial, esta afirmación no se correlacionaba con el alto rendimiento.[14] Al preguntarles a aquellos con alto rendimiento sobre este resultado, me enteré de que el motivo es porque las exigencias que sienten para tener éxito no vienen de otras personas. Si sienten presión de los demás de una forma que los hace rendir mejor, es probable que esto refuerce las decisiones o conductas a las que ya se hayan comprometido. Otra forma de decir esto es que las personas de alto rendimiento no ven las fuerzas externas necesariamente como algo negativo o como razones causales de su rendimiento.

Esto significa que no funcionan a partir de lo que los psicólogos suelen llamar reactancia, que son los actos motivados por la voluntad de luchar o de actuar contra amenazas o insultos percibidos. La necesidad de acción en la vida de las personas de alto rendimiento no proviene de querer luchar contra "el sistema" o quienquiera que sea el que los está menospreciando. Las personas de alto rendimiento no se ven impulsadas porque se estén rebelando o porque se sientan amenazadas.

No hay duda de que ese tipo de motivación "negativa" existe, pero por sí sola no suele durar mucho ni lograr gran cosa.

Con mayor frecuencia, las personas de alto rendimiento ven las fuerzas externas "positivas" como razones causales para aumentar su rendimiento. Quieren hacerlo bien para servir un propósito que encuentran significativo, ya que satisfacer un propósito importante sirve como una especie de presión positiva. Incluso las obligaciones y los plazos difíciles de cumplir (que muchas personas detestan) son vistos como potenciadores positivos del rendimiento.

Con esto en mente, hay dos fuerzas externas positivas principales que ejercen el tipo de motivación o presión que mejora el rendimiento.

### Deber social, obligación y propósito

> "El deber hace que hagamos las cosas bien,
> pero el amor nos lleva a hacerlas a la perfección."
> —Phillips Brooks

Las personas de alto rendimiento suelen sentir la necesidad de actuar bien debido a un sentido de deber hacia alguien o algo que está por encima de ellas. Alguien cuenta con ellas o están tratando de cumplir una promesa o una responsabilidad.

Defino el *deber* a grandes rasgos porque es así como lo hacen las personas de alto rendimiento. A veces, cuando hablan del deber, quieren decir que deben algo a otros o que son responsables de su rendimiento (les hayan pedido o no aquello por lo que se sienten obligadas). A veces las personas de alto rendimiento ven el deber como una obligación para cumplir las expectativas o necesidades de alguien más. A veces ven el deber como el cumplimiento de las normas o valores de un grupo o como seguir un sentido moral del bien y el mal.[15]

Los deberes que impulsan el rendimiento pueden explicarse mejor con la verdad de que a menudo hacemos más por los demás que por nosotros mismos. Nos levantamos en mitad de la noche para tranquilizar a un niño alterado, aunque sabemos que necesitamos dormir. Sólo que en nuestra mente es más necesario hacer esto por alguien más. Este tipo de necesidad suele ser la palanca más fuerte. Así que, si alguna vez sientes que no estás rindiendo bien, pregúntate: "¿Quién me necesita más ahora mismo?"

Si, además, le añades la responsabilidad —cuando la gente sabe que tú eres responsable de ayudarla—, la necesidad se vuelve más fuerte. Una gran cantidad de investigaciones demuestran que las personas tienden a mantener su motivación, esforzarse más y lograr un mayor rendimiento cuando se las considera responsables de sus resultados, se las evalúa más a menudo y tienen la oportunidad de demostrar su experiencia o ganarse el respeto de aquellos a quienes sirven.[16] En otras palabras, si le debes a alguien hacerlo bien, y sientes que eso expondrá tu experiencia, entonces sentirás una mayor necesidad de rendir en niveles superiores. Por ejemplo, cuando nos evalúan más y nos consideran responsables del rendimiento del equipo, trabajamos más y mejor.[17]

Todo esto suena muy bonito, pero todos sabemos que, a menudo, un sentido del deber hacia los demás puede sentirse como algo negativo a corto plazo. Pocos padres desean levantarse en mitad de la noche para cambiar un pañal. Hacerlo es más una obligación que una expresión de amor desinteresado. ¿Se quejarán los padres de dicha obligación? Claro que sí. Pero a largo plazo, el haberse adherido a cumplir esa obligación "positiva" los ayuda a sentirse buenos padres, que es al menos parte de lo que los motiva a hacerlo. En otras palabras, las exigencias externas que sentimos para cumplir nuestras obligaciones en la vida pueden sentirse mal a corto plazo, pero conducen a mejores resultados en el rendimiento más adelante.

A las personas de bajo rendimiento les resulta difícil ver que las obligaciones no siempre son algo negativo, motivo por el cual descubrimos que se quejan más de sus responsabilidades en el trabajo que sus colegas de alto rendimiento. Algunas obligaciones pueden sentirse naturalmente como algo de lo que quejarse. Un sentido de obligación hacia la familia, por ejemplo, puede ser el motivo por el que vivas cerca de tus padres o por el que les envíes dinero. Muchos pueden sentir este deber familiar como unas cadenas, pero el hecho de cumplirlo también está correlacionado con un bienestar positivo.[18]

En el trabajo, una sensación de "hacer lo correcto" también impulsa emociones y rendimiento positivos. Los investigadores organizativos han descubierto que los empleados más comprometidos, sobre todo en tiempos de cambio, sienten que estaría "mal" dejar una compañía si su ausencia daña el futuro de la misma.[19] A menudo redoblan sus esfuerzos para ayudar a sus gerentes, aunque para ello tengan que trabajar más horas. El deber con la misión sustituye sus comodidades a corto plazo.

Como las personas de alto rendimiento comprenden la necesidad de cumplir con sus obligaciones, muy pocas veces se quejan de las tareas y deberes que deben llevar a cabo para tener éxito. Reconocen que cumplir su papel y servir a las necesidades de los demás es parte del proceso. Es algo positivo para el mañana, aunque sea doloroso hoy. Son estas conclusiones las que me inspiraron a considerar mis obligaciones en la vida desde otra perspectiva. He aprendido a adaptar mi actitud a las cosas que tengo que hacer, a quejarme menos y a darme cuenta de que la mayoría de lo que "tengo" que hacer es en realidad una bendición.

> **He aprendido que cuando tienes la oportunidad de servir,**
> **no te quejas del esfuerzo que implica.**

Cuando sientes el impulso de servir a los demás mantienes un rendimiento sólido durante más tiempo. Éste es un motivo, por ejemplo, por el que los miembros del ejército suelen ser tan extraordinarios. Tienen un sentido del deber hacia algo que está por encima de ellos: su país y sus compañeros de guerra.

También es la razón por la que la mayoría de las personas de alto rendimiento menciona el "propósito" como un motivador de su mejor rendimiento. Su sentido del deber o de obligación hacia una visión, misión o vocación mayores las propulsa a través de las dificultades del logro.

De hecho, cuando hablo con personas de alto rendimiento normalmente dicen que "no tienen elección" más que ser buenas en lo que hacen. No lo dicen como si fuera una falta de libertad, como si algún líder déspota las estuviera forzando a hacer algo. Lo que quieren decir es que sienten que es necesario hacer algo porque se les ha llamado a ello. Sienten que se les ha otorgado un don o una oportunidad únicos. A menudo sienten que su rendimiento actual afectará a su futuro y, quizá, el futuro de muchas personas, de maneras muy profundas.

Este sentido del deber ante una llamada superior es casi universal cuando hablas con el 15% de las personas de alto rendimiento que están en la cima. No es extraño oírlas hablar sobre el legado, el destino, la

sincronización divina, Dios o alguna responsabilidad moral ante las generaciones futuras como los principales motivadores de su rendimiento.
Necesitan hacerlo bien, dicen, porque saben que se les necesita.

## Plazos reales

> "Sin una sensación de urgencia, el deseo pierde su valor."
> —Jim Rohn

¿Por qué los atletas entrenan más duro en las semanas anteriores a su
entrada en la pista o en el campo? ¿Por qué a los vendedores les va
mejor al final del trimestre? ¿Por qué los padres y madres de tiempo
completo informan estar mejor organizados justo antes de que comience
la escuela? Porque nada motiva más a actuar que un plazo complicado.

Los plazos reales son una herramienta menospreciada en la gestión
del rendimiento. Preferimos hablar sobre objetivos y cronogramas, y
establecer fechas "cómodas" para lograrlos. Pero el alto rendimiento
sólo se da cuando existen plazos reales.

¿Qué es un plazo "real"? Es una fecha que importa porque, si no se
cumple, tiene consecuencias negativas reales y, si se logra, los beneficios
florecen.

Todos tenemos plazos en la vida. La distinción que importa en este
caso es que las personas de alto rendimiento parecen marchar con frecuencia hacia plazos reales que creen que son importantes de cumplir.
Saben en qué fechas vencen los plazos, las consecuencias reales y los
beneficios que están asociados con esas fechas. Pero igual de importante
es que las personas de alto rendimiento no buscan cumplir plazos falsos.

Un plazo falso suele ser una actividad mal planeada con una fecha
límite que se corresponde con la preferencia de alguien y no una necesidad real con consecuencias reales si no se cumple. Es lo que uno de
mis clientes, un boina verde, llama "simulacro de incendio en círculo".

Así es como aplico en mi vida esta distinción entre plazos reales y
falsos. Siempre que alguien me manda un correo con una solicitud, con
o sin fecha límite, le respondo así:

> Gracias por tu solicitud. ¿Puedes darme el "plazo real", por favor? Me
> refiero a la fecha en la que explotará el mundo, tu carrera quedará

destruida o se producirá un efecto dominó que acabará cuando muramos. Cualquier fecha anterior a ésa es tu preferencia y, con todo respeto, en el momento en el que me enviaste esta solicitud tengo otras 100 solicitudes preferentes antes que la tuya. Así que, para servirte mejor, tengo que colocarte en orden de preferencia con los plazos reales. ¿Podrías decirme esa fecha decisiva y por qué, en particular, sería entonces? A partir de ahí decidiré la prioridad y me coordinaré adecuadamente contigo y, como siempre, te serviré con excelencia. ¡Gracias!

—Brendon

Envío este correo porque sé la rapidez con la que puedo caerme del alto rendimiento al cumplir las peticiones de otras personas que no son exigencias reales. Soy una persona complaciente. Me encanta distraerme. Hábitos como el de aclarar los plazos reales son los que me convierten, igual que a todas las personas de alto rendimiento que conozco, en alguien tan eficiente.

Una encuesta reciente a 1 100 personas de alto rendimiento reveló que sus colegas con menor rendimiento se ven arrastrados a falsos plazos o urgencias con una frecuencia tres veces y media mayor que ellas.[20] Las personas de alto rendimiento están más centradas en hacer lo que en realidad importa cuando importa.

Sin embargo, eso no se debe simplemente a que las personas de alto rendimiento sean superhumanos y siempre estén centradas en sus propios plazos. De hecho, en su mayor parte, los plazos reales a los que se ajustan las personas de alto rendimiento les han sido impuestos por otras personas, por fuerzas externas. Los atletas olímpicos no eligen cuándo se van a celebrar los juegos, y los presidentes de las compañías no establecen las exigencias trimestrales impuestas por el mercado.

Si me hubieran dejado a mi suerte, es probable que nunca hubiera acabado este libro. Pero sabía que, en algún momento, si no lo entregaba, mi familia se amotinaría, mis amigos me secuestrarían y mi editor me dejaría. Claro que no cumplí con un par de plazos falsos que yo me había impuesto. Pero en cuanto hubo un plazo real, cuando mi editor les prometió el libro a las tiendas, y mi esposa esperaba unas vacaciones, ¡zas!, las palabras por hora aumentaron de forma exponencial.

Esto no quiere decir que las personas de alto rendimiento se vean impulsadas a cumplir un plazo sólo por las consecuencias negativas de no hacerlo. De hecho, la mayoría de ellas quiere cumplir sus plazos porque están emocionadas por que su trabajo vea la luz, además de por pasar al siguiente proyecto u oportunidad que hayan elegido para sí mismas. Yo deseaba terminar este libro no sólo porque temía las repercusiones negativas de mi retraso; también estaba ansioso por terminar para poner el libro en tus manos, poder prestar más atención a mi familia y llegar a más estudiantes con este mensaje.

Este ejemplo ilustra otros aspectos de los plazos reales: que son inherentemente plazos sociales. Las personas de alto rendimiento se ven impulsadas a organizarlo todo porque reconocen que su cronograma afecta a otros.

> La realidad es que cuando decides cuidar de los demás
> y marcar una gran diferencia en el mundo, la cantidad de
> plazos a los que te enfrentarás irá en aumento.

Algunos pueden suponer que la presión del tiempo deprime a la gente. Pero eso no es lo que yo he notado ni son las conclusiones de otras investigaciones. Un estudio reciente descubrió que, cuando tenía un plazo, la gente no sólo se enfocaba más en terminar la actividad, sino que le parecía más fácil "dejar pasar la actividad" y dedicar más atención a la siguiente actividad.[21] Es decir, los plazos nos ayudan a pasar página entre actividades para así poder concentrarnos completamente en lo que tenemos que trabajar después.

## MANTÉN VIVO EL FUEGO

Identidad. Obsesión. Deber. Plazos. Como te imaginarás, cualquiera de estas fuerzas puede hacer que nos motivemos. Pero cuando se mezclan las exigencias internas y las externas, logras una mayor necesidad y un viento incluso más fuerte a tu favor.

Voy a repetir la parte en la que digo que éste es un tema muy delicado. A mucha gente no le gusta en absoluto la necesidad; odia sentir cualquier tipo de presión. No quiere presión interna porque le puede provocar ansiedad. Y no quiere presión externa porque le puede provocar ansiedad y fracaso real. Aun así, los datos son precisos: a las personas de alto rendimiento les gusta la necesidad. De hecho, la necesitan. Cuando se va, se les apaga su fuego.

Un ejemplo de cómo podría funcionar: imagínate que estás trabajando con alguien que está entre el 2% superior de las personas de alto rendimiento. Te dice: "Creo que no soy tan constante o disciplinado como antes". ¿Cuál sería tu siguiente paso respecto a él? ¿Le harías un test de personalidad o una evaluación de sus fortalezas o harías que se fuera a un retiro en el bosque?

Te aseguro que yo no. Yo tendría una conversación con él sobre la necesidad. Averiguaría sobre algún momento en el que sí se sentía constante y exploraría las cuatro fuerzas de la necesidad con él para ver qué es lo que lo llevó a lograr un rendimiento tan impresionante en el pasado. Después, volvería a repasar las cuatro fuerzas, tratando de que esa persona de alto rendimiento se conectara más profundamente con su sed de logros debido a su identidad, sus obsesiones y su sentido del deber y urgencia. Si no tuviera nada por lo que se sintiera obsesionada, obligada o en riesgo de perderlo, le haría encontrar algo por lo que preocuparse a fondo. No la dejaría en paz hasta que tuviéramos claras las cuatro fuerzas.

Esto es exactamente lo que hice con Isaac, el soldado que luchaba con el sentimiento de que ya no era útil. Hice que se imaginara su futuro de una forma distinta, que reconectara con alguna de las obsesiones que tenía antes de sus lesiones y se comprometiera a mejorar su salud y su estado mental por su familia, para que pudiera volver a trabajar. No fue fácil, pero al final Isaac reconectó consigo mismo y volvió a encontrar su entusiasmo por vivir.

Conclusión: cambiamos y mejoramos con el tiempo sólo cuando tenemos que hacerlo. Cuando las fuerzas internas y externas en nosotros son lo suficientemente fuertes, hacemos que suceda. Ascendemos. Y cuando se pone muy difícil, recordamos nuestra causa. Cuando tenemos miedo y estamos luchando contra las dificultades y la oscuridad, recordamos que vinimos a luchar por la luz y mantenemos un rendimiento positivo a largo plazo. Las siguientes tres prácticas pueden hacer que tengas un mayor sentido de necesidad.

## PRIMERA PRÁCTICA
- - - - - - - - - - - -

### AVERIGUA QUIÉN NECESITA
### QUE HAGAS TU MEJOR JUGADA

*"No sólo tenemos que ser buenos; también tenemos que ser buenos para algo."*
—Henry David Thoreau

Para ayudarte a aprovechar las exigencias de la necesidad, tanto internas como externas, prueba con esta sencilla práctica. Establécete un "desencadenante de escritorio". A partir de ahora, siempre que te sientes en tu escritorio (ésa es la acción desencadenante) pregúntate:

> "¿Quién necesita que haga mi mejor jugada
> ahora mismo?"

Tus glúteos tocan la silla; después, te preguntas y respondes lo anterior. Ésa es la práctica. A mí me encanta por muchas razones:

- Es sencilla y apta para todo el mundo.
- El desencadenante se basa en algo que haces con frecuencia: sentarte en tu silla de oficina. Esté donde esté, en la mesa de la cocina o en la oficina de la esquina de un gran edificio, apuesto a que pasas mucho tiempo en ella.
- Te fuerza a un rápido análisis desde las entrañas. La simple mención de la mejor jugada obliga a una revisión interna: ¿cuál es mi mejor jugada? ¿La he intentado hoy? ¿Cómo será mi mejor jugada en las próximas horas?
- La pregunta también te obliga a pensar en alguien más. Sea por deber, obligación o propósito, termina en tu radar, y ahora puedes tener a una persona o a un grupo externos para quienes trabajar. Cuando tienes a alguien externo por quien actuar, tiendes a rendir mejor.
- Por último, me gusta la frase "la mayoría ahora mismo". Está enfocada en la inmediatez y, aun así, "la mayoría" hace que examines tus prioridades y... (sí, lo adivinaste) tus plazos reales.

Comencé a enseñar esta práctica a mis clientes porque nunca he conocido a ninguna persona de alto rendimiento que no sopesara constantemente si estaba o no dando lo mejor de sí misma (y no sólo para ella, también para los demás). Venían a mí para evaluar su rendimiento en intervalos regulares. Al darte un desencadenante de escritorio te estoy ayudando a que esa habilidad emerja a tus hábitos conscientes. También te estoy ayudando a entrar en un espíritu de servicio, porque eso es lo que hacen las personas de alto rendimiento. Están agradecidas por la vida, y por eso son generosas con los demás.

La gente me pide a menudo que aclare lo que significa hacer tu mejor jugada, y cómo llegar hasta ahí. Significa que estás haciendo tu mejor esfuerzo concentrado exclusivamente en la tarea que tienes en tus manos. Para lograrlo, tienes que avivar las exigencias internas y externas de necesidad. En particular, asumes la identidad de una persona de alto rendimiento y estableces situaciones que exijan inmersión total. En otras palabras, llegas a tu mejor jugada atravesando las puertas de la identidad y la inmersión.

En el juego de la vida, puedes elegir tu identidad (en quién aspiras a convertirte y cómo te presentarás). Esa elección afectará drásticamente tu forma de rendir. Piensa en la diferencia entre estas identidades:

Los *aficionados ocasionales* tienen un interés pasajero en el juego de la vida. Se fijan en muchas cosas y las prueban. Pero nunca se meten en algo con un compromiso o entrega totales.

Los *novatos* también muestran interés, pero al menos intentan desarrollar algo de experiencia en un área. Se meten con mayor profundidad que los aficionados ocasionales, pero su problema es que no llevan bien el desánimo. Los novatos se detienen ante los obstáculos, porque su identidad no está mucho en juego.

Los *aficionados* muestran más que interés. Tienen una pasión. Se han metido de lleno y se entregan realmente a un tema, y quieren mejorar. Superan más obstáculos que los novatos, pero tienden a permanecer en un nivel no especializado a menos que reciban enseguida comentarios o reconocimientos positivos. En otras palabras, necesitan mucha validación externa para seguir.

Los *jugadores* demuestran pasión, pero además mucho compromiso y habilidad. Con gran concentración, se enseñan a sí mismos a dominar un área del juego. Sobresalen y están felices mientras reciban su recompensa. Sin embargo, si cambian el juego o las reglas, se resienten enseguida. Los jugadores necesitan desesperadamente las normas y las rutinas. No les gustan las alteraciones ni los comentarios negativos. Necesitan cierto grado de imparcialidad si van a participar (si a alguien del equipo le pagan más que a ellos, enloquecen y abandonan). Están comprometidos a convertirse en un éxito en su puesto, pero pocas veces alcanzan un nivel holístico de éxito en otras áreas del juego (o la vida). Para ellos es un partido que hay que ganar y no hay mucho más allá.

Las *personas de alto rendimiento* son como los jugadores, pero con mayor grado de necesidad, habilidad y espíritu de equipo. Están totalmente metidas en el partido. Juegan a un alto nivel sin importar cuáles sean los reconocimientos o las recompensas, porque el partido lleva la recompensa en sí mismo y, además, también es parte de cómo consideran su servicio hacia el mundo. Su identidad va unida al juego, pero también al equipo y a quienes sirven. No quieren dominar sólo un área del juego; quieren que se les conozca por el juego en sí. Y aun así, al contrario que los jugadores, no les importa compartir la atención. Su grado de excelencia personal y deber con el equipo son tan altos que se convierten en la persona a quien acudir en cada partido. Destacan porque no sólo presentan un rendimiento individual excepcional; también hacen que los demás sean mejores gracias a su influencia.

Éstas son las descripciones más informales que hago en todo el libro, pero suelo compartirlas para ayudar a la gente a dárse cuenta de que la decisión está en sus manos. Si quieres hacer tu mejor jugada, no puedes ser un aficionado ocasional, ni un novato, ni un aficionado ni un jugador. Debes elegir conscientemente y tratar de poner toda tu voluntad en llegar a ser una persona de alto rendimiento. Si vas a sacar tu mejor jugada con frecuencia, tienes que describir esa identidad para ti y zambullirte en ella… todos los días.

Además de elegir una identidad de alto rendimiento, tendrás que sumergirte por completo en actividades que te exijan el máximo esfuerzo. No puedes simplemente andar pavoneándote por ahí pensando que eres bueno. Tienes que ponerte en situaciones que te hagan bueno. Por fortuna, las investigaciones dejan muy claro exactamente qué es lo que te ayudará a encontrar esas experiencias desafiantes e inmersivas.

Este famoso concepto en psicología positiva se conoce como *flow*. Según Mihay Csikszentmihalyi, el *flow* ocurre cuando se da la mayoría de estos elementos:

1. Tienes objetivos claros y desafiantes, aunque alcanzables.
2. Se necesita una gran concentración y una atención focalizada.
3. Aquello que estés haciendo es intrínsecamente gratificante.
4. Pierdes un poco la inseguridad y te sientes sereno.
5. El tiempo se detiene: te sientes tan enfocado en el presente que pierdes la noción del tiempo.
6. Recibes comentarios inmediatos sobre tu rendimiento.
7. Hay un equilibrio entre tu nivel de habilidad y el reto presentado. Sabes que lo que estás haciendo es factible, aunque sea difícil.
8. Tienes una sensación de control personal sobre la situación y el resultado.
9. Dejas de pensar en tus necesidades físicas.
10. Tienes la capacidad de concentrarte completamente en la actividad que tienes entre manos.[22]

Puedes usar esta lista de condiciones para aumentar las probabilidades de llevar tu mejor jugada a aquellos que esperas servir. Es posible que esta última parte, la de servir a los demás, es la que hace que el *flow* sea aún más poderoso. Por eso te pido que enmarques esta práctica como una oportunidad de llevar tu mejor jugada a alguien más. Mira más allá de tu rendimiento personal o tus sentimientos y conéctate con un motivo para ser la mejor versión de ti mismo para los demás. Encuentra a alguien o algo por lo que merezca la pena luchar. Si puedes atizar tu necesidad para que sea la mejor y así poder ayudar a los demás, alcanzarás antes el alto rendimiento y se quedará contigo por más tiempo.

### Apuntes sobre el rendimiento

1. Las personas que necesitan que haga mi mejor jugada en este momento de mi vida son...
2. Los motivos por los que cada una de esas personas me necesita son...
3. Los motivos por los que quiero convertirme en una persona de alto rendimiento para cada una de esas personas son...

4. Sé que estoy haciendo mi mejor jugada cuando pienso, creo o me comporto...
5. Lo que me saca de mi mejor jugada es...
6. Puedo manejar de forma más eficiente todo eso si...
7. Algunos recordatorios que podría establecerme para ser la mejor versión de mí mismo para las personas de mi vida podrían ser...

## SEGUNDA PRÁCTICA

### CONFIRMA EL PORQUÉ

"En el momento en el que uno se compromete definitivamente,
también interviene la providencia."
—Goethe

Las personas de alto rendimiento no mantienen en secreto sus objetivos o los motivos que se esconden tras ellos. Los afirman con confianza ante sí mismas y ante los demás. Si hay una práctica sobre necesidad que parece dividir más a las personas de alto rendimiento y a las de bajo rendimiento, es ésta. Estas últimas no son muy claras cuando explican sus motivos, y no usan afirmaciones ni hablan sobre los porqués de sus acciones.

Afirmar es declarar o asegurar algo con firmeza como válido o confirmado. Se trata de decir con confianza que algo es cierto o que va a ocurrir. Ésta es la forma en la que las personas de alto rendimiento hablan sobre sus objetivos y sus razones. No parecen dubitativas. Tienen confianza en los motivos por los que están trabajando tanto, y están orgullosas de contarte sobre su propósito. De hecho, descubrí que a las personas de alto rendimiento les encanta hablar de los motivos por los que hacen casi cualquier cosa. Por ejemplo, los atletas de alto rendimiento disfrutan describiendo su entrenamiento y, sobre todo, por qué eligieron un ejercicio determinado ese día. Pasarán el mismo tiempo contándote por qué hacen la rutina —"Hoy voy a hacer tres series de sentadillas al 75% porque me he sentido desequilibrado"— que en qué consiste la rutina o cómo se hace.

Cuando empecé a trabajar con las personas de alto rendimiento me solía preguntar si sólo eran extrovertidos a los que les gustaba mucho alardear. ¿O acaso tenían algún tipo de carisma que hacía que sus motivos para actuar sonaran más atractivos que los de otras personas? Me equivocaba en ambas suposiciones. La personalidad no está correlacionada con el alto rendimiento. Una persona introvertida tiene las mismas probabilidades que una extrovertida para ser de alto rendimiento.[23]

También aprendí que aunque las personas de alto rendimiento son exuberantes a la hora de compartir sus motivos con los demás, muy pocas veces declaran que su enfoque siempre es correcto. Sí, tienen confianza en su propósito, pero en las entrevistas queda claro que la mayoría se pregunta si su planteamiento es el mejor disponible. A menudo identifican nuevas formas de seguir adelante gracias a que están abiertas a procesos mejores. Es decir, las personas de alto rendimiento confían en sus porqués, pero están abiertas al cómo.

Al afirmar sus porqués con otros, las personas de alto rendimiento no sólo sienten más confianza, sino que crean obligación y consecuencia sociales. Si yo te digo que voy en busca de un objetivo y por qué es tan importante para mí, y hablo de ello como si fuera a pasar, declaro que yo haré que suceda, entonces es mi ego el que está ahora en juego. Hay intereses sociales. Prometí que iba a pasar algo, y si no pasa, entonces no cumplí mi promesa. No mantuve mi palabra. Me arriesgo a verme como un tonto o como alguien sin integridad... y no quería que pasara nada de eso.

Todo esto me lleva a sugerirte que afirmes tus porqués, tanto a ti mismo como a los demás, de forma más constante.

Cuando digo que afirmes tu porqué a ti mismo, quiero decir que literalmente hables contigo usando afirmaciones. Va un ejemplo personal. Hace unos 11 años decidí que quería llegar a más personas con mi trabajo sobre motivación y crecimiento personal y profesional. En ese momento YouTube, los videos de marketing en línea y la educación en línea estaban aún en pañales, aunque iniciando el vuelo. Por eso decidí que tenía que empezar a grabar videos y a crear cursos en línea. El problema residía en que era malísimo delante de las cámaras. No podía recordar tres frases, aunque me pagaras, y no sabía cómo ser yo mismo, o qué hacer con las manos, cuando las luces se prendían. Era un desastre.

Pero sí tenía una ventaja. Conocía esta práctica de afirmación del porqué a mí mismo y a los demás. Así que justo antes de que comenzaba a grabar, me decía cosas como éstas: "Brendon, estás haciendo esto porque es importante. Recuerda a tus estudiantes. Puedes inspirarlos y ayudarlos a alcanzar sus objetivos. Ése es tu propósito. Hacerlo bien por ellos. Te va a encantar esto, y vas a ayudar a mucha gente".

Cuando dije esto, no estaba tratando de tener confianza en mi capacidad de ser asombroso ante las cámaras. Ése no es el tema en absoluto. Estaba hablando con confianza sobre por qué quería hacerlo bien frente a las cámaras ese día. Y fue este recordatorio del porqué lo que creó la necesidad de rendimiento. Además, fíjate que me hablé en segunda persona y que la afirmación se basaba más en las recompensas intrínsecas (ayudar a la gente, amar el proceso) que en las extrínsecas (terminar el video, ganar dinero, vender el curso, ganar premios o conseguir comentarios positivos). Esto es algo que quizá quieras imitar, porque no todas las afirmaciones se crean igual; las intrínsecas son más fuertes.[24]

Si algo de esto te suena cursi, entonces tienes que pasar más tiempo con personas de alto rendimiento, porque dicen y hacen en serio este tipo de cosas. Hablan consigo mismas (en voz alta) y se recuerdan lo que en verdad es importante. Párate en el túnel por el que los atletas olímpicos salen a la pista y verás cómo se hablan a sí mismos. Van afirmando sus porqués, aunque no sea así como ellos los llaman. Ponte a escuchar a algún conferencista mundialmente famoso tras bambalinas. No sólo está ensayando su discurso... está interiorizándolo por qué está ahí. Los investigadores han descubierto esta característica también en entornos terapéuticos. Cuando las personas con trastornos de ansiedad encuentran el valor para superar sus síntomas, la estrategia que más nombran de cómo lo hicieron es la de recordarse a sí mismas el valor de los objetivos que persiguen.[25]

Para mejorar detrás de las cámaras, también afirmé mi porqué a muchas personas que me conocían. Empecé por decirles a mis amigos y a la familia que iba a grabar un curso en línea y por qué era importante para mí. Les dije que les enviaría el enlace a mi curso la semana siguiente, y les pedí que me enviaran sus comentarios al respecto esa misma semana. Muchos, cómo no, se rieron o me siguieron el juego. Pero yo no necesitaba su afirmación; necesitaba afirmarme yo mismo públicamente para poder crear una situación en la que tenía que cumplir mi palabra. En cuanto lo prometí, mi necesidad humana de coherencia me motivó aún más para hacerlo bien y a tiempo. Creé la expectativa externa de que iba a hacer algo, y lo hice. Si no, los más de un millón de estudiantes que habían terminado mis videos y cursos nunca habrían sacado provecho de ellos. Afirmar el porqué siempre ha sido mi secreto para ser prolífico.

Cuando verbalizamos algo, se vuelve más real e importante para nosotros. Se vuelve más necesario para nosotros vivir en concordancia con esa verdad. Así que la próxima vez que quieras aumentar tu necesidad de rendimiento, declara (a ti mismo y a los demás) lo que quieres y por qué lo quieres.

---

**Apuntes sobre el rendimiento**

1. Tres cosas en las que me gustaría volverme extraordinario son...
2. Mis porqués para volverme excelente en cada una de esas áreas son...
3. Las personas a las que les contaré sobre estos objetivos y los porqués que esconden son...
4. Las cosas que puedo decirme en voz alta a mí mismo para afirmar estos porqués (mis afirmaciones) son...
5. Algunas formas en las que puedo recordarme sobre estos importantes objetivos y porqués son...

---

## TERCERA PRÁCTICA

### SUBE DE NIVEL A TU EQUIPO

*"Encuentra a un grupo de personas que te desafíen y te inspiren, pasa mucho tiempo con ellas y te cambiarán la vida."*
—Amy Poehler

Cuando me contratan para entrenar a alguien para lograr el alto rendimiento, una de las victorias más fáciles y rápidas es hacer que pase más tiempo con las personas más positivas y exitosas de su red de apoyo. Tu red de apoyo está formada por las personas que están siempre más cerca de ti en casa, en el trabajo y en la comunidad. Es la gente con la que más hablas o a la que más ves. A mis clientes les digo que su trabajo es empezar a pasar más tiempo con los mejores de su grupo de colegas, y menos tiempo con los más negativos. Ésa es una victoria fácil. Pero no lo es todo.

Si de verdad quieres aumentar tu rendimiento en cualquier área de tu vida, rodéate de gente nueva que espere y valore el alto rendimiento. Amplía tu grupo de colegas e incluye a más personas con más experiencia o éxito que tú, y pasa más tiempo con ellas. Entonces, no se trata sólo de pasar más tiempo con tu grupo actual de amigos positivos o exitosos, sino de añadir a más personas al grupo. Probablemente ya sabías que tienes que hacer esto, porque has oído que hay poder en tu grupo de amigos. Pero puede que no hayas notado la potencia con la que te afecta tu entorno social.

En la última década los investigadores han hecho descubrimientos fascinantes sobre un fenómeno llamado *clustering* o análisis de grupos. Descubrieron que las conductas, las actitudes y los resultados médicos tienden a agruparse en núcleos sociales. Las personas que te rodean incluso pueden afectar cuánto duermes, qué alimentos comes y cuánto dinero gastas o ahorras.[26] Esta dinámica, a la que se ha llamado "contagio social", ha demostrado tener tanto perjuicios como beneficios.

En el aspecto negativo, los investigadores han descubierto que las malas conductas y resultados como el tabaquismo, la obesidad, la soledad, la depresión, el divorcio y el consumo de drogas tienden a crecer en grupos sociales.[27] Si tus amigos fuman, probablemente tú también fumarás. Cuantos más amigos tengas con sobrepeso o divorciados, más probabilidades tienes de acabar igual.

Asimismo, los aspectos positivos, como la felicidad y la conducta acorde al contexto social, también parecen esparcirse en los grupos sociales.[28] Por ejemplo, si tienes un amigo que es feliz con su vida, tus oportunidades de sentirte feliz suben un 25 por ciento. Los investigadores incluso han advertido que la experiencia y el rendimiento excepcional en música, futbol, arte y otros campos se dan en grupos.[29]

Este efecto de "contagio" suele conservarse hasta con tres grados de separación. Esto significa que no sólo pueden afectarte tu familia y amigos. Las investigaciones muestran que los amigos de tus amigos también ejercen influencia. Al igual que los amigos de los amigos de tus amigos. Con cada grado de separación, el efecto de tu entorno disminuye, y los efectos no son nada significativos cuando se superan los tres grados de separación.[30] Éste es el motivo por el que es tan importante fijarse bien quién está en tu círculo social.

Claro que no siempre podemos decidir quién está en nuestro círculo, sobre todo cuando somos jóvenes, motivo por el cual tanta gente tiene hoy en día malas conductas: tuvieron malas influencias. Quienes crecieron en hogares disfuncionales (por ejemplo, divorcio, consumo de drogas, enfermedades mentales, negligencia o abusos) tienen un mayor riesgo de resultados negativos en el futuro relacionados con la salud física y mental.[31] Estos niños también padecen ramificaciones cognitivas y emocionales significativas del abuso que experimentan (por ejemplo, un córtex prefrontal más pequeño [el área del cerebro que se encarga de la toma de decisiones], un hipocampo más pequeño [una parte del cerebro importantísima para la memoria] y las respuestas hiperactivas ante el estrés).[32] Los niños que crecen en la pobreza también se enfrentan a niveles más altos de delitos, violencia, prisión, falta de supervisión parental, abuso de drogas y abusos físicos y sexuales.[33]

Todas estas pruebas podrían parecer abrumadoras para las personas que no tienen la suerte de haber ganado la lotería social. Puede hacer que la gente se pregunte: "¿Estoy condenada a vivir al mismo nivel del grupo en el que me encuentro?"

La respuesta es un rotundo y contundente no. Resulta que el alto rendimiento no está unido a tu entorno social o cultural. Eso se debe a que el alto rendimiento, como recordarás, es un asunto a largo plazo. Y con el tiempo, puedes eliminar las influencias negativas de tu vida y dirigir tus hábitos mentales y tu entorno social hacia el alto rendimiento. Esto no es sólo para animarte. Las investigaciones han demostrado sistemáticamente que las personas pueden superar su programación e influencias culturales si disponen de la estrategia y las creencias correctas. Por ejemplo, el simple hecho de adoptar la creencia de que se puede mejorar con esfuerzo ha ayudado a los niños de barrios desfavorecidos a pasar de unas calificaciones pésimas a convertirse en los mejores de su clase en un estudio tras otro.[34]

Un estudio reciente de más de 168 mil alumnos de décimo grado en los Estados Unidos nos ayuda a demostrarlo. Los investigadores recogieron datos relacionados con los logros académicos de los alumnos, su estatus socioeconómico y qué opinaban sobre su capacidad para mejorar con esfuerzo.[35] Como es predecible, a los alumnos con un nivel socioeconómico mayor les fue bastante mejor que a los que provenían de familias con bajos ingresos. Sin embargo, esta relación se compensaba en los niños que creían que podían mejorar con esfuerzo. De hecho, los niños que provenían del 10% más bajo en la escala socioeconómica pero que aun así creían en su capacidad para mejorar lo hicieron igual de bien que los niños situados en el 20% más alto que creían que sus capacidades no podían cambiar. Esto quiere decir que la brecha económica (y todos los factores económicos que suelen acompañar a un bajo estatus económico, como un mayor estrés, peores escuelas, peor nutrición…) desaparecía casi por completo en los niños que creían que podían mejorar con esfuerzo.

Las investigaciones científicas muestran constantemente que determinadas personas mantienen su fortaleza incluso cuando el entorno o la cultura que las rodea es todo menos ideal.[36] La diferencia radica en cómo piensan. Esto quiere decir que con o sin apoyo social se pueden usar los pensamientos para mejorar la mente, el estado de ánimo, la memoria, las reacciones, la felicidad y el rendimiento.[37]

Nadie está encadenado a su pasado ni a su entorno. Tenemos un control personal enorme sobre los factores que mejoran nuestra vida y nuestro rendimiento. Digo esto porque hay demasiada gente que piensa que no puede ganar sin el grupo de compañeros ideal. Así que antes de decirte que mejores tu grupo de compañeros, no pienses ni por un segundo que no puedes mejorar tu vida por tu cuenta. El apoyo social sólo hace que el desarrollo personal y el éxito general en la vida sean más fáciles, más rápidos y se disfruten más.

Por todos estos motivos, aquellos con alto rendimiento pasan más tiempo con personas positivas que con negativas.

**Son más estratégicos y constantes a la hora de buscar trabajar con los demás a su mismo nivel de competencia, experiencia o éxito en general (o a un nivel mayor).**

Buscan actividades de creación de redes o afiliaciones a grupos con personas más exitosas. En el trabajo, se comunican más con personas más experimentadas y a menudo "por encima" de ellos en el organigrama. En su vida personal, hacen más voluntariado, pasan menos tiempo en relaciones negativas o conflictivas y piden ayuda de sus colegas más exitosos más que los demás.[38]

Esto no quiere decir que las personas de alto rendimiento se hayan librado de todas las personas negativas o problemáticas de su vida. En alguna parte existe el mito de que para ser feliz o tener éxito tienes que "librarte" de todas las personas negativas de tu vida. Oímos comentarios como: "Si alguien no apoya tu sueño, deja de ser su amigo" o "¿Tu pareja no te anima ni satisface todas tus necesidades? ¡Divórciate!" o "¿A los niños de la escuela no les cae bien tu hijo? ¡Cámbialo de escuela!"

Éste es un consejo a medias. Aprender a vivir con personas que son distintas a ti y que te desafían es sólo parte del proceso para convertirse en un adulto maduro y resistente. "Librarte de gente" en tu vida sólo porque no es un rayo de luz brillante y luminoso todos los días durante todo el día acabará contigo solo en una isla y hablándoles a los cocos.

Todo el mundo tiene días malos. Todo el mundo lucha en la vida. Y no todo el mundo tiene que darte ánimos en cada paso del camino. Tenemos que aceptar eso y no librarte de todo aquel que no esté alegre todo el tiempo.

Tu familia, tus amigos y tus colegas van a tener un montón de días malos y gran parte de su actitud hacia ti no tiene nada que ver contigo.

Están en su propio mundo y atraviesan dificultades. La mayoría de la gente verá su vida afectada por una enfermedad mental. La mayoría de tus amigos entrará y saldrá de tu vida. Esta idea de simplemente barrer a la gente de tu vida no es madura ni razonable. A veces el amor es igual a compasión y paciencia.

## CONSTRUYE LO QUE NECESITES

> "Haz un esfuerzo consciente para rodearte de personas positivas,
> estimulantes e inspiradoras, personas que crean en ti,
> te animen a perseguir tus sueños y aplaudan tus victorias."
> —Jack Canfield

Aun así, no tienes que pasar unas cantidades ingentes de tiempo ni dedicar mucha parte de tus pensamientos a las personas negativas. Los que están en camino hacia un propósito no tienen mucho tiempo para el drama. Así que aquí va mi consejo: en lugar de "liberarte" de todas las personas negativas de tu vida (sobre todo si son familia, amigos, colegas leales o aquellos que simplemente están necesitados), pasa más tiempo a) con tus compañeros positivos y exitosos y b) formando un nuevo grupo de compañeros positivos.

Puedes perder tu tiempo con el drama y el conflicto de decirle a la gente que no es lo que quieres o necesitas en la vida, o puedes usar ese mismo tiempo formando un círculo nuevo. ¿Acabar con relaciones o formar nuevas? Yo me centraría en formarlas.

También quiero hablar sobre la excusa que oigo todo el tiempo, sobre todo de personas más jóvenes, que dicen que "no tengo acceso a personas exitosas". Ésa es casi siempre una creencia personal sin explorar, no una realidad. De hecho, en un mundo conectado globalmente, decir que no tienes acceso a alguien o algo de donde aprender, con quien colaborar, con quien trabajar o seguir para avanzar en la vida es un argumento bastante poco consistente. La cuestión pertinente no es si existen; es si estás dispuesto a hacer el trabajo necesario para encontrarlos, contactarlos, perseguirlos o trabajar lo suficiente para subir hasta que llegues a su órbita.

¿Cómo se hace eso? Ésta es la lista a la que yo acudo para ayudar a alguien a rodearse de un grupo más exitoso:

## 1. Añade un amigo más extraordinario.

Para marcar una diferencia en tu vida, no necesitas decenas de amigos nuevos. Necesitas una persona más positiva que saque lo mejor de ti. Así que busca a tu amigo más positivo y exitoso y pídele que traiga a uno o dos de sus amigos a la próxima noche que salgan. Después, comienza a salir con ellos un poco más a menudo, sólo media hora más a la semana. Una persona positiva más te acerca un paso más a la buena vida.

## 2. Haz voluntariado.

Éste siempre es mi primer movimiento cuando trabajo con personas que se sienten rodeadas de personas negativas. Los voluntarios son personas llenas de vida y positivas. Son gente que da. De todos modos, te interesa estar rodeado de ese espíritu de servicio para tu propio desarrollo per-

sonal y espiritual. También te interesa estar rodeado de voluntarios porque tienden a ser personas más instruidas y exitosas. La gente con un
mayor nivel educativo tiene más probabilidad de hacer voluntariado
que aquellos con menor educación. En los Estados Unidos casi 40% de
las personas de más de 25 años con una licenciatura u otro grado superior hace voluntariado. Eso se compara con el 26.5% de aquellos con
algún título o diploma técnico, 15.6% de graduados de la preparatoria
y sólo 8.1% de aquellos cuya educación no alcanza la preparatoria.[39]
Muchas veces, las personas que trabajan en organizaciones sin ánimo
de lucro, sobre todo las que están en la junta o en el comité, son las más
ricas de una comunidad.

Pero el voluntariado no sólo trata de rodearse de personas más ricas
o instruidas. Se trata de servir a los demás y desarrollar el tipo de empatía y el espíritu de servicio necesario para tratar con todas tus relaciones en la vida. Si hay una persona negativa que no para de irritarte,
la perspectiva que adquieres del mundo gracias al voluntariado puede
ayudar a relajarte.

Si quieres encontrar buenas oportunidades de voluntariado en tu
ciudad, pregunta a tus amigos. Te sorprenderá cuántos hacen ya voluntariado. Además, busca el nombre de tu ciudad y "voluntariado" y
verás muchas opciones. Y hazlo esta semana. Cuando conozcas a más
personas que se esfuerzan por marcar una gran diferencia en el mundo,
marcará una gran diferencia en el tuyo.

### 3. Haz algún deporte.

Únete a alguna liga interna. Haz una visita al club de raquetbol. Hazte
miembro del club de golf. Sal al parque y únete a algún partido que te
encuentres. Encontrarse en situaciones competitivas te enseña a prestar
más atención a tu propio rendimiento y, como ya hemos visto, la autoevaluación del rendimiento promueve un aumento en el rendimiento. La
competición puede sacar lo mejor de nosotros cuando vemos el proceso
de competir como un esfuerzo por la excelencia, las metas personales y
las contribuciones de equipo. Sólo es rendimiento "malo" o inadaptado
cuando todo lo que te preocupa es el rango, los resultados o aplastar a
la competencia.[40]

**4. Busca un mentor.**

A las personas de alto rendimiento les digo que tengan uno o dos mentores para la vida: personas mayores, más sabias, muy respetadas y exitosas. Quiero que las llames una vez al mes. También quiero que tengas un nuevo "mentor de dominio" cada tres años. Esta persona sería alguien que tenga justamente la experiencia que necesitas para tener éxito en tu campo. También deberías llamar a esa persona cada mes. Estos dos mentores, uno para la vida y otro para la experiencia en un dominio determinado, te abrirán una perspectiva extraordinaria. Para encontrar mentores, empieza otra vez con tus amigos y familia. Pregúntales: "¿A quién conozco que tenga una gran sabiduría e influencia y de quien pueda aprender?" Igual encuentras a un mentor en tu lugar de trabajo o haciendo lo antes mencionado, es decir, voluntariado o deportes. También puedes escribir mi nombre y "cómo encontrar mentor" en YouTube y ver mi video para conseguir más ideas.

**5. Gánatelo.**

¿Quieres rodearte de más personas exitosas? Entonces gánate la entrada a esa fiesta y vuélvete excepcional en lo que haces. Trabaja duro. Practica los hábitos de alto impacto. No te des nunca por vencido, añade una cantidad inmensa de valor y mantente en el camino hacia la maestría. Cuando ya seas extremadamente habilidoso y tengas mucho éxito en lo que haces, se te abrirán las puertas y conocerás a más y más gente extraordinaria.

Imagínate cuánto mejoraría tu vida si lograras introducir mejores personas en tu red social. Y no, no me refiero a tu grupo de Facebook. Me refiero a personas reales con pulsos reales a quienes veas de verdad, a quienes llames, con quienes trabajes, salgas o hagas ejercicio, o con quienes tengas aventuras divertidas. Decide rodearte de personas que traigan alegría y crecimiento a tu vida y estén lo suficientemente seguras de sí mismas para ser reales y sólidas, tengas éxito o estés luchando.

Mejora a tu equipo y sus estándares. Te convertirás en una persona más extraordinaria si tienes personas más extraordinarias a tu alrededor.

---

**Apuntes sobre el rendimiento**

1. Las personas más positivas en mi vida con las que debería salir más son...

2. Para aumentar la cantidad de personas de alto rendimiento en mi red, debería...

3. Algunas rutinas o reuniones nuevas que podría crear para juntar a las personas positivas y comprensivas de mi vida podrían ser...

---

## NO HAY ELECCIÓN

*"Primero descubre lo que quieres ser; luego haz lo que tengas que hacer."*
—Epicteto

Todos conocemos a alguien que no era el más listo de la clase, que parecía no estar preparado para la vida y parecía tener más debilidades que fortalezas, y que, de algún modo, acabó sorprendiendo a todo el mundo con su éxito. Cuando se les pregunta cómo lograron sobresalir por encima de otros más privilegiados o cualificados que ellos, suelen decir: "Estaba hambriento. Debía tener éxito. No tenía elección". Estaban necesitados. La otra cara de la moneda es que mucha gente sin esta mentalidad nunca alcanza su pleno potencial. Sin necesidad, no hay impulso ni alcanzan su potencial.

Al igual que ocurre con todos los hábitos de alto impacto, tienes que subir tu nivel de necesidad de forma consciente. Tienes que pensar esto detenidamente: "¿He asociado las actividades importantes de mi día con mi identidad y mi sentido de obligación? ¿Por qué me resulta tan importante perseguir este sueño? ¿Por qué tengo que hacerlo? ¿Cuándo tengo que hacerlo? ¿Cómo puedo rodearme de más personas increíbles que mejoren mi juego y me ayuden a servir al siguiente nivel?" Estas preguntas, si se recurre a ellas con frecuencia, pueden ser los indicadores de un nivel totalmente nuevo de impulso y compromiso.

Eres tan fuerte y extraordinario como te dejes serlo. Así que decide tus necesidades, amigo. Hazlas reales. Siéntelas en las entrañas. Porque el mundo necesita que te pongas al descubierto ya.

# SEGUNDA PARTE

# Hábitos sociales

**HÁBITOS DE ALTO IMPACTO**

**Personal**

BUSCAR LA CLARIDAD

GENERAR ENERGÍA

AUMENTAR LA NECESIDAD

**Social**

AUMENTAR LA PRODUCTIVIDAD

EJERCER INFLUENCIA

DEMOSTRAR VALOR

# AUMENTAR LA PRODUCTIVIDAD

"No pienses en hacer arte, sólo hazlo. Deja que los demás decidan si es bueno o malo, si lo aman o lo odian. Mientras se deciden, sigue haciendo arte."
—Andy Warhol

AUMENTA LOS RESULTADOS QUE IMPORTAN

TRAZA TUS CINCO MOVIMIENTOS

VUÉLVETE INCREÍBLEMENTE BUENO EN LAS HABILIDADES CLAVE

**—No está sucediendo tan rápido como quiero.**

Athena, una administradora escolar, dice esto en un tono de derrota.

Estamos en su oficina, hablando sobre sus objetivos y sobre qué tan productiva siente que ha sido su carrera. Las estanterías que tiene detrás están abarrotadas de gruesas carpetas. Hay una minúscula ventana al lado de su escritorio. No hay cuadros adornando las paredes blancas, que parecen haberse amarilleado con el tiempo. No puedo evitar sentir que esta oficina... —no, el edificio de administración entero— se construyó en los años setenta y nunca la volvieron a pintar. Athena lleva 14 años trabajando en esta habitación.

—Estoy más ocupada ahora de lo que nunca he estado en toda mi carrera. Ahora todo es urgente, porque están a punto de cerrar dos de mis escuelas. Casi nunca salgo de esta oficina, ni siquiera para comer.

Señala las dos bandejas de comida para llevar que están en el alféizar de la ventana.

—Tengo reuniones todo el día con maestros, directores, padres, líderes de la comunidad... Entre unos y otros, trato de hacer un hueco para leer los correos. Me quedo despierta hasta tarde todas las noches revisando propuestas. Llevo trabajando día y noche lo que me han parecido como cuatro años. No siento que esté progresando lo suficiente, aunque no paro de tachar pendientes.

Decido preguntarle algo a lo que las personas del tipo A temen cuando hablan sobre su productividad:

—¿Eres feliz?

Athena frunce el ceño.

—No quiero sonar como alguien infeliz, Brendon. No es que esté diciendo que mi vida sea horrible o que mi carrera apesta. Sólo que no soy tan eficiente como quiero ser, o como todo el mundo necesita que sea. Por eso te pedí que vinieras, para concentrarme en ser más eficiente.

He descubierto que cuando hablas con personas muy ocupadas, suelen abandonar rápidamente el tema de la felicidad.

—Bueno. Entonces, Athena, ¿eres eficientemente feliz?

Se ríe.

—Lo suficiente, supongo. No es que cada día sea un sueño, pero sí amo lo que hago. Sólo que creo que tiene que haber una mejor forma de hacerlo.

—¿Una mejor manera que qué?

—Que matarme a trabajar tanto para llegar a lo que parece ser ninguna parte. Quiero retirarme después de 20 años. Pero para eso faltan seis. Ni siquiera sé si podré resistir dos años más a este ritmo. Y aunque lo haga, tengo miedo de retirarme, mirar hacia atrás y pensar: "¿Para qué sirvió? ¿Qué es lo que realmente logré?"

—¿Para qué crees que sirve?

—Ah, para las escuelas, por supuesto. Eso lo tengo claro. Por eso empecé esta carrera. Sé que si puedo lograr que las escuelas de mi comunidad estén saneadas, puedo lograr que generaciones de niños tengan una vida mejor.

—Muy bien. Parece una misión maravillosa. Dices que podrías preguntarte qué es lo que lograste realmente. ¿Qué esperas que sea?

—Espero haber logrado algunos proyectos más importantes de los que estas escuelas puedan beneficiarse durante generaciones. Pero no puedo imaginarme cómo llegar allí; estoy luchando tanto sólo por mantenerme… Estoy trabajando muchas horas, pero no he avanzado con la velocidad que pensé que lo haría. No estoy marcando la diferencia que esperaba, porque mis proyectos van muy lento. Mi equilibrio entre el trabajo y la vida es un desastre. Sólo que me siento como si siempre estuviera empujando y haciendo malabares. Siempre tengo que reinventar la rueda con cada proyecto. Siempre estoy apagando fuegos y descifrando cosas para lograr algo que pueda durar…

Va apagándose poco a poco y se queda mirando la pared amarillenta.

—Es como que, no importa lo que haga, no logro llevar a buen puerto estos grandes proyectos, y me preocupa que no esté planteándolos bien. No importa lo que haga, sólo…

Siento una energía intensa proveniente de ella. Se me hace un nudo en la garganta. Sé dónde va a terminar esto. Me duele ver a alguien con visión enjaulada en esta oficina.

—Sólo… ¿qué?

—Todo lo que hago, nunca… —dice, aguantándose las lágrimas— es suficiente.

\#

Una de las peores sensaciones del mundo es la de estar increíblemente ocupado, pero sentir que no estás progresando nada. Estás luchando en el lado correcto, pero tu planteamiento te está destrozando la salud o comprometiendo tu bienestar. Los proyectos parecen no acabar nunca. El progreso llega demasiado lento. La felicidad es siempre un horizonte lejano que nunca se alcanza. Athena se sentía así. La mayoría de nosotros nos hemos sentido así en algún momento.

Fue difícil ver a Athena experimentar estas sensaciones, porque desde afuera parecía un equipo de fuerzas de élite reunido en una sola mujer. Terminaba cada día con un montón de tareas tachadas de su lista de pendientes. Lo que aún tenía que aprender era que no sólo era posible lograr el equilibrio, sino que también era posible aumentar el progreso. También le quedaba por descubrir que a veces todo ese trabajo improductivo no es el trabajo de tu vida. A veces ser eficiente no basta, porque el logro puede ser inútil si no está en sincronía con quien eres, con lo que quieres hacer en verdad, con lo que eres capaz de hacer. Tuvo que aprender la diferencia entre simplemente hacer las cosas y alcanzar una productividad de alto rendimiento.

Las personas de alto rendimiento tienen un planteamiento muy consciente para planear sus días, sus proyectos y sus tareas en comparación con las personas de bajo rendimiento. Como la mayoría de las personas productivas, las de alto rendimiento califican alto afirmaciones del tipo: "Soy bueno estableciendo prioridades y trabajando en lo que es importante" y "Me mantengo concentrado y evito distracciones y tentaciones" (cuanto más de acuerdo estén con estas afirmaciones, mayor es la calificación en alto rendimiento). La diferencia es que cuando se comparan con sus colegas, las personas de alto rendimiento son más productivas y, además, también más felices, menos estresadas y se sienten más recompensadas a largo plazo.

La búsqueda de la felicidad es especialmente relevante, ya que muchas personas creen que no pueden hacer más sin comprometer su bienestar o su sensación de equilibrio. Pero eso no es cierto. Las personas de alto rendimiento han encontrado un modo de producir más y a la vez comer más sano, hacer más ejercicio y, aun así, sentir un mayor aprecio por aceptar nuevos retos que sus pares. Y no sólo consiguen sacar adelante más trabajo improductivo en el sentido de que se ensucian las manos; sino que terminan más actividades e informan sentirse más enfocadas en la excelencia que sus colegas. Mis entrevistas con numerosas personas de alto rendimiento y sus colegas en la última década confirman sus declaraciones.

Nada de esto se debe a que las personas de alto rendimiento sean superhumanos o tengan una sobredosis de cafeína. Tampoco se debe a los ideales de sentirse bien que nos suelen vender hoy en día para llegar a ser más productivos. Creer que uno da más que sus colegas o que está marcando la diferencia puede aumentar la sensación de motivación y satisfacción, pero, repito, esos aspectos no siempre llevan a un aumento de la productividad.[1] Sólo porque seas generoso no significa que seas bueno para establecer prioridades o evitar distracciones. Las personas generosas pueden ponerle mucho corazón a todo, pero no siempre terminan lo que empiezan.

Entonces, ¿por qué las personas de alto rendimiento producen más, pero también mantienen su bienestar y su equilibrio? Es porque practican muchos de los hábitos conscientes que aprenderás en este capítulo.

Para sacarle el máximo partido a este capítulo es importante que dejes a un lado cualquier idea preconcebida sobre el equilibrio entre el trabajo y la vida o si buscar logros tangibles en la vida es un objetivo que merezca la pena o no. Mantén la mente abierta, porque dominar este hábito puede tener consecuencias mucho más amplias en todos los aspectos de tu vida, sobre todo en la forma en la que te percibes a ti mismo y al mundo en general. Nuestras investigaciones mostraron que si sientes que eres más productivo, entonces tienes más probabilidades de sentirte feliz, con más éxito y más confianza. También tienes más probabilidades de cuidarte más, de que te asciendan más a menudo y de que ganes más que las personas que se sienten menos productivas. Éstas no son mis opiniones; son resultados vitales importantes y cuantificables que descubrimos tras numerosas encuestas y estudios.

En mi experiencia de coaching, me quedó claro que las personas de alto rendimiento también son las más valiosas y mejor pagadas de una organización. Las empresas quieren líderes de alto rendimiento porque están centrados, gestionan bien las tareas y tienen éxito más veces en llevar los proyectos hasta su final. Se abruman con menor frecuencia y trabajan en sus objetivos durante más tiempo, con un mayor sentido de alegría y camaradería que otros.

Está claro que dominar esta área de tu vida te dará poder. Vamos a examinar primero los fundamentos para pasar después a los hábitos avanzados.

## FUNDAMENTOS DE LA PRODUCTIVIDAD

> "El día es siempre de quien trabaja con serenidad y grandes objetivos."
> —Ralph Waldo Emerson

Los fundamentos para volverse más productivo son fijarse objetivos y conservar la energía y la concentración. Sin objetivos, sin concentración y sin energía... estarás hundido.

La productividad empieza con los objetivos. Cuando tienes objetivos claros y desafiantes, tiendes a estar más concentrado y comprometido, lo que lleva a sentir que estás fluyendo y disfrutando más de lo que estás haciendo.[2] Un mayor disfrute te da esa motivación intrínseca que ha estado correlacionada con una mayor productividad, tanto a nivel cuantitativo como cualitativo.[3] Lo mismo se aplica para los equipos. Los grupos que tienen objetivos claros y desafiantes casi siempre superan en rendimiento a aquellos que no tienen objetivos explícitos. Las investigaciones muestran constantemente que los objetivos grupales inspiran a las personas a trabajar más rápido y durante periodos más largos, a prestar más atención a las tareas que importan, a distraerse menos y a aumentar su esfuerzo en general.[4]

La energía es otro factor muy importante para determinar la productividad. Como dije en el tercer capítulo, casi todo lo que hagas para cuidar de ti mismo importa a la hora de aumentar tu alto rendimiento. Un sueño reparador, una buena nutrición y el ejercicio son buenos impulsores de la productividad.[5] Y no sólo de la tuya... sino que la productividad de economías enteras puede estar unida, por ejemplo, a los hábitos nutricionales de sus ciudadanos.[6]

Recuerda que la Energía con "E" mayúscula no sólo se trataba del sueño, la nutrición y el ejercicio, sino también de las emociones positivas. Es indiscutible que las personas felices son más productivas. De hecho, un metaanálisis de más de 275 mil personas de más de 200 estudios mostró que las personas felices no sólo son más productivas; también reciben evaluaciones más altas por la calidad de su trabajo, su formalidad y su creatividad.[7] Otro estudio demostró que los estudiantes que estaban más contentos en la universidad tenían más éxito económico que sus pares una década después de graduarse.[8] Incluso ese antiguo consejo de "sonríe y lograrás más" resulta ser cierto. Un estudio mostró que sólo con ver un video de comedia para alegrarte un poco la vida antes de hacer un trabajo serio puede aumentar la productividad.[9]

Por último, si vas a ser productivo, debes mantenerte concentrado. Esto no es fácil en la era moderna. El exceso de información, las distracciones y las interrupciones provocan consecuencias nefastas tanto para nuestra salud como para nuestra productividad. La sobrecarga de información provoca desmoralización y una menor calidad del trabajo.[10] Tratar con una constante e interminable entrada de hechos, o tener que pasarnos el día leyendo atentamente datos o buscándolos nos hace desgraciados. Por eso existe el término *parálisis por análisis*: nos quedamos paralizados por tantos datos y tanto tiempo que pasamos reuniendo y analizando datos. Ésta sólo es una razón por la que tu primera actividad de la mañana nunca puede ser la de abrir tu correo electrónico. Esa enorme avalancha de correos provoca agobio y reacciones negativas, y ésa no es la emoción o el estado de ánimo con los que quieres enmarcar tu día. En lugar de eso, trata de hacer algunas de las actividades de las que te hablé en el capítulo sobre la energía.

La distracción es otro factor desalentador. Un estudio mostró que la distracción disminuye la productividad en un 20 por ciento.[11] Es aún peor si estamos trabajando en tareas mentales muy exigentes, ya que, en ese caso, las distracciones pueden ralentizar nuestro pensamiento casi a la mitad.[12] Muchos estudios han mostrado que el simple hecho de hacer varias tareas a la vez es en sí una distracción. Es incompatible con los estados de concentración máxima que se asocian con el alto rendimiento y el trabajo de calidad.[13] Cuando se hacen varias tareas a la vez, uno no se puede concentrar por completo en la tarea que está haciendo, porque el cerebro sigue procesando la última tarea sin terminar.[14]

El último gran culpable son las interrupciones. Casi todos los empleados de las grandes organizaciones reciben multitud de interrupciones durante una tarea, actividad o reunión determinadas. En esos momentos tienen problemas para volver a concentrarse y seguir con lo que estaban haciendo. No retoman su esfuerzo inicial, sino que, en promedio, les cuesta otros dos proyectos o tareas antes de reorientarse hasta alcanzarlo.[15] Con mis clientes de la lista de Fortune 500, incluso aquellos con mayores logros, he advertido que una interrupción significativa en su día de trabajo puede retrasar tareas importantes y programadas unas dos o tres horas.

Estos hechos deberían demostrarte que debes tomarte muy en serio el ser disciplinado sobre fijar objetivos desafiantes y mantener activas tu energía y tu concentración. Pero eso cuesta mucho trabajo y, a menudo, dichos esfuerzos se ven estropeados por nuestras suposiciones de que no es posible. Demasiadas personas dicen que no pueden fijarse objetivos más grandes o conservar la energía porque su equilibrio entre el trabajo y la vida cambiaría radicalmente. De hecho, la conversación sobre el equilibrio entre el trabajo y la vida se ha vuelto tan absurda que me gustaría hablar de ello con más detalle antes de pasar a nuestros hábitos.

## EL DEBATE SOBRE EL EQUILIBRIO ENTRE EL TRABAJO Y LA VIDA

*"Una de las formas más comunes de que el ser humano moderno se engañe a sí mismo es mantenerse ocupado todo el tiempo."*
—Daniel Putnam

Hoy en día mucha gente ha tirado la toalla sobre el concepto de equilibrio entre el trabajo y la vida. Pero no hay que ser tan drástico. Se puede encontrar equilibrio en la vida, y creer lo contrario es una suposición que quita un enorme poder y, además, está totalmente equivocada. Tras haber entrenado literalmente a millones de personas sobre el tema de la productividad, me he dado cuenta de que aquellos que no creen que el equilibrio entre el trabajo y la vida sea posible, lo creen porque nunca han hecho un esfuerzo totalmente consciente y constante por definir, buscar y medir dicho equilibrio, o porque simplemente definen el "equilibrio entre el trabajo y la vida" mediante un estándar imposible de lograr.

En primer lugar, voy a hablar de la tan manida idea de que el equilibrio entre el trabajo y la vida es imposible. Normalmente, cuando se
dice que cualquier labor del ser humano es imposible, suele tratarse de
una concepción muy ingenua, y ésta no es la excepción. Cuando alguien
me dice que el equilibrio entre el trabajo y la vida es imposible, le recuerdo que los seres humanos han cruzado océanos, escalado las montañas más altas, construido rascacielos, aterrizado en la Luna y llevado
vehículos más allá del sistema solar. Es increíble lo que somos capaces
de lograr, y lo que intentemos sólo estará limitado por nuestras creencias. Así que déjame decirte algo: si crees que un mejor equilibrio entre
el trabajo y la vida es imposible, ya has perdido la batalla.

A muchos de mis clientes que ya se dieron por vencidos en este
asunto les recuerdo que nunca han intentado lo suficiente encontrar
el equilibrio como lo han intentado en otras tareas. Pueden pasarse
10 meses planeando la consecución de un proyecto laboral, pero ni un
solo día planeando traer más equilibrio durante su próxima semana. Si
no te concentras de la misma forma en equilibrar tu vida que en los
demás proyectos, entonces ya has dictado sentencia. En ese caso, no
señales con el dedo a toda la conversación sobre el equilibrio entre el
trabajo y la vida; señala con el dedo a la persona que te está viendo desde
el espejo, que sencillamente se negó a intentarlo.

Si podemos mantener la mente abierta en esta discusión, puede
que nos demos cuenta de que uno de los problemas principales es la
forma en la que nos acercamos al equilibrio entre el trabajo y la vida
en primer lugar.

**El gran error que comete la mayoría es pensar en el
equilibrio en términos de distribución equitativa de horas.**

Piensan que se supone que tienen que pasar la misma cantidad en el
trabajo que en la "vida". Su expectativa gira en torno a la cantidad, que se
opone a la cualidad, y siempre que confundimos esas dos características
nos metemos en problemas. Aun así, a pesar de la cantidad de gente que
siente que no tiene equilibrio a este respecto, la mayoría, sin embargo,
lo tiene. La gran mayoría de nosotros pasa 30% de su vida trabajando (si
asumimos una semana laboral estándar de 40 horas), 30% durmiendo y
30% haciendo otras cosas, como salir con la familia, haciendo algo que

nos gusta o cuidando de nuestra salud, u ocupándonos de las necesidades básicas de la vida. De hecho, la mayoría tiene mucho más tiempo libre y pasa más tiempo con la familia de lo que piensa. Sólo que ese tiempo no es intencionado y, por tanto, no lo disfruta "lo suficiente". Es irónico que el estadounidense promedio que ve de cuatro a cinco horas de televisión al día diga que no tiene tiempo ni equilibrio.[16]

Para ser justos, mucha gente trabaja mucho más de 40 horas a la semana. Y en la cultura de "siempre conectados" que vivimos en la actualidad, en la que se espera respuesta a cualquier hora del día o de la noche, puede parecer que el equilibrio ha desaparecido.

Por eso creo que hay un planteamiento mejor para pensar en el equilibrio entre el trabajo y la vida. En lugar de tratar de equilibrar las horas, trata de equilibrar la felicidad o el progreso en tus principales ámbitos en la vida.

Déjame explicarlo mejor. Cuando la mayoría de la gente se siente en desequilibrio, se debe a que un área de su vida se ha vuelto más intensa, más importante y le consume más tiempo que las demás. Se ha obsesionado tanto con el trabajo que ha dejado de lado su salud o su matrimonio. O se ha concentrado tanto en un problema familiar que su trabajo se ha resentido.

La solución es mantener la perspectiva en la vida, y para ello hay que estar pendiente de la calidad o el progreso en los principales ámbitos de la vida. Con una simple revisión semanal de lo que buscamos en los principales ámbitos de la vida nos ayuda a encontrar de nuevo el equilibrio o, al menos, planear la búsqueda de un mayor equilibrio.

He descubierto que es útil organizar la vida en 10 categorías distintas: salud, familia, amigos, relaciones íntimas (pareja o matrimonio), misión y trabajo, economía, aventura, aficiones, espiritualidad y emoción. Cuando trabajo con mis clientes, suelo hacer que evalúen su felicidad en una escala del 1 al 10 y también que escriban sus objetivos en cada una de estas 10 áreas todos los domingos por la noche. La mayoría nunca había hecho eso antes. ¿Pero no es lógico que la única manera de determinar si algo está en "equilibrio" es midiéndolo?

**Si no estás midiendo constantemente los principales ámbitos de tu vida, entonces no hay manera de que sepas qué es el equilibrio que buscas o qué no lo es.**

Esta actividad es una sencilla revisión, lo sé, pero te sorprenderás de lo poderosa que es. Una vez le puse esta actividad semanal a un equipo ejecutivo de 16 personas, y en sólo seis semanas informaron un aumento drástico en su sensación de bienestar y de equilibrio entre el trabajo y la vida. Admito que éste fue un estudio informal y mínimo, pero, aun así, vimos aumentos de dos dígitos sin ningún otro cambio en su vida personal o laboral salvo el tomarse tiempo cada semana para valorar sus 10 ámbitos de la vida.[17] A veces el simple hecho de echar un vistazo al panorama general puede ayudarnos a sentirnos más en control, ajustar el camino según sea necesario, y sí, encontrar más equilibrio.

Eso era lo que necesitaba tan desesperadamente Athena, la administradora escolar del inicio de este capítulo. Ese día en su oficina le pedí que se evaluara a sí misma en los 10 ámbitos. Para su sorpresa, ni siquiera había pensado en muchos aspectos de la vida aparte del trabajo en años. ¿Quién es el culpable de esa situación? ¿Es culpa de su jefe? ¿De la sociedad en la que vivimos? No. Si somos sinceros, nuestra falta de atención a los aspectos importantes de la vida no es culpa de nadie, más que nuestra. Lo que descubrió Athena es que necesitaba un ritual semanal para evaluar dónde estaba y qué podía significar el "equilibrio" para ella.

La otra distinción que normalmente no se tiene en cuenta sobre el equilibrio entre el trabajo y la vida es que no se trata tanto sobre una distribución equitativa de horas, sino de sentimientos. No se trata de las horas que pasas, sino sobre la armonía que sientes. A menudo la gente se siente simplemente infeliz o desconectada de su trabajo. Si no te gusta tu trabajo y tienes que pasar muchas horas haciéndolo, entonces es normal que sientas que tu vida está desequilibrada. Reconocerías que tu trabajo no es el trabajo de tu vida, y esa disonancia te causaría angustia mental. Por eso es importante vivir en armonía con lo que realmente deseas y hacer las actividades descritas en el capítulo sobre la claridad.

**Siempre te sentirás desequilibrado si estás haciendo un trabajo que no te parece comprometedor ni significativo.**

Otras veces las personas están comprometidas y les gusta su trabajo, pero están hartas de tanto estrés y tantas horas en él. La línea que separa el estar ocupado de estar exhausto es muy fina y, cuando la cruzas, sin importar lo estupenda que sea tu vida fuera del trabajo, te sientes desequilibrado. El agotamiento en un área de la vida desgasta las demás con facilidad. Entonces, ¿qué podemos hacer? En el capítulo sobre energía cubrí muchos de los aspectos básicos: hacer una mejor transición, liberar tensiones, dormir más, hacer más ejercicio, comer mejor.

La buena noticia es que si el agotamiento es a menudo únicamente una sensación de fatiga, también hay una solución más sencilla. Si podemos darte un breve repaso mental y físico cada hora, entonces podrás mejorar drásticamente cómo te sientes y percibirás una mejora significativa en tu equilibrio entre el trabajo y la vida privada. Esto significa que la mayoría no necesitaba dejar su trabajo por problemas de equilibrio entre el trabajo y la vida privada; sólo necesitaba cambiar lo que hacía en el trabajo para sentirse más equilibrada energéticamente. Por fortuna, eso es más fácil de lo que se piensa.

## TÓMATE UN RESPIRO

"Hay virtud en el trabajo y hay virtud en el descanso, úsalos ambos
y no descuides ninguno."
—Alan Cohen

El cerebro también necesita más tiempo de inactividad del que probablemente pienses: para procesar la información, recuperarse y enfrentarse a la vida para que puedas ser más productivo.[18] Por eso, si quieres lograr una productividad óptima, no sólo deberías tomar descansos más largos (¡reclama tus vacaciones!), sino también hacer pausas intermitentes durante el día.[19]

Los investigadores saben desde hace tiempo que tomarse descansos en el trabajo proporciona emociones positivas y una mayor productividad.[20] Por ejemplo, actos tan sencillos como descansar para comer lejos de tu escritorio cada día pueden aumentar de forma significativa tu rendimiento en el trabajo.[21] Tomarte un pequeño descanso para salir a un parque cercano por unos pocos minutos puede brindarte beneficios cognitivos, para que regreses al trabajo renovado y más concentrado.[22] Si no tienes ganas de alejarte de tu escritorio, el simple hecho de levan-

182 Hábitos de alto impacto

tarte cada cierto tiempo de tu escritorio para trabajar puede aumentar tu productividad en un 45% si se compara con estar sentado todo el día.[23]

Algunos investigadores han argumentado que necesitamos estos descansos porque nuestros recursos cognitivos son limitados y "agotamos" nuestro autocontrol o el ancho de banda psicológico. Aunque esta teoría se ha puesto en duda (puede que no agotemos el autocontrol y la concentración en absoluto sino, más bien, sólo perdamos motivación),[24] una cosa sí es cierta: trabajar todo el día sin descansos nos vuelve infelices y menos productivos.

A todos nos ha pasado que aunque nos guste nuestro trabajo, cuando estamos sentados en el escritorio a veces nuestra atención se desvía. Todos nos hemos sentido cansados aun haciendo el trabajo que amamos. Todos nos hemos quedado sin ideas, aunque nuestro puesto esté en juego para resolver un problema. En todas estas ocasiones, es tu mente la que te está diciendo que necesitas un descanso. Todos nos hemos dado cuenta también de que las cosas sencillas, como una charla en el pasillo, un descanso para ir al baño o dejar que la mente se evada durante unos minutos después de comer, nos suelen revitalizar. Es más que evidente que nuestra mente necesita descanso para restaurar los mecanismos neuroquímicos y aumentar nuestra atención posterior.[25]

La ciencia es tan concluyente en este aspecto que la mayoría de expertos organizacionales recomienda descansos breves lejos del escritorio al menos cada 90 a 120 minutos para aumentar la satisfacción y el rendimiento de sus empleados.[26] Pero mis investigaciones, al igual que las de otros, han demostrado que la cifra debería reducirse a la mitad.[27]

> Si quieres sentirte con más energía, más creativo y eficiente en el trabajo (y aun así irte de ahí con el brío suficiente para la parte de la "vida"), el punto de inflexión ideal es detener tu trabajo y dar un descanso al cuerpo y a la mente cada 45 a 60 minutos.

Esto quiere decir que no deberías trabajar más tiempo en una cosa sin un descanso físico y mental durante una hora como máximo. Un descanso de sólo dos a cinco minutos cada hora puede ayudarte a sentirte mucho más alerta mentalmente y con más energía para tu trabajo y la vida en general.

Por ejemplo, si vas a trabajar en el correo o en una presentación durante dos horas, te recomiendo que te levantes de la silla a los 50 minutos, te des un paseo rápido por la oficina, tomes agua, regreses a la silla y hagas una meditación de transición de 60 segundos. Como recordatorio del capítulo de la energía, una meditación de transición consiste en cerrar los ojos, concentrarte en la respiración profunda, repetirte a ti mismo un mantra, como "liberar", y después establecer una intención para la siguiente actividad. Si quieres ir un paso más allá, también puedes formularte la pregunta del desencadenante de escritorio del capítulo anterior (sobre la necesidad): "¿Quién necesita que haga mi mejor jugada ahora mismo?"

Fíjate en qué es lo que no está incluido durante estos descansos: revisar el correo, los mensajes ni las redes sociales. Revisar está justo en el polo opuesto de nuestro objetivo: desconectarse para poder recargarnos.

A menudo los triunfadores no hacen caso de este consejo, porque sólo quieren sentarse y pasar horas de actividad en su computadora o en reuniones. Pero ése es el motivo exacto por el cual se sienten tan agotados en su vida en casa y por el que reportan un equilibrio terrible entre el trabajo y la vida. Recuerda, el problema no son las horas en casa frente a las horas en el trabajo. Se trata más de sus sentimientos y sensación de energía en general. Pasar las horas es un consejo pésimo. Estudios de los mejores en el mundo en cuestión de rendimiento en decenas de campos descubrieron que no necesariamente tienen que practicar o trabajar más tiempo que otros. La cuestión es que son más eficientes en esas sesiones de práctica o sencillamente tienen más sesiones (no más largas).[28] Trabajar más horas es casi siempre la respuesta incorrecta si quieres alcanzar el equilibrio, la felicidad o un alto rendimiento sostenido. Va en contra de la intuición, pero es cierto: *si disminuyes el paso o descansas de vez en cuando, trabajas más rápido y dejas más tiempo para otras áreas de tu vida.*

Para mis clientes, este descanso cada 45 a 60 minutos se convierte en una forma de vida. Es un protocolo estricto en los primeros meses que trabajamos juntos. Yo les digo: "Si te sientas en una silla, entonces ponte un cronómetro a los 50 minutos en el teléfono o la computadora. A los 50 minutos, sin importar en lo que estés trabajando, levántate, muévete, respira, establece una intención y, después, vuelve a trabajar" (si quieres el cronómetro de 50 minutos que les doy, consulta

HighPerformanceHabits.com/tools). La parte de "levantarse" de mi consejo es importante. No puedes simplemente cerrar los ojos y meditar en tu escritorio. Tienes que darle un descanso al cuerpo de la postura que adoptas cuando estás sentado. Así que levántate y muévete un poco, y haz algunos estiramientos básicos. Si todo lo que hiciste fue levantarte cada hora, cierra los ojos y rebota en el sitio al tiempo que respiras profunda y lentamente 10 veces; sentirás que la concentración y productividad en tu vida se renuevan por completo.

No importa dónde esté sentado (en un avión, en una cafetería, en el trabajo, en una reunión o en el sofá), yo me levanto cada 50 minutos. Hago una rutina de ejercicios de dos minutos de calistenia, qigong y yoga acompañada de respiraciones profundas. Esta regla de los 50 minutos es algo que nunca rompo, incluso cuando estoy en una reunión con más personas. A menudo hago que se levanten y hagan un ejercicio energético conmigo, o pido disculpas por ausentarme y voy a buscar un lugar para revitalizarme durante dos o tres minutos. Esos descansos cortos de unos pocos minutos me regalan horas de concentración y eficacia añadidas cada día.

Si sigues los pasos de los que hablo en este capítulo, podrás encontrar un mayor equilibrio entre el trabajo y la vida, así que no temas volverte más productivo o buscar mayores logros. Sólo asegúrate de calcular tu equilibrio entre el trabajo y la vida cada semana evaluándote en los 10 ámbitos de tu vida y estableciendo objetivos para cada uno. Después, tomate un descanso de dos a tres minutos cada 45 a 60 minutos de tu día. Ésos son los fundamentos. Vamos a pasar ahora a las prácticas avanzadas para la productividad.

## PRIMERA PRÁCTICA

- - - - - - - - - - -

### AUMENTA LOS RESULTADOS QUE IMPORTAN

*"No hay nada menos productivo que hacer más eficiente*
*lo que no debería hacerse en absoluto."*
—Peter Drucker

Si quieres volverte extraordinario, tienes que averiguar los resultados productivos más importantes en tu campo o en tu sector. Los científicos eminentes escriben más artículos importantes que sus colegas menos conocidos o menos eficientes.[29] Lo mismo se aplica para Bob Dylan, Louis Armstrong y los Beatles. En sus años de mayor rendimiento, Apple lanzó productos que fueron un éxito tras otro. Babe Ruth bateó más veces que sus contemporáneos, del mismo modo que Michael Jordan hizo muchos más tiros y Tom Brady lanzó muchos más pases. Seth Godin produce blogs en serie; Malcolm Gladwell no para de sacar libros y artículos; Casey Neistat sigue actualizando sus videos de YouTube; Chanel sigue sacando diseños frescos, y Beyoncé sigue sacando discos excelentes.

Las personas de alto rendimiento han dominado el arte de la producción prolífica de calidad (PQO, por sus siglas en inglés). Tienen más resultados de alta calidad que sus colegas a largo plazo, y así es como se vuelven más eficientes, más conocidas, más recordadas. Dirigen su atención y sus esfuerzos constantes hacia la PQO y minimizan cualquier distracción (incluidas las oportunidades) que pudiera alejarlas de su oficio.

Este punto parece que casi se ha perdido de forma universal en un mundo donde la gente pasa más de 28% de su semana laboral gestionando correos, y otro 20% sólo buscando información[30] (sí, lo siento, tus laboriosas carpetas de correos no te están ayudando. Un estudio de 2011 con 85 mil acciones de 345 usuarios de correo electrónico mostró que las personas que crean complejas carpetas son menos eficientes para encontrar lo que necesitan que aquellos que simplemente usan la búsqueda o el hilo).[31]

Saco a relucir el correo porque los triunfadores le echan la culpa casi en todo el mundo por su baja productividad. Pero el correo, en sí, no es el problema. La verdadera culpable es nuestra propia orientación para trabajar. El trabajo real no consiste en responder a las falsas emergencias de todo el mundo, reordenar papeles, borrar los correos basura, adoptar poses para verse bien ni asistir a reuniones. El trabajo real es producir resultados de calidad que importen.

Parte de tu trabajo es averiguar qué significa para ti la "PQO relevante". Para un bloguero puede significar un contenido más frecuente y de mejor calidad. Para la dueña de una tienda de cupcakes puede ser descubrir los dos sabores que más se venden y aumentar únicamente su distribución. El padre o la madre pueden decidir aumentar la frecuencia de su tiempo libre y de grandes experiencias con sus hijos. El representante de ventas puede ir tras más reuniones con posibles futuros clientes. El diseñador gráfico puede idear más imágenes excepcionales. Para el académico puede tratarse de la calidad del currículum y las clases, o de la cantidad de artículos o libros publicados.

> Averiguar lo que se supone que debes producir, y aprender las prioridades en la creación, calidad y frecuencia de esa producción, es uno de los mayores avances que puedes tener en tu carrera.

Fíjate en el pasado de casi cualquier icono empresarial, y verás un punto de inflexión en su carrera y su riqueza, que se produjo cuando descubrió su PQO. Para Steve Jobs fue deshacerse de un montón de productos de la lista de Apple para poder centrarse en la escalada masiva de menos productos, lo que cambiaría el mundo. Para Walt Disney se trató de aumentar la producción de películas. En la era digital moderna, algunas de las grandes historias de éxito son las de aquellos que simplemente permitieron a otros compartir un contenido más original y prolífico: Facebook, Instagram o Snapchat, por ejemplo. Dondequiera que se encuentre la PQO, parece que va acompañada de avances y riqueza posteriores.

Dejé un trabajo de consultoría corporativa en 2006 porque no encontraba satisfacción en los resultados que se estaban obteniendo. Cuando me fijé en los socios de mi antiguo jefe, la PQO era básicamente cuántos grandes clientes conseguían que firmaran al año. Aunque eso iba acompañado de muchos aspectos maravillosos (la capacidad de hacer tratos o de cambiar las cosas) simplemente no conectaba con la idea de dedicar mi vida a una carrera construida sobre tratos. Para una persona de mi bajo nivel, la cultura informal apoyaba una PQO de "ir de proyecto en proyecto" (entrar en tantos proyectos como pudiéramos para aumentar nuestra perspectiva, ampliar nuestra red y recibir un pago por los viajes extra). Claro que había otros beneficios en todo esto, pero es que no conecté. Al final de todo, poco de ese trabajo permeó en mí.

Uno de los grandes descubrimientos en la vida puede provenir de darse cuenta de que los resultados por los que estás siendo recompensado no son emocionantes ni gratificantes. Cuando te das cuenta de eso, ha llegado la hora de honrar esa verdad y cambiar.

Decidí dimitir y comenzar mi carrera como escritor, orador y capacitador en línea. Vi los resultados de esos esfuerzos (crear contenido para inspirar y empoderar a otros) como algo que sería significativo para mí. El problema era que no tenía ni idea de cómo empezar ni qué hacer exactamente. Como muchas personas nuevas en el sector de los expertos, pensé que tendría que averiguar sobre el sector literario, el sector de los oradores y el sector de las capacitaciones en línea. Cometí el error de ir a decenas de conferencias para tratar de desentrañar cada uno de los sectores, y no me daba cuenta de que todos eran la misma carrera, que consistía en ser un líder serio y que tenían resultados similares que consideraban los más importantes.[32]

Durante casi un año, buscando sin tener claro qué resultados importaban realmente, fui un desastre. Trataba de escribir artículos para revistas y blogs, le rogaba a la gente que me dejara hablar en sus grupos esperando que me pagaran y perdía el tiempo aprendiendo cientos de ideas de marketing en línea. Entonces, un día, sentado en una cafetería, me di cuenta de que me había pasado todo el día "trabajando", pero no tenía nada que mostrar. Pensé: *nada de lo que había hecho ese día iba a hacer que avanzara en mi carrera ni iba a recordarse (ni por mí ni por nadie más) 10 años después.* Aún recuerdo esa conversación en mi cabeza: "Si eres sincero contigo mismo, quieres crear cosas que importen. Quieres saber que un buen día de trabajo produce algo que merezca la pena, algo que será parte de tus contribuciones importantes a otras personas y al mundo, algo que demuestre que te importa tu oficio".

Claro que sabía que no todos los días serían el día mágico y perfecto, en el que cada tarea que emprendiera fuera trascendental y monumental. Todos tenemos actividades que deben llevarse a cabo y no nos hacen sentir como leyendas. Sacar la basura no suma a la lista de tus grandes obras, pero debe hacerse.

Lo que cambió la trayectoria de mi carrera ese día fue decidir, en una sola página, cuáles serían mis PQO. Si quería llegar a ser un gran escritor, entonces mis resultados productivos tenían que ser los libros. El libro que tienes entre tus manos es el sexto que he publicado desde ese día (tengo dos manuscritos más sin publicar esperando en mi cajón). Esto no dice nada de los miles de correos, blogs, artículos, cartas de ventas y publicaciones en las redes sociales que he escrito. Pero mi principal esfuerzo son los libros. Wayne Dyer, un mentor y amigo al que extraño mucho, escribió y publicó más de 30 libros. Yo sólo soy un principiante, pero sé cuál es mi PQO, y eso me da lo que Wayne habría llamado el poder de la intención.

Decidí que si iba a ser un orador profesional, mi PQO sería la cantidad de conferencias pagadas a una determinada tarifa de reservación. Dejé de lado las conversaciones inútiles en las que pedía a la gente que me diera la oportunidad de hablar y comencé a armar videos y materiales de marketing como los de otros conferencistas que estaban llenando eventos al nivel que yo quería alcanzar.

Sabía que si iba a ser un capacitador de cursos en línea —una carrera bastante nueva en 2006—, mi PQO tenía que ser plan de estudios, videos de capacitación y cursos completos en línea. Como te compartí en el capítulo sobre claridad, dejé de tratar de aprender todas las nuevas técnicas de marketing que aparecían y dediqué todo mi esfuerzo a crear y promover los cursos en línea. El resto, como se dice, es historia. Casi dos millones de personas se han inscrito en mis cursos en línea o en las series de video, y mis videos educativos gratuitos sobre cómo vivir una vida totalmente cargada han recibido más de 100 millones de visitas. Si no hubiera descubierto mi PQO, nunca habría tenido la bendición de llegar a todos estos estudiantes. Nunca habrían dicho que soy "uno de los capacitadores en línea con más éxito de la historia" en Oprah.com ni habría figurado en la revista *Success* y su lista de los mejores *influencers* sobre crecimiento personal durante tantos años. No creas que te estoy diciendo esto para impresionarte. Lo hago para transmitirte el tremendo poder de decidir cuál será tu PQO, e ir por él. Los resultados en mi carrera no se deben a que tenga ningún talento especial. Se dieron porque perfeccioné el enfoque hacia las PQO que importaban en mi carrera y puse toda mi atención y dedicación obsesivas en dichos resultados constantemente y a largo plazo.

No puedo dejar de decir lo importante que es esta estrategia. Siempre que tengo que ayudar a algún cliente a aumentar su alto rendimiento, descubrir enseguida qué resultados debería estar produciendo es una de las estrategias que utilizo. Sin importar en qué tema o en qué tipo de productos decida volverse productivo, lo hago reorientar todo su horario laboral hacia esa tarea. Lo más rápido posible, quiero que pase 60% o más de su semana laboral orientado a su PQO. En mi experiencia durante esta última década, esa cifra de 60% parece ser la zona óptima en la que comienzan a surgir resultados reales para la carrera de una persona. Para la mayoría de la gente, el otro 40% termina en asuntos como estrategia, gestión de equipos y las tareas cotidianas del trabajo o de llevar un negocio.

Yo paso 60% de mi semana laboral escribiendo, creando un plan de estudios para la capacitación en línea y grabando videos. El otro 40% lo dedico a la estrategia, la gestión de equipos, relaciones en el sector y contacto con los clientes, lo que incluye las redes sociales y la comunicación con los estudiantes. El 40% son en realidad las cosas que apoyan o facilitan el otro 60% (la producción prolífica de calidad). No todo el mundo tiene mi carrera, claro, y la proporción dorada de 60/40 no es factible para todo el mundo. Pero el objetivo no es hacer lo que hago yo. Es encontrar tu mejor reparto del tiempo y apegarte a él lo mejor que puedas. Yo soy tenaz y constante con mi 60/40, y siempre que baja de esa cifra sé que no estoy produciendo lo mejor que puedo.

Si este reparto de tiempo suena extremo, no te olvides de que esto es muy distinto al consejo de aquellos que te dicen que vayas con todo y dediques a una de tus pasiones el 100% de tu tiempo. Un consejo así, de todos modos, es evidentemente absurdo. No podemos dar el 100% de nuestro tiempo a nada, y mucho menos si estamos trabajando con otras personas, cuidando de nuestra familia o tratando de lograr un gran impacto. Siempre va a haber un porcentaje de tiempo que tenemos que dedicar a trabajar con alguien o a liderarlo, a gestionar y administrar los detalles de nuestros trabajos y, sí, al correo. Lo que quiero decir es que no puedes eludir todo eso, pero puedes y debes armar una estrategia y maximizar el tiempo que pasas trabajando en resultados que vuelvan importante e influyente tu carrera.

¿Por qué no hay más gente que se concentra en su producción prolífica de calidad, sobre todo si se tiene en cuenta que aún le queda 40% para repartirlo entre las obligaciones inevitables del trabajo? Las excusas más comunes (¿quizá sea mejor definirlas como engaños?) son la procrastinación y el perfeccionismo.

A pesar de lo acostumbrados que estamos a echarle la culpa a la procrastinación, no es algo "real". Esta acción no es parte de la mente humana; ni siquiera es un rasgo de la personalidad. Tampoco es el resultado de malas habilidades de gestión del tiempo a las que culpar con facilidad. Los investigadores han descubierto que la procrastinación es en realidad un problema motivacional.[33] Es un problema que aparece porque no estás trabajando en cosas que te importen muy dentro de ti. En casos excepcionales, puede tratarse de ansiedad o miedo al fracaso, pero mucho más a menudo proviene de trabajar en algo que no te emocione, con lo que no te sientas comprometido o no te importe. Por eso es tan importante encontrar una PQO en la que apoyarte. Si te encanta lo que estás creando o con lo que estás contribuyendo al mundo, experimentarás menos procrastinación.

Cada vez que le digo a la gente que cree más resultados, me encuentro inevitablemente con los perfeccionistas. Dicen cosas como: "Mira, Brendon, no me puedo dedicar a crear más así sin más. Soy un perfeccionista. Tengo que saber que es absolutamente correcto y que lo adorarán". El perfeccionismo, sin embargo, es sólo una lógica del retraso imaginada para que éste parezca respetable. La razón por la que la gente no termina más cosas no es el perfeccionismo; es porque pocas veces empieza o, si no, porque se queda atrapada en la duda o la distracción. Si alguien fuera un verdadero perfeccionista, al menos terminaría y liberaría su trabajo, ya que el acto mismo de "perfeccionar" algo viene únicamente tras terminarlo, liberarlo y, después, mejorarlo.

Todos podríamos encontrar razones por las que resulta complicado ser más productivo. Sin embargo, en lugar de gastar más poder mental en esa cuestión, mejor vamos a ponernos a trabajar. Recordemos qué es lo más importante, concentrémonos, produzcamos algo real de lo que estemos orgullosos. Seamos prolíficos y cambiemos el mundo.

---

**Apuntes sobre el rendimiento**

1. Los resultados que más importan para mi carrera son...
2. Algunas cosas que podría dejar de hacer para concentrarme más en la PQO son...
3. El porcentaje de mi tiempo semanal que dedicaré a la PQO es... y las formas en las que lo llevaré a cabo son...

SEGUNDA PRÁCTICA
- - - - - - - - - - - - - -

## TRAZA TUS CINCO MOVIMIENTOS

*"Creo que la mitad de la infelicidad de la vida proviene de que
las personas tengan miedo de ir directo al grano."*
—William Locke

Los humanos somos malabaristas profesionales. Podemos gestionar varios proyectos a la vez, lograr muchas tareas simultáneamente, llevar varios niveles de conversación (implícita y explícita) con distintas personas en la mesa. Esta fortaleza nos sirve a todos... hasta cierto punto. Después, nos destruye.

La mayoría de la gente alcanza sus primeros niveles de éxito gracias a su habilidad para llevar a cabo varias tareas a la vez con excelencia. La emprendedora que pone en marcha la tienda de cupcakes desempeña todos los roles necesarios para tener éxito y persigue todas las oportunidades disponibles. Ella es quien ordena el inventario, la repostera que hace los cupcakes, la cajera que toma los pedidos, la especialista en marketing que envía los cupones, la que establece las redes y gana amistades en el vecindario... Trabaja duro en decenas de roles y se encarga de cientos de tareas. En algún momento obtiene beneficios. Con el tiempo, tiene éxito. Incluso puede llegar a alcanzar el alto rendimiento.

Pero con el éxito llegan las nuevas oportunidades. Poco tiempo después, está aconsejando a otras empresas emergentes. Comienza a incursionar en otras oportunidades. No ha alcanzado su objetivo principal de convertirse en una tienda de cupcakes de primer nivel, pero se siente cómoda. Te dirá que su negocio de cupcakes sigue siendo una prioridad, pero sumérgete en su calendario y podrás ver que esa "prioridad" ya no equivale a trabajo. Mira aún más de cerca y verás que la mayoría de sus esfuerzos está desalineada. Está ocupada, pero no está progresando con propósito.

¿Qué debería hacer para volver al buen camino? Debería simplificar, desmontarlo todo hasta sus partes básicas y favorecer el trabajo en profundidad. Lo más importante de todo: debería tener un plan.

Mucha gente con gran motivación piensa que no necesita planes bien definidos. Tiene talento, así que sólo quiere entrar en el juego, apresurarse, improvisar y ver qué pasa. Eso puede funcionar cuando está apenas comenzando y todo el mundo a su alrededor está también desinformado. En ese punto, es posible que su talento innato, otorgado por Dios, pueda ayudarla a seguir adelante. Pero la ventaja se termina rápido. En cuanto los otros equipos y jugadores tengan experiencia y planes reales —conozcan los pormenores, las rutas y las exigencias del juego— y tú no, estarás perdido.

A las personas de alto rendimiento les resulta extremadamente difícil escuchar esto. No te imaginas cuántas pierden su posición entre los mejores debido a la distracción inevitable que se deriva de los esfuerzos descentralizados. Y no estoy hablando del tipo de distracción que comporta la pereza. Las personas de alto rendimiento sí hacen que las cosas sucedan, eso está claro.

**Pero cuando empiezan a hacer que sucedan muchas cosas sin una trayectoria unificada, empiezan a perder su poder.**

Después, pierden la pasión. Después, logran muchas cosas pequeñas, pero nada grande y significativo.

El asunto es que algunas personas sencillamente han ido librándola sin planificación, durante mucho tiempo. Eso se debe a que no necesitas grandes planes para desentrañar las tareas sencillas. Éstas suelen necesitar pasos obvios, menos puntos de interacción y tus propias acciones independientes. Pero para tareas y objetivos complejos, la planificación es esencial, porque normalmente entra en juego una serie de estrategias que pueden ayudar a lograr un objetivo, y algunas son más eficaces o deseables que otras.[34] Cuanto mayor sea el objetivo, más tendrás que gestionar y más puntos de interacción con otras personas habrá. *Para convertirte en una persona de alto rendimiento es necesario que pienses más antes de actuar.*

Esto no quiere decir necesariamente que debas saber de antemano todo el camino y todas las tareas. Muchas veces los proyectos a largo plazo exigen que establezcas un plan de la mejor manera posible, y después que vayas arreglando cosas sobre la marcha. Aun así, las investigaciones siguen demostrando que cuando los proyectos u objetivos son complejos, la planificación siempre mejora el rendimiento.[35]

Tener un plan y seguirlo paso a paso es más importante de lo que crees. Un plan hace que desaparezcan los pensamientos dispersos. Y terminar cada tarea esencial de tu lista dispara la dopamina en el cerebro, lo que hace que te sientas a la vez recompensado y más motivado a continuar. Un plan no sólo aumenta tus probabilidades de terminar una actividad, sino que también aumenta tu alegría durante el proyecto, y tus recursos cognitivos disponibles para el siguiente objetivo.[36]

Así que, después de todo lo que se ha tratado sobre descubrir el área en la que quieres crear tu producción prolífica de calidad, es hora de crear un plan. Piensa en el sueño más ambicioso que te gustaría asumir, identifica lo que realmente quieres y después hazte esta pregunta:

"Si sólo hubiera cinco movimientos principales para lograr que este objetivo sucediera, ¿cuáles serían?"

Piensa en cada uno de los movimientos principales como un gran abanico de actividades, un proyecto. Estos cinco proyectos que te impulsan para lograr tu sueño pueden desglosarse en productos, fechas límite y actividades. En cuanto tengas esto claro, ponlo todo en tu calendario, programa la mayor parte de tu tiempo en bloques protegidos durante los cuales no harás nada salvo avanzar hacia la actividad a la que está dedicado el bloque determinado. Es decir, si yo me presento en tu casa y te digo: "Muéstrame tu calendario", debería ver de inmediato los proyectos principales en los que estás trabajando. Si no puedo deducir de tu calendario semanal y mensual los movimientos principales en los que te estás enfocando, entonces no estás optimizando tu tiempo y corres el riesgo de que te absorba una vida de reacción y distracción. O eso, o simplemente necesitarás años para obtener un resultado que otras personas pueden lograr en meses.

Las personas de alto rendimiento planean casi todo más que las personas de bajo rendimiento: desde los entrenamientos al aprendizaje, desde las reuniones a las vacaciones.[37] Sin embargo, es fácil confundirse en este punto y perderse en tareas y un exceso de planificación. Mucha gente se complica más de la cuenta. Así que vamos a hacer una pausa y a acordarnos de que lo principal es mantener lo principal como principal. *Descubre los cinco grandes movimientos que te llevarán hacia tu objetivo, divídelos en tareas y plazos y por último ponlos en un calendario.* Con que hagas eso y te asegures de que estos movimientos se corresponden con tu PQO, irás por delante en el juego.

Te voy a contar un ejemplo bastante público de cuyo buen funcionamiento estoy sorprendido. Ya te he contado que mi sueño era convertirme en escritor. Como recordarás, estaba en todas partes, escribiendo aquí y allá, pero sin lograr un progreso real, hasta que identifiqué que mi PQO era escribir libros. En cuanto supe que quería ser prolífico escribiendo libros, dejé de hacer otras actividades. Después empecé a investigar cuáles eran los cinco grandes movimientos para publicar un libro.

En particular, yo quería ser un autor de bestsellers para el *New York Times*. No era por el premio en sí, sino por lo que representaba: una mejoría en la vida de la gente, por lo general. Pero había un problema: ya había escrito un libro, y no llegó a la lista de los más vendidos. Estaba desmoralizado y cometí el error de pensar que el "sistema" estaba roto y no recompensaba a los autores nóveles. Quería echarle la culpa a mucha gente, pero tuve que enfrentarme a la cruda realidad: no lo había planeado lo suficientemente bien la primera vez. Todo el proceso de escribir y promover un libro fue tan caótico como tenía que ser en el caso de un novato.

Esta vez decidí que no dejaría que una actividad tan poco sistemática sellara el destino de mi nuevo libro. No sólo escribía pedacitos a lo largo del día, como había hecho con mi libro anterior. No seguí mis impulsos de ir a conferencias de escritores ni de leer un montón de libros sobre escritura. No traté de hacer cientos de cosas en cientos de direcciones distintas. Sabía que así acabaría exhausto y frustrado y que volvería a fracasar.

En lugar de eso entrevisté a unos cuantos autores de bestsellers y traté de hacerme una idea de sus actividades principales. Sólo les preguntaba: "¿Cuáles son los cinco movimientos principales que marcaron más la diferencia a la hora de avanzar en tu escritura y lograr que tu libro terminara en las listas de los más vendidos?" Tú puedes hacer lo mismo. Encuentra a personas exitosas a las que quieras imitar de cierta forma y descubre cuáles son sus cinco movimientos.

Lo que yo averigüé no era lo que esperaba:

- Los mejores autores de bestsellers no hablaban sobre el ideal romántico de "ser un escritor". Hablaban sobre el duro trabajo y la disciplina que se necesitan para producir páginas en serie, aun cuando no tenían ganas de escribir.
- Nadie dijo que asistir a conferencias de escritores fuera un factor determinante en su éxito.
- No hablaban de grupos de sondeo ni de las características demográficas del público.
- No hablaban de años de investigación previos a escribir sus libros como un factor determinante en las ventas (aunque algunos sí lo habían hecho).
- Muy pocos mencionaron una gran cobertura en los medios o las típicas giras promocionales del libro.
- Nadie mencionó los clubes de libro.
- Nadie mencionó personajes famosos que escribieran el prólogo de su libro como un factor determinante.

En ese momento esa información me cayó totalmente de sorpresa. Mi mente soñadora pensaba que todo eso era importante. De hecho, pensaba que así era como había que abordarlo. Mientras estaba entrevistando a los autores, tenía una larga lista de cosas que supuestamente tenía que hacer. Éstas son algunas:

- Ir a talleres para escritores y recibir comentarios sobre mi escritura para "encontrar mi voz".
- Entrevistar a mucha gente de mi público, dentro de todo el abanico demográfico, para ver qué es lo que buscan en mis libros.
- Una lluvia de ideas sobre los "ganchos" y los "ángulos" de los medios de comunicación, para poder incorporarlos al libro y después usarlos para recibir la mayor cobertura posible.
- Lograr que personajes famosos apoyen mi libro.

Supongo que podría argumentar que éstas son tareas perfectamente adecuadas. Puede que algunas incluso sean útiles. La cuestión es que ninguno de los autores de bestsellers citó estos movimientos como determinantes de su éxito. Nada de esto puso a un autor en una lista de los más vendidos ni llevó a más gente a que eligiera su libro de entre todos los demás.

Descubrí que para conseguir el resultado de ser el número uno en la lista de libros más vendidos, todo lo que importaba eran estos cinco movimientos básicos:

1. Termina de escribir un buen libro. Hasta que no lo hagas, nada más importa.
2. Si quieres lograr un buen trato para su publicación, búscate un agente. O recurre a la autopublicación.
3. Empieza un blog y publica en redes sociales, y úsalas para conseguir una lista de correos de los suscriptores. El correo electrónico lo es todo.
4. Crea una página web para promocionar el libro y ofrece algunas bonificaciones para que compren el libro. Las bonificaciones son cruciales.
5. Logra que promuevan tu libro de cinco a 10 personas que dispongan de listas de correo extensas. Les deberás un correo recíproco, es decir, que accedes a promoverlos tú también en el futuro, y una parte de todas las ventas que hagan en tu nombre de otros productos que estés ofreciendo durante la promoción de tu libro.

Eso es todo. Sé que es menos inspirador que eso de "encuentra tu verdad y escribe todos los días con una pasión desbordante y amor por tu público, en quienes causarás un impacto en su alma y su corazón para siempre". Pero éstos fueron los cinco movimientos principales que la mayoría de los autores me contó. Éstos eran los que más importaban. Estaba aturdido. Y asustado. No tenía ni idead de cómo hacer nada de esto.

Aun así tenía confianza. Porque ahora tenía un plan. Y como leerás después, la confianza real sólo quiere decir que crees en tu capacidad de resolver cosas. Tenía un sueño. Y ahora ya tenía los cinco movimientos secretos. Que no te quepa duda de que iba a descubrir cómo llevarlos a la práctica.

Así que volqué todo mi esfuerzo en esos cinco movimientos. Detuve casi todas las demás actividades. Establecí un calendario para lograr cada una de las actividades. La primera, terminar el libro, me consumió casi 90% de mi horario durante algún tiempo. En cuanto terminé, la mayoría de mi semana estaba bloqueada para poder sumergirme a trabajar en las demás actividades. Fui terminando en orden esos cinco movimientos. Todo lo demás lo clasifiqué como una distracción o como algo que delegar.

Sé que esto suena simplista, pero déjame explicarte. Piensa en el primer movimiento: termina de escribir un buen libro. Piensa en los cientos de maneras posibles que existen para arruinarlo. Podría seguir investigando. Aprender sobre escritura. Esperar a encontrar mi voz algún día. Hacer entrevistas. Procrastinar. Tratar de escribir articulitos sin importancia.

Pero todos los autores de bestsellers me habían comunicado este movimiento con firmeza: termina el libro. "Hasta que eso ocurra, chico —me decían todos—, no pasa nada más."

Y ésa es la magia de conocer tus cinco movimientos. Si conoces tu primera actividad principal, después la segunda, y la tercera, y la cuarta, y después la quinta, tienes un mapa, un plan, un camino definido hacia delante. No te distraes.

Por eso detuve todo lo demás, y me puse a escribir. Después seguí velozmente los siguientes cuatro movimientos. Decidí publicar con una compañía que, básicamente, me ayudó a autopublicar; no tenían que "aceptarme", más bien les di el manuscrito y ellos le dieron el formato de libro. Yo diseñé la portada con PowerPoint. Ya había comenzado a armar una lista de correos electrónicos y tenía unos 10 amigos también con listas que accedieron a promover algunos de mis videos. Ponerlos a todos de acuerdo me llevó dos semanas de ruegos y empujones. Pasé tres días grabando videos y cuatro días subiéndolos a un blog y creando una secuencia de correos electrónicos. En un total de 60 días, *El mensajero millonario* pasó de ser una idea al número uno de los más vendidos de *USA Today*, al número uno de la lista de los más vendidos de *Barnes and Noble* y al número uno de la lista de los más vendidos del *Wall Street Journal*. Eso incluye los 30 días de escribir el libro, después 30 días de prepararlo para la imprenta, crear las redes sociales, las páginas web, las bonificaciones y los videos y lograr que aceptaran enviar los enlaces a los videos a todas las personas de sus listas. Cinco movimientos. Sesenta días. Número uno de los más vendidos.

Algunos dirán que tuve suerte de poder hacer esto, porque ya tenía algunos socios promocionales y la capacidad de crear páginas web y videos. Es totalmente cierto, pero esa ventaja "injusta" había sido el resultado de años previos de duro trabajo. No es como si recién salido del útero, en la sala de partos, me hubieran salido socios promocionales y un montaje de video. De hecho, nunca en la vida había tenido socios promocionales hasta que supe que eran esenciales para mis cinco movimientos.

Esto pone sobre la mesa un punto importante:

**No importa que no sepas cómo alcanzar tus cinco movimientos al principio.**
**Lo importante es que para cada uno de los objetivos principales descubras cuáles son los cinco movimientos.**
**Si no sabes los movimientos, pierdes.**

La clave de mi historia no es la velocidad, ni lo que hice o no en 60 días. Es que sabía qué movimientos importaban y los llevé a cabo. Si me hubiera costado dos años, no habría sido ningún problema; el resultado habría seguido siendo el que perseguía, y concentrarme en los cinco movimientos fue el único modo de llegar al resultado. He seguido este plan tan sencillo y logrado decenas de objetivos principales en mi vida. "La planificación de los cinco movimientos" me ha ayudado a levantar un negocio que me encanta, a conocer a presidentes de los Estados Unidos, a crear cursos en línea que fueron todo un éxito, a llenar conferencias sobre mi libro con multitud de público y a ayudar a recaudar millones de dólares para organizaciones sin ánimo de lucro y otras causas que nos preocupan.

Es un proceso sencillo que mis clientes han usado una y otra vez para lograr resultados igual de impresionantes:

- Decide lo que quieres.
- Determina los cinco movimientos principales que te ayudarán a llegar a ese objetivo.
- Trabaja a fondo en cada uno de los cinco movimientos principales (al menos 60% de tu semana laboral debe ir dedicado hacia esos esfuerzos) hasta que estén terminados.
- Marca todo lo demás como distracción, tareas para delegar o cosas que hacer en bloques de tiempo que hayas destinado en el 40% restante de tu tiempo.

Sé que esto sigue pareciendo demasiado simplista. Pero no te imaginas cuántos luchadores optimistas he conocido y que no pueden responder inmediatamente a la pregunta "¿cuáles son los cinco proyectos principales en los que estás trabajando, en orden secuencial, para lograr lo que quieres?" Las personas no centradas responden con pensamientos improvisados, largas listas de cosas innecesarias, una purga de las ideas que primero les llegan a la mente. Las personas de alto rendimiento lo saben. Pueden decirte en qué están trabajando y por qué en ese orden, con todo detalle. Pueden abrir su calendario y mostrarte los bloques de tiempo que han asignado a sus objetivos y proyectos principales.

Ponte a prueba. Si me presentara en tu casa, ¿podrías abrir tu calendario y mostrarme en él los bloques de tiempo que guardaste y estructuraste específicamente para llevar a cabo una actividad principal que te vaya a llevar a un determinado objetivo? Si no es así, ya sabes cuál es tu siguiente paso.

Sé que en este punto mucha gente dirá: "Pero conozco a alguien con muchísimo éxito que no 'hace' planes. Sólo pasa de una cosa a otra y todo lo que toca se convierte en oro. No tiene ningún proyecto o plan a largo plazo". No hay duda de que existen estas excepciones. Pero la cuestión no es si existen o no; es cuánto están desaprovechando. Con un poco más de planificación podrían mejorar de forma significativa sus contribuciones. Para el resto de nosotros es bueno recordar que sin disciplina nuestros sueños seguirán siendo ilusiones por siempre.

No pases años en lo que puede resolverse en meses con una mejor planificación y una ejecución más precisa. Descubre tus cinco movimientos. Trabaja duro en ellos y piensa siempre en los siguientes pasos que te ayudarán a producir algo significativo, algo de lo que estés orgulloso, algo que te haga extraordinario.

---

### Apuntes sobre el rendimiento

1. El mayor sueño u objetivo que tengo y que necesito planear ahora mismo es...

2. Los cinco movimientos que me ayudarán a progresar rápidamente para lograr ese sueño son...

3. El marco temporal para cada uno de mis cinco movimientos será...

4.  Cinco personas que han logrado ese sueño a quienes podría estudiar, buscar, entrevistar o seguir su ejemplo son...

5.  Las actividades menos importantes o los malos hábitos que voy a eliminar de mi horario para poder concentrarme más tiempo en los cinco movimientos en los próximos tres meses son...

## TERCERA PRÁCTICA

### VUÉLVETE INCREÍBLEMENTE BUENO EN LAS HABILIDADES CLAVE

*"Creo que el verdadero camino hacia el éxito sublime en cualquier campo es el de dominarlo."*
—Andrew Carnegie

Para volverte más productivo, vuélvete más competente. Tienes que dominar las habilidades principales necesarias para ganar en tus principales campos de interés.

El dominio de las habilidades clave se ha asociado durante mucho tiempo con una mejor productividad y un mejor rendimiento tanto a un nivel macro como a nivel individual. Un aumento de las habilidades suele ser el objetivo de las políticas educativas y económicas, porque tienden a promover un mayor crecimiento económico. La habilidad también está considerada como la fórmula mágica para los trabajadores de forma individual, ya que aquellos con mayores habilidades suelen ganar más y experimentar una mayor satisfacción en el trabajo. Sin embargo, esto no siempre es así. A veces los trabajadores cualificados se ven socavados por una mala estrategia, un mal liderazgo, un mal diseño del trabajo o por malas prácticas de recursos humanos.[38] Todos conocemos a alguien con muchas habilidades a quien no le dieron la oportunidad en el trabajo.

Una cosa es segura: no tener las habilidades necesarias para alcanzar el éxito en tu campo es un déficit muy grave. Si no adquieres mayores habilidades, no habrá progresión en tu carrera, por lo que es vital que identifiques las habilidades principales que necesitas desarrollar para que puedas ganar hoy y en el futuro.

Cuando hablamos de "habilidad" a menudo nos referimos a una amplia gama de conocimientos y capacidades que te permiten rendir adecuadamente en un área determinada. Algunas habilidades generales son la comunicación, la resolución de problemas, el pensamiento sistémico, la gestión de proyectos, el trabajo en equipo y la gestión de los conflictos. También hay habilidades específicas para cada tarea o compañía, como la codificación, la producción de videos, las finanzas o las habilidades informáticas.

Y, por supuesto, están las habilidades personales, como el autocontrol, la resistencia y otros tipos de inteligencia emocional.

Mi objetivo es lograr que decidas cuáles son las cinco habilidades principales que necesitas para crecer en los próximos tres años con el fin de convertirte en la persona que esperas ser.

Hay un principio que se esconde en el corazón de esta tarea: todo puede entrenarse. No importa qué habilidad quieras desarrollar; con la suficiente capacitación, práctica e intención puedes volverte más competente. Si no crees esto, tu camino hacia el alto rendimiento se detiene aquí. Posiblemente éstas sean las tres mejores conclusiones de las investigaciones contemporáneas: puedes ser mejor en casi todo si mantienes una mentalidad abierta al crecimiento (la creencia de que puedes mejorar con esfuerzo), te concentras en tus objetivos con pasión y perseverancia y practicas con excelencia.[39]

Cuando la gente dice "no puedo", suele ser un código para "no tengo ganas de pasar por la capacitación a largo plazo y la preparación necesarias para lograrlo". Recuerda: todo puede entrenarse. Esas tres palabras cambiaron mi vida para siempre. Sé que ya he dado muchos ejemplos de mi propia carrera, con el riesgo de convertir este libro en algo excesivamente personal. Sin embargo, en este caso se trata de la pregunta que más veces me hacen, así que voy a tratar el tema de hablar en público, porque a mucha gente le da terror.

Hace 20 años regresé a la universidad después de mi accidente de automóvil. Hablé con mis amigos más cercanos sobre el choque. Les comenté que quería ser una persona con más intenciones, para que la próxima vez que me enfrentara a las últimas preguntas de mi vida (¿He vivido? ¿He amado? ¿He importado?) estuviera satisfecho con las respuestas. No todos quisieron escuchar sobre mi experiencia y las lecciones aprendidas. Pero algunos de mis amigos me animaron a contar mi historia a sus amigos. "Es inspiradora", decían.

Aunque probablemente mis amigos habrían dicho que en esa época yo era extrovertido, en realidad era muy reservado. Podía bromear con ellos. Me sentía bastante cómodo hablando con nuevos conocidos, porque quería conocer gente, conectar con ella y pasarla bien. Pero hablar de temas personales era otro asunto. Muy pocas veces compartía lo que en realidad pensaba, necesitaba o soñaba.

Aproximadamente por la misma época comencé a estudiar psicología, filosofía y autoayuda. Buscaba respuestas. Quería saber cómo vivir una vida mejor. Cuanto más leía sobre estos temas, iba descubriendo que muchas de las trayectorias de los autores se parecían mucho a la mía: les había ocurrido algo que los había inspirado a mejorar su vida, investigar para convertirse en mejores personas y querer ayudar a otros en ese camino. Al leer sus historias me sentí más obligado a compartir la mía.

También me percaté de que muchos de esos autores hablaban de su experiencia como "orador", "conferencista profesional" o "moderador de talleres" en su biografía. Esos autores solían ser oradores, así que busqué sus audiolibros y sus discursos en internet. Comencé a darme cuenta de que cuanto mejor hablaban, mejor transmitían su mensaje e inspiraban a los demás a cambiar.

Así que decidí que dominar el arte de hablar en público tenía que ser un deber en mi vida. A veces el deseo de servir y desarrollar las habilidades más relevantes para lograrlo pesa más que nuestros miedos. Me comprometí y comencé un proceso de aprendizaje al que llamo "dominio progresivo", que cambió mi vida rápidamente.

Cuando quieres dominar una habilidad tienes dos opciones: puedes esperar desarrollarla con un poco de práctica y repetición o puedes asegurarte de que te conviertes en uno de los mejores mediante el dominio progresivo.

El concepto de *dominio progresivo* es muy distinto a cómo se plantea la mayoría de la gente el aprendizaje de una habilidad. Por lo general se interesa en una idea, la prueba unas cuantas veces y calibra si es "buena" en ella o no. Si no lo es, lo atribuye a una falta de talento o capacidades naturales. Llegada a ese punto, la mayoría abandona. Y los que continúan, piensan que tienen que recurrir a la repetición bruta para mejorar, esperando que simplemente por el hecho de hacer algo las suficientes veces se volverán competentes y progresarán. Por ejemplo, imagínate que quieres volverte un buen nadador.

Si eres como la mayoría, harás que te enseñe alguien que ya sabe nadar. Después empezarás a nadar. Nadarás cada vez más, esperando mejorar tu energía y tu velocidad. Te meterás en la alberca una y otra vez tratando de mejorar. Piensas que esas horas pasadas en la alberca son el secreto para convertirte en un mejor nadador.

Resulta que éste es uno de los métodos menos eficaces para dominar una habilidad. La repetición muy pocas veces acaba en alto rendimiento. Y por eso es importante comprender el "dominio progresivo".

Éstos son los pasos para lograr un dominio progresivo:

1. Decide qué habilidad quieres dominar.
2. Fija objetivos ampliados específicos en tu camino hacia el aprendizaje de dicha habilidad.
3. Asocia altos niveles de emoción y significado a tu trayecto y a tus resultados.
4. Identifica los factores esenciales para el éxito y mejora tus fortalezas en dichas áreas (y arregla tus debilidades con el mismo fervor).
5. Crea visualizaciones en las que te imagines claramente cómo se ven el éxito y el fracaso.
6. Programa prácticas desafiantes elaboradas por expertos o a través de mucha reflexión.
7. Mide tu progreso y obtén retroalimentación externa.
8. Socializa tu aprendizaje y tus esfuerzos mediante la práctica o la competición con otras personas.
9. Sigue estableciendo objetivos de mayor nivel para que sigas mejorando.
10. Enseña a los demás lo que estás aprendiendo.

Estos 10 principios del dominio progresivo son una versión más detallada de lo que suele denominarse la *práctica deliberada*, un término acuñado por Anders Ericsson.[40] Al igual que la práctica deliberada, el dominio progresivo implica conseguir un coach, retarte a ti mismo por encima de tus zonas de confort, elaborar representaciones mentales de cómo sería el éxito, registrar tu progreso y corregir tus debilidades.

La diferencia radica en que el dominio progresivo da un mayor énfasis a la emoción, la socialización y la enseñanza. En otras palabras, eres más estratégico y disciplinado en la forma en la que asocias la emoción a tu trayecto, mejoras tus capacidades mediante la práctica o la competencia con los demás y haces uso del extraordinario poder de la enseñanza para comprender mejor tu propio oficio. A mí me parece una forma más humanista, social y disfrutable de dominar una habilidad.

Vamos a ver cómo estos principios pueden convertirte en un mejor nadador de una forma mucho más rápida que la simple repetición. En lugar de meterte en la alberca de vez en cuando y tratar de mejorar, por qué no intentas lo siguiente:

1. Decides que quieres mejorar específicamente tu habilidad como nadador de crol (decides que no te vas a meter a aprender a nadar de espaldas, de pecho ni de mariposa).

2. Fijas objetivos sobre la rapidez y eficiencia con la que entrarás al agua, nadarás una vuelta, darás un giro o terminarás tus últimos 10 metros.

3. Antes de cada práctica te recuerdas a ti mismo por qué es tan importante para ti mejorar en este aspecto, y hablas de tus objetivos con alguien a quien le importe tu rendimiento. Tu motivo puede ser ponerte más en forma, ganar una competición o ganarle a tu amigo unas cuantas veces.

4. Decides que un factor esencial para tener éxito es tu capacidad para mover las caderas dentro del agua de forma eficiente y que tu mayor debilidad es tu falta de energía al final.

5. Cada noche visualizas la competición perfecta, imaginándote con detalle cómo te moverías en el agua, cómo empezarías el giro, cómo superarías el cansancio y cómo lo darías todo en las últimas brazadas.

6. Trabajas con un entrenador de natación experto que pueda darte retroalimentación frecuente y que te ayude a diseñar prácticas cada vez más difíciles para alcanzar objetivos cada vez mayores.

7. Mides tu progreso en un diario cada vez que nadas, y lo revisas en busca de información sobre tu rendimiento.

8. Nadas constantemente con personas con las que te encanta nadar y compites en carreras para que puedas enfrentarte a mejores nadadores que tú.

9. Despúes de cada sesión de nado, te fijas objetivos más difíciles para la siguiente.

10. Una vez a la semana entrenas a otro nadador de tu equipo o das una clase de natación en el centro comunitario local.

¿Ves cómo este planteamiento te llevará a unos resultados mucho mejores que el simple hecho de meterte en la alberca y tratar de mejorar? Incluso aunque pasaras exactamente las mismas horas en la alberca, estos principios te ayudarían a superar la repetición sin sentido.

Éste es el mismo planteamiento que imaginé en mi caso cuando decidí que quería ser un orador de nivel superior. Pensé: *Bueno, puedo empezar a dar más discursos y esperar mejorar o puedo plantearme el proceso con emoción y excelencia verdaderas.* El haber decidido centrarme en el dominio progresivo es una de las mejores decisiones de mi vida.

Solamente seguí los 10 pasos que acabas de leer. Los principios que me resultaron más eficaces fueron el 2, el 3 y el 10. Me establecí un objetivo para usar cada vez menos notas cuando daba un discurso. Por ejemplo, cuando di mi primer discurso en la universidad, lo tenía todo escrito y me dediqué básicamente a leerlo. La siguiente vez que di un discurso, limité las notas a una página. Después, media página. Luego, sólo cinco notitas con frases. Más adelante, cinco palabras sueltas en una tarjeta. Cuando terminé la universidad, daba presentaciones enteras sin ninguna nota. Eso era establecer "objetivos ampliados específicos en tu camino hacia el aprendizaje de dicha habilidad".

Esto no quiere decir que fuera sorprendente. La primera vez que me pagaron por hablar —en una fraternidad, sobre el tema de las relaciones— vomité justo antes de empezar. Pero supongo que se debió a que me importaba lo suficiente para que me preocupara cómo iba a hacerlo. Eso significa que me permití asociar "altos niveles de emoción y significado" a mi trayecto y mis resultados. Cuando lo arruinaba, me permitía enojarme conmigo mismo, sin desanimarme. No paraba de recordarme lo importante que era mejorar para poder inspirar a los demás con mis palabras. Veía a grandes oradores como Martin Luther King Jr., John F. Kennedy y Winston Churchill, y leía cientos de transcripciones de lo que muchos consideran los mejores discursos de la historia.[41]

El principio 10, "enseña a los demás lo que estás aprendiendo", también fue un factor decisivo en mi desarrollo. En la facultad tuve la fortuna de dar un curso para hablar en público durante dos semestres. Si miro hacia atrás, no tenía ni idea de lo que estaba haciendo como maestro. Pero cada día me enfrentaba a la tarea con una devoción sincera para ayudar a mis estudiantes a ser mejores comunicadores. Compartí con ellos lo que había aprendido. Pero la realidad es que ellos me enseñaron más de lo que yo jamás les enseñé. Al enseñar a otros, sentía su dolor y me alegraba de sus avances. Al observarlos aprendí lo que yo llamo distinciones indirectas, que me ayudaron a mejorar mis propias habilidades.

Una vez que puse en marcha el hábito del dominio progresivo de 10 pasos, todo cambió para mí. En pocos años pasé de ser un niño al que le aterraba hablar en público a un orador seguro de sí mismo que se dirige al público sin notas. Doy seminarios de cuatro y cinco días con miles de asistentes donde a menudo soy el único capacitador en el escenario durante ocho o 10 horas al día. He tenido la suerte de compartir el escenario con muchos de mis héroes y con líderes y celebridades de decenas de campos en estadios llenos de decenas de miles de personas. Aunque al principio me sentía terriblemente incómodo frente a las cámaras, me he enfrentado a esa lente oscura sin dudarlo una y otra vez, y he grabado más de una docena de cursos en línea y un número incalculable de videos. Sigo estando muy lejos de donde quiero estar. Me queda mucho por aprender y me encanta este proceso de desafiarme a mí mismo hasta nuevos niveles, aunque eso signifique revisar con lupa todos los aspectos en los que me quedo corto. Pero gracias al dominio progresivo ya no tengo miedo ni soy un novato. Si sólo hubiera "intentado" ser un mejor orador, sin un planteamiento disciplinado, nunca habría sobresalido ni habría tenido la suerte de llegar a tanta gente.

He usado estas técnicas de dominio progresivo para ayudar a atletas olímpicos a mejorar sus marcas, a estrellas de la NBA a lograr más tiros en suspensión, a presidentes de empresas a establecer mejores estrategias y a padres a organizar sus horarios con mayor eficiencia. No hay nada en tu vida que no puedas mejorar mediante la práctica del dominio progresivo.

Está claro que no tienes que afrontar cada habilidad nueva con este planteamiento estratégico y disciplinado. A veces es difícil encontrar un coach o un mentor que pueda darte la retroalimentación que necesitas.

Igual no tienes muchas oportunidades de enseñar a los demás lo que estás aprendiendo. A veces es difícil estarte saliendo de tus zonas de confort y trabajar duro para mejorar.

Pero ¿y si lo intentas? ¿Qué pasaría si te enfrentas al aprendizaje de tu próxima habilidad con un pensamiento más estructurado? ¿Qué pasaría si pudieras convertirte en el mejor dentro de tu principal campo de interés? ¿Qué pasaría si pudieras crear más producción prolífica de calidad porque perfeccionaste tus habilidades? ¿Qué pasaría si recorrieras más rápido tus cinco movimientos porque eres competente y capaz? ¿Qué pasaría si, justo ahora, decidieras ir en busca de ese siguiente nivel de impulso y maestría en tu vida?

---

### Apuntes sobre el rendimiento

1. Tres habilidades que podría desarrollar y me ayudarían a sentirme más capaz o con más confianza son...
2. Los pasos que podría dar para mejorar dichas habilidades son...
3. Los coaches o mentores que podría buscar para que me apoyen con dichas habilidades son...

---

## UNA SOLA OPORTUNIDAD

"Sólo posterga hasta mañana lo que estás dispuesto a dejar sin hacer al morir."
—Pablo Picasso

La vida es corta. Tenemos el tiempo justo para dejar nuestra huella. Yo creo que ésa es una razón más que suficiente para mantenerse enfocado. Deja de producir resultados que no hagan vibrar tu alma. Evita tratar de ser eficaz o eficiente haciendo cosas de las que no estés orgulloso y que no impacten. Decide qué resultados son los que en verdad te importan en esta etapa de tu vida, establece tus cinco movimientos para lograr tus sueños y haz que sucedan al tiempo que te vuelves increíblemente bueno en lo que haces. A partir de ahí, el mundo es tuyo.

# EJERCER INFLUENCIA

"Hay dos tipos de poder: uno se obtiene por el miedo al castigo
y el otro mediante actos de amor."
—Mahatma Gandhi

ENSEÑA A PENSAR A LA GENTE

DESAFÍA A LAS PERSONAS PARA QUE CREZCAN

EJEMPLIFICA EL CAMINO

**El presidente de la compañía está en crisis.**

La empresa mundial de ropa de Juan acaba de pasar por su séptimo trimestre seguido de bajo rendimiento. Las ventas siguen cayendo en picada y, después de una década de ver un fuerte rendimiento, los analistas están comenzando a cuestionarse tanto el liderazgo de Juan como la importancia de su marca.

Ésta es prácticamente toda la información que conozco al subirme en el jet de la compañía en una calurosa tarde de agosto. Su director financiero, Aaron, es un viejo amigo mío y me ha pedido que cruce el país con ellos en su avión para poder darles algo de perspectiva. Los dos se dirigen a una reunión corporativa con los 40 mejores altos directivos de todo el mundo.

Después de algunos cumplidos, le pregunto a Juan cuál cree que es el problema central de su empresa.

—Es ella —dice, señalando una página de una revista de modas. La foto de una mujer ocupa toda la página—. Daniela. Ella es el auténtico problema.

Daniela es la nueva jefa de diseñadores de la compañía. La sacaron de otra casa de modas, donde su juventud captó inmediatamente la atención de la prensa. A los pocos meses de su llegada, me comenta Juan, ya se estaban peleando. Él quiere que su línea siga manteniendo sus diseños y básicos centrales. Ella quiere llevar la marca hacia el futuro, un planteamiento más estacional. Ahora todo el equipo se ha dividido y ha tomado partido. Sin el respaldo de toda la compañía a la nueva línea, las luchas internas y la culpa se han extendido por toda la cultura. Los proyectos se han estancado. El marketing ha fallado. Los ingresos se han hundido.

Mientras Juan me va contando todo esto, su desdén por Daniela es palpable. Lo puedo notar en su tono cuando se dirige a mí.

—Tiene tu edad —dice con un tono condescendiente—, así que espero que puedas ayudarme a averiguar cómo manejarla.

—Dudo que sea cosa de la edad, Juan —le respondo tranquilo—, es sobre estrategia de influencia. Y probablemente empieza con algo que dijo una vez el legendario entrenador de baloncesto John Wooden: "Hay que arreglárselas. Hay que colaborar con la gente".

Juan hace oídos sordos a la cita y sigue contándome sus ideas para minimizar la influencia de Daniela en la compañía. Él quiere cortarle el presupuesto y mezclar a los miembros del equipo para poder controlarla mejor. Quiere empezar una nueva unidad de negocios que se centre exclusivamente en lo que él quiere. Quiere limitar la cantidad de compradores que vean su línea. Tarda 20 minutos en describirme estas estrategias y su pasión no ha disminuido ni una pizca cuando formula la siguiente pregunta:

—¿Qué más crees que pueda hacer?

Ésta no es una posición en la que me guste encontrarme, aunque me ocurre a menudo. Los líderes culpan a su equipo del bajo rendimiento y tratan de tener el control por medio de políticas internas y desmoralización individual. Ese juego no me interesa en absoluto y, si no estuviera atrapado en un avión a 40 mil pies de altura, hubiera encontrado la forma de disculparme e irme.

Aaron se da cuenta de mi desconexión y dice:

—Brendon, te pedí que vinieras para que le dieras a Juan algo de perspectiva. Él sabe que esto no te afecta en absoluto, y a pesar de sus sentimientos apasionados, te aseguro que está abierto a tus consejos. Dile lo que sea sin rodeos.

Mira a Juan en busca de confirmación. Juan dice:

—No seas tímido.

—Gracias, Aaron —digo—. Mira, Juan, parece que tienes muy claro tu punto de vista al respecto. Es difícil darte retroalimentación sin conocer tu jugada final o lo que piensa Daniela. ¿Estoy en lo cierto al suponer que quieres que Daniela se pelee contigo hasta que acaben los dos sangrando y ella renuncie en medio de una tormenta mediática impresionante que perjudicará a tu marca para siempre?

Aaron, sorprendido, se recuesta en el asiento y se ríe incómodo. Juan no pierde la compostura y me responde:

—No es exactamente lo que estoy buscando, no.

Me río con él.

—Entonces, ¿no estás tratando de hacer que dimita?

—No —dice, negando con la cabeza—. Probablemente la mitad de mi equipo se iría con ella.

—Bien. Entonces, ¿qué es lo que quieres?

—Quiero que juegue más limpio.

—O sea, que esté de acuerdo contigo y ejecute tu plan, ¿no?

Juan se queda pensando un momento, mira a Aaron y se encoge de hombros.

—¿Es eso tan malo?

Suena un poco arrogante. Lo miro, para comprobar si habla en serio o no, y lo dice totalmente en serio. Este tipo está hecho con el viejo molde de orden y mando. Le respondo:

—Para Daniela, sí, estoy seguro de que es malo. No la conozco, pero nadie quiere trabajar con un jefe que no puede ver más allá de sus narices. Si tu único objetivo para ella es que te siga la corriente, entonces ella no le verá la ganancia. ¿No quieres algo bueno para ella? ¿Por qué la contrataste? Debe tener algunas cualidades o una visión que admiraras. ¿Qué le prometiste para convencerla de que aceptara el trabajo?

Juan se queda pensando en las preguntas, como si estuviera buscando un recuerdo olvidado hace tiempo. En el calor de la batalla solemos olvidarnos de las promesas que rompemos y que provocan el contraataque de la otra parte.

Me explica que contrató a Daniela porque era una artista excelente y tenía don de gentes, una combinación poco común, dice.

—Y le prometí una plataforma para que creciera con nuestra marca. Claro que quería que le fuera bien y quería darle oportunidades. Pero ella se aprovechó de todo eso y comenzó a convertir esta compañía en su visión en lugar de en la mía.

Aaron interviene.

—Y ahora estamos atascados.

—Nadie se atasca nunca —digo—. Sólo se pierde la perspectiva.

Juan pregunta:

—¿Y cuál es la perspectiva que nos estamos perdiendo? Todos sabemos qué es lo que quiere Daniela.

—¿Y qué es?

—Hacerse con la compañía.

—¿Estás seguro de eso?

—No lo ha dicho, pero sí, creo que eso es lo que está pasando.

—Bueno, no puedo debatirte esa suposición porque no tengo el panorama completo. Y no puedo preguntarle a ella, porque no está aquí.

Entonces, asumamos que es cierto. Si conocemos tu perspectiva y la suya, supongo que todo lo que hemos perdido es la perspectiva sobre lo que hace que se dé la influencia.

—¿Y qué es? —pregunta Aaron.

—Aumentar la ambición. La única manera de influir en otra persona es relacionarse con ella primero y después tratar de aumentar su ambición para que piense mejor, actúe mejor o dé más. La primera parte ocurre cuando preguntas, no cuando acusas. La segunda, cuando trabajas para moldear sus pensamientos y retarla para que crezca. El problema que yo veo es que ya conoces la ambición de Daniela y, en lugar de tratar de ayudarla a subir, la estás bloqueando.

Juan mueve la cabeza sorprendido y se inclina sobre la mesa.

—¿Estás bromeando? ¿Me estás diciendo que le dé la compañía?

—Para nada. Te estoy diciendo que no puedes influir en una persona de ninguna forma útil si la desprecias o apagas sus ansias por tener éxito. A la gente sólo le gusta trabajar con líderes que la hagan pensar a lo grande y crecer más. Si quieres influir en Daniela, tendrás que reconectar con ella y sorprenderla, ayudándole a pensar aún más a lo grande. Después, la sorprenderás aún más proponiéndole desafíos para que crezca y persiga una ambición aún mayor contigo. Esa ambición no tiene por qué ser que ella se quede con la compañía, pero dudo que eso sea lo que quiere, por más que sea lo que temes. De todos modos, los dos necesitan una nueva ambición que perseguir. Sin una nueva ambición conjunta, seguirán teniendo los mismos problemas de siempre.

Juan mueve la cabeza.

—Entonces, ¿qué? ¿Necesitamos una nueva visión para la compañía?

—No. Necesitas una nueva visión para saber cómo influir en Daniela. Si lo haces bien, estará en tu equipo y lograrán grandes cosas. Si fracasas, entonces, como dijiste, se quedará con tu equipo.

—¿Y cómo lo consigo?

Puedo darme cuenta de la frustración que siente Juan, así que lo desafío aún más.

—Acabo de decírtelo. Ayúdale a que piense en grande. Invéntate un desafío para que logren algo grande juntos.

Se cruza de brazos.

—No lo entiendo.

Yo también me cruzo de brazos.

—No, probablemente sí lo entiendes. Sólo que no te gusta. Te estoy sugiriendo algo sencillo. Te estoy haciendo lo mismo que deberías hacer con ella: te estoy pidiendo que pienses de forma diferente y te estoy desafiando a que te relaciones con ella de otra manera. Vuelve a pensar en ella como una colaboradora. Ayúdale a pensar en grande sobre su rol, su equipo, la compañía. Con eso lograrás influencia. Desafíala para que sea aún mejor de lo que es, haciendo lo que ama. Con eso lograrás influencia. Súbele la vara; no la bloquees. Con eso lograrás influencia. Y me parece que eso es algo que ahora mismo no tienes con ella.

—Bien. ¿Y a dónde quieres llegar con esto? ¿Qué propones que haga con toda esa influencia?

Decido arriesgarme y seguir mi propio consejo. Sé que algo que tienen en común todos los líderes es que les encantan los retos. Y muy en el fondo desean ser un modelo a seguir.

Así que le hablo con franqueza:

—Juan, serás mejor líder con ella y con tu equipo que al principio.

Se recuesta en el asiento y relaja los brazos. Por primera vez desde que nos conocimos, sonríe y asiente.

#

Después de esta conversación con Juan, saqué mi diario y dibujé un modelo para la influencia, que aprenderás en este capítulo. Te contaré el final de la historia en cuanto conozcas el modelo. A veces, todo lo que necesitamos es un nuevo conjunto de prácticas para ejercer influencia, y todo puede cambiar.

Pero ¿cómo llegamos al núcleo de lo que es realmente la influencia? Para medirla, pedimos a la gente que se evaluara a sí misma en afirmaciones como éstas:

- Soy bueno ganándome la confianza de la gente y fomentando la camaradería.
- Tengo la influencia necesaria para alcanzar mis objetivos.
- Soy bueno para persuadir a las personas para que hagan algo.

Y valoramos al revés afirmaciones como éstas:

- Digo cosas poco apropiadas a menudo que dañan mis relaciones.
- Me cuesta lograr que la gente me escuche o haga lo que le pido.
- No tengo mucha empatía con los demás.

Como puedes imaginarte, las personas que estaban muy de acuerdo con el primer grupo de afirmaciones y estaban muy en desacuerdo con el segundo, tienen mayor puntuación en influencia y unos mejores puntajes en el alto rendimiento en general.

Entonces, ¿qué es lo que más afecta tu puntuación de influencia en el HPI? Vamos a empezar con lo que no afecta en absoluto. El sentimiento de generosidad no parece afectar los puntajes de influencia. Aunque todos pensamos que las personas más generosas serían mejores en este aspecto, no es el caso. Por ejemplo, las personas que se evalúan alto en "soy más generoso que mis colegas" no tienen mayor probabilidad de tener grandes influencias ni informar tenerla.[1] Esto es frustrante, pero también es de sentido común; todos conocemos a alguien que no para de dar, pero no puede movilizar a los demás para que ayuden. Aquí hay matices. La influencia está estrechamente correlacionada con sentir que estás marcando la diferencia.[2] Así que no se trata de sentir que estás dando más que los demás; se trata de sentir que tus esfuerzos están logrando un impacto. En las sesiones de coaching, queda claro que aquellos que sienten que están dando todo el tiempo, pero no marcan la diferencia ni reciben nada a cambio, pueden terminar sintiéndose poco valorados, infelices y, sí, que carecen de influencia real en el mundo.

La creatividad tampoco está excesivamente correlacionada con la influencia.[3] Aunque vivimos en una cultura obsesionada con la creatividad y las muestras individuales de trabajo creativo y arte, las personas que respondieron a las encuestas y que se decían creativas en nuestros estudios no se sentían necesariamente con más influencia que los demás. El talento creativo no siempre va acompañado de don de gentes.

Lo que sí importa, al igual que en otras categorías del HPI, es la percepción que tienes de ti mismo. Si crees que tus colegas te ven como una persona exitosa y de alto rendimiento, está claro que tú creerás con mayor influencia. Pero no sólo se trata de percepción. Es sentido común, y nuestros clientes de coaching nos lo dicen una y otra vez: una mayor influencia sí equivale a una vida mejor. Cuando tienes más influencia, tus hijos te prestan más atención. Resuelves los conflictos con mayor rapidez. Consigues los proyectos que pides o por los que luchas. Puedes conseguir que más gente comulgue con tus ideas. Vendes más. Lideras mejor. Tienes más probabilidades de convertirte en presidente de una compañía, en un alto ejecutivo o en un autónomo exitoso.[4] Tu confianza en ti mismo sube, al igual que tu rendimiento.

Aquí es donde mucha gente arruina sus oportunidades de hacer justamente eso. Dice cosas como: "Bueno, no soy extrovertido, así que no puedo ser influyente" o "no soy bueno con la gente" o "no me gusta tratar de persuadir a la gente". De algún modo creen que la personalidad tiene una conexión con la influencia. Pero eso no es cierto. Un completo metaanálisis sobre las habilidades sociales descubrió que la personalidad no se correlaciona con la "habilidad política", que es el modo en el que los investigadores suelen referirse a la influencia o a tu capacidad de comprender a los demás y hacer que actúen para lograr objetivos. Esta habilidad predice cómo te va a ir en tus tareas, hasta qué punto crees en ti para hacer un buen trabajo (autoeficacia) y qué tan positivamente te ven los demás. También reduce el estrés y aumenta las probabilidades de que te asciendan y experimentes un mayor éxito en tu carrera en general. Por encima de todo, el disponer de esta habilidad te llevará a una reputación personal positiva, y eso mejora aún más tu capacidad de influir en los demás.[5]

Combina estos resultados en tu carrera con un aumento comprobado de la felicidad en tu vida en general, y no es de extrañar que yo le diga a la gente con frecuencia que una de las habilidades principales que debe dominar en la vida es la influencia.

## FUNDAMENTOS DE LA INFLUENCIA

> "No somos quienes decimos ser, no somos quienes queremos ser.
> Somos la suma de la influencia y el impacto que tenemos sobre los
> demás en nuestra vida."
> —Carl Sagan

La mayoría de los demás hábitos de alto impacto está bajo tu control personal directo. Tú eliges buscar claridad. El nivel de energía que sientes depende en gran medida de tu dominio. Lo prolífico que seas con tus resultados productivos está en tus manos. Pero ¿qué pasa con la influencia?

Para tener una perspectiva amplia sobre este tema, al menos durante las próximas páginas, vamos a definir "tener influencia" como la capacidad de moldear las creencias y comportamientos de los demás según tus deseos. Significa que puedes lograr que la gente crea en tus ideas, te compre, te siga o actúe según le indiques.

La influencia, claro está, es una calle de doble sentido. Sin embargo, los investigadores están llegando a entender cuánto control se tiene sobre las percepciones que los demás tienen de uno y, en definitiva, cuánta influencia tiene uno sobre los demás. Resulta que, sea cual sea tu personalidad, puedes desarrollar más influencia en el mundo de la que te puedes imaginar.

## Pregunta (no, en serio, sólo pregunta)

Un motivo por el que a la gente le cuesta ganar influencia en su vida personal y profesional es que simplemente no pide lo que quiere. Esto se debe, en parte, a que subestima notablemente la voluntad de los demás para comprometerse y ayudar. Infinidad de estudios replicados muestran que la gente tiende a decir que sí más del triple de lo que cree que lo haría.[6] Es decir, las personas son terribles a la hora de predecir si alguien accederá a una petición determinada. Otro motivo por el que la gente no pide las cosas es porque cree que la otra persona la juzgará duramente. Pero resulta que, en este caso, la gente también es una pésima adivina. Los estudios demuestran que las personas sobrevaloran la cantidad de veces o hasta qué grado las juzgarán los demás.[7]

Es imposible que sepas si tienes influencia o no con tus colegas a menos que les pidas que hagan algo. Lo mismo se aplica para tu pareja, tus vecinos o tu jefe. Por eso, el dicho popular de "no lo sabrás hasta que preguntes" es tan acertado. También es bíblico: pide y recibirás. Una parte de ganar influencia es sencillamente aprender a hacer muchas peticiones y mejorar en la manera de formularlas (lo que se logra sólo con práctica). Mucha gente sueña con tener influencia, pero nunca esgrime la herramienta más fundamental para crearla: pedir.

Las personas de bajo rendimiento nunca piden. Dejan que el miedo a que las juzguen o las rechacen les impida hablar, pedir ayuda o tratar de liderar. Y lo triste es que suelen estar equivocadas.

A lo largo de mi carrera he tenido la suerte de aconsejar a muchas personas en las redes sociales. Te sorprendería lo susceptibles que se ponen. Todos esos años siendo el centro de atención suelen cegarlas con miedos sobre lo que piensan los demás. Después, cuando dejan un programa o tratan de hacer algún otro negocio aparte, les cuesta pedir lo que realmente quieren. Muchas veces tengo que mostrarme firme con ellas: "Comprendo que te preocupes por lo que piensen los demás. Pero si nadie te ha dicho esto antes, allá voy: la mayoría ni siquiera está pensando en ti. E incluso aunque te pongas frente a ellos para pedirles algo y te digan que no, en pocos minutos vuelven a no pensar en ti. No están ahí sentados juzgándote: están demasiado ocupados tratando de resolver su propia vida. Así que será mejor que te pongas manos a la obra y pidas lo que sea. Si no, habrás dejado a un lado tus sueños a causa de juicios que, probablemente, ni siquiera existan".

También les comparto este dato de las investigaciones: si alguien acepta ayudarte, tiendes a caerle aún mejor después de que hace algo por ti.[8] La gente no te ayuda a regañadientes. Si no quisiera hacerlo, probablemente diría que no. Es contradictorio, pero si el objetivo es lograr caer mejor a la gente, entonces sólo tienes que pedirle que te haga un favor.

Por último, si vas a pedir lo que quieres en la vida, no basta con hacerlo una vez y desistir. Las investigaciones demuestran que las personas influyentes comprenden el poder de la repetición, y por eso tratan muchas veces de colocar sus ideas frente a quienes esperan influir.[9] Cuanto más pidas y compartas tus ideas, más personas conocerán tus peticiones y se sentirán cómodas con ellas, y comenzará a gustarles más la idea.

Pedir no es sólo hacer solicitudes para conseguir lo que quieres. Si buscas tener una mayor influencia en otras personas, aprende a hacerles un gran número de preguntas que les hagan saber lo que piensan, sienten, quieren, necesitan y a lo que aspiran. Los grandes líderes hacen muchas preguntas. Recuerda, la gente apoya lo que crea. Cuando contribuye con ideas, pone todo su tejido mental a trabajar. Quiere respaldar las ideas que ayudó a formar. Siente que es parte del proceso, no un engranaje o un subordinado sin rostro. Está universalmente aceptado que los líderes que hacen preguntas y logran que los que están a su alrededor tengan una lluvia de ideas sobre el camino a seguir son más eficientes que los líderes "dictadores", que sólo imponen sus exigencias y peticiones a los demás.[10]

Este mismo principio se aplica a tus relaciones íntimas, a tu estilo de paternidad, a tu participación en la comunidad. Pregúntale a la gente qué es lo que quiere, cómo le gustaría trabajar juntos y qué resultados le preocupan. De pronto comenzarás a ver más compromiso y tendrás más influencia.

Si deseas más influencia, recuerda: pide y pide con frecuencia.

### Da y recibirás

Con todo esto de pedir, no te olvides de dar. En casi cualquier iniciativa, el hecho de dar a otros sin esperar nada a cambio aumenta tu éxito general.[11] Y, por supuesto, aumenta la probabilidad de que consigas lo que quieres. Los investigadores saben desde hace tiempo que a menudo puedes duplicar tu capacidad de influir en los demás si das antes de pedir algo.[12]

Las personas de alto rendimiento tienen una mentalidad generosa. Se meten en casi todas las situaciones buscando formas de ayudar a los demás. Tienen muy en cuenta los problemas a los que se enfrenta la gente y ofrecen recursos, sugerencias y conexiones. No es necesario incitarlas a que lo hagan. Buscan activamente dar algo a los demás, bien sea en reuniones del trabajo o cuando acuden a la casa de alguien.

En entornos organizativos por lo general lo mejor que puedes dar a los demás es confianza, autonomía y autoridad para que tomen decisiones. Los investigadores lo llaman dar a alguien "autoría", lo que significa que pueden decidir en qué trabajar o cómo resolver las cosas.[13]

Los nuevos triunfadores suelen preocuparse sobre el fantasma del "agotamiento de la generosidad": dar tanto que se convierte en algo estresante o agotador. Pero eso no es un problema. El agotamiento es más un asunto de una mala gestión de la energía y una claridad poco nítida que el hecho de dar de más.

Todo esto suena estupendo, pero a menudo la gente no ve las situaciones con un sesgo de disponibilidad. No es porque sean malas personas; probablemente sea porque tienen miedo de estar tambaleándose ya por culpa del agotamiento. Das menos cuando estás cansado o estresado. Por eso es importante dominar los hábitos de la energía y la productividad. Las personas con altas puntuaciones en esas categorías tienden a ser más influyentes. Tiene sentido, ¿verdad? Si tienes más energía y estás en el camino de lograr tus objetivos, será más probable que tengas ganas de ayudar a los demás.

## Conviértete en un campeón para la gente

Según la encuesta de trabajo y bienestar de la American Psychological Association de 2016, sólo aproximadamente la mitad de los adultos en activo en los Estados Unidos se siente valorada por su jefe y lo suficientemente recompensada y reconocida por su esfuerzo. Aunque la mayoría de los empleados (el 68%) está satisfecha con su trabajo, la mitad no se siente lo suficientemente involucrada en la toma de decisiones, la resolución de problemas ni el establecimiento de objetivos, y solo 46% participa con regularidad en dichas actividades.[14]

Imagina que entras en una compañía y descubres que casi la mitad de los empleados no se siente recompensada, reconocida ni involucrada. Piensa en todas las consecuencias que tendría: menos motivación, menos moral, un peor rendimiento, una mayor tasa de cancelación, más quejas en el pasillo y más resistencia en las reuniones.

La buena noticia es que esta situación es fácil de cambiar simplemente demostrando una gratitud sincera por aquellos en los que quieres influir. Como mucha gente se siente condenada al ostracismo, no apreciada o infravalorada, cuando te presentas y ofreces un verdadero elogio, respeto y aprecio, te destacas. Sé agradecido con la gente. El simple hecho de ofrecer gratitud puede duplicar con creces la probabilidad de que los que la reciben te vuelvan a ayudar en el futuro.[15] Da gracias en las reuniones; escribe notas de agradecimiento; pasa más tiempo notando las acciones positivas de tu gente. Si eres quien más aprecia a la gente, eres a quien más aprecian.

El agradecimiento es un paso. El siguiente es convertirte en su campeón. Descubre cuáles son las pasiones de tu gente y alienta sus buenas ideas. Emociónate cuando hagan un buen trabajo, y elógiala públicamente. La medida definitiva para saber si de veras apoyas a alguien es confiar en él, darle la autonomía necesaria para tomar decisiones importantes y elogiarlo en público cuando lo haga bien. Así es como la gente sabe que se le alienta en serio.

Es posible que todo esto suene demasiado básico, pero todos los líderes con los que he trabajado han reconocido que tienen que mejorar en el aspecto de expresar agradecimiento y confiar más en las personas, darles más autonomía y elogios. De hecho, nunca he conocido a nadie, a mí incluido, que no tuviera que mejorar en estas áreas. Y por eso sé que cualquiera, incluido tú, puede ganar más influencia.

Estas ideas son la parte más sencilla para comenzar a ganar influencia. Ahora nos centraremos en las estrategias más avanzadas.

## LOS QUE MARCAN LA DIFERENCIA

*"Bendita sea la influencia de un alma humana verdadera y amorosa sobre otra."*
—George Eliot

¿Puedes nombrar a las dos personas que más hayan ejercido positivamente en tu vida? Párate un momento a pensar en estas dos personas y responde lo siguiente:

- ¿Qué es específicamente lo que hizo a cada una de ellas tan influyente en ti?
- ¿Cuál fue la mayor lección que cada una de ellas te enseñó sobre la vida?
- ¿Qué valores o características te inspiraron a adoptar en tu vida?

Le he hecho estas preguntas al público en todo el mundo. La gente suele nombrar a miembros de su familia, maestros, amigos cercanos, a sus primeros jefes o a sus mentores. Nunca se puede adivinar a quién nombrarán como las personas más influyentes; pero he descubierto que sí puedes predecir las razones de por qué lo fueron.

Por lo general, quienes más influyen de manera positiva en la gente tienen algo en común. Ejercen un efecto sobre nosotros, deliberadamente o no, al ejecutar una o más de tres acciones de influencia. Primero, moldean nuestra forma de pensar. Mediante su ejemplo, las lecciones que imparten o lo que nos dicen, nos abren los ojos y nos hacen pensar diferente sobre nosotros mismos, sobre los demás o sobre el mundo. En segundo lugar, nos desafían de algún modo. Nos piden que justifiquemos nuestras acciones o aumentan nuestras ambiciones para ser mejores en nuestra vida personal, nuestras relaciones y nuestras contribuciones al mundo. En tercer lugar, nos sirven de ejemplos a seguir. Su carácter, la forma en la que interactúan con nosotros y con los demás o el modo en el que alcanzan sus retos en la vida nos inspiran.

Ahora vuelve a pensar en las tres personas que más influyeron positivamente en ti. ¿Es posible que una de estas acciones de influencia o una combinación de las mismas pueda explicar el impacto en ti? Si te enseñaron a ser una mejor persona, quizá ocurrió gracias a una combinación de las tres, aunque fuera de forma muy sutil o inesperada.

A estas tres acciones de influencia las llamo el Modelo máximo de influencia (UIM, Ultimate Influence Model). He enseñado a presidentes de compañías a usar el modelo como un esquema para elaborar los discursos a sus empleados en reuniones corporativas. He visto a esposas sentarse con sus maridos y hablar de cómo usarlo para influir en sus hijos adolescentes. Los miembros del ejército lo han usado para entender cómo estaba influyendo su enemigo en las fuerzas de resistencia locales. Los empresarios lo han usado para estructurar sus presentaciones de ventas y materiales de marketing.

El resto de este capítulo te enseñará a usar el modelo mediante tres prácticas nuevas. También compartiré contigo el modo en el que otras personas han moldeado mi vida con estas prácticas. Espero que algún día alguien añada tu nombre a su lista de quienes más le influyeron positivamente. Al fin y al cabo, ésa es la mayor influencia que todos esperamos.

## MODELO MÁXIMO DE INFLUENCIA

*Ultimate Influence Model* © 2007, Brendon Burchard. Publicado inicialmente en el curso en línea "Programa de maestría sobre el alto rendimiento" (High Performance Master's Program). Si quieres una herramienta descargable para ayudarte a escribir el diario, consulta HighPerformanceHabits.com/tools.

Para ganar influencia sobre los demás, *1)* enséñales cómo pensar en sí mismos, en los demás y en el mundo; *2)* desafíalos para que desarrollen su carácter, sus conexiones y sus contribuciones, y *3)* predica con el ejemplo los valores que quieres verlos representar.

## PRIMERA PRÁCTICA
- - - - - - - - - - - - -

### ENSEÑA A PENSAR A LA GENTE

*"Aquel que influye en el pensamiento de su época influye en la época posterior."*
—Elbert Hubbard

Me gustaría darte algunos ejemplos del día a día sobre cómo empezar a ganar influencia en la vida de las personas, porque no quiero que te estanques en un modelo conceptual abstracto. En la vida real, todos buscamos la forma de enmarcar cómo deben pensar los demás, normalmente sin darnos cuenta. Piensa en cuántas veces has dicho u oído estas frases:

- "Piensa en ello de esta manera…"
- "¿Qué piensas de…?"
- "¿Qué pasaría si intentáramos…?"
- "¿Cómo deberíamos plantearnos…?"
- "¿A qué deberíamos estar prestando atención en…?"

Estoy seguro de que no hace mucho le has dicho alguna de estas frases a alguien. Estabas tratando de obtener una idea de él o guiar su pensamiento. Al hacerlo, estabas ganando influencia, aunque quizá no lo sabías.

Mi objetivo es simplemente que empieces a hacer esto de manera consciente.

Cuando se convierta en un hábito, te darás cuenta de lo bueno que te has vuelto en ello y cuánta influencia has ido adquiriendo respecto a los demás.

Imagínate que tienes una hija de ocho años. Está haciendo su tarea en la mesa de la cocina. Se está desesperando y dice: "Odio la tarea". ¿Cómo le respondes?

Aunque no hay una norma universal, ningún planteamiento "correcto" ni "erróneo", ¿qué pasaría si trataras de hablar con ella, no para que hiciera sus tareas, sino para moldear la forma en la que piensa sobre ellas? Cuando la gente se queja, por ejemplo, de sus hijos o de los colegas del trabajo, tenemos una oportunidad extraordinaria para dirigir su pensamiento. ¿Por qué no tratas de compartir con tu hija la forma en la que tú solías ver las tareas, y la manera en que un simple cambio en el modo en el que pensabas sobre ellas te ayudó a ir mejor en la escuela e incluso disfrutar del proceso? ¿Qué tal si le preguntas qué piensa de sí misma mientras hace el trabajo, y la ayudas a reformular su identidad? ¿Y si le dijeras cómo pensar de sus maestros y compañeros? ¿Qué crees que pasaría si hablaras con ella sobre cómo percibe el mundo a la gente que sigue adelante?

Cuando trabajo con los líderes, no paro de decirles que siempre deberían comunicar a su gente cómo debería pensar sobre sí misma como contribuyente individual, sobre sus competidores y sobre el mercado en general. Y quiero decir literalmente: en cada correo para todo el equipo, en cada reunión corporativa, en cada llamada con los inversores, en cada aparición en los medios. En la reunión corporativa: "Así es como deberíamos pensar sobre nosotros mismos si vamos a ganar. Si vamos a competir, así es como deberíamos pensar sobre nuestros competidores. Si vamos a cambiar el mundo, así es como deberíamos pensar en el mundo y el futuro".

Ahora tómate unos minutos y piensa en alguien en quien quieras influir. ¿Cómo puedes moldear su pensamiento? Comienza por identificar cómo quieres influir en esa persona. ¿Qué quieres que haga? Después, conoce tus respuestas a estas preguntas antes de reunirte con ella:

- ¿Cómo quieres que piense sobre sí misma?
- ¿Cómo quieres que piense sobre otras personas?
- ¿Cómo quieres que piense sobre el mundo en general?

Recuerda que hay tres cosas en las que quieres que tu gente piense: en sí misma, en otras personas y en el mundo en general (es decir, en cómo funciona, qué es lo que necesita, hacia dónde se dirige y cómo podrían afectarle determinadas acciones).

## APRENDIENDO A PENSAR

"Las palabras que un padre les dice a sus hijos en la privacidad de su hogar no
las escucha el mundo, pero, como en los gabinetes de secretos, se escuchan
claramente al final, y por la posteridad."
—Jean Paul Richter

En las entrevistas a menudo me preguntan sobre las influencias en mi
vida. ¿Quién moldeó mis percepciones sobre mí mismo, los demás y el
mundo en general? Esa respuesta comienza con mis padres.

Recuerdo innumerables ocasiones en las que mis padres me enseñaron a pensar. A los cinco o seis años vivíamos en Butte, Montana. Un
invierno se rompió el calefactor. En algunos lugares eso es un inconve-
niente. En Butte, donde las temperaturas en invierno suelen ser infe-
riores a los 20 grados bajo cero, es una situación terrible. El problema
era que no podíamos permitirnos arreglarlo. Aunque papá y mamá
trabajaban mucho para poder ocuparse de sus cuatro hijos, vivíamos
al día. Faltaba al menos una semana para que le pagaran a mi papá y
tuviéramos el dinero suficiente para arreglar el calefactor.

Mirando hacia atrás, la situación podría haber sido terriblemente
estresante para nosotros los niños, y no digamos para nuestros padres.
Sin embargo, eran gente con recursos y ambos trataron de alegrarnos la
vida cotidiana. Así que, en lugar de entrar en pánico, mi mamá fue al
garaje, encontró nuestra casa de campaña y la armó en la sala. Metió en
ella nuestros sacos de dormir, los abrigos y mantas eléctricas. Los niños,
olvidándonos de la situación extrema, sólo nos fijamos en que estábamos acampando. Íbamos caminando a la escuela y les preguntábamos a
los demás niños: "¿Dónde durmieron anoche?" Cuando nos decían que
en su dormitorio, nosotros presumíamos que estábamos acampando en
nuestra sala. Mis padres convirtieron una situación difícil en algo divertido. Convertir la adversidad en un momento positivo es una de las artes
más delicadas de la vida, y mamá y papá eran buenos en eso.

Gracias a todos los desafíos a los que se enfrentaron mis padres al
criarnos, nos enseñaron a ser autosuficientes. Así es como querían que
pensáramos sobre nosotros mismos: que fuera cual fuera la situación,
podríamos manejarla y sacar lo mejor de ella. Durante toda la vida mi
mamá siempre me decía que era inteligente, que me querían y que de-

bería cuidar de mis hermanos y hermanas porque éramos todo lo que teníamos. Papá siempre me decía: "Sé tú mismo", "Sé honesto", "Hazlo lo mejor que puedas", "Cuida de tu familia", "Trata a la gente con respeto", "Sé un buen ciudadano", "Persigue tus sueños".

Al guiar mi infancia con este tipo de directrices, mi mamá y mi papá me enseñaron a pensar sobre mí mismo.

También nos enseñaron cómo pensar sobre otras personas, por la forma en que ellos trataban a los demás: con compasión. Cuando estaba en secundaria, mi papá dirigía la oficina local del departamento de vehículos a motor (DMV). El trabajo de su equipo consistía en dar la licencia de manejo a las personas calificadas para ello. El término operativo en esa oración es *calificadas*. Mucha gente no podía pasar el examen escrito, o su visión era demasiado mala, o no podía estacionar un automóvil o acordarse de que debía detenerse con el semáforo rojo. Otras, simplemente se olvidaban de traer su identificación o su tarjeta del Seguro Social. Sin embargo, lo que la mayoría tenía en común era su reacción cuando le decían que no iba a conseguir su licencia ese día. Se ponían furiosos.

Lo que suele empeorar la experiencia de la gente en el DMV es que el departamento no tiene la financiación suficiente. Por eso, a menudo hay que hacer largas colas, lidiar con tecnología antigua o sentirte confundido sobre lo que se supone que debes hacer. Los empleados del DMV, que no reciben grandes salarios y tienen que tratar con gente descontenta todo el día, se ven obstaculizados por la burocracia y el papeleo interminable. Ellos están haciendo lo mejor que pueden. Al menos, mi padre lo hacía.

Tengo muchos recuerdos en los que acompaño a mi padre al trabajo. Él era un hombre verdaderamente feliz y considerado. Había servido 20 años en el cuerpo de los Marines de los Estados Unidos. Tras retirarse de los Marines, tuvo tres trabajos, y además iba a la escuela nocturna para conseguir su título universitario. Él y mi mamá tuvieron muy pocos recursos durante su infancia, y también después, aunque trabajaron mucho para criar a sus cuatro hijos.

Yo le tenía mucho respeto a mi papá, así que te imaginarás cómo me sentía cuando veía cómo le gritaba una persona tras otra porque se habían olvidado de hacer el papeleo o habían reprobado un examen. Oí a personas insultar su inteligencia, a su equipo, a su oficina, a su cara…

su mera existencia. Vi a personas lanzarle los papeles de su examen. La gente le escupía.

Cuando denigraban o culpaban a mi padre, yo siempre quería decirles: "¿No sabes lo mucho que trabaja? ¿No sabes que está haciendo lo mejor que puede teniendo en cuenta las normas establecidas por el estado? ¿No sabes que estuvo 20 años en el ejército y le dispararon muchas veces para proteger tus libertades? ¿No sabes que está sufriendo mucho? ¿No sabes que es mi padre? ¿Mi héroe?"

Observé cómo trataban a mi padre de formas horribles. Pero también observé sus respuestas. Muy pocas veces perdía los papeles. Manejaba las situaciones conflictivas en el trabajo con gracia y aplomo. Trataba de hacer que la gente sonriera o se riera. Siempre tenía un buen chiste a mano y siempre trató de ser útil. La orientaba con paciencia con todo el papeleo o los exámenes, aunque fueran negativos. Daba palmaditas en la espalda a los miembros de su equipo y les susurraba palabras de aliento cuando alguno de los usuarios le decía groserías. La mayoría de las noches mi papá llegaba a casa tranquilo y calmado. Otras veces se podía sentir toda esa polémica guardada dentro en él. En poquísimas ocasiones lo descargaba con nosotros. Pero la mayor parte de las veces, sobre todo en sus últimos años, era como si mi papá hubiera dejado el estrés en el trabajo y en casa se dedicaba a relajarse en el sillón a leer el periódico, jugaba golf, me llevaba a jugar raquetbol o cuidaba el jardín. Se fue convirtiendo en un guerrero cada vez más pacífico.

De niño no comprendía lo duro que le debía resultar mantener la compostura en el trabajo. Mirando hacia atrás, me asombra que el viejo sargento de artillería nunca cruzara el mostrador y estrangulara a alguien. A pesar de las muchas veces que vi que lo trataban mal en el trabajo, fueron muchas más las veces que volvía a casa y describía cómo alguien había sido tan amable de llevarle unas galletas como agradecimiento a su equipo. Me dijo que no reaccionaba de forma exagerada porque entendía que la mayoría de la gente era buena y bondadosa; sólo que cuando iba con prisa, podía ser descuidada, despectiva o grosera. Siempre le dio a la gente el beneficio de la duda. Para papá todo el mundo era como un vecino, y él quería ayudarlos.

Así es como mi papá me enseñó a pensar sobre los demás: como vecinos a quienes siempre debía dar el beneficio de la duda y a quienes ayudar. Y cuando la prisa o la decepción amargaran su carácter, debía tratarlos con paciencia y humor.

Mi madre también es digna de mencionar. Nació en Vietnam, de padre francés y madre vietnamita. A su papá lo mataron en el conflicto francovietnamita mucho antes de que mi padre, su futuro esposo, sirviera en la guerra de los Estados Unidos contra Vietnam. Tras la muerte de su padre, enviaron a mi mamá a Francia gracias al programa de Niños de la Guerra. La separaron de su hermano y la enviaron a vivir a internados horribles. Cuando cumplió los 21, inmigró a los Estados Unidos. Allí conoció a mi padre en el edificio de departamentos en Washington, D. C., donde ambos vivían. Se enamoraron y al poco tiempo se mudaron a Montana, donde había crecido mi padre, para criar a sus hijos.

No hay duda de qué es lo que atrajo a mi padre de mi madre: es la persona más alegre y enérgica que hayas conocido jamás.

Después de casarse y mudarse a Montana, mi papá se puso a trabajar en el DMV y mi mamá tenía varios trabajos de medio tiempo (cortaba el cabello, trabajaba en una residencia…) para mantener a la familia que iba creciendo. Cuando yo estaba en secundaria, mi mamá estaba trabajando como asistente de enfermería en un hospital local. Muchos de mis recuerdos de la adolescencia giran en torno a mi madre llorando en el sillón por las noches y mi papá tratando de consolarla. Las mujeres del hospital se portaban mal con ella. Por su acento. No era "de por aquí". Como el inglés era su tercera lengua, le costaba aprenderse los términos médicos y su pronunciación, y sus compañeras la menospreciaban y evitaban que ascendiera por ese motivo. A veces, en un pueblo, te la ponen difícil si vienes de otro lugar.

Aun así, mi madre seguía teniendo una actitud positiva y esperaba que sus hijos tratáramos a todo el mundo con compasión… incluso a la gente malvada. Igual que mi padre, siempre les daba el beneficio de la duda. Nos recordaba que la gente hacía todo lo que podía y que muchas veces sólo necesitaba nuestra ayuda. En muchos de los recuerdos de mi infancia con mi madre, ella aparece preparando comida para la gente o entregándole alimentos o regalos. "Otras personas —decía— necesitan nuestra atención y generosidad."

Hasta el día de hoy, mi mamá es una de las personas más positivas, generosas y cariñosas que he conocido. En mis seminarios suele ayudar a mi equipo, aunque los asistentes no saben que es mi mamá. Ayuda a inscribir y atender a miles de personas. Muchas veces, el último día del evento subo a mi madre al escenario para darle las gracias. Cuando sale y la gente se da cuenta de que ha sido una más del equipo todo el fin de semana, puedo asegurar que algunos están pensando "¡qué increíble!" y otros "vaya, habría sido más simpático si lo hubiera sabido". Sea como sea, siempre se levantan de sus asientos para aplaudirle. Ver a mi mamá, que ha tenido que soportar tanto en la vida, recibir una ovación de miles de personas es un sentimiento que no puedo describir con palabras.

Observando y escuchando a mis padres, aprendí cómo pensar sobre los demás. Mamá y papá no me enseñaron que los demás eran malos o mezquinos. En lugar de eso, confiaban en la bondad de los demás en general y me demostraron que con paciencia, gracia y humor las personas podían abrirse, cambiar y ser simpáticas.

Por encima de todo, mis padres me dieron el regalo de cómo pensar sobre el mundo en términos positivos. Siempre estaban agradecidos de lo que el mundo les había dado, y emocionados por las posibilidades del mañana. Esto no quiere decir que tuvieran grandes sueños ni planes grandiosos. Eran gente sencilla y buena que simplemente creía que, trabajando duro, el mundo te daría un trato justo. Me enseñaron que la vida es lo que haces de ella, y que está ahí para disfrutarla. No puedo imaginar mi vida sin esas lecciones.

Todos tenemos alguna historia sobre personas que nos influyeron para pensar mejor o con mayor grandeza. Puede que estas historias te traigan a la mente las tuyas propias sobre quién te influyó y cómo podrías enseñar a tu familia o a tu equipo a pensar.

---

### Apuntes sobre el rendimiento

1. Alguien en mi vida en quien me gustaría influir más es...
2. La forma en la que me gustaría influir en él es...
3. Si pudiera decirle cómo debería pensar en sí mismo, le diría...
4. Si pudiera decirle cómo debería pensar en los demás, le diría...
5. Si pudiera decirle cómo debería pensar en el mundo en general, le diría...

## SEGUNDA PRÁCTICA
-------------

### DESAFÍA A LAS PERSONAS PARA QUE CREZCAN

"Lo más importante es tratar de inspirar a las personas
para que puedan ser grandes en lo que quieran hacer."
—Kobe Bryant

Las personas de alto rendimiento desafían a quienes están a su alrededor para que ellos mismos alcancen niveles más elevados de alto rendimiento. Si pudieras seguirlas a lo largo de su vida, te darías cuenta de que están desafiando constantemente a los demás para que suban la vara. Los impulsan para que sean mejores y no se disculpan por ello.

Ésta es quizá la práctica más difícil de poner en acción de todo el libro. La gente tiene miedo de desafiar a los demás. Suena conflictivo. Como si quisieras hacerlos retroceder, que se sintieran incómodos o quisieran preguntar: "¿Tú quién demonios te crees que eres?"

Pero esto no es sobre confrontación. Se trata de lanzar desafíos sutiles o directos enmarcados positivamente para motivar a los demás a sobresalir.

Al igual que ocurre en cualquier estrategia de comunicación, la intención y el tono importan mucho. Si tu intención es subestimar a los demás, entonces es probable que tus desafíos tengan influencias negativas. Un resultado similar saldrá si suenas condescendiente. Pero si tus intenciones son ayudar a alguien a crecer y ser mejor, y le hablas con respeto y honestidad, entonces tus desafíos inspirarán mejores acciones.

No hay duda de que, sin importar lo bien que comuniques, a algunas personas podría no gustarles cuando empieces a empujarlas a crecer y contribuir. Ése es un precio que tienes que estar dispuesto a pagar si quieres hacer cambios y ganar influencia real en la vida. Tienes que estar dispuesto a desafiar a tus hijos para que se formen carácter, para que traten mejor a los demás, para que contribuyan. Aplica lo mismo para el resto de tu familia, tus colaboradores y cualquier otra persona a la que sirvas o lideres.

Nos encontramos en una época inestable de la historia, en la que la gente se rehúsa a establecer normas con los demás. "Establecer normas" es en realidad sólo otra forma de decir "plantear desafíos positivos". Las personas creen que desafiar a los demás terminará en conflicto. Pero eso pocas veces es cierto, sobre todo si se trata con personas de alto rendimiento; les gusta. Las motiva. No sólo pueden manejarlo, sino que, si te encuentras en una posición de influencia respecto a ellas, también lo esperarán de ti. Si te surgen algunas dudas para hacer esto, déjame recordarte los datos: a las personas de alto rendimiento les encantan los desafíos. Es una de las observaciones más universales que hemos notado en nuestras investigaciones. Piensa en las siguientes afirmaciones:

- Respondo con rapidez a los desafíos y emergencias que se me plantean en la vida en lugar de evitarlos o retrasarlos.
- Me encanta tratar de dominar nuevos desafíos.
- Tengo confianza en que puedo lograr mis objetivos, a pesar de los obstáculos o la resistencia.

Las personas que están muy de acuerdo con estas afirmaciones casi siempre son de alto rendimiento. Esto quiere decir que enfrentarse a los desafíos es una parte muy importante de lo que se les da bien y quieren hacer bien. No les niegues eso dudando de plantear el desafío.


## CARÁCTER

Las personas influyentes desafían a los demás en tres ámbitos. Primero, desafían su carácter. Es decir, dan retroalimentación, dirección y altas expectativas a la gente para que viva conforme a valores universales como la honestidad, la integridad, la responsabilidad, el autocontrol, la paciencia, el trabajo duro y la perseverancia.

Desafiar el carácter de alguien puede sonar polémico, pero en la práctica es un regalo útil y alentador. Apuesto a que alguien influyente en tu vida te dijo alguna vez: "Puedes hacerlo mejor" o "Eres mejor persona que eso" o "Esperaba más de ti". Éstas eran las típicas afirmaciones que desafiaban tu carácter. Puede que no te gustase escucharlas, pero apuesto a que llamaron tu atención y te hicieron replantearte tus acciones.

Claro que se puede desafiar a alguien para que desarrolle más carácter de formas más sutiles, con retos indirectos. Si le preguntas a alguien: "¿Cómo enfrentaría esta situación la mejor versión de ti mismo?", esa persona se sentirá desafiada a poner más intención en su comportamiento. Otros desafíos indirectos podrían sonar así:

- "Si miras hacia atrás, ¿sientes que lo diste todo?"
- "¿Estás dando lo mejor de ti ante esta situación?"
- "¿Qué valores estabas tratando de encarnar cuando hiciste eso?"

Para los líderes, sugiero el planteamiento directo de preguntar a las personas que piensen cómo pueden desafiarse a sí mismas en futuros escenarios. Pregúntales: "¿Como qué tipo de persona quieres que te recuerden? ¿Cómo sería la vida si dieras lo máximo de ti? ¿Dónde estás poniendo excusas y qué tan diferente sería tu vida si fueras más fuerte?"

## CONEXIÓN

La segunda área en la que puedes desafiar a los demás tiene que ver con sus conexiones con otras personas, sus relaciones. Establece expectativas, haz preguntas, da ejemplos o pídeles directamente que mejoren su forma de tratar y añadir valor a los demás.

Lo que no perdonarías es el mal comportamiento social. Los líderes de alto rendimiento critican a cualquiera que esté siendo inapropiado, grosero o que desprecie a otra persona de su equipo. Los padres de alto rendimiento hacen lo mismo con sus hijos: no dejan pasar la mala conducta.

Lo que cabe destacar aquí es que las personas de alto rendimiento son explícitas en sus expectativas sobre cómo deben tratarse unos a otros. Siempre me sorprende lo directas que son cuando le dicen a la gente, una y otra vez, cómo tratarse entre sí. Incluso cuando los que las rodean se tratan bien, siguen impulsándolos a que se unan aún más.

Si has observado a un líder de alto rendimiento en una reunión de equipo, probablemente te habrás dado cuenta de la cantidad de veces que sugieren cómo deberían estar trabajando en equipo todos juntos. Dicen cosas como éstas:

- "Escúchense más unos a otros."
- "Muéstrense más respeto entre ustedes."
- "Apoyen más a sus compañeros."
- "Pasen más tiempo juntos."
- "Dense más retroalimentación."

La palabra *más* parece omnipresente cuando están desafiando a los demás.

Enseñando este tema por el mundo, me di cuenta de que algunos lo malinterpretan y piensan que las personas de alto rendimiento son "duras" con sus equipos. Pero esto no es necesariamente así. Está claro que las personas de alto rendimiento sí tienen grandes esperanzas para aquellos en quienes influyen. Pero lo que hacen es desafiarlos para que conecten mejor con los demás en un esfuerzo por ayudarlos a crear una sensación de cohesión y solidaridad con quienes viven o trabajan. Las personas de alto rendimiento quieren ayudar a que experimentemos una mayor unidad con los demás, porque saben que eso aumentará tus resultados.

## CONTRIBUCIÓN

La tercera área en la que puedes desafiar a los demás es con sus contribuciones. Los impulsas para que añadan más valor o sean más generosos.

Éste es quizá uno de los desafíos más difíciles que plantean las personas de alto rendimiento. Es difícil decirle a alguien: "Oye, tus contribuciones aquí en el trabajo no son suficientes. Puedes hacerlo mejor". Pero las personas de alto rendimiento no se acobardan por decir este tipo de cosas.

Cuando plantean desafíos para contribuir más, normalmente no hacen comentarios sólo por lo que estás entregando en ese momento. Más bien te desafían para que contribuyas más pensando en el futuro, para crear o innovar con el fin de hacer un futuro mejor.

En casi todas las entrevistas detalladas que he llevado a cabo queda claro que las personas de alto rendimiento piensan en el futuro cuando desafían a alguien para que contribuya con algo significativo. No sólo desafían a las personas para que fabriquen mejores dispositivos en la actualidad; las desafían para que reinventen el paquete de productos, para que ideen modelos de negocio completamente nuevos, para que encuentren mercados adyacentes a los que atacar, para que se adentren en territorio desconocido, para añadir valores nuevos.

Aunque al principio pensaba que las personas de alto rendimiento hacían esto a gran escala, lo de decirle a todo su equipo que cree un futuro mejor, estaba equivocado. En lugar de eso, las personas de alto rendimiento desafían a cada persona por separado. Van mesa por mesa desafiando a cada uno de su equipo. Adaptan el nivel del desafío que plantean para cada persona que lideran. No hay un planteamiento "unitalla" para impulsar a la gente a que contribuya. Así es como sabes si estás trabajando con un líder de alto rendimiento: se reunirán contigo donde estés, hablarán tu idioma y te pedirán que muevas a todo el equipo hacia un futuro mejor de una forma exclusiva para ti.


## MI DESAFÍO PARA PERDURAR Y LIDERAR

"Un maestro afecta a la eternidad."
—Henry Adams

Además de mis padres, la otra gran influencia de mi juventud fue Linda Ballew. Linda llegó a mi vida en un momento crucial: cuando estaba a punto de abandonar la preparatoria.

No es que no me encantara la escuela. El problema era que mi familia tuvo la oportunidad de ir a ver a unos parientes a Francia. Debido a los horarios de trabajo de mis padres, el único momento en el que podíamos ir era durante el año escolar. Desafortunadamente, el momento del viaje coincidía con la nueva política de ausencias del distrito, muy estricta, por la cual cualquier estudiante que se perdiera más de 10 días de escuela sería expulsado por ese semestre. Nuestro viaje iba a durar 14 días. Si iba al viaje, no podría regresar a la escuela ese semestre. Entonces, la única forma de graduarme con mi clase sería ir a la escuela de verano, pero yo solía trabajar a tiempo completo durante la época estival para ahorrar dinero para la universidad. Mis padres y yo nos peleamos con el director y la junta escolar para que hicieran una excepción y me dejaran volver a las clases. Argumentamos que para mi familia ésta era una oportunidad única en la vida y que ya habíamos trabajado con los maestros para recuperar el tiempo perdido, pues les entregaría informes sobre mis experiencias al regresar del viaje.

Desafortunadamente perdimos la batalla. Si iba al viaje, no me dejarían volver a la escuela. Y como no podía ir a la escuela de verano por culpa del trabajo, era probable que no pudiera graduarme con mis amigos. Estaba destrozado.

De todos modos fuimos al viaje, porque, como dijo Mark Twain: "No dejes nunca que la escuela se interponga en el camino de la educación". Escribí un editorial para el periódico local acusando a la junta escolar y después me subí a un avión hacia Europa. En el viaje tomé muchas fotos e hice varias notas sobre la cultura y los lugares que visitamos. Fue la mejor experiencia de aprendizaje de mi vida, y el viaje unió a la familia aún más.

Como esperaba, al regresar a casa de mi viaje no me permitieron volver a la escuela. Mi maestro de francés sí me permitió entrar a la clase, mostrar algunas de mis fotos y contarles a mis compañeros sobre mis experiencias en Francia. Hice lo mismo para mi clase de arte. Pero cuando el director descubrió que estaba en la escuela, me hizo salir. Esta horrible experiencia me amargó tanto que pensé en abandonar. Mi gran plan era dejar la preparatoria y comenzar mi propio negocio de encargado de tierras. Entonces conocí a Linda Ballew. Linda era maestra de inglés y la asesora periodística del periódico escolar, el *Iniwa*. Había leído mi editorial en el periódico y había oído lo de mis fotos de Francia por el maestro de artes, y me buscó.

Cuando hablamos, elogió mi editorial y después, prácticamente en la misma frase, me dijo que podía haber sido mucho mejor. Me preguntó cómo había estructurado el proceso de escritura, y me dio algunos consejos. Después me pidió ver las fotos de Francia. Las elogió también, y me dijo que podían estar mejor. Su forma de elogiarme y desafiarme funcionó. Supongo que podría decirse que nuestra relación comenzó gracias a que desafió mis contribuciones.

—Nada de eso importa de todos modos —le dije—, porque no voy a volver a la escuela.

Nunca olvidaré cómo manejó la situación. Lo que no hizo fue decirme que era una estupidez. No trató de convencerme de que la administración de la escuela sólo estaba siguiendo sus políticas. No trató de explicarme el valor de la preparatoria. En lugar de eso, desafío mi carácter de un modo muy respetuoso:

—Brendon, tú no eres de los que abandonan y no quieres convertirte en alguien así. Eres demasiado fuerte como para dejar que la administración te haga abandonar.

Linda también me dijo que tenía potencial y que debería unirme al periódico estudiantil cuando volviera a la escuela al siguiente semestre. Simplemente dio por sentado que lo más obvio y natural del mundo era que yo iba a regresar y a unirme al periódico. Le volví a decir que iba a abandonar. Y entonces ella desafió mi carácter, mis conexiones y mis contribuciones de un solo golpe, diciendo algo como: "Vaya, qué mal. Podrías haber sido bueno. Muchos estudiantes aquí necesitan a alguien como tú, alguien deseoso de defender las cosas en las que cree. Podrías hacer mucho bien en la escuela, y podrías aprender a escribir aquí. Tienes demasiado talento y potencial como para no usarlo en alguna tarea creativa. Piensa en ello. Y si alguna vez piensas que es buena idea regresar, dímelo y te apoyaré. No pareces el tipo de persona que abandona".

No puedo recordar lo que le rebatí, pero sí me acuerdo cómo me respondió ella. Me escuchó. Aceptó y honró mi punto de vista. Estableció una conexión real conmigo y dijo que esperaba volverme a ver.

Regresé al siguiente semestre.

Ese año, Linda escogió a un grupo de estudiantes, yo incluido, y nos inspiró a pensar, a trabajar juntos y a contribuir de formas en las que nunca lo habíamos hecho. Logró que tuviéramos esperanza en convertirnos en el mejor periódico escolar del país, aun con nuestros pocos recursos y nuestra experiencia limitada. Creó una expectativa de excelencia, no tanto para que ganáramos premios, sino para que pudiéramos mirarnos en el espejo y los unos a los otros y sentirnos orgullosos y con camaradería por dar nuestro mejor esfuerzo. Quería que nos convirtiéramos en líderes que guiasen con integridad.

El estilo de liderazgo de Linda era la personificación de "las personas apoyan lo que crean". Nos dejaba elegir cada primera página, cada titular, cada foto, cada pie de autor y cada diseño, aunque ella era una experta en todos los aspectos del periodismo. Nos enseñó a analizar a nuestros competidores y a esforzarnos por mejorar sobre nuestra última publicación. Nos orientó para que nos uniéramos como equipo, para que nos apoyáramos entre nosotros y para que trabajáramos con las fortalezas de cada uno. Con constancia y compasión, nos ayudó a convertirnos en personas más competentes y seguras. En más de un sentido, Linda nos ayudó a convertirnos en mejores seres humanos.

Todos los fines de semana y todas las tardes en las que nos quedábamos trabajando para cumplir el plazo, Linda estuvo allí. Era nuestro modelo a seguir en cuanto a lo que quería que hiciéramos como periodistas: hacer preguntas. Aún puedo oír su voz detrás de mí mientras colocaba la última foto o el último artículo en el diseño final: "¿Ahí es donde lo quieres poner? ¿Ése es nuestro final-final? ¿Hay algo más que te gustaría añadir?" Siempre nos estaba haciendo más preguntas: cómo manejar una situación de la mejor manera, qué tipo de personas queríamos ser, qué mensajes queríamos comunicar al mundo, cómo terminar nuestro trabajo con excelencia, cómo queríamos representarnos a nosotros mismos y a nuestra escuela.

Ese año en la convención nacional de la Journalism Education Association nuestro periódico ganó el premio al mejor de la exposición. Fuimos el número uno del país. Una escuelita de Montana venció a grandes escuelas con 10 a 20 veces más presupuesto y recursos que nosotros. Bajo el liderazgo de Linda Ballew, gané el primer y segundo premio nacional y regional de fotografía, diseño y presentación, noticias y reportajes de investigación. Acabé convirtiéndome en editor gerente. Después de graduarme, el periódico siguió ganando los mejores premios durante otra década más.

Linda Ballew dirigió un programa de periodismo escolar con pocos recursos en un distrito escolar con pocos recursos de un estado con pocos recursos. Y aun así, se encargaba cada año de clases nuevas de estudiantes inexpertos y los convertía en jóvenes periodistas prominentes que ganaban los mejores premios nacionales e internacionales. Los periódicos de sus estudiantes estuvieron en el número uno de las clasificaciones en casi todas las categorías del periodismo escolar, y Linda se convirtió quizá en la maestra de periodismo escolar más condecorada de la historia de nuestro país.

¿Qué es lo que la hacía tan excepcional? Se reduce a tres cosas: nos enseñó a pensar. Nos desafió. Y nos dio el ejemplo a seguir sobre la forma de influir en un equipo para desempeñarnos con excelencia.

En una conversación, en ese día tan crucial cuando estuve a punto de abandonar la preparatoria, Linda Ballew cambió mi vida para siempre. Si no fuera por ella, no estarías leyendo este libro.

---

### Apuntes sobre el rendimiento

Piensa en alguna persona de tu vida en la que estés tratando de influir positivamente y termina las siguientes oraciones:

#### Carácter

1. La persona en la que estoy tratando de influir tiene las siguientes fortalezas de carácter...

2. Esa persona podría ser más fuerte si...

3. Probablemente es demasiado dura consigo misma en esta área...

4. Si pudiera decirle cómo mejorar quién es, le diría...

5. Si pudiera inspirarla para que quisiera ser una mejor persona, probablemente le diría algo como...

#### Conexión

1. La forma en la que quiero que esta persona interactúe de forma distinta con los demás es...

2. A menudo, esta persona no conecta con los demás tan bien como a mí me gustaría, porque...

3. Lo que inspiraría a esta persona a tratar mejor a los demás es...

#### Contribución

1. La mayor contribución que está haciendo esta persona es...

2. Las áreas en las que esta persona no está contribuyendo lo suficientemente bien son...

3. En lo que realmente quiero que esta persona contribuya más es...

---

TERCERA PRÁCTICA
-- -- -- -- -- -- --

## EJEMPLIFICA EL CAMINO

"Ejemplo es liderazgo."
—Albert Schweitzer

Las personas de alto rendimiento dedican mucho tiempo a pensar en ser un modelo a seguir. El 71% dice que piensa en ello todos los días. Dice que quiere ser un buen ejemplo para su familia, su equipo y la comunidad.

Claro que todo el mundo diría que quiere ser un modelo a seguir. Y quién no, ¿verdad? Pero lo que he descubierto con las personas de alto rendimiento es que piensan en ello con mucha más frecuencia y, en particular, en lo relacionado con la forma en la que están tratando de influir en los demás. Esto significa que no sólo tratan de ser buenas personas en general, como se suele pensar en un modelo a seguir, alguien bueno, honesto, trabajador, generoso y cariñoso. Van un paso más allá y piensan en cómo actuar para que otros puedan seguirlas o ayudarlas a lograr un resultado específico. Se trata menos de "estoy tratando de ser la Madre Teresa" y más sobre "voy a demostrar un comportamiento determinado para que otras personas imiten ese mismo comportamiento, lo que nos ayudará a avanzar hacia un resultado específico".

Para ser claro, aquellos con alto rendimiento quieren que se les perciba como buenas personas y buenos ejemplos a seguir. Pero eso sólo los hace humanos. Lo que los convierte en personas de alto rendimiento es la intención específica sobre cómo pueden actuar de forma que consigan que alguien mejore quién es o logre un resultado específico.

Para ejemplificar este punto, vamos a regresar a la historia del principio de este capítulo. ¿Recuerdas a Juan, el presidente de la compañía de ropa? Estaba teniendo enfrentamientos con Daniela, su nueva jefa de diseño. Lo había desafiado para que fuera un mejor líder para ella y su equipo, y después le dibujé el Modelo máximo de influencia. Trabajamos juntos sobre él, tratando de averiguar cómo quería él que Daniela pensara en su papel, su equipo y la compañía. Después hablamos sobre qué desafíos podrían inspirarla a asumir quién era ella, cómo se conectaba con los demás y en qué contribuía. Y lo más importante, también dimos la vuelta a los escenarios y repasamos el modelo otra vez. En otras palabras, le pedí que se imaginara que ella estaba repasando el modelo y tenía que aconsejarle a él sobre cómo pensar y qué desafíos debía aceptar. A su juicio, ¿cómo quería ella que él pensara en su papel, su equipo y su compañía? ¿Cómo querría ella desafiar su carácter, sus conexiones y sus contribuciones? Repasar el modelo desde la perspectiva de ella le resultó complicado, pero le abrió los ojos a la idea de que, quizá, él estaba viendo sus intentos de influir como amenazas en lugar de liderazgo. Se comenzó a dar cuenta de que ella lo estaba desafiando a él y al *statu quo* de la compañía en formas significativas que, de hecho, podrían ser útiles.

Obviamente, sólo podíamos especular respecto a su perspectiva. Lo que sabíamos con seguridad es que, si él quería cambiar la situación, él tenía que cambiar. Teníamos que meterlo en la mentalidad del modelo a seguir, que es muy diferente de la mentalidad defensiva.

Para dar entrada a esa forma de pensar, le pedí que me contara sobre las personas que más habían influido en su vida. Mientras me lo iba contando, iba dibujando los componentes del UIM para mostrarle específicamente por qué habían tenido tanta influencia, cómo lo habían desafiado y enseñado a pensar. Las personas más influyentes eran su padre y su primer socio empresarial. Después de que me los describiera, le pregunté cómo podría honrar sus legados llevando sus valores y su espíritu a su organización. Le dije:

—¿Cómo puedes traer a tu compañía y a tu propio estilo de liderazgo todo lo que los hizo tan asombrosos? ¿Cómo puedes ser un ejemplo a seguir para tu gente del mismo modo en que estas dos personas lo fueron para ti?

Sin duda, esta conversación le impactó. La mayoría de las personas no piensa sobre ese tipo de cosas.

Después dije:

—Ahora volvamos al asunto que nos ocupa. ¿Por qué crees que tantas personas de tu compañía ven a Daniela como un ejemplo a seguir?

Aunque unos minutos antes no había tenido nada bueno que decir sobre ella, con reticencia comentó un par de puntos de admiración. Respetaba lo franca que era, aunque a él no le gustaba porque él no había tenido tantas agallas a su edad. Le impresionaba la rapidez con la que conseguía que su gente adoptara su visión, algo que había logrado robarle algunos de sus partidarios. Admiraba su tenacidad. Creía que la gente la veía como un modelo a seguir porque la retaba a mirar hacia adelante… más de lo que él lo hacía.

Durante un momento no supe si estos esfuerzos estaban funcionando. ¿Se estaba amargando o acaso estaba viéndolo todo desde una nueva perspectiva? Así que seguí presionando.

—Juan, me preguntaba si, quizá, podrías llegar a ser algún día tan buen modelo a seguir para ella como ella lo está siendo para otros, y del mismo modo que tus modelos lo fueron para ti. ¿Cómo se vería eso?

Esa última pregunta fue la que lo prendió. Casi pude ver la luz saliendo de él. No puedo describirlo exactamente, pero parecía como si los meses de frustración se estuvieran despegando de él.

> **Hay algo mágico que sucede en nuestra vida cuando dejamos escapar todo lo malo y decidimos preguntarnos cómo podemos volver a ser un modelo a seguir.**

Juan se dio cuenta de que para ser un modelo en esta situación determinada tenía que demostrar lo único que quería de ella: él tenía que liderar con preguntas en lugar de tomar posturas inamovibles; él tenía que estar abierto a los pensamientos de todo el mundo; él tenía que dejarla liderar a ella. Si esperaba que un día ella se abriera a sus pensamientos, él tenía que abrirse a los de ella. Si quería que lo respetaran, él tenía que ofrecer ese mismo respeto. Sin embargo, lo más importante de lo que se dio cuenta fue de que no estaba abrazando los valores que su padre y su socio empresarial le habían inculcado.

—Siento que estoy siendo un cascarrabias, y no es así como quieren verme liderar.

Cuando aterrizamos en donde iba a ser su reunión corporativa, Juan había trabajado con el UIM varias veces y había ideado varias estrategias con Aaron y conmigo. Pero cuando llegamos a la reunión, sin que ninguno de los dos lo supiera, también había decidido cambiar todo el orden del día de la reunión. En su lugar, le enseñó a su equipo el UIM y, además, creó un diálogo real con todo el grupo —incluso con los que habían estado del lado de Daniela—. Les preguntó cómo ellos, como un grupo unido, deberían estar pensando en sí mismos, en sus competidores y en el mercado. Los desafió para que se les ocurrieran planes para poder mejorar en el plano individual como líderes, cómo podrían crecer como equipo y cómo podría contribuir la compañía con el mercado. Se comportó con entusiasmo y estuvo abierto a ideas, colaborador e inspirador. No estaba fingiendo. Podía ver que todos en el equipo se sorprendieron por lo distinto de su comportamiento hacia ellos, y les estaba gustando.

Al final de la capacitación, le pidió a Daniela, la jefa de diseñadores, que se pusiera al frente. Admitió que se había equivocado con ella, con el equipo y la marca. Comentó los desafíos a los que él creía que se enfrentaba respecto a su propio carácter, sus conexiones y sus contribuciones. Le pidió que compartiera su propia versión del UIM, y después se sentó. Al principio estaba sorprendida y procedió con cautela. Pero él siguió animándola y pidiéndole que hablara más. Pasaron dos horas. Todo el tiempo él estuvo sentado, escuchando, pidió más comentarios y tomó notas. Cuando ella terminó, él conminó al grupo a que le diera una ovación. Esa noche en su cena de equipo ella brindó por él con uno de los brindis más emotivos y sentidos que jamás he oído en toda mi carrera.

En el vuelo de regreso Juan me dijo algo que recordaré durante mucho tiempo:

—¿Y si nuestra habilidad real para ser en verdad influyentes es nuestra capacidad para ser influenciados?

---

### Apuntes sobre el rendimiento

1. Si me fuera a acercar a mis relaciones y a mi carrera como un modelo a seguir aún mejor, lo primero que haría sería...

2. Alguien que realmente necesita que lidere y sea un buen modelo a seguir en estos momentos es...

3. Algunas ideas de cómo puedo ser un modelo a seguir para esa persona son...

4. Si, dentro de 10 años, las cinco personas más cercanas a mí en mi vida tuvieran que describirme como un modelo a seguir, esperaría que dijeran cosas como...

## UNA HERMOSA FALTA DE ENGAÑOS

"Conseguirás todo lo que quieras en la vida si ayudas lo suficiente
a los demás a conseguir lo que quieren."
—Zig Ziglar

Siempre que hablo sobre influencia con otras personas o comparto con ellas el modelo UIM, alguien me pregunta inevitablemente sobre la manipulación. Supongo que eso se debe a que todos hemos recibido nuestros golpes correspondientes de amores pasados, amigos y compañeros de trabajo que nos manipularon de algún modo. Conocemos vendedores y jefes de prensa que nos dicen cómo pensar y nos desafían a comprar cosas que no nos podemos permitir. ¿Podrían usarse estas ideas para manipular o influir negativamente en los demás? Claro que sí.

Sólo espero que hayas obtenido algunas ideas sobre cómo lograr un nivel de servicio más alto en este capítulo. A las personas de alto rendimiento no les va la manipulación. Ese punto óptimo en la mitad del UIM —ese ideal de ser un modelo a seguir— es un impulso demasiado convincente. Sin duda, las personas de alto rendimiento son capaces de manipular a los demás, pero no lo hacen. ¿Cómo puedo saberlo? Porque he entrevistado, rastreado, capacitado y entrenado a muchas personas de alto rendimiento en todo el mundo, y en ese proceso he llegado a conocer a sus equipos y a sus familias y seres queridos. La gente que rodea a las personas de alto rendimiento no se siente manipulada. Siente que confían en ella, que es respetada, y se inspira.

¿Es posible avanzar en la vida manipulando a los demás? Puedes apostar que sí... a corto plazo. Pero al final, los manipuladores queman todos los puentes y acaban sintiéndose desconectados, sin apoyos y solos. No encuentran éxito a largo plazo con sus relaciones ni con su propio bienestar. Si logran algún éxito, se basa en el engaño, las desavenencias y la energía venenosa. Siempre se puede encontrar algún ejemplo extremo de una persona deshonesta con un éxito externo. Pero son solamente casos aparte. Un puñado de manipuladores no conforma la media. Lo que estoy tratando de que se te quede grabado es esto: de aquellos que han logrado éxito a largo plazo, hay muchos más que son ejemplos a seguir que manipuladores.

Comparto esto porque vivimos en un mundo caótico y hay muchas intenciones oscuras. Pero eso también nos da la oportunidad de ser la luz. La pregunta a la que todos nos enfrentamos en esta época turbulenta es: ¿con qué diligencia trabajaremos para que nos consideren un ejemplo a seguir? ¿Cuánta concentración y esfuerzo traeremos a nuestro día a día para ayudar a que los demás piensen en grande? ¿Cuántos desafíos valientes compartiremos para ayudar a los demás a que crezcan? Después de todos los años que llevamos en este planeta, ¿cómo lograremos inspirar a la próxima generación para que ellos mismos sean ejemplos a seguir?

# DEMOSTRAR VALOR

"Hay dos maneras de enfrentarse a las dificultades:
o adaptas las dificultades o te adaptas tú para superarlas."
—Phyllis Bottome

HONRA LA LUCHA

COMPARTE TU VERDAD Y TUS AMBICIONES

ENCUENTRA A ALGUIEN POR QUIÉN LUCHAR

**Me despierta el teléfono. Emito un hola prácticamente inaudible y miro el reloj. Son las 2:47 de la mañana. Una voz de mujer me dice:**

—Necesito que veas algo. Estoy recibiendo mucho odio en las redes sociales. Creo que estoy en peligro.

—¿Qué? —digo en un susurro, mientras me incorporo en la cama. Sandra, la mujer al otro lado del teléfono, es una de mis clientas famosas. A veces se pasa de dramática—. ¿Qué peligro? ¿Estás bien?

—Sí, de momento estoy a salvo. Pero ¿puedes mirar el enlace que acabo de enviarte por mensaje?

Le doy clic al enlace y veo un video de Sandra en YouTube. El título del video es "Confesión". Tiene más de 300 mil visitas.

—Un segundo —digo, mientras busco a tientas mi playera, me la pongo y salgo de la habitación para no molestar a mi esposa.

Me dirijo hacia la cocina para poder hablar y, mientras, ella sigue hablándome con desesperación:

—¿Puedes verlo? ¿Puedes fijarte en los comentarios? Después me llamas, ¿sí? —y cuelga el teléfono.

En el video sólo sale Sandra sentada, hablándole a la cámara. Empieza contándole al espectador que no ha sido sincera con el mundo. Que ha estado fingiendo. Dice que siempre se le ve positiva y feliz, pero que las cámaras y la prensa no cubren la realidad. Que se siente mal por engañar a la gente y que quiere que sepan que será más sincera con sus dificultades.

Le doy inmediatamente un "no me gusta" al video. Se siente poco sincero. El título es como un ciberanzuelo. Ella comparte su historia con una emoción convincente, pero sin ningún tipo de detalles. La impresión que queda es la de "ay, pobrecita la famosa, quieres que sepamos lo duro que es para ti", pero sin datos específicos es un fracaso. Viendo los comentarios por encima, me doy cuenta de que la mayoría está de acuerdo conmigo. Mucha gente se está riendo de ella. Los que no, piden más detalles. No se ve mucha compasión, no tanto porque no les importe, sino porque el video es demasiado impreciso. No hay nada con lo que conectar.

Le mando un mensaje a Sandra. *Ya lo vi y leí los comentarios. ¿Cuál es el peligro? Parece que a la gente no le encanta, pero estoy seguro de que estarás bien.*

Me responde con otro mensaje. NO. *NO LO SÉ. ¿COMEMOS MAÑANA?*

Quedamos para comer y ahí se acaba la conversación. Muevo la cabeza y me siento para seguir leyendo los comentarios. Estoy demasiado molesto para volver a la cama.

Me empiezo a imaginar la conversación de mañana en la comida:

—Pensé que estaba siendo valiente, como me pediste, Brendon.

Después, me recordará que le he estado pidiendo que comparta su auténtico yo con más frecuencia. Si el pasado es un indicio, me echará a mí la culpa o me gritará. Es uno de los pocos clientes volátiles con quien he seguido trabajando, porque sé que tiene buen corazón.

Aun así, tendré que contenerme. Ya sé lo que querrá decir. La elogiaré por publicar un video, pero también querré decir:

—Lo siento, Sandy, publicar un video no te etiqueta como valiente.

Tendré que controlarme, porque querré soltar mi discurso sobre cómo se ha inflado el "valor" hasta un grado risible en la actualidad. Tiendo a ponerme sarcástico con este tema. Cuando alguien publica su primer video tipo diario en las redes sociales así, se espera que aplaudamos y digamos: "¡Oh, qué valiente!" Si alguien comparte una idea durante una reunión para una lluvia de ideas: "¡Oh, qué valiente!" Si un niño termina una carrera, aunque haya llegado entre los últimos: "¡Oh, qué valiente!"

Por favor. Publicar un video es un acto de expresión personal, seguro. También es sólo un esfuerzo por llamar la atención o compartir un mensaje, y eso no es valiente si todo el mundo lo está haciendo, ¿no? Mil millones de personas publicaron algo hoy. ¿Eso los vuelve valientes a todos? Compartir ideas durante una reunión para una lluvia de ideas en el trabajo es tu tarea, así que, si no te dan un abrazo por tu valor, quédate satisfecho con un "gran idea". ¿Acaso el niño que llegó en el lugar 59 necesita realmente tantos vítores por ser tan valiente y cruzar la línea de meta cuando ni siquiera lo intentó, estuvo quejándose todo el tiempo y no quería estar ahí?

Me oigo a mí mismo diciéndome todo esto y sé que me estoy poniendo demasiado duro. Aun así, mi mente sigue adelante. Cuando Washington cruzó el helado río Delaware para atacar a un ejército que los superaba, eso sí fue valiente. Cuando los astronautas pilotaron una cápsula hacia la gran oscuridad entre la Tierra y la Luna... eso sí fue valiente. Cuando Rosa Parks se negó a dar su asiento y encendió la chispa del movimiento por los derechos civiles... ¡eso sí fue valiente!

Quizá era eso lo que tenía que decirle a Sandra:

—Mira, no hace falta que ganes ninguna revolución ni que comiences un movimiento social histórico para ser algún tipo de héroe o mártir. Pero el tipo de actos valientes de los que estarás orgullosa al final de tu vida no son estos pequeños actos de confidencias interesadas. No, el tipo de actos valientes de los que estarás orgullosa al final de tu vida son aquellos en los que te enfrentaste a la incertidumbre y al riesgo real, donde las participaciones importan, cuando hagas algo por una causa sin pensar en ti, sin ninguna certeza de seguridad, recompensa ni éxito.

"Ay, sí, ése es el tipo de valor del que hablaremos mañana", pienso mientras regreso a la cama.

Al día siguiente, mientras me dirijo a la cafetería donde voy a reunirme con Sandra, pienso más en su idea del valor. He trabajado con Sandra el tiempo suficiente para saber que necesita tener una nueva visión del valor. Estoy convencido.

Sandra está sentada en la mesa del fondo de la cafetería y lleva lentes de sol, oculta a la vista de la mayoría de los clientes.

Me siento, respiro profundamente y trato de olvidarme de mis expectativas sobre esta reunión. "Los buenos coaches —me digo a mí mismo— deben mostrarse abiertos a todo." Sé que no lo estoy haciendo muy bien hasta ahora en este caso, pero lo intento.

—Dime, Sandy, ¿cómo estás?

—El video ya tiene 1.3 millones de visitas. La mayoría de la gente lo odia —dice, derrotada.

—¿A ti qué te parece?

—Estaba orgullosa de él. Publicarlo me resultó aterrador. Esperaba una mejor respuesta, obviamente.

Quiero hablar sobre el comentario de "aterrador" y soltar todo mi discurso sobre el valor real, pero la mesera se acerca. Pido té y Sandra se pide otro café.

—¿Quieres algo de comer? —me pregunta—. Creo que vamos a estar aquí un buen rato. En serio necesito tu ayuda.

Yo había planeado una reunión más corta. "Es sólo un estúpido video", pienso.

Nos quedamos sentados en silencio. Apenas puedo esperar para entrar en el tema.

—Dime, Sandy, ¿qué es lo que te resulta aterrador? No creo que haya mucho que hacer con el asunto del video. Sólo deja que siga su camino. O saca otro con más información antes de que termine la semana. Lo olvidarán. Así pasa con todo esto, ya sabes.

Veo aparecer una lágrima tras los lentes oscuros de Sandra.

—¿Sandy? ¿Estás bien?

—No se trata sólo del video, Brendon. Fue aterrador. Pensé que estaba haciendo algo valiente. Era un grito de ayuda, pero sólo fui una estúpida. Comienza a llorar, me acerco a ella y le tomo la mano.

—Oye —le digo—, ¿estás bien? ¿De qué va todo esto? ¿Qué te pasa?

Sandra toma un sorbo de su café y después, como si nada, se quita los lentes.

Tiene un ojo morado.

—¡Dios mío, Sandy! —exclamo—. ¿Qué te pasó?

Solloza durante unos instantes, y después me lo cuenta.

—Es mi esposo. Debería habértelo contado hace tiempo. Yo... Lleva maltratándome mucho tiempo. Llevo asustada demasiado tiempo. Pero ayer decidí que ya había tenido suficiente. Publiqué ese video. Sólo sentí que era mi primer paso para...

Sus palabras se pierden entre las lágrimas.

Me invade una ola de arrepentimiento. Hice suposiciones absurdas. Eso no es propio de mí, así que me enojo conmigo. A veces el primer paso de una persona es valiente sin importar lo que pienses de ello.

—Vio el video y se volvió loco. Debería haberlo pensado mejor. Sólo quería hacer algo, ¿sabes?

Sandra y yo nos quedamos sentados por más de tres horas y planeamos su huida, dónde se quedará, su futuro. Ya no regresa a casa ese día. Sus amigos van a recoger sus cosas. Lo deja sin mirar hacia atrás. Ella cruzó su propio Delaware. Ella revolucionó su vida. Ella me enseñó sobre el valor.

#

Las personas de alto rendimiento son valientes. Los datos muestran que el valor está bastante correlacionado con el alto rendimiento. De hecho, las puntuaciones más altas sobre el valor van de la mano con puntuaciones más altas en los demás HP6. Esto quiere decir que las personas que han demostrado más valor en la vida también tienden a tener más claridad, energía, necesidad, productividad e influencia. El valor puede revolucionar tu vida, del mismo modo que hice por Sandra. De hecho, nuestras intervenciones de coaching sugieren que demostrar valor es el hábito que supone la piedra angular del alto rendimiento.

Demostrar valor no siempre significa que tengas que salvar al mundo o hacer algo grandioso. A veces significa dar un primer paso hacia el cambio real en un mundo impredecible. Para Sandra fue subir un video —sólo un pequeño paso, pero comenzó el proceso de compartir que le daría la confianza para dar pasos más grandes y, al final, reclamar su libertad. Sólo fue un video. Pero fue la primera luz del valor.

Para evaluar el valor en nuestras investigaciones pedimos a los participantes que indicaran su nivel de acuerdo o desacuerdo con afirmaciones como éstas:

- Digo lo que pienso aun cuando sea difícil.
- Respondo rápidamente a los desafíos y emergencias que me plantea la vida en lugar de evitarlos.
- Suelo tomar medidas, aunque sienta miedo.

También hicimos que los participantes se calificaran en afirmaciones menos alentadoras:

- Creo que no tengo el valor para expresar quién soy realmente.
- Incluso aunque supiera que es lo correcto, no ayudaría a alguien si eso implicara que me fueran a juzgar, a ridiculizar o a amenazar.
- Pocas veces actúo fuera de mi zona de confort.

Tras evaluar a decenas de miles de personas, lo que ha quedado claro como el agua es que las personas de alto rendimiento informan que actúan a pesar de tener miedo con mucha mayor frecuencia que los demás. Este hecho también aparece en nuestras entrevistas y sesiones de coaching —parece que todas las personas de alto rendimiento tienen un sentido real de lo que significa el valor para ellas, y pueden expresarse bien sobre los momentos en los que lo demostraron.

Es obvio que casi todo el mundo, si lo incitan a ello o lo ayudan a explorar el tema, puede recordar haber llevado a cabo un acto de valor en su vida. Pero no todos los que tienen valor se vuelven personas de alto rendimiento, a menos que también tengan claridad, energía, necesidad, productividad e influencia. Como siempre, los HP6 funcionan en conjunto para crear éxito a largo plazo.

¿Por qué algunas personas tienen más valor que otras? Nuestra investigación demuestra que la diferencia significativa no está en la edad ni en el sexo.[1] La gente que tiene mayor probabilidad de informar altos niveles de valor es aquella que…

- adora dominar retos,
- se percibe a sí misma como asertiva,
- se percibe a sí misma como segura,
- se percibe a sí misma como de alto rendimiento,
- se percibe a sí misma como más exitosa que sus colegas, y
- es feliz con su vida en general.[2]

Esto tiene sentido. Si te gusta aceptar un desafío, las probabilidades indican que no te acobardarás cuando llegue la hora de subir y enfrentarte a una dificultad o a un obstáculo. Si sientes que eres una persona segura y que actúa, lo harás cuando sea necesario. ¿Pero por qué las personas felices tienen más valor? Este tema me hizo darle muchas vueltas, por lo que llevé a cabo entrevistas estructuradas con 20 personas de alto rendimiento para descubrirlo. Decían cosas como: "Cuando estás feliz, te preocupas menos sobre ti mismo y puedes concentrarte en los demás", "la felicidad te hace creer que puedes hacer cosas increíbles" y "para haber llegado al punto de ser feliz en tu vida, tienes que haber desarrollado algo de autocontrol y, una vez que tienes eso, te sientes más capaz de tomar el control de situaciones inciertas". Éstas eran buenas descripciones, pero obviamente no había un consenso sobre cómo lograba la felicidad hacer más valiente a la gente.

Esto revela una verdad general sobre el valor: es difícil explicarlo sea cual sea el ángulo por el que lo consideres. De hecho, a la mayoría de la gente le cuesta definir el valor al principio, y mucho menos considerarlo un hábito. Puede que más que con ninguna otra característica individual que hayamos investigado, la gente piensa en el valor como una virtud humana que algunos poseen y otros no. Pero eso es incorrecto. El valor es más como una habilidad, ya que todo el mundo puede aprenderlo.[3] Y una vez que lo comprendes y lo demuestras con mayor constancia, todo cambia.

## FUNDAMENTOS DEL VALOR

"El valor es la resistencia al miedo, el dominio del miedo, no la ausencia de miedo."

—Mark Twain

Los psicólogos coinciden con la cita de Twain: el valor no es ausencia de miedo; es actuar y persistir a pesar de ese miedo.[4] Pero el valor puede acabar en ausencia de miedo en muchas ocasiones. Por ejemplo, los psicólogos descubrieron que la mayoría de las personas que están aprendiendo paracaidismo tienen miedo la primera vez que saltan de un avión. Su primer salto se siente valiente. Pero cuanto más lo hacen, más confianza ganan y más audaces se vuelven.[5] Con el tiempo, incluso saltar de un avión puede sentirse rutina —emocionante, sin duda, pero ya no un causante de miedo—. Los investigadores descubrieron que ocurre lo mismo en los casos de los desactivadores de bombas, los soldados y los astronautas: cuanta más experiencia tenían en enfrentar sus miedos, menos miedo y estrés sentían.[6]

Esto nos sucede a todos. Cuanto más hacemos algo con éxito, más cómodos nos sentimos con ello. Por eso es tan importante que empieces a vivir una vida más valiente desde ahora. Cuantas más acciones hagas enfrentándote al miedo, expresándote y ayudando a los demás, más fáciles y menos estresantes se volverán.

Pero cuando te enfrentas a tu miedo, hay algo más sucediendo. Resulta que el valor es contagioso, al igual que el pánico o la cobardía.[7] Si tus hijos ven que tienes miedo a la vida, lo sentirán... y lo imitarán. Y es lo mismo para tu equipo y para quienquiera que lideres o sirvas. Demostrar más valor es una puerta para que nuestra sociedad desarrolle una mayor virtud.

## Muchos tipos de valor

Definir y clasificar el valor es difícil, y ni siquiera los investigadores o el público en general se ponen de acuerdo en lo que significa el término.[8] En última instancia, en lo que sí podemos estar de acuerdo es que para que alguien demuestre valor debe estar presente lo siguiente: riesgo, miedo y un buen motivo para actuar.

Aun así, es útil echar un vistazo a los distintos tipos de valor para poder pensar en ellos detenidamente. Está el valor *físico*, que es cuando te pones en peligro para cumplir un objetivo noble (por ejemplo, saltar en un cruce para salvar a alguien que está a punto de ser atropellado). Otro ejemplo puede ser pelear por tu vida cuando estás enfermo.

El valor *moral* consiste en defender a los demás o soportar las adversidades por lo que consideres correcto, para servir a un bien mayor. Evitar que alguien abuse de un desconocido, no aceptar sentarte en la parte trasera del autobús a pesar de una ley injusta, publicar un video sobre lo que opinas respecto a un tema controvertido… todo esto son expresiones de valor moral. El valor moral se muestra en actos desinteresados que protegen los valores o promueven los principios que benefician un bien común. Se trata de responsabilidad social, de altruismo, de "hacer lo correcto".

El valor *psicológico* es el acto de enfrentar o superar tus propias ansiedades, inseguridades y fobias para a) reivindicar tu auténtico ser en lugar de conformarte, y mostrarle al mundo quién eres realmente, aunque a alguien no le guste, o b) experimentar un crecimiento personal, aunque se trate sólo de una victoria privada.

El valor *cotidiano* podría significar mantener una actitud positiva o actuar a pesar de estar pasando por una gran incertidumbre (como cambiarte de ciudad), de tener mala salud o de las adversidades (como compartir ideas mal vistas o presentarte todos los días al trabajo, aunque las cosas estén mal en la oficina).

Aunque ninguno de estos tipos de valor es definitivo ni excluyente entre sí, los términos son útiles para conceptualizar el valor.

**Lo importante es que definas qué significa ser más valiente en tu caso, y que comiences a vivir de ese modo.**

Para mí el valor es actuar con determinación para servir a un objetivo auténtico, noble o con miras a mejorar tu vida frente al riesgo, el miedo, la adversidad o la oposición.[9] La parte "noble" y "con miras a mejorar tu vida" es importante para mí porque, sin duda alguna, no todos los actos en los que te enfrentas al miedo son valientes. Podría parecer que los terroristas suicidas, por ejemplo, cumplen algunos criterios; actúan con determinación, aunque se tienen que sentir asustados y siguen lo que para ellos son objetivos nobles. También pasa con los ladrones, que corren el riesgo de ir a la cárcel o cosas peores. ¿Sus actos son valientes? La mayoría diría que no.[10] Eso es porque, aunque cumplan algunos criterios para definirlas como valientes, sus acciones son, al menos de acuerdo con la mayor parte de la sociedad, dañinas o destructivas. No hacer daño es un concepto importante dentro del valor.

Tampoco es siempre valiente actuar a pesar del miedo al rechazo. Por ejemplo, un adolescente que se atreve a correr peligro saltando de un balcón para ser aceptado en un grupo parece valiente. El adolescente tiene miedo, pero salta para que lo acepten. ¿Valiente? Para algunos. Otros lo llamarían sencillamente conformidad o estupidez.

El valor no siempre se trata tampoco de llevar a cabo una acción atrevida. No hacer nada cuando se espera que lo hagas puede ser valiente; ésa es una verdad que queda demostrada en las manifestaciones no violentas. No aceptar una incitación a pelear y alejarte para proteger tu cuerpo es valor. Negarte a entablar una discusión, aunque eso pueda hacerte parecer débil, es un acto de valentía si mantiene tu integridad.

Aunque esto pueda parecer una frase vacía, las definiciones son importantes. El valor es más que solamente superar el miedo, aunque mucha gente lo confunde. El resultado es lo que persigues, y el resultado que ocurre importa mucho. Si tus acciones bienintencionadas hacen daño a alguien, no es probable que eso se vea como valiente. De hecho, los investigadores han descubierto que mucha gente piensa que una acción es valiente sólo si termina con un buen resultado.[11] Por ejemplo, si empiezas a dar tu opinión, pero te detienes de inmediato tras la primera interrupción... ¿sentirás más tarde que fuiste valiente? Si alguien salta al río para ayudar a otra persona, pero termina ahogándola o hay que rescatarlo a él también... ¿es valiente o imprudente? Probablemente lo último.

Sin embargo, en el corazón de nuestra investigación sobre el valor encontramos un patrón evidente, y es que las personas de alto rendimiento tienen una inclinación hacia la acción incluso cuando su resultado sea aterrador, arriesgado o incierto. Después de escuchar tantas historias de personas de alto rendimiento en la última década, sé que esto es cierto:

**Tú eres capaz de cosas extraordinarias que nunca podrías haber predicho y nunca descubrirás si no actúas.**

Casi todas las historias sobre el valor que oigo son de sorpresa. Las personas de alto rendimiento se enfrentan a la duda o al miedo o se levantan durante el servicio para ayudar a alguien. No "tienen" el valor ni lo encuentran mediante la contemplación. La acción levanta su corazón, y se revela su camino. No esperan una oportunidad para hacer algo algún día; no vacilan. Actúan. Saben que esperar lograr cosas buenas sin actuar es como esperar ayuda sin pedirla.

También escuché muchas historias de personas que cambiaron el rumbo de su vida. Hablaban sobre dejar el trabajo, dejar una relación de abusos o mudarse a otra ciudad como un acto de valor. Aunque a menudo pensamos en las acciones valientes como un paso hacia adelante, también he oído a mucha gente hablar sobre dar marcha atrás de cierta forma; hacia un viejo sueño que había abandonado. Si te habías olvidado de tu sueño y tu corazón aún sigue deseando alcanzarlo, sólo la acción pondrá remedio al sufrimiento. Nunca es demasiado tarde para cambiar el rumbo.

De lo que nunca hablan las personas de alto rendimiento es de cómo se retrasaron y quejaron durante largos periodos. Las quejas constantes acaban en desprecio. La voluntad humana disminuye cuando no emparejamos rápidamente la queja con el trabajo real hacia el progreso. "No te quejes —me dijeron decenas de personas de alto rendimiento—. Actúa."

Aunque muchos de los entrevistados describieron los actos de valor como espontáneos, las historias que más me inspiraron —y, quizá, mejor demuestran la naturaleza replicable del valor como un hábito— fueron aquellas en las que el valor había sido planeado. La gente sabe a qué le tiene miedo, y por eso se prepara. Estudia. Consigue mentores.

Después, enfrenta sus miedos. Sólo cuando nuestros miedos se convierten en nuestro plan de crecimiento es cuando entramos en el camino de la maestría.

Podría seguir compartiendo más comentarios personales, pero, al final, eres tú quien tiene que decidir lo que significa vivir con valentía en tu caso. El valor suele juzgarse con frecuencia desde el punto de vista del actor. Así que lo importante es que decidas si estás viviendo con la suficiente valentía en esta época de tu vida. Para ayudar a la gente a reflexionar sobre ello, me gusta preguntar lo siguiente:

> Si la mejor versión de ti mismo en el futuro (una versión de ti 10 años mayor, aún más fuerte, más capaz y más exitoso de lo que te imaginabas a ti mismo) llamara a tu puerta hoy y se fijara en tus circunstancias actuales, ¿qué acción valiente te aconsejaría ese tú futuro que llevaras a cabo para cambiar tu vida? ¿Cómo te diría que vivieras tu yo futuro?

Vuelve a leer esa pregunta y pásate unos minutos meditándola. Se la he hecho a mucha gente y, aunque no sé tu respuesta, apuesto a que ese tú del futuro no te diría que pases desapercibido. La mejor versión de ti mismo te diría que vayas con todo en la vida. Para hacerlo, tendrás que ir más allá de los aspectos fundamentales. Necesitarás una nueva forma de fijarte en tus miedos y tus obstáculos. Necesitarás estas tres prácticas de alto rendimiento.

## PRIMERA PRÁCTICA

- - - - - - - - - - - - -

### HONRA LA LUCHA

"El éxito consiste en dar el cien por ciento de tu esfuerzo, tu cuerpo,
tu mente y tu alma a la lucha."
—John Wooden

¿Por qué hay tantas personas que no están viviendo la vida con valor? Saben que deberían decir lo que piensan. Pero no lo hacen. Quieren enfrentarse a sus miedos y aceptar algunos riesgos. Pero no lo hacen. Te dicen que van a ser más valientes, que se esforzarán por alcanzar sus sueños, por ayudar a la gente de formas significativas y nobles. Pero no lo hacen. ¿Por qué?

Ésta fue una de las preguntas más frustrantes de mis primeros años como coach. Muchos clientes hablaban sobre su visión y sus sueños, decían que querían vivir una vida ejemplar y marcar la diferencia. Pero no hacían nada al respecto. Decían que querían una gran vida, pero cuando hablábamos sobre los nuevos hábitos necesarios para que la alcanzaran, solían cambiar de tema, y decían que estaban demasiado ocupados o que tenían miedo. Me enseñaban sus tableros de visión de algún seminario y yo les preguntaba: "Entonces, ¿cuáles son los tres grandes saltos que vas a dar, desde el lunes, ahora que ya dispones de estos nuevos tableros de visión?" Normalmente no tenían ninguna respuesta ni ningún plan, y nunca comprendían que un acto de valor ¡es mejor que 100 tableros de visión!

Estoy seguro de que te has sentido frustrado con los demás, o incluso contigo mismo, por la incapacidad para actuar con más audacia. Entonces, ¿cuál era el problema real y cuál era la solución? He descubierto que el problema radica en la mentalidad. Somos menos valientes como sociedad hoy en día porque evitamos la lucha, y esa decisión nos deja con un carácter y una fortaleza menos desarrolladas, dos de los ingredientes clave del valor.

Esto es lo que quiero decir. Estamos en una época única en la historia, en la que más países y comunidades tienen más abundancia que nunca. Pero tanta bendición puede tener encerrada una maldición: la gente puede volverse resistente a la lucha. En la actualidad, dar recomendaciones que exijan un esfuerzo real, ensayos, dificultades o paciencia está pasado de moda. Reinan la comodidad y la conveniencia. Las personas suelen abandonar matrimonios, escuelas y trabajos o amistades al primer indicio de dificultad. Si abandonas al primer indicio de dificultad en tu vida cotidiana, ¿qué probabilidades hay de que continúes cuando te enfrentes a miedos o amenazas reales?

Si vamos a desarrollar la fuerza que exige el valor, tendremos que ser mejores a la hora de afrontar los retos básicos de la vida. Tendremos que dejar de enojarnos tanto y comenzar a ver la lucha como una parte de mejorar nuestro carácter. Tenemos que aprender a honrar la lucha.

Desafortunadamente la lucha es una táctica agresiva. En mi sector, por ejemplo, no paran de decirme que simplifique mis consejos y mi plan de estudios y los haga menos rigurosos y más atractivos. "No les hagas trabajar —dicen—. No les des demasiados pasos complicados, Brendon, porque no los pondrán en práctica. Baja el nivel. Simplifícalo. Asegúrate de que pueda comprenderlo un niño. Las personas no quieren intentarlo, así que dales algo sencillo para hacer" (todo eso me lo dijeron mientras escribía este libro).

Estas afirmaciones presuponen que las personas son perezosas, que odian los retos y que intercambiarían el crecimiento por la comodidad y la certeza. Piensa en cuántas veces nos han vendido esta suposición. Sobre todo en el mundo de los medios de comunicación generales, cada "consejo" o "truco" está dirigido a hacer la vida superfácil, alejándonos de cualquier dolor o presión. Concéntrate sólo en tus fortalezas, porque te sentirás mejor y servirás mejor. No es necesario sufrir enfrentándote a tus defectos; eso sería incómodo y no valdría la pena el esfuerzo. Externaliza todo, el valor no está en aprender habilidades reales. Engaña a tu dieta con una píldora mágica para que no tengas que cambiar tus terribles hábitos alimenticios.

Estamos rodeados de memes, medios de comunicación e *influencers* que nos dicen que no tenemos que luchar, que la vida debe fluir sin problemas, porque si no, estamos en el camino equivocado. Imagínate el daño que eso está haciendo a nuestras capacidades. Imagínate lo que está haciendo a nuestras posibilidades de llegar a actuar con valor.

**Si seguimos diciéndole a la gente que haga lo fácil, ¿por qué decidirán alguna vez hacer algo difícil?**

La buena noticia es que creo que hay personas en todo el mundo que están descubriendo que todos estos remedios rápidos, trucos y fórmulas mágicas no son suficientes. La gente está comenzando a recordar algo que ya sabía: para alcanzar la excelencia son necesarios trabajo duro, disciplina, rutinas que pueden volverse aburridas, las frustraciones continuas que acompañan al aprendizaje, adversidades que ponen a prueba todas las medidas de nuestro corazón y espíritu y, por encima de todo, valor. Espero que las investigaciones que aparecen en este libro te hayan ayudado a descubrir un panorama más amplio: que el alto rendimiento exige una intención real y el dominio de hábitos complejos. Las prácticas que incluyo en él son factibles, pero siguen necesitando concentración, lucha y fiel diligencia a largo plazo.

Estoy seguro de que las generaciones anteriores nos podrían contar sobre una época en la que la lucha no era algo que evitar. Sabían que el objetivo nunca era vivir una vida cómoda sin dificultades y llena de pasión. No esperaban que el viaje fuera cómodo. Nos dirían que el trabajo duro y la lucha son el fuego en el que forjamos el carácter. Defendieron los ideales de ensuciarse las manos, trabajar más duro de lo que nadie esperaba, esforzándose por un sueño con una tenacidad feroz incluso cuando se enfrentaban a las dificultades, porque esos esfuerzos te volvían un mejor ser humano, más capaz. Enfrentarse a la lucha con aplomo y dignidad te conseguía respeto. Te convertía en un líder.

Perdóname si esto suena nostálgico, pero de todos modos es cierto. Nadie que alcanzara la grandeza evitaba la lucha. La conocían, se comprometían con ella. Sabían que era necesaria, porque sabían que el desafío y las dificultades reales los impulsaban, extendían sus capacidades, los hacían crecer. Aprendían a honrar la lucha. Desarrollaban una actitud que anticipaba la lucha, le daban la bienvenida, le sacaban provecho y tenían motivos para dar más.

Al enfrentarnos directamente a los conflictos, las dificultades y los desastres de la vida con voluntad, derribaremos los muros del miedo, ladrillo a ladrillo. Esta actitud, más que ninguna otra, está en el centro de mi trabajo. Lee *El manifiesto por la motivación*, *Recárgate* o *El ticket de tu vida* y verás que siento un profundo respeto, casi reverencial, por la lucha.

**Cuando aprendemos a ver la lucha como una parte necesaria, importante y positiva de nuestro camino, entonces podemos encontrar una paz real y poder personal.**

La alternativa, por supuesto, es devastadora. Quienes odian la lucha, o le temen, acaban quejándose, perdiendo la motivación o abandonando.

Nuestras investigaciones más recientes también respaldan esta idea de honrar la lucha. Uno de los indicadores más potentes que hemos descubierto es que las personas valientes están de acuerdo con las afirmaciones "me encanta dominar desafíos nuevos" y "tengo confianza en que puedo lograr mis objetivos a pesar de los desafíos o la resistencia". Las personas de alto rendimiento no les temen a los desafíos, al fracaso ni a las dificultades inevitables que conllevan el aprendizaje y el crecimiento. En lugar de eso, les encanta tratar de dominar cosas nuevas y se sienten confiadas de que pueden lograr sus objetivos a pesar de las posibles adversidades. Háblales sobre los tiempos difíciles de su pasado, cuando las circunstancias las obligaron a salirse de su zona de confort para crecer, actuar o ganar y te hablarán de esa época con reverencia, no con temor.

Nuestras conclusiones coinciden con décadas de investigación psicológica en personas con mentalidad de crecimiento. Las personas con esa mentalidad creen que pueden mejorar, aman los desafíos y se comprometen con las dificultades en lugar de huir de ellas. No temen el fracaso tanto como los demás, porque saben que pueden aprender y, con trabajo duro y formación, mejorar. Esto hace que estén más motivadas, que perseveren más en sus objetivos, sean más resistentes y más exitosas a largo plazo en prácticamente todas las áreas de su vida.[12]

Aquellos con mentalidades "fijas" creen y actúan al contrario. Creen que sus capacidades, su inteligencia y sus rasgos están establecidos, son fijos y limitados. No creen que pueden cambiar y ganar, y eso les crea miedo siempre que se enfrentan con algo que está más allá de sus fortalezas y capacidades "naturales". Le temen al fracaso, porque éste sería un comentario sobre ellos. Creen que ese error los hace parecer incompetentes. Si algo no es fácil, renuncian. Para ilustrar lo destructivo que esto puede ser, las investigaciones han demostrado que quienes poseen una mentalidad fija tienen cinco veces más de probabilidades de evitar los desafíos que aquellos con una mentalidad de crecimiento.[13] Esto coincide con lo que vemos en las personas de alto rendimiento cuando las comparamos con las de bajo rendimiento.

Si no estás dispuesto a anticipar o soportar las luchas, los errores, los desastres y las dificultades inevitables de la vida, entonces será un camino complicado. Sin valor, te sentirás con menos confianza, menos feliz y con menos éxito. Los datos lo confirman.

## LOS DOS DISCURSOS DE LA HUMANIDAD

*"Nunca debes ver tus dificultades como una desventaja. En lugar de eso, es importante que comprendas que tu experiencia al enfrentarte y superar la adversidad es, en realidad, una de tus mayores ventajas."*
—Michelle Obama

Sólo hay dos discursos en la historia de la humanidad: la lucha y el progreso. Y no puedes tener el último sin el primero. Todos esos altibajos son los que nos hacen más humanos. Tiene que haber momentos de subida y momentos de bajada para que podamos experimentar todo el espectro de ser humanos, saber lo que es la alegría y la desesperación, la derrota y el triunfo.

Sabemos todo eso, pero a menudo lo olvidamos cuando las cosas se ponen difíciles. Es fácil odiar la lucha, pero no debemos hacerlo, porque con el tiempo el odio sólo magnifica su objeto hasta convertirlo en un fantasma mucho mayor y más siniestro que el objeto en sí. Debemos aceptar que la lucha puede destruirnos o hacernos mejorar, y la más dura de las verdades humanas es que, en última instancia, es nuestra decisión. No importa lo difícil que se vuelva, el siguiente paso sigue siendo nuestra decisión. Debemos estar agradecidos por ello.

Podemos ir más allá y pasar de la gratitud a la verdadera reverencia por los desafíos de la vida. Al hablar con las personas de alto rendimiento me queda claro que, para sobresalir, debes enseñarte a ti mismo a considerar la lucha como un peldaño hacia la fortaleza y el alto rendimiento. Eso es parte de la mente de alto rendimiento: la lucha debe verse como parte del proceso, y una parte vital de cualquier esfuerzo que valga la pena. Y la misma decisión de aceptar la lucha saca el valor de lo más profundo de nuestro ser.

**La lucha a la que me estoy enfrentando ahora es necesaria, y me está llamando a aparecer, ser fuerte y usarla para forjarme un mejor futuro para mí mismo y mis seres queridos.**

Honrar el viaje no significa que tengas que aceptar la adversidad y aguantar los golpes, y no hacer nada para mejorar. No se trata de ser zen y aceptar la vida como viene, sin tratar de ejercer tu voluntad cuando estás insatisfecho. Sólo quiere decir que adoptas la mentalidad de que enfrentarte a las adversidades y tratar de aprender puede sacar lo mejor de ti. Aceptar que llegarán tiempos difíciles te permite levantarte con una sensación de realismo y buena disposición, anticipar problemas y estar preparado para ellos, mantener la calma cuando los aires de cambio puedan llegar a derribar a los líderes menores.

Tener esa afinidad por el compromiso y la acción define parte de la mentalidad de alto rendimiento. ¿Las dificultades en la vida que no puedes evitar? Enfréntalas con todo el corazón. Incluso cuando te sientas abrumado, decide ir a dar un paseo, concéntrate en tu respiración y piensa en el problema, en lugar de evitarlo. Mira al problema a los ojos y pregúntale: "¿Cuál es la siguiente acción correcta que debo tomar justo ahora?" Si aún no estás preparado para actuar, haz planes. Estudia. Prepárate para cuando se despeje la niebla y estés listo para liderar.

Terminaré este apartado con dos dichos relacionados entre sí y que mis estudiantes encuentran útiles. El primero lo aprendí cuando trabajé con miembros de las Fuerzas Especiales del Ejército de los Estados Unidos. Me hablaron sobre una máxima común que usan para que la gente se dé cuenta de que tiene que enfrentarse a las adversidades del servicio: haz lo que haya que hacer. A veces cumplir con tu deber apesta. El entrenamiento apesta. La vigilancia apesta. El tiempo apesta. Las circunstancias apestan. Pero no puedes evitarlas ni amargarte. *Tienes que lidiar con ello, enfrentarte y forzarte a perseverar y crecer.* Tienes que hacer lo que haya que hacer. Si hay algo que respeto al máximo del ejército es lo poco que se quejan. Las quejas no se respetan ni se perpetúan. Eso me inspira. En cualquier área de tu vida, si tienes la oportunidad y la fortuna de servir, no te quejas del esfuerzo que conlleva.

El segundo dicho que puede servirte para adoptar y honrar la lucha: *lo lograrás.* Sólo porque no puedan ver tu potencial o no compartan tu visión, sólo porque estés inseguro o tengas miedo, eso no te descalifica. Que el cielo esté nublado no significa que no haya sol.

Confía en que las cosas resultarán. La gente dice a menudo que hay que "dar las gracias por lo que se tiene" en épocas difíciles, pero te recuerdo que también tienes que contar con la fortuna. El universo es abundante y generoso, así que puedes confiar en que cosas buenas llegarán a tu vida. Supongo que ése es el mensaje fundamental en tiempos difíciles: tener fe en ti mismo y en el futuro. Es algo que escribí en una tarjeta y llevaba en mi cartera cuando pasé por lo de mi lesión cerebral: recuerda, eres más fuerte de lo que crees, y el futuro te guarda cosas buenas.

---

### Apuntes sobre el rendimiento

1. Una lucha que he estado enfrentando en mi vida es...

2. La forma en la que podría cambiar mi punto de vista sobre esto es...

3. Si algo grande pudiera salir de esta lucha, sería...

4. La forma en la que elijo recibir las adversidades inevitables de la vida de hoy en adelante es...

---

## SEGUNDA PRÁCTICA

## COMPARTE TU VERDAD Y TUS AMBICIONES

*"Hasta donde puedo juzgar, no puede hacerse mucho bien sin perturbar algo o a alguien."*
—Edward Blake

En el *Manifiesto por la motivación* sostenía que la principal motivación de la humanidad es ser libres, expresar nuestro verdadero yo y perseguir nuestros sueños sin restricciones, experimentar lo que podría llamarse libertad personal. Nuestro espíritu se eleva cuando nos sentimos libres del miedo o del peso de la conformidad. Cuando vivimos nuestra verdad y expresamos quien somos, cómo nos sentimos y qué deseamos y soñamos realmente es cuando somos auténticos; somos libres. Para ello hace falta valor.

Sin duda alguna nadie quiere vivir una vida restringida y conformista. Pero desde que publiqué el *Manifiesto* he recibido miles de cartas y comentarios sobre lo difícil que es lograr la libertad personal. Mostrar al mundo quién eres, en verdad y sin disculpas, conlleva muchísimo riesgo. Las personas suelen hablar de eso, de cómo quieren ser reales, pero hacerlo invita al juicio o al rechazo. Les preocupa que si la gente pudiera ver quiénes son en realidad, todo terminaría. No estarían a la altura de las expectativas de los demás.

Pero yo opino que el único momento en el que deberías tratar de estar a la altura de la idea de alguien más sobre quién eres o de lo que eres capaz es cuando esa persona es un modelo a seguir que te esté animando. Si alguien cree en ti y ve la grandeza en ti, entonces no dudes en estar a la altura en ese caso.

Sin embargo, por alguien que duda de ti o te infravalora, olvídate. No te molestes en tratar de agradarle. Vive una vida que sea tuya. No busques la aprobación de quienes dudan. No encontrarás ninguna alegría duradera buscando el reconocimiento de los demás. Si llega, nunca será suficiente. Así que el único camino que queda es el de expresar tu propia verdad y buscar tus propios sueños.

Cuando lo hagas, te tropezarás con las críticas inevitables. Anticipa eso sólo como una parte de la lucha. Las críticas siempre estarán ahí, al igual que siempre habrá días nublados. No dejes que sus críticas te aparten de tus convicciones. Si crees en tu sueño, mantente en el camino. No necesitas permiso más que de esa esperanza que hormiguea en tu alma.

Después de haber hablado con tantas personas de alto rendimiento, tengo que confesar que espero que te encuentres con juicios y fricciones. Es una señal de que estás en tu propio camino y aspiras a grandes cosas. De hecho, si nadie te ha mirado de reojo últimamente o, aún mejor, te ha dicho "¿quién te crees que eres? ¿Qué, estás loco? ¿Estás seguro de que es una buena idea?", entonces puede que no estés viviendo con la suficiente valentía.

He compartido este tipo de coaching antes. Una vez recibí un mensaje de un admirador que me dijo: "Brendon, pero yo no estoy orgulloso de quien soy. Por eso no quiero mostrarme al mundo. Me avergüenzo de quien soy. Mi verdad no es algo que quiera compartir". Yo sólo pude responderle: "Amigo mío, si te avergüenzas de la verdad, entonces aún tienes que encontrar la verdad".

## MINIMIZARNOS A NOSOTROS MISMOS

"Sólo aquellos que se arriesguen a ir demasiado lejos podrán descubrir lo lejos
que se puede llegar."
—T. S. Eliot

Algo que no esperaba de los lectores de *El manifiesto por la motivación* fue un tipo distinto de miedo por compartir su verdad. Muchos me escribieron y me dijeron que no les preocupaba que los demás los juzgaran como insuficientes; les preocupaba que, al ser la mejor versión de sí mismos, harían que los demás se sintieran insuficientes. *Tenían miedo de expresar sus verdaderas ambiciones, sus alegrías y poderes porque las personas a su alrededor podrían sentirse mal con ellas mismas.*

Sentían que tenían que minimizar sus sueños, reprimir sus grandes ideas, rebajar su nivel intelectual, suavizarlo, bajar la mirada… todo para que los demás pudieran sentirse bien consigo mismos.

Cuando recibo este tipo de comentarios suelo enviarles a mis lectores un video que grabé con mi teléfono:

*No te achiques, amigo mío. No te sientas culpable porque tus metas sean altas. Esos sueños se plantaron en tu alma por un motivo, y es tu deber honrarlos. No te contengas en la vida sólo para consolar o aplacar a los que te rodean. Contenerse no es humildad; es mentir. Si las personas en tu vida no conocen tus verdaderos pensamientos, sentimientos, necesidades y sueños, no las culpes. Es tu falta de voz, vulnerabilidad o poder, no su falta de comprensión o ambición, la que está construyendo la barricada a tu potencial. Comparte más y tendrás relaciones auténticas que podrán apoyarte, darte energía, levantarte. Incluso aunque no te apoyen ni crean en ti, al menos viviste tu vida. Al menos lo pusiste todo sobre la mesa. Al menos honraste las esperanzas de tu corazón y el llamado de tu alma. Tu libertad descansa en tu expresión total. Amigo mío, tu próximo nivel de rendimiento comienza en tu próximo nivel de verdad.*

Sé que este capítulo está lleno de coaching, pero es que es esencial. Los lectores siguen escribiéndome años después diciéndome que mi mensaje los ayudó. Quiero que te quedes con este mensaje a la mano para que puedas volver a leerlo (en voz alta) la próxima vez que la preocupación por los sentimientos de alguien más te tiente a frenar tus propios sueños.

Así que sigue conmigo. No tengo ninguna duda de que para acceder al siguiente nivel de valor en tu vida es necesario un grado de apertura y honestidad sobre quién eres, qué quieres y qué eres capaz de hacer y estás listo para hacer. Todo lo que se interpone en tu camino es esa parte miedosa de ti que está tentada a minimizarse para no hacer que los demás se sientan mal.

Pero no pienses ni por un segundo que eso es humildad. Es mentir sobre tus auténticas ambiciones. Es pedir perdón por los dones con los que Dios, el universo, la suerte o el trabajo duro —elige lo que quieras— te bendijeron. Y es insidioso. A menos que decidas dejarlo ir, ese miedo evitará por siempre que te sientas en realidad auténtico y satisfecho y que exprimas tu máximo potencial. Te llevará a bajar tus expectativas y a perderte la excelencia… ¿y para qué, exactamente?

Puedes pensar: *la gente se sentirá amenazada por mi impulso y mi deseo. Puede que no le gusten mis ambiciones. Puede que se rían de mí. Así que mejor me quedo callado. Para eso es mejor bajarle a mi ambición o a mi ética de trabajo.*

He oído todo tipo de versiones y permutaciones de esa idea descabellada. Pero quiero decirlo de nuevo para que se te quede grabado en la mente: este tipo de pensamiento no es humildad, amigo mío. Es miedo. Es mentira. Es supresión. Es una preocupación adolescente. Y destruirá la vivacidad y autenticidad de tus relaciones. Lo sé, probablemente sientas que es mejor, en el corto plazo, minimizarte para que los demás puedan sentirse bien consigo mismos, pero ten en cuenta esto:

## Nadie quiere estar conectado a una persona falsa.

¿Cómo te sentirías si estuvieras en una relación con alguien durante cinco años y, de la nada, te dijera: "No conoces al verdadero yo. No he sido sincero contigo. Todo este tiempo te he estado ocultando mis sueños. Porque te tenía miedo o porque pensé que no podrías soportarlo"?

¿Eso te acercaría a él? ¿O te molestaría? ¿Cómo responderías a esa persona?

Probablemente te sorprendería. Y te dolería. Entonces ¿por qué hacerle lo mismo a alguien reprimiéndote?

Mira, si te estás tragando tus auténticos pensamientos y sueños para poder encajar o hacer que los demás se sientan mejor, entonces no puedes echarles la culpa a ellos ni a nadie más. Porque eres tú quien se está ahogando a sí mismo. Y, al mismo tiempo, estás exprimiendo la vida de tus relaciones.

He visto a mucha gente de todo el mundo martirizarse bajo el disfraz de una mal concebida "humildad". Pero no hay nada de humilde en decir: "Será mejor que no brille, porque las tímidas almas a mi alrededor no podrían soportarlo". Por favor.

He trabajado con las suficientes personas como para saber cuál será tu reacción natural a esa situación. Pensarás: *bueno, Brendon, no comprendes a mi esposo… mi comunidad… mi cultura… a mi mamá… a mi coach… a mis admiradores… mi marca… mi* [anota aquí la excusa que quieras].

Y ahora mismo es mi trabajo desafiarte para que lo superes.

**Nadie puede callarte sin tu permiso. Nadie puede minimizar la imagen que tienes de ti mismo más que tú. Y nadie puede abrirte y liberar todo tu poder salvo tú.**

Siempre puedes culparlos "a ellos" por tu fracaso de ser auténtico y vulnerable. O puedes decidir hoy mismo comenzar a hablar por ti mismo y vivir de lleno, aunque a algunos no les guste. ¿Se reirán de ti? ¿Alguien que amas podría llegar a dudar de ti o dejarte? ¿Tus compañeros de equipo te llamarán loco y te harán a un lado? ¿Es posible que tus vecinos o tus admiradores te den la espalda por querer "más de lo que te mereces"? A cada una de estas preguntas, la respuesta es sí. ¿Pero qué es más noble: ajustarte a lo que todo el mundo quiere o defender lo que está bien para ti? Al final tienes que preguntarte de qué va tu vida: ¿miedo o libertad? Una de las respuestas es la jaula. La otra… eso es el valor.

Mi pasión sobre este tema es infinita, porque he estado en las trincheras con demasiada gente para saber que, en algún momento, alguien (puedo ser yo o alguno de tus mentores, o una voz que provenga de tu interior) te traspasará y logrará que compartas tu ser con el mundo.

No tienes que hacerle caso en todo esto a un autor al que probablemente ni siquiera hayas conocido. Pero si de algún modo he logrado mantener tu atención hasta aquí, no te importará seguir conmigo un poco más. Ten en cuenta que reprimirte te cargará de estrés (tanto en la mente como en la vida), aunque no lo notes durante un tiempo. Impedirá que las personas a tu alrededor lleguen a descubrir tu verdadera belleza y tus capacidades auténticas. Peor aún, evitará que las personas adecuadas lleguen a tu vida.

Veo esto todo el tiempo. Una persona exitosa no logra alcanzar el siguiente nivel de éxito porque decide esforzarse en silencio. No quiere compartir ni expresar su opinión. Está tratando de ser "correcta", "realista" y "sensata". Está tratando de hacer "felices" a los demás, que se sientan "a gusto". Así que tiene unas ideas brillantes, pero no sólo no las comparte, sino que comete el error más letal de todos: no pide ayuda. Si no pides ayuda, las personas adecuadas no pueden entrar en tu vida. Así que, si el universo no te está dando lo que quieres, puede que sea porque, entre todas tus distracciones y tu silencio, el universo no sabe lo que estás pidiendo.

Hace poco trabajé con una deportista olímpica ganadora de una medalla de oro. Le pregunté:

—¿Cuándo llegaron los mayores triunfos a tu carrera?

Ella me contestó:

—Cuando al fin comencé a divulgar mis sueños para hacerlo. De repente, la gente empezó a indicarme la dirección correcta. Me dijeron qué hacer, qué habilidades necesitaría, con quién tenía que hablar, qué equipo usaban los profesionales, quiénes eran los mejores entrenadores… Aprendí que si abres la boca y gritas desde los tejados lo que quieres hacer con tu vida, seguro que algunos idiotas del pueblo aparecerán a gritarte todas las razones por las que no puedes hacerlo. Pero también llegarán los líderes del pueblo a ayudarte. La vida es estupenda en ese sentido.

*Las personas que están en tu vida por los motivos correctos escucharán tu verdad.* Aplaudirán tu ambición. Estarán felices de conocer a la persona que hay detrás de tu rostro. Te agradecerán que compartas, que seas auténtico, que confíes en ellas. Confía tu verdad a los demás y, como si de tesoros perdidos se tratara, se revelarán los valores dorados de la amistad y el amor verdaderos.

Para encontrar aún más valor, recuérdate a ti mismo que se lo debes a aquellos que te apoyaron en el pasado. Mantente fuerte como reconocimiento a la fuerza que te han dado. Como un regalo para todos aquellos que se portaron bien contigo, no te quejes: actúa. No critiques: anima.

No te conformes: vive tu verdad. No seas egoísta: sirve. No vayas por el camino fácil: esfuérzate para crecer y tener una vida extraordinaria.

Y cuando las cosas se estén desmoronando, mantente fiel a la mejor versión de ti mismo, ya que ésos son los momentos en los que estás forjando la persona en la que te convertirás.

## Las conversaciones sencillas

Lo más importante para conectarte con los demás con autenticidad es compartir tus verdaderos deseos con ellos. No tienen que aprobarlos ni ayudar, ni siquiera darles vueltas contigo. No se trata de ellos. Se trata de que tú tengas el valor para abrirte a los demás del mismo modo en que el universo se mantiene abierto ante ti. Inténtalo. Cada día revela a alguien un poco más de lo que estás pensando, sintiendo o soñando. Incluso aunque no consigas el apoyo inmediato de los seres humanos frente a ti, ¿quién sabe? Puede que hayas desbloqueado una fuerza lejana y que las ondas del tiempo, el destino y la fortuna necesarias converjan y te llegue a tu puerta una pista para dar el siguiente paso; una especie de mapa del tesoro, desenterrado por tu propio valor.

Este hábito no toma forma por una sola conversación casual con todo el mundo que conoces. No tienes que sentar a todos tus seres queridos y contarles todos los motivos que les has estado ocultando a ellos y a la vida. No tienes que grabar un video explicando toda tu vida y tu filosofía. En lugar de eso, conviértelo en una práctica diaria y comparte tus pensamientos, objetivos y sentimientos con los demás. Cada día comparte algo con alguien sobre lo que realmente piensas y quieres de la vida. Podrías decir: "¿Sabes, cariño?, hoy estaba pensando empezar a X porque me encantaría Y". Por ejemplo:

- Estaba pensando en investigar sobre cómo escribir un libro, porque creo que tengo una historia que merece la pena contar.
- Estaba pensando empezar a ir al gimnasio todas las mañanas, porque me encantaría sentirme más vital y energético.
- Estaba pensando empezar a buscar otro trabajo, porque me encantaría sentirme más apasionado y valorado.
- Estaba pensando en llamar a algunos entrenadores nuevos, porque estoy listo para competir a un nivel más alto.

Estas afirmaciones son sencillas. Es una simple fórmula. ¿Qué es lo que quieres compartir? Sea lo que sea, hazlo. Después actúa con valentía cada día para hacerlo realidad.

---

**Apuntes sobre el rendimiento**

1. Algo que realmente quiero hacer y que no he compartido con mucha gente es…
2. Si fuera a ser más "yo" en mi vida cotidiana, comenzaría a…
3. Cuando me exponga y alguien se ría de mí, simplemente actuaré así…
4. Un gran sueño que voy a empezar a contar a la gente y para el que voy a pedir ayuda es…

---

## TERCERA PRÁCTICA

### ENCUENTRA A ALGUIEN POR QUIÉN LUCHAR

*"No sé cuál será tu destino, pero algo sí sé: las únicas personas que te rodean y que serían realmente felices son aquellas que hayan buscado y encontrado cómo servir."*
—Albert Schweitzer

En 2006 estaba en la ruina. Había hecho lo que he estado tratando de inspirarte para que hagas: pasar a la acción. Había dejado mi trabajo para ser escritor y capacitador. Le conté mi sueño a todo el mundo.

Mucha gente pensó que estaba loco (a veces incluso yo). No sabía cómo escribir ni publicar un libro. Nadie me conocía y no tenía conexiones que me apoyaran. Facebook, YouTube e iTunes aún estaban en pañales. Hacer escuchar tu voz era complicado.

Sólo quería compartir con la gente lo que había aprendido de mi accidente automovilístico: que al final de nuestra vida nos haremos preguntas para evaluar si fuimos felices o no. Si te puedes imaginar qué preguntas te harías, entonces puedes despertarte cada día y vivir intencionalmente para que estés contento con las respuestas al final. En mi caso, esas preguntas eran: ¿viví? ¿Amé? ¿Importé?

Me quedaba despierto cada noche hasta tarde aprendiendo por mi cuenta a crear sitios web y marketing en línea, porque quería llegar a mucha gente con ese sencillo mensaje.

Estaba viviendo en el departamento de mi novia porque no tenía dinero. Escribía en una mesa plegable que había tomado prestada del antiguo cuarto de costura de mi madre. El departamento era tan pequeño que solía usar la cama como aparador, donde apilaba todas mis facturas, notas y miedos.

Fueron unos momentos muy duros. El tipo que se convertiría en el hombre sobre la motivación y los hábitos de alto impacto tenía muy poco de ambos. Sabía lo que quería: escribir y capacitar. Tenía esa cita de Horacio en mi refrigerador: "En momentos de estrés, sé audaz y valiente". Y aun así, pasaron los días y yo no hacía nada para avanzar en ninguno de mis deseos.

Recuerdo que había días que me sentaba en una cafetería, veía a los demás escribir en sus computadoras y pensaba: *qué falso soy. Míralos cómo trabajan. Yo no estoy haciendo prácticamente nada.* Me levantaba y caminaba por el parque diciéndome a mí mismo que tenía que ir a lugares más inspiradores, que un paseo despejaría mi mente y me haría escribir mejor. Di vueltas por ese parque durante semanas y meses, y tenía la cabeza más confundida que nunca. Mi motivación no se había puesto al nivel de mis sueños.

Mis hábitos, tampoco. Iba a ponerme todas esas alarmas y desencadenantes mentales para levantarme a una cierta hora cada día y comenzar a escribir —después, claro está, de prepararme la taza de té verde perfecta, los mejores huevos revueltos y activar el estado perfecto en el que escribir—. Seguía los hábitos, a veces, y acababa con más platos sucios que páginas escritas. No todos los buenos hábitos acaban en resultados impresionantes... sobre todo cuando falta un ingrediente básico.

Y de repente, un solo momento lo cambió todo.

Una noche vi a mi novia entrar en el dormitorio y, tratando de no molestarme a mí, ni a las notas o facturas que había esparcido por toda la cama, se deslizó silenciosamente debajo de las mantas.

Vi al amor de mi vida dormir debajo del peso de mis facturas. Me rompió el corazón.

Eché un vistazo al diminuto departamento por el que no estaba pagando nada, porque no tenía nada; un espacio que no tenía nada más que nuestro amor. Un departamento donde me sentaba, inútil, triste, incapaz de terminar páginas y capítulos y la misión con la que soñaba. Y pensé: *ésta no es la vida que quiero para nosotros. Se merece algo mejor.*

En ese momento algo dentro de mí brincó, se abrió o se puso en su lugar. Puede que mi nivel de rendimiento hasta ese momento estuviera bien para mis preferencias o necesidades en la vida. Pero no iba a dejar que mi débil motivación o mis malos hábitos redujeran la vida de esta mujer que había creído en mí cuando todos los demás pensaron que estaba loco, la mujer que me hacía la compra, la mujer que, casi desde el principio de nuestra relación, me dijo tímidamente "te amo".

Sabes cuándo se trata de valor porque, de algún modo, llega una decisión plena. Muchas veces no viene de ti. Viene de querer servir a otra persona, de amarla, de luchar por ella.

O me convertía en un escritor y capacitador de éxito, me mantenía concentrado en ayudar a la gente sin importar los obstáculos, luchaba por esta mujer hasta que consiguiera tener éxito o... ¿o qué? No había otra opción.

Desde ese momento decidí perseguir mis sueños con más concentración e intensidad. No iba a perder mis días deambulando por ahí, perdido entre distracciones. Decidí pensar en grande, no dejar que mis pequeños asuntos me convirtieran en alguien con pocas miras. Decidí pelear por mi arte y amplificar mi voz para que pudiera marcar aún más la diferencia. Decidí no preocuparme por las críticas y, en su lugar, dar todo mi esfuerzo y mi corazón a aquellos que deseaban positividad y progreso en la vida. Y decidí casarme con esa chica. Pelear por la vida que quería para ambos me ha mantenido motivado y he contribuido en los niveles más altos desde entonces. Mi historia no es nada del otro mundo. Mientras escribía este capítulo, revisé mis entrevistas con los mejores de entre las personas de alto rendimiento (aquellas con las puntuaciones medias más altas en el HP6). Descubrí que un tema común era parecido a la historia que acabo de contar:

**Haremos más por los demás que por nosotros mismos. Y al hacer algo por los demás, encontramos nuestro motivo para tener valor y nuestra causa para la concentración y la excelencia.**

Cada una de las personas de mayor rendimiento a las que he entrevistado me contó de alguien que la había inspirado a sobresalir. Todas tenían un motivo, y ese motivo solía ser una persona, no siempre un propósito o un grupo de personas. Casi siempre, una sola persona. A veces eran más de una: sus hijos, sus empleados, sus parientes lejanos, las necesidades de su comunidad. Pero con mayor frecuencia sólo era una persona.

Digo esto porque nuestra cultura actual pone énfasis en encontrar el propósito de tu vida. Y siempre hablan de esta causa imponente que está destinada a "cambiar el mundo" y "beneficiar a millones". Mucha gente busca, y algunos encuentran, ese gran propósito en la vida. Y seguramente eso sea algo maravilloso.

Las investigaciones históricas sobre el valor, en general, sugieren que las personas hacen algo por razones nobles más allá de sí mismas. Para las personas de alto rendimiento esa causa noble suele ser una sola persona o un grupo reducido de personas.

Así que, si eres un joven a quien le están diciendo que encuentre su propósito ahora mismo, no lo busques muy lejos. Puede que alguien a tu alrededor necesite que estés ahí para él, y al hacer eso sacarás a la luz algunos de tus propios poderes. Y si eres un adulto mayor, recuerda a los que te rodean incluso cuando busques la próxima montaña que escalar.

Lo que descubrí en mis investigaciones fue algo tan obvio que es hermoso: no importa qué fue lo que extrajo el valor de esas personas de alto rendimiento, fue algo noble. Admirarías sus motivos. Era bondad humana. Algunas respuestas de sus entrevistas lo dejaban claro:

- "Ella me necesitaba. Sabía que sólo iba a vivir tranquilo si la ayudaba."
- "No quería que sufrieran."
- "A nadie parecía importarle, y ahí estaba yo."
- "Quería hacerlo por él; él lo habría querido."
- "Todos los demás parecían mirar hacia otro lado, así que di un paso al frente."
- "Quería dejar un legado, así que decidí salirme de mi camino e ir por ello."
- "Esta acción fue una forma de dejar las cosas mejor de como las encontré."
- "Tenía que ganar el amor, así que volví a entrar."

A veces el valor parece ser un acto espontáneo. Pero yo he descubierto que suele ser una expresión o acción reforzada tras años de preocuparse profundamente por algo o alguien. Así que empieza a buscar qué cosas o personas te importan. Da. Preocúpate profundamente sobre algo ahora. Defiende algo ahora. Y después tendrás más probabilidades de encontrar el valor cuando se necesite.

---

### Apuntes sobre el rendimiento

1. Una acción valiente que haré esta semana porque alguien a quien amo lo necesita es...

2. Otra acción valiente que haré esta semana porque una causa en la que creo necesita que lo haga es...

3. Otra acción valiente que haré esta semana porque mi sueño lo exige es...

---

## EL VALOR A TRAVÉS DE LA COMPLEJIDAD

*"El valor y la perseverancia tienen un talismán mágico ante el cual las dificultades desaparecen y los obstáculos se desvanecen en el aire."*
—John Quincy Adams

De la misma forma en que el universo no se vuelve menos complejo, la vida no tiende a volverse más fácil. Pero uno se va fortaleciendo. Aprendes a mostrarte más, a arreglártelas mejor y ser más sincero y consciente en medio de los juicios y las adversidades. Enseguida los obstáculos comienzan a parecer más pequeños y el camino parece más tuyo. Así que, pase lo que pase, confía en ti y sigue hacia delante. El siguiente paso se abrirá después de tu próximo paso valiente.

Después de muchos pasos como ése mirarás hacia atrás con respeto por ti mismo. Permíteme que regrese a algo que te conté en la historia con la que abrí este capítulo:

*El tipo de actos valientes de los que estás orgulloso al final de tu vida son aquellos en los que te enfrentaste a la incertidumbre y al riesgo real, con intereses reales, cuando haces algo por una causa o una persona más allá de ti mismo, sin ninguna certeza de seguridad, recompensa o éxito.*

Sé que esto es cierto porque yo ya me enfrenté al final de mi vida... dos veces. Lo sé porque me he sentado junto a personas moribundas en hospitales y sé de lo que hablan. Cómo recuerdan. Qué desearían haber hecho. Lo que les importaba. De dónde venía su respeto por sí mismas, su orgullo y su legado.

Y esto es lo que aprendí: para la mayoría de la gente, los actos valientes son, de hecho, muy escasos. Pero los recordamos y moldean el sentido de nosotros mismos y de nuestra vida tanto como las pequeñas cosas. Así que te pido que reflexiones a menudo sobre las preguntas siguientes, para preparar tu mente para que reciba aún más valor. Sólo preparándonos ahora serviremos realmente con gracia y valor cuando se nos llame.

- ¿Qué he evitado hacer en mi vida personal, que puede implicar dificultades, pero también mejorar la vida de mi familia para siempre?
- ¿Qué podría hacer en el trabajo que requiera arriesgarse pero que también cambiara realmente las cosas para mejor y ayudara a la gente?
- ¿Qué decisión podría tomar que demostrara un compromiso moral con algo por encima de mí mismo?
- ¿Cómo podría enfrentarme a una situación que me suele poner nervioso o ansioso?
- ¿Qué cambio podría hacer que me da miedo, pero ayudaría a alguien que amo?
- ¿De qué cosa buena podría alejarme para avanzar en la vida?
- ¿Qué es lo que he querido decir a mis seres queridos y cuándo y cómo diré esa verdad con valor?
- ¿Quién me necesita y por quién lucharé por el resto de este año?

Estas preguntas podrían estimular los pensamientos y acciones valientes hoy mismo. Pregúntatelas a menudo y practica los hábitos en este capítulo, y llegarás a esta verdad: en el fondo, lejos de todo el ruido, donde el amor cubre tu corazón y tus sueños descansan, no tienes miedo.

# TERCERA PARTE

# Cómo mantener el éxito

# CUIDADO CON ESTAS TRES TRAMPAS

"La culpa, querido Brutus, no es de nuestras estrellas,
sino de nosotros mismos."
—William Shakespeare, *Julio César*

## CUIDADO CON LA SUPERIORIDAD

## CUIDADO CON LA INSATISFACCIÓN

## CUIDADO CON LA NEGLIGENCIA

**—Ése de allí es él —me dice Andre—. El terrible Don.**

Miro al otro lado del bar y veo al ejecutivo bien vestido que señala Andre.

—¿Por qué lo llamas así?

Andre frunce el ceño.

—Todos lo llamamos así. Lo llamaban así mucho antes de que yo entrara. Es el vicepresidente de ventas. Es horrible trabajar con él. Todo el mundo lo odia.

—Pero me habías dicho que era la estrella de tu compañía.

—De momento, sí. Tiene mucho éxito, pero es un completo imbécil. La fiesta de esta noche se celebra sólo porque exprimió tanto que el equipo de ventas alcanzó sus cifras dos meses antes de lo previsto. Cuando hables con él mañana, estoy seguro de que estará encantado de contarte lo increíble que es.

Me sorprende oír hablar así a Andre. Es un director financiero de una compañía de manufactura muy centrado, sólido y agradable. Lo capacité en otra empresa durante años y nunca lo había oído hablar mal de nadie.

Lleva sólo seis meses en su nuevo trabajo, y es difícil imaginar que alguien le caiga mal tan pronto.

Algo no me cuadra. Veo a Don rodeado de sus colegas y todos parecen estar pasando un buen rato.

—No lo entiendo —le digo a Andre—. Si es tan imbécil como dices, ¿cómo sigue avanzando? ¿No dejará la gente de apoyarlo en algún momento, y será entonces cuando se estrellará y se quemará?

Andre toma un sorbo de su whisky y se ríe.

—Ya lo han hecho. Lo que pasa es que él aún no lo sabe.

A la mañana siguiente Andre me lleva a la sede de la compañía. Le pagan el doble de lo que le pagaban en su anterior trabajo, pero según vamos entrando en el edificio, puedo sentir que no es feliz de estar aquí.

—Hoy verás por qué —me dice.

Entramos en la sala de conferencias, donde Don está revisando su PowerPoint. Hoy le toca dirigir la reunión trimestral de ventas, en la que marca el tono y el camino para establecer los goles de la compañía. Las 144 personas de su equipo de ventas están aquí. Los altos cargos de la compañía, a los cuales estoy capacitando gracias a Andre, también están aquí: el presidente, el director de tecnología y el jefe de marketing. Llevo trabajando con ellos sólo unas semanas, y todos ellos me pidieron que trabaje con Don. Lo han arreglado para que me reúna con él después de su presentación y valore si puedo ayudar o no.

Observo a Don dar lo que muchos considerarían una presentación estelar de 90 minutos. Es estratégico, organizado y elocuente. Tiene esa especie de arrojo y fanfarronería que te hace querer ir a la carga en el campo de batalla con él.

Después de la presentación, me reúno con Don en privado. Le pregunto:

—¿Cómo crees que fue tu charla?

—Fue suficiente. Uno nunca está lo bastante satisfecho con un discurso, ¿sabes? Siempre piensas que podías haberles dicho algo más.

—Sí, conozco esa sensación. ¿Cómo crees que la recibió tu público?

—Para la mayoría probablemente habrá sido difícil de entender. Pero es sólo una reunión. Mi trabajo es mantenerme por encima de ellos e impulsarlos para que trabajen desde ahí. Se necesita mucho seguimiento. Ya sabes cómo es eso.

—A mí me pareció bastante sencillo —le digo—. ¿Tú crees que les resultó difícil?

—Ay, ya sabes. La cima es solitaria, así que sólo esperas poder explicar bien tu punto de vista.

—¿La cima es solitaria?

—Ya sabes lo que quiero decir. No todos nos entienden, ¿sabes? ¿El mejor? Estoy seguro de que ya te has dado cuenta de eso después de trabajar con tantos ganadores. Igual puedes ayudarme a convertir a estos chicos en campeones. Pero ellos no lo entienden, ¿sabes?

No digo nada y me quedo esperando a que siga hablando. Él me mira, incrédulo.

—Sabes lo que quiero decir, ¿verdad? ¿Lo sabes?

Pienso para mí si tenemos la suficiente confianza como para decirle la verdad. Él no sabe que su actitud y la frase "la cima es solitaria" son presagios fiables de todas las grandes caídas que he presenciado.

—Oye, puedes decirme lo que estás pensando. Sin tapujos. No tengo mucho tiempo hoy. Lo puedo soportar, lo prometo —me dice, riéndose—. Nada de lo que digas herirá mis sentimientos. Lo prometo.

—Bueno, está bien. Creo que tienes seis meses, máximo, antes de destruir tu carrera.

#

Éste es un capítulo sobre el fracaso. Pero no sobre cualquier tipo de fracaso. Es sobre la catastrófica caída en desgracia que pueden experimentar las personas de alto rendimiento cuando se vuelven tan buenas que se olvidan de lo que les hizo tener tanto éxito.

Este capítulo trata, en efecto, sobre las "antiprácticas" del alto rendimiento. Habla de cómo personas como Don comienzan a pensar que están separadas de los demás, son mejores que ellos, más capaces y más importantes… y de cómo esas actitudes destruyen el rendimiento (y las carreras). También se trata de los problemas que derivan del planteamiento nunca satisfecho y de la prisa y la rutina que absorbe la pasión y lleva a comprometerse a trabajar más de lo que se puede. Éste es un capítulo sobre las señales de alarma, los pensamientos, las sensaciones y los comportamientos que derriban a las personas de alto rendimiento.

Mucho antes de conocer a Don había entrevistado a personas de alto rendimiento para preguntarles sobre lo que había terminado con rachas ganadoras previas. Entrevisté a 500 personas que se habían situado entre el 15% de los mejores, para buscar pistas. Quería saber cuánto tiempo sentían que habían mantenido su éxito, si su caída había sido grave y si alguna vez sintieron que habían vuelto a subir tan alto como entonces. Les hice preguntas abiertas como: "¿En qué momento tuviste un periodo inicial de éxito, digamos de tres a cinco años, y después, de repente, fracasaste?" Hice más preguntas para averiguar lo que provocó su fracaso, cuánto tiempo estuvieron deprimidas, con qué rapidez lograron tener éxito de nuevo y qué factores llevaron a la recuperación.

Las historias eran extraordinariamente parecidas a las que había oído mientras trabajaba con personas de alto rendimiento de todas las clases sociales. Reuní las 500 encuestas e historias e hice otras 20 entrevistas para tener más información. Después comparé todas esas conclusiones con mis experiencias de coaching de personas de alto rendimiento en los últimos 10 años. Aparecieron unos patrones muy evidentes:

1. Cuando las personas de alto rendimiento caen en desgracia, los culpables más frecuentes (además del hecho de no practicar los hábitos que aprendiste en este libro) se reducían a tres.
2. Cuando las personas de alto rendimiento resurgían, los hábitos de los que hablo en este libro eran el vehículo para dicha ascensión.
3. Cuando las personas de alto rendimiento describían su viaje lleno de altibajos, quedaba claro que no querían volver a repetir nunca los mismos errores. Así de dura era la caída. Cuando fracasas al inicio de un viaje, es frustrante. Cuando fracasas estrepitosamente después de haberlo logrado durante muchos años, se siente inmensamente peor.

Entonces, ¿cuáles eran esas tres cosas que hicieron caer a las personas de alto rendimiento de un éxito prolongado? Vamos a comenzar con lo que no hizo que fracasaran:

- **El miedo no era el problema.** Para convertirse en personas de alto rendimiento, la gente ha aprendido a ponerse cómoda con lo incómodo. Las personas a las que entrevisté no informaron haber fracasado debido al miedo, la preocupación o por reprimirse.
- **Las aptitudes no eran el problema.** Para tener éxito al principio, tienes que ser bueno en tu oficio. Nadie me dijo: "Ay, Brendon, es que no tenía las suficientes habilidades para permanecer en la cima".
- **Las demás personas no eran el problema.** De 500 personas que respondieron a mi encuesta, sólo siete les echaron la culpa a los demás por sus tropiezos, pero incluso en esos casos, quienes respondieron acabaron admitiendo que la culpa fue únicamente de ellos mismos. Las personas de alto rendimiento, sobre todo aquellas que han caído y se han vuelto a levantar, se responsabilizan a sí mismas de su viaje.
- **La creatividad no era el problema.** Yo esperaba que algunas de las personas de alto rendimiento dijeran que se habían perdido porque se les acabaron las buenas ideas. Nadie me lo dijo.

- **La motivación no era el problema.** En todo caso, estas personas de alto rendimiento estaban profundamente, o desesperadamente, motivadas para volver a ascender. Podría decirse que tenían una necesidad extrema de rendimiento.
- **Los recursos no eran el problema.** Sólo 38 de 500 personas culparon al dinero o a la falta de apoyo como la razón de su fracaso. Hablé con 14 de esos 38, y no me cupo la menor duda de que la falta de dinero o apoyo fue una excusa válida. Pero tras ella, aceptaron una verdad más cruda: metieron la pata.

Estos problemas podrían ser unos motivos justos y comprensibles por los que la gente fracasara. Pero lo que aprendí de las personas de alto rendimiento es que no son las razones reales de fracaso en el caso del rendimiento constante. Las auténticas trampas son internas —patrones de pensamiento, conductas y sentimientos negativos que poco a poco van acabando con nuestra humanidad, nuestro placer y nuestro bienestar. Las trampas son la superioridad, la insatisfacción y el abandono.

Si pretendes mantener un alto rendimiento, tienes que mantener tus hábitos de alto impacto y evitar estas tres trampas.

## PRIMERA TRAMPA
-  -  -  -  -  -  -  -  -  -  -

### SUPERIORIDAD

> "Hay dos tipos de orgullo, el bueno y el malo. El 'orgullo bueno' representa nuestra dignidad y respeto por nosotros mismos. El 'orgullo malo' es el pecado mortal de la superioridad que apesta a arrogancia y engreimiento."
> —John Maxwell

Las personas de alto rendimiento se enfrentan a un conjunto de trampas del carácter únicas, porque, por definición, superan a muchos de los que las rodean. Cuando tienes más éxito que los demás, es fácil que se te suba a la cabeza. Puedes comenzar a pensar que eres especial, que eres mejor, más importante o que estás aparte de los demás. Eso quedó clarísimo en mis conversaciones con Don, y es lo que los demás estaban diciendo de él. Ésta es una forma de pensar que debes evitar a toda costa.

Claro que probablemente nunca te digas a ti mismo: "Un día quiero empezar a sentir que soy mejor que los demás". Nadie quiere unirse a la lista de egomaniacos, narcisistas, fanfarrones o elitistas. Sientes que esto es cierto porque seguramente habrás conocido a alguien que en verdad se creía superior a ti o a los demás. Seguro que puedes pensar en cinco personas así ahora mismo, y apuesto que no tienes nada positivo asociado a ellas. La superioridad no tiene ninguna connotación positiva en una mente sana.

Pero no estoy aquí para hablar de "esas" personas. Estoy aquí para prevenirte de que puedes caer presa del mismo error fatal con facilidad conforme vayas creciendo. De hecho, estoy aquí para sugerirte que tú, como cualquier ser humano, ya eres culpable de pensamientos y acciones sutiles que señalan hacia sentimientos de superioridad. Puede que no estés demostrando un ego grandilocuente, pero hay cientos de sombras y grados de superioridad. ¿Has pensado no hace mucho que algunas de las personas con las que trabajas son idiotas y que tus ideas son siempre mejores? Sí, eso cuenta. ¿No pediste a tu equipo que revisara tu gran presentación para encontrar errores u omisiones porque tú "controlabas"? Mal asunto. Que un carro se te atraviese cuando vas manejando y, acto seguido, acelerar para atravesártele tú y demostrarle quién es el jefe… Sí. ¿Tratar de imponer tu punto de vista una y otra vez a tu pareja, aunque ya haya dejado clara su postura y no esté cediendo? Cuidado. ¿No revisas tu trabajo porque siempre es bueno? Vaya, vaya… ¿Minimizar a alguien más para que tú te veas mejor? Ojo. ¿Menospreciar las ideas de otra persona porque no les ha dedicado el mismo tiempo que tú? ¿Algo de esto te resulta familiar?

¿Ves? La superioridad nos va desviando de la pista poco a poco. Cuando ya nos tiene atrapados, comenzamos a actuar como auténticos imbéciles. Dejamos de pedir su opinión o ayuda a la gente, porque pensamos que siempre tenemos razón. Perdemos la conciencia de las contribuciones y los poderes de los demás. Terminamos solos y destruimos la sensación de conexión y camaradería que hace que los grandes logros sean divertidos y que valgan la pena. Apartamos a la gente y le hablamos en tono condescendiente. Comenzamos a ser presa con más frecuencia del sesgo de confirmación, interpretamos lo que vemos como una confirmación de nuestras propias creencias, mientras descuidamos o descartamos las pruebas en su contra.[1] Nos perdemos en pensamientos de superioridad que acaban destrozando nuestras relaciones y nuestro rendimiento.

La buena noticia es que puedes aprender a detectar exactamente cuándo y cómo aparecerán estos pensamientos en tu mente y, sabiendo eso, puedes evitar caer en ellos. El cuándo es la parte fácil. Las raíces de la superioridad siempre comienzan a crecer en la tierra de la otredad y la certeza. Ese momento en el que empiezas a pensar que estás separado de los demás, o que tienes certeza sobre cualquier cosa, es cuando corres el mayor peligro.

Así es como puedes saber cuándo se ha infiltrado la superioridad en tu mente:

1. Te crees mejor que otra persona o grupo.
2. Eres tan increíblemente bueno en lo que haces que no sientes que necesites comentarios, orientación, distintos puntos de vista ni apoyo.
3. Sientes que te mereces la admiración o la obediencia de la gente automáticamente por ser quien eres, por el cargo que posees o por lo que has logrado.
4. Sientes que la gente no te comprende, así que estás seguro de que todas esas luchas y todos esos fracasos no son tu culpa... es que "ellos" no pueden valorar tu situación o las exigencias, obligaciones u oportunidades que tienes que sortear todos los días.

Cuando cualquiera de estas situaciones es una constante en tu vida, significa que has comenzado el declive, aunque tú no lo sepas aún. Lo que tienen en común todos estos pensamientos es una sensación de otredad. Te sientes tan capaz o dotado, mucho más que los demás, que, en tu cabeza, tú estás en la cima y después van todos los demás.

Es esta sensación de otredad la que alimentó la creencia de Don de que "la cima es solitaria". Pero Don no está solo. Un montón de gente cree esta extraña idea. La gente lo dice porque piensa que es imposible que los demás comprendan su vida. El problema es que este pensamiento es incorrecto e indecentemente destructivo. Si alguna vez sientes que el mundo no te comprende, entonces (y no te molestes en encontrar una forma más amable de decirlo) ha llegado la hora de pinchar la burbuja en la que has estado viviendo. Existen miles de años registrados de la historia de la humanidad, y más de 7 000 millones de personas caminan por la Tierra en la actualidad. Hay bastantes probabilidades de que alguien, en algún lugar, haya pasado por lo que tú estás pasando y entenderá sin problemas tu situación, por lo que podrá aconsejarte para que la superes.

Al fin y al cabo, todo aislamiento es autoimpuesto. Ésta es una verdad difícil de transmitir a las personas que sienten que nadie puede entenderlas a ellas ni a su situación. No te imaginas cuántas veces he tenido que decirle amablemente a alguien que debe abandonar su sentido de otredad en situaciones verdaderamente complicadas:

- No eres el primer emprendedor que se enfrenta a la ruina económica.
- No eres el primer progenitor que pierde a un hijo.
- No eres el primer gerente al que engaña un empleado.
- No eres el primer enamorado al que engañan.
- No eres el primer luchador que pierde su sueño.
- No eres el primer gerente que maneja una gran compañía mundial.
- No eres la primera persona saludable que de repente se encuentra luchando contra el cáncer.
- No eres la primera persona en lidiar contra la depresión o la adicción, tuya o de algún ser querido.

Cuando nos enfrentamos a cualquiera de estas dificultades es fácil sentir que somos los únicos que estamos pasando por ello. Pero ese sentimiento es mera ilusión. Si eres lo suficientemente vulnerable y te abres lo necesario para compartir tus pensamientos, sentimientos y desafíos, no hay emoción o situación humana contra la que estés luchando que alguien, en algún lugar, no pueda entender. Sí, puedes seguir diciéndote a ti mismo que tu pareja no te entenderá, y si nunca lo intentas ésa será una profecía que, por su propia naturaleza, tiende a cumplirse.

**Su falta de entendimiento sólo crece con tu silencio.**

Sí, puedes decirte a ti mismo que nadie de tu equipo te comprende, pero ése es tu ego cegándote al valor que los demás pueden añadir al final. Menospreciar a los demás no te convierte en una mejor persona;

sólo estás decidiendo estar más separado, lo que, en definitiva, te vuelve más vulnerable al fracaso.

Sé que cuando estás atrapado en la adversidad, estas afirmaciones pueden sentirse como un juicio o ajenas a tu realidad. Pero comparto estas ideas contigo, con todo respeto, porque he visto a demasiada gente buena perderlo todo, no por mala intención, sino por un sentido de otredad que enseguida les hace descartar a los demás o no pedir ayuda. Nunca está de más recordar a los luchadores que todos somos una gran familia y que sólo hay dos discursos en la historia de la humanidad, y ambos podemos conocerlos y conectarnos. Recordarás estos dos discursos como la lucha y el progreso.

*La gente puede entender tu lucha.* Puede entender tus victorias. Y puede entender las decisiones difíciles aun cuando nunca haya tenido que tomarlas. Si no lo crees, entonces te estás contando a ti mismo una historia que no es natural, que está desconectada de la realidad de 7 000 millones de personas, todas con corazón, heridas y sueños.

A menudo, cuando conozco a personas de alto rendimiento que son tan buenas que se encuentran en la cima de su cadena alimenticia particular (el presidente de la empresa, el atleta campeón del mundo, la persona más popular de la escuela, la mujer más inteligente de la sala...) tengo que ir más allá de este argumento de unidad. Tengo que recordarles que alguien, en alguna parte, es más inteligente, gana más dinero, sirve mejor, entrena más duro y afecta positivamente a más gente que ellas. No digo eso para subestimar estos ejemplos, sino para conectarlos con otra realidad: que seas quien seas, lo que te parece un gran problema, lo que pueda estar separándote de los demás en tu círculo de influencia, puede ser un juego de niños para un pez más grande de otro estanque. Esa perspectiva puede resultar esperanzadora. Hay alguien ahí afuera que ya ha resuelto el dilema, que ha dominado eso que crees que te hace tan distinto a los demás. Si puedes encontrarlos, puedes encontrar un mentor, una solución y un camino de regreso a la realidad y la humildad.

Aquí van algunos comentarios más sobre el síndrome de la soledad en la cima, sólo porque es muy corrosivo:

**En primer lugar, pocas veces he conocido a una persona
de alto rendimiento que piense que está "en la cima".
La mayoría se siente como si estuviera apenas empezando.**

Comprenden que siguen siendo estudiantes de la vida y, sin importar lo estelar que sea su éxito, sienten que sólo llevan unos pasos recorridos del camino de la maestría. Ésta es una actitud muy extendida entre los mejor calificados de nuestras evaluaciones a quienes entrevisté.

En segundo lugar, va un recordatorio especial si ya comenzaste a despreciar las capacidades de otras personas. No puedes maximizar tu potencial si estás minimizando el de los demás. Lo que has logrado en la vida no se debe a lo especial que eres, sino por la fortuna.[2] La realidad es que una gran parte de la diferenciación en el rendimiento a tu nivel se reduce a los hábitos de los que hemos hablado —y que todo el mundo puede empezar a poner en práctica— aumentado por la exposición, el entrenamiento, la práctica y el acceso a coaches, modelos a seguir o mentores preocupados por la excelencia. Por eso, a los de mentalidad superior tengo que recordarles a menudo: tú no eres mejor que nadie. Es probable que hayas estado más expuesto a tu tema, tenías más información u oportunidades disponibles, te capacitaron mejor, tuviste la oportunidad de poner más pasión o práctica deliberada durante más tiempo, tuviste la oportunidad de recibir buenos comentarios y orientación. Estas cosas no son inherentes a quien eres. Estas cosas, si se le dan a otra persona, le ayudarán a ponerse a tu nivel. ¿Cierto? (Si no respondes que sí, estréchale la mano a tu ego.)

Ésta no es sólo mi opinión. En casi todos los estudios sobre el rendimiento de expertos lo que marcó la diferencia principalmente no fueron los talentos innatos de una persona, sino las horas de exposición y práctica deliberada. En el mundo del talento, la experiencia o el rendimiento superior constante ya no existe el debate entre la naturaleza contra la crianza. Se ha desmontado el mito del ser humano superior por naturaleza y se ha visto anulado por investigaciones en decenas de campos.[3]

Esto explica el más sencillo de los recordatorios: *no juzgues a los demás como si estuvieran por debajo de ti o por separado.* Tu frustración con la gente proviene de olvidar que casi todo el mundo podría tener éxito a un mayor nivel si tuviera más exposición, entrenamiento, práctica y acceso a coaches, modelos a seguir y mentores preocupados por la excelencia. Recuerda que todo puede entrenarse. Eso no quiere decir que todo el mundo solicitará el entrenamiento, trabajará duro, alcanzará el número uno ni tendrá tantas agallas como tú. Pero todo el mundo es capaz de alcanzar el éxito. Todo el mundo puede ganar en la vida.

Así que seamos sinceros: *Tú también fuiste un desastre alguna vez; ¿o ya lo olvidaste?* Pero mejoraste. Dales a los demás la misma oportunidad. Cuando recuerdes que tú también luchaste y que otros pueden mejorar de forma drástica, será cuando empieces a ser más compasivo. En ese momento es cuando empiezas a rechazar cualquier indicio de complejo de superioridad.

Pero aun sabiendo esto, no hemos ganado todavía la pelea. Los pensamientos de otredad son semilleros de superioridad. Si quieres ver florecer el complejo, deberás cultivar esos pensamientos en la tierra de la certeza. Imagínate lo insufrible que se vuelve alguien cuando tiene certeza de lo que hemos hablado hasta ahora:

1. Tienen la certeza de que son mejores que cualquier otra persona o grupo.
2. Tienen la certeza de que son los mejores en lo que hacen, por lo que tienen la certeza de que no necesitan comentarios, orientación, distintos puntos de vista ni apoyo.
3. Tienen la certeza de que se merecen la admiración o la obediencia de los demás por ser quienes son, por venir de donde vienen o por lo que se han ganado o han logrado.
4. Tienen la certeza de que la gente no los comprende, y las peleas y los fracasos no son, de ninguna manera, su culpa.

Yo diría que no estarías muy inspirado si trabajaras con alguien así. Las personas así no sólo están separadas de los demás y, por tanto, desprecian su capacidad de comprender o ayudar; también se vuelven condescendientes. Sabes que tu mente se ha inclinado hacia la condescendencia en el momento en el que empiezas a oírte decir a ti mismo: "¿Qué les pasa a estos idiotas?" Cuando alguien comete un error y piensas *¡qué imbécil!* antes de preguntar si ha tenido la suficiente claridad, información o apoyo. Cuando algunos no trabajan tanto como tú y piensas *¿por qué son tan perezosos? ¿Qué les pasa?* Cuando empiezas a ver a los demás como equivocados o inadecuados para la vida, entonces has caído tan bajo en la trampa de la superioridad que estás en peligro de destruir tu conexión con los demás y tu capacidad para liderar.

Las personas de mentalidad superior están seguras de que son mejores, más capaces y más merecedoras.[4] Y es esa seguridad lo que les cierra la mente al aprendizaje, a la conexión con los demás y, en definitiva, al crecimiento. Cuanto más crees absolutamente en algo, más probabilidades tienes de cegarte a nuevas perspectivas y oportunidades. El momento en el que alguien adquiere la certeza absoluta es el momento en el que ha ganado la superioridad. Por todos estos motivos, debemos tener cuidado de la otredad y la certeza.

Entonces, ¿cuál es la solución? He descubierto que el primer paso siempre es la conciencia. Tienes que estar alerta y darte cuenta de cuando empiezas a pensar que estás separado de los demás por cualquier motivo. En segundo lugar, tienes que desarrollar hábitos que te ayuden a mantenerte humilde y abierto, aunque mejores en lo que haces.

La humildad es una virtud básica que permite crecer a muchas de las demás virtudes. Está asociada con resultados positivos como la fidelidad marital, la cooperación, la compasión por los demás, fuertes lazos sociales, aceptación general del grupo, optimismo, esperanza, firmeza, comodidad con la ambigüedad y el estar abierto a la experiencia. También va unida a nuestra disposición de admitir vacíos en nuestro conocimiento actual y la tendencia a sentirse culpable después de actuar mal.[5]

¿Cómo puedes permanecer humilde?

Puedes empezar por desarrollar una mentalidad más abierta y orientada a las pruebas dándoles la vuelta a los ejemplos anteriores:

1. Para evitar creerte superior a los demás, busca deliberadamente las ideas de los otros para mejorar cualquier cosa que hagas: *si pudieras mejorar mi idea, ¿cómo la abordarías?* Haz esta pregunta muchas veces y descubrirás tantos agujeros en tu forma de pensar, que cualquier sensación de superioridad comenzará a desvanecerse en la cruda luz de la verdad. El aprendizaje es el yunque en el que se forja la humildad.

2. Si te das cuenta de que no están desafiando lo suficiente a tu pensamiento o que tu crecimiento ha llegado a su límite, contrata un coach, a un entrenador o a un terapeuta. Sí, contrata a alguien. A veces tu grupo de colegas más cercano no puede ver más allá de lo que sabe de ti. A veces no están calificados o no están disponibles para ayudarte a superar un desafío específico o un periodo de la vida. Los profesionales pueden ayudarte a indagar en los problemas, a encontrar claridad y a aprovechar las

herramientas que son útiles para lograr el crecimiento. Si deseas consultar una lista de profesionales certificados en este tema, consulta HighPerformanceInstitute.com. Si no puedes contratar a nadie, encuentra un mentor y llámalo o reúnete con él al menos dos veces al mes. La consistencia en la recepción de comentarios es el sello distintivo del crecimiento constante.

3. Para evitar pensar que te mereces automáticamente la admiración o la obediencia de la gente sólo por ser quien eres, por venir de donde vienes o por lo que has logrado, recuérdate a ti mismo que la confianza se gana cuidando a los demás, no alardeando de ti mismo. Desafíate a preguntarle a la gente más sobre quién es, de dónde viene y qué quiere lograr. Antes de interactuar con los demás, coméntate a ti mismo: "Estoy empezando desde cero con esta persona. Si ésta fuera mi primera cita o interacción con ella, ¿qué le podría preguntar para saber más de ella?"

4. En lugar de creer que la gente no te comprende y que es la culpables de las peleas y los fracasos en tu vida, responsabilízate de tus actos reflejándote en tu papel. Después de un conflicto, pregúntate: "¿Estoy tergiversando esta situación de algún modo para convertirme en el héroe incomprendido? ¿Estoy tejiendo una historia para hacerme sentir mejor? ¿Estoy tratando de poner excusas o hacerme la víctima para proteger mi ego? ¿Cuáles fueron las acciones que llevé a cabo y contribuyeron al problema actual? ¿Qué podría no saber de esta persona o su situación?"

5. Ten una práctica para recordarte tus bendiciones. La gratitud y la humildad han demostrado "reforzarse mutuamente", es decir, cuanto más agradecido estés, más humilde te sientes. Y cuanto más humilde te sientes, más agradecido estás.[6]

Estas sugerencias te ayudarán a mantenerte humilde, eficiente y respetuoso. Así es como logras mantener el éxito, y así es como construyes una vida de la que estar orgulloso.

Un último apunte sobre la superioridad, desde el punto de vista del liderazgo. No todas las personas de alto rendimiento que hablaron o no pudieron mantener su grado de éxito culparon a una precepción interna de superioridad. No todas dijeron que comenzaron a pensar que estaban separadas de los demás o que eran mejores que ellos. En su caso, el problema era que otras personas comenzaron a pensar que actuaban como seres superiores. Las personas de alto rendimiento se volvieron tan buenas que simplemente se desconectaron de los demás porque en realidad pensaban que no necesitaban ayuda. No participaban, y fue creciendo una suposición de distanciamiento y superioridad para cubrir ese vacío de atención. No te olvides nunca de que las personas pueden percibir que tienes una mente superior cuando no te relacionas con ellas, aunque no sea tu verdadera intención ni tu espíritu. Ésa es sólo una forma más de cómo te ayudarán las sugerencias anteriores para mantener la verdad y la percepción de ser un líder humilde y comprometido.

---

### Apuntes sobre el rendimiento

1. Una situación reciente en la que me encontré a mí mismo siendo excesivamente crítico o despectivo con los demás fue...

2. Los pensamientos que tuve sobre mí mismo en esa situación y sobre los demás involucrados fueron...

3. Si me hubiera imaginado de nuevo la situación desde un punto de vista más humilde y agradecido, probablemente me habría dado cuenta de que...

4. La mejor manera en la que puedo recordarme a mí mismo que todo el mundo está lidiando con dificultades en la vida y que todos tenemos más en común que diferencias es...

---

## SEGUNDA TRAMPA

## INSATISFACCIÓN

*"Debes estar satisfecho con el éxito incluso en el asunto más trivial, y pensar que incluso un resultado como ése no es ninguna nimiedad."*
—Marco Aurelio

Estaba de pie, solo, en la oscuridad de las bambalinas, y me invadió una ansiedad terrible. En el escenario, un músico famoso no paraba de decirles a los miles de asistentes: "¡Nunca estén satisfechos!" Dijo esta frase unas 10 veces en 15 minutos. Atribuía su insatisfacción a que le daba el "combustible emocional" necesario para seguir soñando, innovando y superando a sus colegas.

*Ay, no*, pensé, con el corazón a mil. *¿Qué voy a hacer?*

Yo era el siguiente orador. La segunda diapositiva de mi presentación, que pronto iban a proyectar en los monitores gigantes, sólo tenía dos palabras: ESTÉN SATISFECHOS.

¡El músico estaba dando la antítesis literal de lo que estaba a punto de enseñar! No es que su mensaje estuviera equivocado. Si atribuía su insatisfacción a su exitosa carrera, ¿quién era yo para discutírselo? Como sea que alguien explique su rendimiento, es cierto para su caso.

El problema para mí era que él estaba diciendo que todo el mundo debía negarse a estar satisfecho en la vida y su carrera, porque esa insatisfacción los conduciría a un mayor éxito. Como sabemos, esto es incorrecto. Las personas de alto rendimiento en general no están insatisfechas consigo mismas, su vida o su trabajo. Recuerda sólo algunas de las conclusiones que he compartido en este libro: las personas de alto rendimiento son, de hecho, más felices que la mayoría. Se sienten satisfechas y bien recompensadas en su carrera, y cultivan experiencias que son más positivas que negativas, con la alegría a menudo en el corazón de sus esfuerzos.

Mientras estaba pensando en esto detenidamente, el anfitrión del evento comenzó a presentarme como el siguiente orador. No había tiempo para cambiar mi presentación. Tendría que hacer lo que he tenido que hacer muchas veces durante mi carrera: romper un mito muy conocido y poderoso sobre el rendimiento.

Hay una sensibilidad cultural de larga tradición que dice que nunca deberíamos estar satisfechos con nuestro trabajo, porque la satisfacción podría terminar de algún modo en complacencia. Pero ¿la satisfacción llega a agotar realmente nuestra motivación o a debilitar nuestra determinación por la excelencia?

Después de haber entrevistado y capacitado a muchas de las mejores personas de alto rendimiento, he descubierto que la respuesta es no. La satisfacción debe acompañar la lucha por un rendimiento óptimo.[7]

**Quienes nunca están satisfechos nunca están en paz.** No pueden sintonizar con su zona; el ruido de una mente insatisfecha evita que encuentren un ritmo que los haga sentir vivos y eficientes. Si no puedo sentir satisfacción en el momento, entonces no siento conexión ni gratitud por el momento. La insatisfacción es desconexión, así que quien la siente no experimenta todos los niveles de compromiso y alegría de la que tanto hablan las personas de alto rendimiento. La insatisfacción hace que se obsesionen con lo negativo, lo que, a su vez, las lleva a un hábito de perder lo que está funcionando y no elogiar ni apreciar a los demás. Ese enfoque negativo impide el tipo de gratitud que hace que la vida sea mágica y el liderazgo con los demás, posible. La mentalidad de nada es suficiente y nunca se resuelve también las obliga a descartar demasiado rápido lo que tienen en frente y a pasar a la siguiente repetición o asunto. Y con eso, no se forja en su mente ninguna apreciación o memoria de logros reales y se convierten simplemente en fantasmas ocupados y vacíos a la caza de algún día soñado en el que lleguen a la perfección.

En última instancia, la oscura, agotadora y negativa prisión emocional que supone la insatisfacción constante mina el rendimiento. La insatisfacción permanente es el primer paso en el camino hacia la tristeza.

La mentalidad de luchador infeliz y nunca conforme es similar a lo que los investigadores llaman perfeccionismo inadaptado.[8] Éste es el tipo de perfeccionismo en el que se tienen altos estándares —lo que suele ser algo bueno—, pero por el que siempre acabas castigándote por cualquier imperfección (algo malo). Esto puede causar una ansiedad cognitiva tan alta por cometer errores que hace casi imposible el rendimiento óptimo. La preocupación obsesiva por los errores se ha asociado a varios resultados negativos, tales como la ansiedad, la baja confianza, la orientación al fracaso y las reacciones negativas a los errores básicos durante la competición.[9] Y lo más importante es que no importa lo que hagas o lo que consigas, siempre estarás insatisfecho. Es un bucle horrible en el que quedarse atrapado y, por eso, como demuestran las investigaciones, suele estar relacionado con la depresión.[10]

Si la insatisfacción es tan perjudicial para el rendimiento, ¿por qué hay tanta gente que cree que tienes que estar insatisfecho para tener éxito? Porque se siente natural y automático. Es fácil estar insatisfecho, porque darse cuenta de lo que está mal en una situación es un hábito de evolución. Conocido a menudo como el sesgo de la negatividad, esta búsqueda interminable de errores y anomalías ayuda a sobrevivir a nuestra especie.[11] Cuando nuestros antepasados lejanos oyeron un crujido en la espesura y dejaron de escuchar el cri-cri de los grillos, se les disparó una alarma que les decía que algo iba mal. Eso es algo bueno.

Pero si lo aplicamos en exceso en la vida cotidiana moderna, este mismo impulso no nos ayuda a sobrevivir... nos causa sufrimiento.

Algunos podrían argumentar que nuestro cerebro no busca errores, pero ésa no es la única configuración determinada. El cerebro está programado tanto para la felicidad como para la negatividad o el miedo.[12] Si esto no fuera cierto, entonces, ¿cómo se explica el hecho de que en todo el mundo la mayoría de la gente es moderadamente feliz la mayor parte del tiempo?[13] Nuestra tendencia natural es la de buscar emociones y experiencias positivas. Cuando lo hacemos, mejora nuestro aprendizaje y nuestra capacidad para ver las nuevas oportunidades.[14] También nos conduce a estados de *flow* que permiten obtener resultados objetivos superiores de rendimiento.[15] Esa tendencia debería fomentarse y amplificarse. Cuando eso ocurre, la vida florece y la probabilidad del alto rendimiento aumenta.

El motivo por el que lucho tanto contra la creencia de "nunca estar satisfecho" va más allá de la investigación científica. Sencillamente, este pensamiento tiene poco o ningún valor práctico, porque el énfasis está puesto en el área equivocada. Está apuntando a una declaración y no a una dirección positiva. Cuando hablas con personas que se apegan a esa instrucción y les pides que la conviertan en una moraleja positiva dicen cosas como "mantente motivado", "observa lo que no funciona y mejóralo", "preocúpate por perfeccionar los detalles", "pon la mira en metas más grandes a medida que creces" o "sigue avanzando". La verdad es que puedes hacer todas estas cosas y aun así estar satisfecho. Buscar la excelencia y experimentar la satisfacción no se excluyen mutuamente.

Entonces, estar satisfecho no significa "establecerse". Solamente significa aceptar y disfrutar de lo que es. Significa permitirte sentir alegría, aunque algo no esté terminado o "perfecto". Por ejemplo, mientras estoy escribiendo este libro, estoy satisfecho, aunque sigo tratando de mejorarlo, aunque estoy a pocas semanas de la fecha límite, aunque no estoy seguro de cómo resultará. Cuando grabo mis videos, estoy satisfecho, aunque sé que podría hacerlo mejor con más tiempo y más práctica y que, sin importar lo que haga, a mucha gente no le gustará el resultado. Cuando sirvo a mis clientes, estoy satisfecho, aunque no siempre lleguemos a una solución perfecta. Esta sensación de satisfacción no significa que lo tengo todo resuelto. No significa que no me preocupe de los detalles ni quiera ir más allá de los límites y animar a todo el mundo para que siga mejorando más y más. Sólo he tomado lo que considero una decisión sencilla en la vida: ser un luchador satisfecho y no un cascarrabias insatisfecho. ¿Silbar mientras trabajas o apretar los dientes, resoplar y quejarte? Es tu decisión.

¿Pero cómo responder a los que me dicen: "Brendon, he tenido bastante éxito a pesar de que estoy constantemente insatisfecho"? Sencillamente les digo esto: el camino que te queda por recorrer ya no tiene por qué ser tan negativo, y si dejas que la insatisfacción sea tu planteamiento, tu cruz o tu marca, entonces es muy probable que pronto veas caer tu rendimiento. Todos necesitamos el premio de la satisfacción y la plenitud en algún momento. Si sigues engañándote a ti mismo al respecto, entonces la negligencia será tu talón de Aquiles.

Y seamos sinceros: puede que la insatisfacción no fuera en realidad lo que te hacía ser bueno desde el principio. Lo que estás correlacionando con tu éxito podría no ser la causa. ¿Y si fuera que tienes buen ojo para el detalle, una pasión profunda o hambre por inspirar a los demás para que crezcan lo que en realidad te impulsó todos esos años? ¿Y si simplemente estuvieras practicando uno de los hábitos de alto impacto sin saberlo? Te pregunto esto porque muy a menudo damos crédito a las emociones y experiencias negativas que están más visibles en la vida y no vemos las causas reales del éxito. Es como cuando alguien dice: "Tengo éxito porque sólo duermo cuatro horas al día". No, la falta de sueño no es lo que le hizo tener éxito (50 años de estudios sobre el sueño demuestran que, de ese modo, se ve perjudicado tu estado cognitivo, no es óptimo.[16] Tuviste éxito a pesar de estar falto de sueño, porque otros atributos positivos compensaron el déficit. En la misma línea, sugiero que la insatisfacción no fue la fortaleza que ayudó a subir.

Sé que, sin importar lo que haga, no te convenceré si crees que la insatisfacción te ha ayudado a tener éxito. Pero quizá puede que te invite a pensar sobre la posibilidad de que podrías sentirte mejor si de vez en cuando te dejaras disfrutar de más momentos, te dieras palmaditas en la espalda, felicitaras a tu equipo por su gran esfuerzo, reconocieras que estás bien y que las cosas están yendo como tú quieres. Cuando puedes estar en el momento y estás satisfecho con lo que estás haciendo, puedes tener acceso a un mayor *flow* y un mayor potencial. La gente que te rodea te disfrutará, te entenderá y te recomendará más. Enseguida, en lugar de toda esa insatisfacción habrá una sensación de conexión y juego reales y, cuando eso ocurra, alcanzarás un nivel totalmente nuevo de maestría y rendimiento. La gente que siente una sensación de juego, no de insatisfacción, rinde mejor en casi todos los campos de acción. El juego no es indulgente; es crucial para la creatividad, la salud, la curación y la felicidad.[17] El *flow* y el juego son las puertas de la maestría. Así que no te inquietes. *No perderás pasión por sentirte mejor.*

Todos estos aspectos son aún más importantes si eres un líder. Permitir una mayor satisfacción mientras luchas no sólo se trata de lo mejor que puedes llegar a sentir. También es sobre el modo en el que los demás se sienten a tu alrededor. Nadie quiere trabajar con alguien que está constantemente insatisfecho consigo mismo o con los demás. Hemos descubierto que los líderes que siempre están atascados en el modo de detección de errores y se olvidan de celebrar las pequeñas victorias también fracasan a la hora de reconocer el progreso, elogiar a su equipo, fomentar la reflexión y defender las ideas de los demás. En otras palabras, no son exactamente la alegría del lugar. Es por eso por lo que advierto a las personas de alto rendimiento: si te conviertes en alguien que está insatisfecho habitualmente, vas a destruir tu influencia respecto a los demás y, como ya sabes, la influencia es esencial para tu éxito a largo plazo.

Entonces, ¿cómo puedes evitar la insatisfacción causada por el rendimiento? Te sugiero un recordatorio de la situación global: la vida es corta, así que decide disfrutarla. En lugar de insatisfacción, trae alegría y honor a lo que haces. Te prometo que comenzarás a sentirte mucho más vivo, más motivado y satisfecho.

Si te resulta difícil imaginarte una vida sin insatisfacciones, al menos puedes comenzar a superarla con prácticas tácticas diarias y semanales que te ayuden a apreciar las bendiciones de la vida con más frecuencia. Esto es cierto, en especial si has pasado de la insatisfacción por rendimiento al desprecio por ti mismo. Si ése es el caso, ha llegado la hora de que hagas las paces contigo mismo. Ya has pasado por demasiado. Ayer no sobrevivió a la noche, y el sol de la mañana pertenece a un día totalmente nuevo.

A partir de este momento puedes respirar profundamente
y, por fin, después de todo este tiempo,
darte amor y agradecimiento.

Para ayudarte en este viaje, intenta lo siguiente:

- Comienza a escribir un diario al final de cada día. Escribe tres cosas que salieron bien o mejor de lo esperado ese día. Escribe sobre cualquier progreso o bendición por los que te sientas agradecido. Es un consejo sencillo, pero esencial; las personas de alto rendimiento deben permanecer en alto: comienza a darte cuenta de lo que está yendo bien, agradece tus bendiciones, disfruta del viaje y registra tus victorias.
- Reúne a tu familia o a tu equipo una vez a la semana solamente para hablar de lo que está funcionando, de lo que les emociona, de la diferencia que están marcando tus esfuerzos en la vida de la gente.
- Al iniciar las reuniones, pide a los demás que compartan algo bueno que les haya pasado y pueda dar al equipo una sensación de alegría, orgullo y satisfacción.

Estos pasos son sencillos, pero importarán a las personas a las que amas y lideras.

Recuerdo cuando terminé mi presentación ese día, aquel en el que tuve que corregir con cuidado la afirmación del músico famoso de que "nunca estar satisfecho" era un criterio que todo el público debería adoptar. Me metí con sigilo entre bambalinas, pensando que, si seguía allí, estaría molesto. Y así era. Ahí estaba el músico, parado con los brazos cruzados. Me dijo:

—He escuchado tu charla. ¡Debes estar muy satisfecho!

Me reí tímidamente.

—Sí, lo intento, pero espero que eso no te moleste. He tratado de no negar tu mensaje sobre lo importante que es seguir luchando siempre para continuar mejorando. ¿Por lo menos, quedaste satisfecho con tu charla? Al público pareció gustarle.

—No —resopló—. No estoy satisfecho, y no creo que deba estarlo, ni tú tampoco. Soy lo suficientemente humilde como para saber que puedo hacerlo mejor.

Le respondí:

—Estoy de acuerdo. Todos podemos hacerlo mejor. El único camino que he visto que funciona a largo plazo es empezar a disfrutar de lo que estás haciendo… y tú pareces disfrutarlo. Te encanta lo que haces, ¿no?

—Sí, claro.

—¿Y le dijiste al público que sientes que estás en el camino que querías recorrer en la vida?

—Sí.

—Bueno. Entonces, ¿no te sientes satisfecho?

Pensó en eso un momento y dijo:

—Supongo que aún no.

—Entonces, ¿cuándo? —le pregunté—. Si te encanta lo que estás haciendo y sientes que vas por el buen camino, ¿cuándo te sentirás bien al respecto por un momento?

Relajó su postura.

—Buena pregunta. ¿Quién sabe? Quizá pronto.

Tres meses después, los periódicos informaban que se había ingresado él mismo en un centro para tratar la depresión.

Si tu objetivo es mantener el alto rendimiento, permítete sentir de nuevo tus victorias.

No sólo esperes llegar a alguna parte algún día para sentirte satisfecho. *Esfuérzate por estar satisfecho.*

---

### Apuntes sobre el rendimiento

1. Las áreas de mi vida con las que me he sentido constantemente insatisfecho son...

2. Algunas cosas buenas que también han pasado en esas áreas son...

3. Algo que puedo decirme a mí mismo la próxima vez que me sienta insatisfecho para darme cuenta de las cosas buenas y seguir avanzando es...

4. Alguien que probablemente me ve insatisfecho más de lo que me gustaría es...

5. Si fuera a inspirar a esa persona para que creyera que se puede disfrutar de la vida y, al mismo tiempo, trabajar duro y tener éxito, tendría que cambiar estas conductas...

## TERCERA TRAMPA
- - - - - - - - - - -

## **NEGLIGENCIA**

"Si las cosas no te están yendo bien, comienza tu esfuerzo corrigiendo la
situación y examina cuidadosamente el servicio que estás prestando y, sobre
todo, el espíritu con el que lo estás prestando."
—Roger Babson

La negligencia, como las otras trampas de la superioridad y la insatisfacción, se va acercando sigilosamente. No te dices a ti mismo: "Voy a
descuidar mi salud, a mi familia, a mi equipo, mis responsabilidades,
mis auténticas pasiones y sueños". Es más bien que la pasión o el ajetreo
diario te ciegan a lo importante, lo justo para que todo se desmorone.

Muchas veces, entonces, no es lo que haces lo que te desbanca del
alto rendimiento, sino lo que no haces. En la búsqueda determinada de
los logros y la maestría en un área de tu vida, apartas la vista de las demás
áreas. Muy pronto, esas áreas contraatacan en busca de más atención.
Ésta es la historia de aquellos que trabajan tanto en su carrera que se
olvidan una y otra vez de las necesidades de su pareja. Al poco tiempo,
el matrimonio está en problemas, la persona de alto rendimiento se
siente fatal y el rendimiento decae. Intercambia este ejemplo con el
descuido de la salud, los hijos, las amistades, la espiritualidad o las
finanzas, y seguirás teniendo la misma historia: la obsesión en un área
de la vida lastima las demás, y eso desencadena una cascada negativa de
acontecimientos y sentimientos que acaban por desbancar a la persona
de alto rendimiento.

Repito, nadie pretende descuidar las partes importantes de su vida
a largo plazo. Al menos no las personas de alto rendimiento a las que
he entrevistado y no pudieron mantener el progreso. De hecho, la mayoría compartió una sensación de sorpresa por que todo se le saliera
de las manos. "Sabía que estaba tocando demasiados campos —suelen
decir—, pero no me di cuenta de que era tan malo hasta…" Es esa última palabra: *hasta*. No te imaginas cuántas veces he oído esa palabra
enfatizada con un tono de dolor y arrepentimiento.

Quiero que evites este destino. La buena noticia es que evitar la
negligencia es muy fácil en la práctica. La mala noticia es que exige un

cambio mental difícil y, a menudo, drástico. Antes de contarte el cómo, voy a hablarte de dos distinciones sobre por qué las personas de alto rendimiento descuidan algo importante para ellas en primera instancia.

Durante mis entrevistas, algo que me pareció fascinante fue que las personas de alto rendimiento no achacan su negligencia a lo mismo que lo hacen las personas de bajo rendimiento. Estas últimas suelen culpar a los demás o a la falta de tiempo. "No tenía el suficiente apoyo, así que no pude hacerlo todo, y tuve que renunciar a algo" o: "Es que no hay horas suficientes en el día para hacerlo todo". Sin duda, todos podríamos justificar los descuidos de nuestra vida por estos motivos.

Pero las personas de alto rendimiento pocas veces lo hacen. En lugar de eso, cuando reflexionan sobre algún momento en el que descuidaron algo y eso dañó su rendimiento, se echan a los hombros gran parte de la culpa. Se responsabilizan personalmente. La negligencia fue un defecto propio. Descubrí que los argumentos que usan para explicar su negligencia pueden organizarse en dos categorías: por olvido o por extralimitarse.

**Por olvido**

El olvido es la excusa menos usada de las dos, pero aun así sigue siendo un culpable destructivo. Quiere decir que estás tan concentrado en un área que no eres consciente en absoluto de los problemas que van surgiendo en otra. Las personas de alto rendimiento que comenzaron a perder lo explicaban con las siguientes palabras: "Estaba tan obsesionado con el trabajo que, honestamente, no me di cuenta de que estaba engordando tanto". O: "Simplemente, se levantó y se fue un día. Estaba ciego y me odié por ello". O: "Entonces me di cuenta de que mi equipo llevaba meses diciéndome lo mismo, pero estaba demasiado ocupado para prestar atención".

Oír la forma en la que las personas de alto rendimiento describen la negligencia debida al olvido siempre es doloroso. Lo dicen con un tono inconfundible: odian el hecho de haber descuidado otras cosas importantes. En retrospectiva, todo es dolorosamente claro, sobre todo para alguien que fue de alto rendimiento y dejó de serlo por olvido, y que observa fijamente el desprecio por sí mismo y el arrepentimiento.

Parte del motivo por el que es tan doloroso es porque todo lo que creían que les ayudó a alcanzar el éxito —trabajo duro, concentración y perseverancia— se convirtió en lo que causó su declive. Los investigadores han advertido que a veces la tenacidad y la determinación, si se mantienen durante demasiado tiempo, pueden socavar el bienestar y la buena salud, hacernos perder los caminos alternativos hacia un objetivo e incluso hacernos descuidar oportunidades de colaboración.[18] El trabajo duro, intenso y mantenido durante demasiado tiempo se convierte en adicción al trabajo, y eso crea conflictos entre el trabajo y el hogar que, a su vez, dañan el bienestar del adicto al trabajo y de los miembros de la familia.[19]

Por eso insisto tanto en advertirte para que no caigas preso del olvido. No quieres convertirte en esa persona que está cegada por lo que debería haber sido obvio. Siempre hay señales de alarma en el camino hacia el desastre. Sólo tenemos que prestar atención.

Los capítulos sobre claridad e influencia te ayudarán a evitar el olvido. Además, también te conviene recordar y poner en práctica la actividad sobre los ámbitos de la vida del capítulo sobre productividad:

> La solución es mantener la perspectiva en la vida, y para ello debes estar atento de la calidad o el progreso de los principales ámbitos de la vida. Un sencillo repaso semanal de lo que buscamos en las principales áreas de nuestra vida nos ayuda a reequilibrar o, al menos, planear más equilibrio.
>
> A mí me ha resultado útil organizar la vida en 10 categorías distintas: salud, familia, amigos, relación íntima, misión o trabajo, finanzas, aventura, aficiones, espiritualidad y emoción. Cuando trabajo con mis clientes, suelo hacer que evalúen su felicidad en una escala del 1 al 10 y que escriban sus objetivos en cada uno de estos 10 hábitos todos los domingos por la noche.

Es posible que haya otras áreas que tú quieras supervisar, o distintas descripciones u objetivos a los que aspiras, y por eso te animo a que crees tus propias categorías, puntuaciones y pensamientos rápidos. El objetivo es que los revises constantemente, al menos una vez a la semana. A nuestros clientes les ha resultado muy útil, no sólo para evitar olvidos en un área, sino para lograr un mayor equilibrio en la vida en general.

## Por extralimitarse

Ahora tienes una nueva herramienta para evitar los olvidos mientras sigues subiendo. El siguiente problema, las extralimitaciones, es un poco más difícil de tratar.

Un motivo por el que las personas de alto rendimiento se vuelven tan eficientes es que son más disciplinadas a la hora de establecer prioridades en las que centrarse. Como ya aprendiste en el capítulo sobre productividad, distinguen cuál es su principal campo de interés y después se concentran en la producción prolífica de calidad. Eso es lo que las lleva al siguiente nivel y las mantiene creciendo y añadiendo valor. Pero cuando esa concentración disminuye debido a las extralimitaciones, también lo hace su rendimiento.

Según las personas de alto rendimiento que no pudieron mantener su éxito, el hecho de extralimitarse fue un problema que provenía de un deseo insaciable de tener más, acompañado de una sensación nada realista de lo que es posible en un corto periodo, lo que los llevó a comprometerse a trabajar más de lo que podían. En otras palabras, era un problema de *ir por demasiado, demasiado rápido, en demasiados ámbitos.*

La lección aprendida estaba clara: cuando eres bueno, quieres hacerte cargo de más. Pero ten cuidado con el impulso. El alto rendimiento no se trata de conseguir más por el mero hecho de tener más, sólo porque puedes. Casi siempre se trata de tener menos... y enfocarse sólo en las pocas cosas que importan y proteger tu tiempo y tu bienestar para que puedas relacionarte en profundidad con quienes te rodean, disfrutar de tu oficio y manejar tus responsabilidades con confianza. Concéntrate sólo en unas pocas cosas y en las personas y prioridades que realmente te importan y así no caerás preso de la extralimitación. Si amplías tus ambiciones en exceso, tu apetito pronto sobrepasará tus capacidades. De ahí la importancia de recordarte a ti mismo que lo principal es mantener lo principal como principal.

Normalmente puedo adivinar si alguien está a punto de fracasar haciéndole esta sencilla pregunta: "En estos momentos, ¿sientes que estás comprometiéndote a trabajar más de lo que puedes?"

He descubierto que los nuevos triunfadores casi siempre dicen que sí. Su éxito inicial llegó tras decir sí a casi todo lo que se les cruzaba en el camino, porque seguían probando sus capacidades, aprendiendo sus fortalezas, tratando de encontrar lo correcto, esperando aprovechar la coyuntura. Tenían miedo de perderse algo y, en algún momento, sobreestimaron su capacidad para manejarlo todo. ¿El otro grupo que contestó sí a la pregunta? Las personas de alto rendimiento en declive.

Éste es el complicado cambio de mentalidad que tendrás que plantearte en cuanto alcances el alto rendimiento. De algún modo, se sentirá como la antítesis de lo que has estado haciendo, como un planteamiento peligroso y contrario, pero es muy importante:

**Baja el ritmo, sé más estratégico y di no con más frecuencia.**

Sé que decirle a alguien con el viento a su favor que baje el ritmo es como quitarle el poder. Pero hazte un favor y vuelve a leer esa oración. Después, regálate algo y léela en alto de nuevo. Es importante que esta frase se te quede bien grabada.

Naturalmente, el alto rendimiento viene acompañado de un ascenso y un impulso maravillosos. Se puede comenzar a sentir como si lo tuvieras todo a tu favor, sobre todo cuando todas las nuevas atenciones y oportunidades te empujan hacia nuevas ambiciones y te confieren nuevas libertades. El ajetreo que permitió tu éxito, ganado con el sudor de tu frente, se siente gratificante y, aun así, necesario. Pero la mentalidad que se crea en esos momentos te acabará agotando, y si sigues asumiendo demasiadas cosas te arriesgas a perderlo todo. Sí, puedes hacer cosas maravillosas. Sí, quieres conquistar el mundo. Sí, eres un fuera de serie. Pero no te comprometas demasiado sólo porque eres bueno en lo que haces. El salto entre ser un fuera de serie y estar agotado es muy corto.

Así que baja el ritmo. Ten paciencia. Tienes las habilidades y el tiempo suficientes para seguir construyendo, añadiendo valor e innovando. Puedes ampliar tu campo de interés principal de forma consciente y con paciencia. Piensa a futuro, y así la vida se siente menos como un esfuerzo y más como un juego.

Aunque bajar el ritmo suena menos sensual que "no te conformes" o "aprovecha la coyuntura", es el consejo que dan más de las tres cuartas partes de las personas que tuvieron alto rendimiento con las que hablé. Tratar de ir más rápido y hacer más cosas parece lo ideal cuando estás bien y seguro, pero puede hacerte caer en picada.

Entonces, ¿a qué nos referimos exactamente cuando decimos "bajar el ritmo"? En primer lugar, en vez de vivir un estilo de vida reactivo, te haces cargo de tu día. Cuando los éxitos se acumulan, es fácil pasar el tiempo respondiendo a las invitaciones y llamadas y a las peticiones de los bienintencionados. De repente se ha acabado el día y no has hecho nada. Sientes que tienes éxito, pero en realidad no está pasando nada, excepto nuevas reuniones. Bajar el ritmo significa tomarse el tiempo para preocuparte por tu agenda, hacer lo que has aprendido en este libro sobre cómo repasar tu calendario y tus tareas cada noche, cada mañana, cada semana.

También significa decir no a las cosas buenas que estirarían demasiado tu día. Si aparece una buena oportunidad, pero te va a robar unas cuantas noches de sueño, te obligará a cancelar los movimientos estratégicos que planeaste hace tiempo o te va a quitar tiempo con tu familia, entonces simplemente di no. Llenarte el día de actividades que no te permitan pensar y renovarte sólo te convierte en alguien cansado e irritable. Y nadie atribuye a la fatiga y a su mal humor su rendimiento de primera clase. Por eso animo a todas las personas de alto rendimiento que quieren seguir subiendo a que digan que no en su cabeza a casi todas las oportunidades al principio, y después que se obliguen a justificarla antes de decir que sí. Fue el "sí" el que te metió en el partido. Aceptar demasiadas cosas y buscar alcanzar muchos intereses te ayudó a descubrir qué era lo tuyo. Pero ahora que estás teniendo éxito, más síes pueden comenzar a hacerte daño. El "no" te mantiene concentrado.

Para ayudarte a distinguir entre los síes y los noes, tienes que empezar a pensar de un modo mucho más estratégico. El pensamiento estratégico implica reducirlo todo a lo esencial y planear su realización durante meses y años. Esto es difícil, pero ahora tienes que sopesar las oportunidades de otra manera, y medirlas en un horizonte mucho más largo. No puedes pensar únicamente en lo llamativo que es algo este mes. Tienes que ir trabajando conforme a un plan, tus cinco movimientos, que ya está en marcha para los próximos meses. Si esa novedad a la que te quieres comprometer no te conduce estratégicamente hacia tus objetivos finales, debes retrasarla. La mayoría de las oportunidades en la vida que realmente valen la pena y son significativas seguirán aquí dentro de seis meses. Si eso es difícil de creer, se debe sólo a que esto del éxito es nuevo para ti. Así que baja el ritmo; di no más a menudo;

sé más estratégico. No dejes que el olvido de lo que realmente importa, o tratar de alcanzar lo que no, frene todo el impulso que tanto te costó ganar.

## NO TE OLVIDES DE LO QUE TE TRAJO HASTA AQUÍ

> "A veces estamos tan preocupados de dar a nuestros hijos lo que nunca tuvimos nosotros de niños, que nos olvidamos de darles lo que sí tuvimos."
>
> —James Dobson

Un último y sencillo recordatorio: no olvides los hábitos positivos que te trajeron hasta este nivel de éxito, y no descuides los hábitos que sabes que te llevarán hasta el siguiente nivel. En demasiadas ocasiones pensamos en la negligencia como en el descuido de nuestros problemas. Pero también es olvidarnos de seguir con lo que estaba funcionando en nuestro caso. Puede resultarte útil preguntar: "¿Cuáles son los cinco motivos principales por los que he tenido éxito en la vida hasta ahora?" Métlos también en tu lista de repaso de los domingos. Pregunta: "¿Sigo haciendo las cosas por las que logré tener éxito?"

Una persona de alto rendimiento me dijo que la mejor manera de evitar descuidar algo importante es enseñar a los demás valorar eso mismo. Si estás enseñando a tus hijos el valor de la paciencia, por ejemplo, entonces tiendes a no descuidar esa virtud (o a tus hijos). ¿Qué puedes empezar a enseñar a los demás para seguir siendo responsable de ello?

---

### Apuntes sobre el rendimiento

1. Un área en la que estoy descuidando a alguien o algo importante en mi vida es...

2. Un área en la que esa negligencia me hará arrepentirme más tarde es...

3. Un área en la que puedo regresar mi enfoque, recolocar mi atención a cosas que importan, es...

4. Algunas áreas en mi vida en las que siento que estoy trabajando más de lo que puedo en estos momentos es...

5. Las cosas a las que tengo que aprender a decir no con más frecuencia son...

6. Una oportunidad que verdaderamente quiero perseguir en estos momentos y que podría programar para revisarla en unos pocos meses es...

7. Los aspectos principales que inclinan la balanza hacia mi éxito y en las que debería estar centrado ahora, a pesar de todos los demás intereses y oportunidades apasionantes que podría perseguir, son...

8. La forma en la que me recordaré a mí mismo que no debo cargarme con muchas cosas es...

## LAS VERDADES AL DESCUBIERTO

Los culpables que te robaron el éxito no son la falta de valores ni de inteligencia. En última instancia, es la asignación de la atención. Te sientes separado de los demás, así que dejas de prestar atención a los comentarios, a los distintos puntos de vista, a las nuevas formas de hacer las cosas. Te vuelves tan bueno que comienzas a darte cuenta sólo de lo que está mal, y un estado constante de decepción agota tu pasión. Racionalizas el hecho de descuidar un área de tu vida para poder seguir adelante, diciéndote que "merecerá la pena", y dejas de concentrarte en lo que realmente importa en la vida.

*Nada de esto tiene que ser tu realidad.*

La superioridad, la insatisfacción y la negligencia son tus enemigos. Si dejas que invadan tu vida, perderás. Debes estar atento, evitarlas y practicar tus HP6, y todo estará bien.

Siempre resulta difícil aceptar la verdad cuando nos damos cuenta de que estamos actuando de las formas negativas de las que hablamos en este capítulo. Pero si para ti es importante mantener el éxito, te animo a que releas este capítulo con frecuencia. Te mantendrá humilde, satisfecho y concentrado. Y te permitirá disfrutar, a ti y a los demás, lo que debería ser una vida extraordinaria y un ascenso jubiloso hacia el alto rendimiento.

# LO MÁS IMPORTANTE

"Quienes pueden, pueden porque piensan que pueden."
—Virgilio

**—¿Siempre eres así? —me pregunta Aurora.**

—¿Así cómo?

—Ya sabes… con tanta energía. ¿Feliz?

Me quedo pensando un momento y me río.

—Sí, soy así de molesto. ¿Por qué?

Aurora observa desde el interior a las 15 mil personas que ocupan el estadio. Estamos parados en la última fila, mirando hacia abajo, al escenario. Dentro de una hora, ambos tendremos el honor de hablar aquí.

—¿Pero no estás nervioso? —me pregunta—. Yo creo que voy a vomitar. No puedo ordenar mis pensamientos.

Un asistente de producción nos interrumpe y nos pide que lo acompañemos abajo, a la sala verde que hay debajo del estadio. Nos ponemos en marcha y Aurora sigue hablando.

—Te ves muy relajado. ¿Cómo puedes tener tanta confianza?

Sus preguntas me sorprenden, porque yo también siento los nervios y me da la impresión de que se me nota. No sólo es la primera vez que hablo delante de tanta gente, sino que también es la primera vez que voy a dar esta presentación en particular. Le explico esto a Aurora y le digo:

—Honestamente, no tengo ni idea de cómo reaccionarán a mi discurso.

—Entonces, ¿por qué te ves tan tranquilo?

—¡Yo no diría que estoy tranquilo! También tengo muchos nervios, pero no estoy pensando en ello. Me preocuparé de los 15 mil cuando llegue a ellos. Sólo estaba disfrutando de mi conversación contigo.

—Qué amable de tu parte decir eso, Brendon. Lo siento, es que tengo la impresión de que voy a explotar.

—¿Por qué? ¿Ya has explotado delante de tanta gente antes?

Se ríe.

—No, sabes que no.

De hecho, Aurora nunca se ha dirigido a un público tan amplio hasta ahora. Como una gimnasta de talla mundial, ha estado frente a miles de personas, sólo que nunca ha dado una presentación formal remunerada.

Le dieron un lugar para hablar en este evento porque es la heroína local y acaba de ganar una medalla en las Olimpiadas.

Llegamos a la sala verde y Aurora se sienta en una silla para maquillaje. Charla un rato con Lisa, la maquillista, y después me pregunta:

—Entonces, en qué tengo que pensar, Brendon. Éste es tu mundo, no el mío.

—Bueno, ¿en qué estás pensando ahora?

—¡En que voy a explotar!

—Te lo vuelvo a preguntar, nunca has explotado antes por hablar ante tanta gente, ¿no?

—No.

—Entonces, ¿por qué te cuentas esa historia?

—No lo sé. Es como me siento.

—Te entiendo. Pero ya sabes que eso no te va a servir. Déjame que te haga otra pregunta. ¿Por qué quieres estar aquí?

—Sólo quiero compartir mi historia con ellos y puede que inspirar a alguien.

—Precioso. Y ya te sabes tu historia, ¿no? Sólo la has contado en entrevistas como un millón de veces, ¿no?

Antes de que pueda responder, Lisa dice que escuchó la historia de Aurora en ESPN.

—Todos conocemos tu historia, Aurora —le digo—, igual que tú. Ya sabes qué decir, así que ahora sólo se trata de quien quieres ser ahí fuera y cómo quieres conectar. Cuando estás al máximo en el tapiz del gimnasio, ¿cómo te describirías?

—Feliz. Confiada. Emocionada.

—Cuando competías, ¿los nervios acompañaban a alguna de esas emociones?

—Por supuesto.

Sonrío.

—Entonces ya has estado aquí antes. Sabes qué hacer y cómo comportarte. Supongo que la única pregunta real que importa es cómo quieres conectar con este público... —me recuesto y hablo casi en tono de burla—. Como la pequeña gimnasta nerviosa que creía que no podía hacer una rueda básica o como la mujer que acaba de demostrar al mundo sus superpoderes en las Olimpiadas.

Mi tono toma por sorpresa a Aurora, pero hace reír a Lisa.

—Tienes que ser coherente con quien eres —le digo—. No eres una niña asustadiza en un escenario. Eres una campeona. Y bien, ¿cómo quiere conectar con su gente hoy esta campeona que tengo sentada frente a mí?

—Quiero expresarles mi cariño. Quiero que sepan que gané la medalla gracias a su apoyo.

—Entonces ve y exprésales tu cariño. Deja que ésa sea tu emoción. Deja que ése sea tu mensaje. ¿Sientes que eso es real para ti?

Aurora se para y me da un beso en la mejilla.

—Tienes razón, Brendon. Tengo 100 kilos de amor. Vamos a expresarle el cariño a esta gente.

#

Hemos medido más de 100 variables para encontrar cuáles son los hábitos más importantes para el alto rendimiento. A las personas de alto rendimiento les hemos hecho todas las preguntas inimaginables sobre cómo se volvieron tan extraordinarias. También tratamos de descubrir qué es lo más importante para aumentar las puntuaciones generales del HPI y las de cada hábito en particular que se correlacione con el alto rendimiento. Y hasta ahora, de lo que hemos descubierto, lo que más se correlaciona con las puntuaciones de alto rendimiento es la confianza. Este rasgo es el ingrediente secreto que te logra poner a la altura del desafío.

Ya sabes lo importante que es la confianza porque ya te he comentado que, junto con *comprometido* y *alegre*, *confiado* es una de las tres palabras que más usan las personas de alto rendimiento para describir su estado emocional constante. Sus descripciones también se corresponden con los datos, ya que las personas de alto rendimiento en todo el mundo están muy de acuerdo con esta afirmación más que sus colegas: *tengo confianza en que puedo lograr mis objetivos a pesar de los desafíos o la resistencia*. Resulta que este tipo de confianza se correlaciona de forma significativa con el alto rendimiento en general, además de con cada uno de los seis hábitos de alto impacto por separado. Cuando alguien tiene más confianza, tiene constantemente más claridad, energía, productividad, influencia, necesidad y valor.[1]

También hemos descubierto que las personas con mayor confianza también suelen ser más felices en la vida en general, les suele gustar aceptar nuevos desafíos y sentir que están marcando la diferencia en el mundo.[2] Piensa en ello por un momento. La confianza es una entrada muy poderosa hacia mucho de lo que queremos en la vida.

Estos descubrimientos también se corresponden con casi 40 años de investigaciones que afirman que este tipo de confianza —a la que a menudo se le llama autoeficacia— predice un rendimiento y una felicidad excepcionales.[3] Pero va más allá de sobresalir y sentirse bien. Un metaanálisis de 57 estudios interculturales en los que participaron más de 22 mil personas sugiere que cuanta más confianza tengas, menos probabilidades tendrás de sentirte agotado por el trabajo.[4] En un mundo lleno de preocupaciones sobre el exceso de trabajo, resulta que trabajar en nuestra confianza puede ser la salvación. ¿Por qué ayudaría la confianza a evitar el agotamiento? Las personas de alto rendimiento me dicen que se debe a que cuando tienes más confianza estás más dispuesto a decir no y estás más seguro de en qué concentrarte, por lo que te vuelves más eficiente y menos propenso a la distracción.

Otra investigación, con resultados de 173 estudios en los que estaban involucradas más de 33 mil personas, sugiere que esa autoeficacia se correlaciona muchísimo con comportamientos positivos relacionados con la salud. Cuanto más crees en tu capacidad de hacerlo bien, más probabilidades tienes de hacer cosas que protejan, restauren y mejoren tu salud.[5] Probablemente ya habrás experimentado esta verdad en tu vida. Cuando te sientes bien contigo mismo, es más probable que hagas ejercicio.

Estos hallazgos llevaban en su conjunto a una drástica conclusión sobre el rendimiento del ser humano: tener más confianza es bueno para la salud, disminuye el agotamiento y te hace sentirte feliz, deseoso de aceptar nuevos desafíos y más realizado. Por estos motivos me gusta decir que *nada se correlaciona más que la confianza.*

Pero eso no quiere decir que la confianza por sí misma cause un alto rendimiento. Puedes tener toda la confianza del mundo en ti mismo, pero si no practicas los hábitos de alto impacto, las probabilidades de un éxito a largo plazo no son tan buenas. De nuestras investigaciones se desprende que, para volverte extraordinario, necesitas una confianza y unos hábitos de alto impacto muy fuertes.

Pero ¿de dónde proviene el tipo de confianza que mejora el rendimiento? ¿Qué es lo que hacen concretamente las personas de alto rendimiento para ganar confianza y mantenerla según van lidiando con los desafíos de la vida y aceptan objetivos cada vez más ambiciosos?

## LAS 3 C DE LA CONFIANZA

"La confianza en uno mismo es el primer requisito para los grandes proyectos."
—Samuel Johnson

En cuanto descubrimos que la confianza era tan importante para el alto rendimiento busqué a 30 personas con las mayores puntuaciones en el HPI de entre 20 mil entrevistados que estaban muy de acuerdo con la afirmación "confío en que puedo lograr mis objetivos a pesar de los desafíos o la resistencia". Ya había estudiado gran parte de las publicaciones académicas sobre la confianza, y teníamos muchísimos datos de las encuestas, así que quería escuchar cómo hablaban las personas de alto rendimiento al respecto. Me preguntaba si se sentían superhumanos de algún modo, como si tuvieran algún tipo de confianza innata e imparable de la que carecemos los mortales.

Como podrás adivinar, la respuesta era no. Las personas de alto rendimiento tienen más confianza que la mayoría de la gente, pero no por derecho de nacimiento, suerte ni habilidades superhumanas. Lo que descubrí fue que simplemente pensaban en cosas que les daban más confianza que los demás, hacían más a menudo cosas que les daban más confianza que los demás y evitaban aquello que les agotaba la confianza con mayor frecuencia que los demás. Casi por unanimidad informaron que su confianza provenía de un pensamiento y acciones conscientes. Nadie en las entrevistas, ni ninguna otra persona de alto rendimiento con la que haya trabajado antes, dijo jamás: "Simplemente nací con la suficiente confianza para manejar los increíbles desafíos y responsabilidades a los que me enfrento ahora mismo en mi vida".

Entonces, ¿qué pensaban, hacían y evitaban las personas de alto rendimiento para desarrollar una confianza tan poderosa?

Puedo resumir mis conclusiones en tres áreas: competencia, coherencia y conexión. Como estos temas son tan importantes para desarrollar confianza en el alto rendimiento, los trataré como si fueran prácticas, del mismo modo que en los capítulos anteriores.

PRIMERA PRÁCTICA
- - - - - - - - - - - - -

## DESARROLLA COMPETENCIA

*"Como es nuestra confianza, también lo es nuestra capacidad."*
—William Hazlitt

Mientras que la mayoría de la gente ve la confianza como una creencia general en uno mismo, el tipo de confianza que está más unido a la mejora del rendimiento proviene de la creencia en las capacidades personales para una tarea determinada.[6] He estado enseñando sobre este "ciclo de confianza y competencia" desde 1997, y me sigue sorprendiendo lo mucho que aparece en las conversaciones con las personas de alto rendimiento.

La idea es que cuanta más competencia tengas en una determinada tarea, irás adquiriendo más confianza para intentarlo más a menudo… y te estirarás más. Esa repetición y ese estiramiento lleva a más aprendizaje, lo que te da más competencia. A su vez, más competencia engendra más confianza, y así sucesivamente. Puedes entender cómo funciona esto si has ido alguna vez al gimnasio. La primera vez que vas no sabes muy bien qué hacer con todas las pesas y los aparatos. Así que te sientes inseguro e, incluso, extraño en tu entrenamiento. Pero cuanto más vas, más sabes. Al poco tiempo ya confías en tu capacidad para usar las pesas y los aparatos, y cuanto más sabes sobre cómo usarlos, empiezas a exigirte más. No "naciste confiado" en el gimnasio. La confianza no es un rasgo fijo de la personalidad. Es un músculo que vas construyendo mediante el esfuerzo.

De un modo u otro, los 30 mejores dentro de las personas de alto rendimiento hablaron sobre el ciclo de competencia y confianza. Atribuían su nivel de confianza actual a sus años de concentración, aprendizaje, práctica y desarrollo de habilidades. De hecho, 23 de los 30 hicieron referencia a este tipo de cosas al principio cuando se hablaba de la confianza. Y ninguno mencionó haber ganado la lotería al nacer con toneladas de confianza. No hablaron de una autoestima general, del tipo de "me gusto a mí mismo" o "me siento bien conmigo mismo". Hablaron sobre cómo habían corrido los kilómetros y se habían ganado la confianza para que les fuera bien en la vida. Ellos piensan *sé lo que hacer y cómo añadir valor en este caso.*

Para mi sorpresa, las personas de alto rendimiento atribuían su confianza a este tipo de competencia incluso antes de mencionar los rasgos del carácter. Pensé que primero me hablarían de los rasgos que les daban confianza en sí mismas, y después de aquellos que fomentaban las habilidades. Estaba equivocado, y por eso digo que el "ciclo" nunca deja de sorprender a más gente.

En el capítulo sobre productividad hablé sobre cómo volverse supercompetente en cualquier habilidad por medio de la práctica del dominio progresivo. Ahora, permíteme marcar otra distinción en esta área. Las personas de alto rendimiento tienen confianza no sólo por las habilidades pasadas adquiridas en una determinada área, sino también por la confianza en su capacidad para adquirir competencias futuras. Es decir, informaron que su confianza no estaba unida a una competencia específica, sino más bien a la creencia de que podían manejar las cosas adecuadamente en el futuro, aunque no tuvieran experiencia. Su confianza provenía de la creencia en su poder de aprendizaje en general.

**Las personas de alto rendimiento son aprendices, y su creencia de que pueden aprender lo que sea necesario para ganar en el futuro les da la misma confianza que su conjunto de habilidades actual.**

Como han aprendido tantas cosas en el pasado, confían en que pueden hacerlo de nuevo. De este modo, me quedó claro que la voz interior de una persona de alto rendimiento dice: "Creo en mi capacidad para resolver las cosas". Es un poco circular, pero no por ello menos cierto: la competencia clave que da confianza a las personas de alto rendimiento es la capacidad de comprender rápidamente o adquirir habilidades en las situaciones nuevas. En otras palabras, la competencia que importa es la capacidad para volverse competente.

Por eso sabía que si le recordaba sus superpoderes a Aurora, eso la ayudaría a encontrar un poco más de confianza antes de su discurso. Ella había resuelto muchas cosas en su vida, y el simple hecho de reconocerlo podría darle un pequeño empujón a su confianza para manejar también esta situación, aunque no lo hubiera hecho antes.

Esta idea es especialmente importante en el ámbito deportivo. Cada día en el campo o en la pista te vas a encontrar con alguien que tenga más experiencia y, quizá, más talento y éxitos. A menudo te sentirás como si no pudieras estar a la altura y, las más de las veces, eso será cierto. Pero sólo porque no puedas seguir el ritmo no quiere decir que no puedas presentarte. El simple hecho de presentarte con constancia, aunque seas el más novato de los novatos, te irá consiguiendo esa experiencia y confianza.

Además de la confianza, a veces desmesurada, en su capacidad para resolver cosas en el momento, las personas de alto rendimiento también ganan más confianza reflexionando sobre éxitos pasados y aprendiendo más de lo que hacen los demás.

> Las personas de alto rendimiento sopesan las lecciones que obtienen de sus victorias. Se otorgan el reconocimiento a sí mismas y dejan que esas victorias se integren en la mente y les den una mayor fortaleza.

Ésta es una distinción importantísima. Las personas de bajo rendimiento se reflejan muy pocas veces en las lecciones aprendidas y, si lo hacen, son demasiado duras con sí mismas. E incluso cuando ganan, pocas veces integran esa victoria a su identidad. Lo hicieron bien, pero no se sienten más fuertes por ello. No se dejan sentir la victoria. No consiguen lo que los *gamers* llamarían un "aumento de poderes". En conversaciones con ellas, queda claro que no reconocen lo mucho que han aprendido, lo lejos que han llegado ni lo que son capaces de hacer ahora o en el futuro. Se minusvaloran aunque hayan acumulado los kilómetros. Y por eso les falta confianza.

Por eso, cuando luchas, es importante que empieces a practicar la reflexión acerca de tu progreso y tu nuevo aprendizaje. No esperes hasta Año Nuevo para pensar en todas las cosas maravillosas que hiciste y aprendiste este año. Te recomiendo que pases al menos 30 minutos cada domingo reflexionando sobre la semana anterior. ¿Qué aprendiste? ¿Qué manejaste bien? ¿Por qué motivo te mereces una palmadita en la espalda? Aunque suene muy simple, puede tener un efecto muy profundo para ayudarte a ganar más confianza.

---

**Apuntes sobre el rendimiento**

1. Las competencias (conocimiento, habilidades, capacidades o talentos) en las que he trabajado duro para cultivar en mi vida son...

2. Si me otorgara reconocimiento a mí mismo por aprender todo eso, empezaría a sentirme más...

3. Algo que he aprendido a hacer en los últimos años y por lo que aún no me he dado crédito es...

4. Siento que puedo manejar un gran desafío en mi vida justo ahora porque soy bueno aprendiendo a...

5. Una práctica que comenzaré a hacer todas las semanas para que me ayude a sentirme con más confianza es...

---

## SEGUNDA PRÁCTICA
- - - - - - - - - - - - - -

### SÉ COHERENTE

"La confianza en uno mismo es el primer secreto del éxito."
—Ralph Waldo Emerson

Vivir de forma coherente con la mejor versión de nosotros mismos es una de las principales motivaciones de la humanidad. Escribí todo un capítulo sobre este tema en mi libro *Recárgate*, y usaremos un fragmento para comenzar la conversación:

> En el centro de la congruencia están las preguntas sobre cómo estamos viviendo realmente nuestra vida, no sólo imaginándonosla. La búsqueda de la congruencia nos fuerza a preguntarnos: "¿Estoy siendo sincero sobre quién soy?", "¿soy digno de confianza, fiel a mí mismo y a los demás?", "¿practico lo que pienso y predico?", "¿soy consecuente con lo que sé de mí mismo?", "¿tomo alguna postura cuando el mundo desafía la persona en la que me puedo convertir?" Estas preguntas, y nuestras respuestas, nos definen y determinan en gran medida nuestro destino.
>
> Es difícil ser coherente. Por naturaleza, dependiendo del momento, se ven involucradas distintas partes de nosotros mismos. Nuestra identidad, personalidad, nuestros estados y normas pueden

ser distintos dependiendo del contexto. Podemos ser una estrella de rock en el trabajo y, sin embargo, un conserje en la casa. Podemos ser divertidos, apasionantes y bromistas con nuestros mejores amigos, pero tímidos y reservados en la cama. Podemos ser agresivos en una situación y, sin embargo, no ser firmes cuando hay que serlo. Nuestras distintas formas de ser según el contexto son algo natural y, a pesar de lo que algunos te hagan creer, también es saludable. La vida sería terriblemente dañina (y no digamos aburrida) si siempre fuéramos igual.

Sin embargo, para sentirnos más coherentes, tendremos que ser más conscientes de quién somos y qué tipo de vida queremos vivir. Tendremos que ser conscientes de ir moldeando y conservando nuestra identidad. Para todo esto se necesitan trabajo y decisiones conscientes. Puede que nadie te encendiera la vela del amor cuando eras joven, y por eso siempre has tenido la identidad de alguien que no es o no puede ser amado. Ahora, como adulto, puedes decidir conscientemente encender esa vela para ti mismo. Quizá nunca te prestaron la atención o el respeto que merecías. Ahora es el momento de prestártelos a ti mismo. Puede que nunca nadie te infundiera la confianza en ti mismo para que fueras capaz de sentir que podías moldear o agitar el mundo con tu poder. Infúndete esa confianza tú mismo. Éste es el camino para construir tu propia identidad.

A partir de mis entrevistas, queda claro que el último párrafo es la forma en la que las personas de alto rendimiento se han enfrentado a su vida. No esperaron a que los demás definieran quiénes debían ser. En algún punto —casi siempre un momento crucial de su vida— tomaron el control, definieron quiénes querían ser y comenzaron a vivir de acuerdo con esa imagen propia que tenían.

**Moldearon su identidad mediante la voluntad consciente y han alineado sus pensamientos, sus sentimientos y sus conductas para apoyar esa identidad.**

Cuantos más días viven en congruencia con quienes han decidido convertirse, más tienen la sensación de confianza general en la vida. Lo he oído una y otra vez en las entrevistas: "Decidí liberarme de mis padres [o mi trabajo, o mis anteriores relaciones] y hacer lo que realmente quería hacer", "finalmente decidí buscar un trabajo que fuera más yo", "comencé a vivir con mayor intención".

También queda claro que las personas de alto rendimiento ya no se sienten como si estuvieran "fingiendo para lograrlo". Aunque seis de las 30 personas que entrevisté mencionaron esa frase como algo que hacían antes en su vida o carrera, ninguna dijo que seguía "fingiendo". Al contrario, las personas de alto rendimiento parecen levantarse cada día y tener una intención clara de quién quieren ser en realidad, y después salen al mundo y dedican toda su concentración y energía a esa intención. Un sentido de autenticidad, orgullo, confianza en uno mismo y confianza llega a partir de esas acciones coherentes. Cuando hablé con Aurora en la sala verde, me aseguré de recordarle que era una campeona, para que sus pensamientos y acciones volvieran a corresponder con esa verdad. A veces un simple desafío a nuestro auténtico potencial puede darnos el impulso de confianza necesario que necesitamos.

Si puedes entender el poder de la coherencia, entonces puedes entender por qué el hábito de buscar claridad es tan importante para la confianza. No puedes ser coherente con algo que nunca has definido. Sin claridad no hay coherencia ni confianza. Así de sencillo. Por eso te animo a que vuelvas a leer el capítulo sobre claridad y no te olvides de llenar la gráfica de la claridad (Clarity Chart™) cada semana. Empieza cada semana con intención de quién quieres ser, después haz que tus acciones se correspondan con esa imagen de ti mismo y así ganarás más confianza.

Por último, quiero compartir algo que la mayoría de las personas de alto rendimiento compartieron conmigo: la confianza proviene de ser honesto con uno mismo y con los demás. Hay que evitar las pequeñas mentiras que pueden rasgar con facilidad el tejido de tu carácter. Si mientes sobre pequeñeces, ocasionarás una catástrofe cuando te enfrentes con los grandes asuntos. Tu corazón y tu alma quieren saber que has vivido una vida honrada. Si rompes esa confianza, te arriesgas a sentirte incoherente y arruinar tu rendimiento. Mantente firme en tu verdad y di la verdad, y así te sentirás coherente.

## TERCERA PRÁCTICA

## DISFRUTA CONECTANDO

"Puedes hacer más amigos en dos meses interesándote en otras personas que en dos años tratando de que los demás se interesen por ti."

—Dale Carnegie

Como ya sabes, a las personas de alto rendimiento les encanta ejercer influencia respecto a los demás. Les gusta conectar con ellos y aprender cómo piensan, a qué desafíos se enfrentan y qué están tratando de defender en este mundo. También les gusta compartir todo eso con los demás. Como recordatorio, esto no quiere decir que todas las personas de alto rendimiento sean extrovertidas. Una persona introvertida tiene tantas posibilidades de ser de alto rendimiento como una extrovertida. Un estudio reciente con más de 900 presidentes de compañías descubrió que poco más de la mitad de los de mayor rendimiento eran introvertidos.[7] Con una probabilidad cercana a 50%, no es la personalidad lo que da la ventaja.

Como el alto rendimiento no se correlaciona estrechamente con la personalidad, ¿qué es exactamente lo que hace que las personas de alto rendimiento estén tan interesadas en los demás? ¿Por qué tienen tanta curiosidad sobre ellos? ¿Qué es lo que les da la confianza para hablar con otras personas, hacerles preguntas, relacionarse?

En pocas palabras, las personas de alto rendimiento han aprendido el enorme valor de relacionarse con los demás. Han descubierto que conectando con otras personas aprenden más sobre sí y sobre el mundo. Es su conexión con los demás lo que inspira una mayor congruencia y competencia. Tú ya sabes eso. Cuanto más trabajas con la gente, más aprendes sobre ti mismo. Y cuanto más trabajas con los demás, más formas nuevas de pensamiento, habilidades nuevas y formas de servir aprendes. Este golpe de aprendizaje es lo que las personas de alto rendimiento me dijeron que les da tanto impulso para relacionarse.

Ésta es una distinción importante, sobre todo si no te consideras una persona con don de gentes. No importa si eres natural con los demás. Lo que importa es esto: "¿Quieres aprender de los demás? ¿Buscarás el tiempo para hacerlo? ¿Tratarás de relacionarte sinceramente con alguien y aprender sobre cómo piensan, lo que necesitan, lo que defienden?" Si puedes convocar esa curiosidad y hablar con la gente suficiente con dicha intención, ganarás confianza. Al menos eso es lo que compartieron con nosotros las personas de alto rendimiento.

Por lo tanto, la confianza de estas personas proviene de una mentalidad que dice: "Sé que me irá bien con los demás, porque estaré verdaderamente interesado en ellos porque quiero aprender". En mis entrevistas nadie dijo lo contrario: "Sé que me irá bien con los demás porque haré que se interesen realmente en mí, porque quiero enseñarles quién soy". No están pensando en su "discurso de ventas" ni en lo que tienen que decirle a todo el mundo, sino en lo que pueden aprender o cómo pueden servir. La confianza no proviene tanto de la proyección, sino de la conexión.

---

### Apuntes sobre el rendimiento

1. La razón principal por la que quiero ser mejor con la gente es...

2. Sé que tendré más confianza con la gente cuando...

3. Para tener más confianza con la gente, de ahora en adelante, cuando hable con ella, pensaré para mí...

---

## UNA FÓRMULA Y UNA DESPEDIDA POR EL MOMENTO

"En cuanto confíes en ti mismo, sabrás cómo vivir."
—Johann von Goethe

Si te has puesto a reflexionar sobre estas tres características que generan confianza (competencia, coherencia y conexión) es posible que te hayas dado cuenta de un tema subyacente. Lo que impulsó el desarrollo de las personas de alto rendimiento en cada una de estas áreas fue la curiosidad. Fue la curiosidad lo que desarrolló su conocimiento, sus habilidades y sus capacidades. La curiosidad impulsó su examen de conciencia. Hay que hacerse un montón de preguntas para ver si se está llevando una vida coherente. La curiosidad les hizo buscar a los demás. Entonces, es posible que podamos sacar una fórmula de todo esto:

Curiosidad × (Competencia + Coherencia + Conexión) = Confianza

La promesa de esta ecuación es que no tienes que pretender ser un superhumano. Sólo tienes que preocuparte lo suficiente para aprender cosas nuevas, para vivir conforme a quien quieres ser, para interesarte por los demás. Te sentirás mejor contigo mismo, y las investigaciones demuestran que la curiosidad por sí misma puede mejorar tu bienestar.[8] La curiosidad es el arco eléctrico para una vida llena de alegría e intensidad. Para llegar a ella, sólo tienes que empezar a preparar el diálogo interno que diga:

- *Sé qué hacer y cómo añadir valor aquí (o, al menos, creo en mi capacidad para descubrir las cosas y estoy deseando ir por ella).*
- *Sé que estoy viviendo conforme a la persona en la que me quiero convertir.*
- *Sé que me irá bien con los demás, porque estoy verdaderamente interesado en saber más sobre ellos y servirles.*

Si consigues que estos pensamientos y esta realidad sean recurrentes en tu vida, es muy probable que comiences con confianza tu camino hacia un mayor rendimiento.

Con esto no pretendo decir que el camino para alcanzar una mayor confianza o el alto rendimiento será fácil. A lo largo de este libro he comentado que el viaje para convertirse en una persona más extraordinaria en la vida siempre estará cargado de lucha. Pero como también he dicho, lo fácil no es el objetivo del crecimiento personal; es el crecimiento. Así que anticípate y honra el hecho de que va a ser difícil poner en práctica los hábitos y las prácticas de este libro.

Aunque el viaje te pondrá a prueba, al menos ahora tienes un mapa. Ya conoces los seis hábitos necesarios para alcanzar el alto rendimiento, así como las prácticas necesarias para desarrollar cada uno de ellos. Con las lecciones aprendidas en este capítulo también sabes cómo ganar aún más confianza en ese camino hacia un mayor rendimiento. Vuelve a interesarte por tu rendimiento y trata de mejorarlo mediante la práctica de los HP6:

1. **Busca claridad** sobre quién quieres ser, cómo quieres interactuar con los demás y qué traerá significado a tu vida.
2. **Genera energía** para que puedas mantener la concentración, el esfuerzo y el bienestar. Para mantenerte en tu mejor jugada, necesitarás cuidar activamente tu fortaleza mental, tu energía física y tus emociones positivas.
3. **Aumenta la necesidad** de tu nivel de rendimiento. Esto quiere decir que accedas activamente a los motivos por los que debes actuar bien, basándote en una mezcla de tus normas internas (por ejemplo, tu identidad, tus creencias, tus valores o tus expectativas de excelencia) y las exigencias externas (por ejemplo, las obligaciones sociales, la competencia o los compromisos públicos).
4. **Aumenta tu productividad** en tu principal campo de interés. En particular, tendrás que concentrarte en la "producción prolífica de calidad" (PQO) en el área en la que quieras ser reconocido y crear impacto. También tendrás que minimizar las distracciones (u oportunidades) que distraen tu atención de la creación de PQO.
5. **Ejerce influencia** con las personas a tu alrededor para que puedas conseguir que crean en ti y apoyen tus esfuerzos y ambiciones. Sin una red de apoyo positivo, los grandes logros a largo plazo son casi imposibles.
6. **Demuestra valor** y expresa tus ideas, actúa con valentía y defiéndete a ti mismo y a los demás, aunque te enfrentes al miedo, la incertidumbre o las condiciones cambiantes.

Busca claridad. Genera energía. Aumenta la necesidad. Aumenta la productividad. Ejerce influencia. Demuestra valor. Éstos son los seis hábitos que tienes que adoptar para alcanzar el alto rendimiento y permanecer ahí. Éstos son los hábitos mediante los cuales lograrás mayor confianza en la vida y serás aún más extraordinario.

¿Y ahora qué? Lleva siempre contigo la lista de los seis hábitos. Puedes encontrar la guía resumen al final de este libro, y encontrarás un planificador diario en HighPerformanceHabits.com/tools. A partir de ahora, antes de cualquier reunión a la que vayas a entrar, antes de cualquier llamada telefónica, antes de que comiences cualquier proyecto o trates de ir por cualquier nuevo objetivo, revisa los seis hábitos.

Después, cada 60 días, vuelve a hacer la prueba del indicador del alto rendimiento (High Performance Indicator) para registrar tu progreso e identificar en qué hábitos debes seguir concentrándote. Si ya hiciste el HPI, recibirás un recordatorio para volver a hacerlo dentro de 60 días. Si aún no lo has hecho, o se te pasó el recordatorio, puedes hacer la evaluación básica en cualquier momento y de forma gratuita en HighPerformanceIndicator.com. Si quieres seguir investigando y aprendiendo sobre esta área, puedes asistir a cualquiera de mis eventos o unirte a nuestro programa de maestría en alto rendimiento. Cuando estés listo, entra a High PerformanceInstitute.com.

Hace unos veintitantos años estaba parado, ensangrentado y en estado de *shock* encima del cofre de un auto después de mi accidente. Aprendí que, en los últimos momentos de la vida, todos nos hacemos preguntas para evaluar si fuimos felices en nuestro viaje. Aprendí que mis preguntas iban a ser *¿viví?, ¿amé?, ¿importé?* No me gustaron mucho mis respuestas a esas preguntas, así que traté de cambiar mi vida y busqué las mejores maneras de hacerlo. Sentía que luchar por convertirme en la mejor versión de mí mismo era un modo de ganarme la gran bendición de la segunda oportunidad que se me había concedido. Esa lucha me condujo a una vida de aprendizaje y, en última instancia, al descubrimiento de estos hábitos de alto impacto.

Espero que, cuando cierres este libro, decidas vivir con una intención y veneración por la vida parecidas. Espero que te levantes cada día y decidas practicar los hábitos que harán que estés orgulloso de tu vida. Espero que mientras te esfuerzas por llevar una vida extraordinaria, traigas la alegría y honres la lucha y trates de servir a los demás. Espero que, si miras hacia atrás algún día, cuando hayas alcanzado un nivel de rendimiento con el que nunca habrías soñado, puedas decir que lo querías, trabajaste para alcanzarlo y pusiste toda tu voluntad para que sucediera; que nunca te diste por vencido y nunca lo harás. Te volviste extraordinario porque así lo decidiste.

Esa realidad, en mi opinión, está disponible para todos nosotros.

Ahora sólo tienes que ganártela.

# GUÍA RESUMEN

"Seas lo que seas, sé bueno en ello."
—Abraham Lincoln

## HÁBITO 1. BUSCAR LA CLARIDAD

1. **Visualiza los cuatro futuros.** Ten una visión y establece intenciones claras constantemente sobre quién quieres ser cada día, cómo quieres interactuar con los demás, qué habilidades tienes que desarrollar para ganar en el futuro y cómo puedes marcar la diferencia y servir con excelencia. Nunca te metas en una situación sin pensar bien en estas cuatro categorías (personal, social, habilidades y servicio).

2. **Decide el sentimiento que buscas.** Pregúntate con frecuencia: "¿Cuál es el sentimiento principal que quiero traer a esta situación y cuál es el sentimiento principal que quiero obtener de ella?" No esperes que las emociones se posen en ti; elige y cultiva los sentimientos que quieres compartir en la vida y experimentar constantemente.

3. **Define lo que es importante.** No todo lo que se puede alcanzar es importante, por lo que el asunto no son los logros, sino el posicionamiento. Fíjate en los próximos meses y proyectos y decide cuáles te podrían causar entusiasmo, conexión y satisfacción; después, pasa más tiempo en ellos. Pregúntate siempre: "¿Cómo puedo hacer que este esfuerzo sea significativo para mí?"

## HÁBITO 2: GENERAR ENERGÍA

1. **Libera tensiones, establece intenciones.** Usa las transiciones entre actividades para renovar tu energía. Para lograrlo, cierra los ojos, practica las respiraciones profundas y libera las tensiones del cuerpo y los pensamientos de la mente. Trata de hacerlo al menos una vez cada hora. En cuanto sientas que la tensión se libera, establece una intención clara para tu siguiente acti-

vidad, abre los ojos y ponte a trabajar con una concentración brillante.

2. **Trae la alegría.** Responsabilízate de la energía que traes a tu día a día y a cada situación en la vida. Concéntrate sobre todo en traer alegría a tus actividades. Anticipa los resultados positivos de tus acciones, hazte preguntas que generen emociones positivas, establece desencadenantes para recordarte que debes ser positivo y estar agradecido y valora las cosas pequeñas y a la gente de tu alrededor.

3. **Mejora la salud.** Si para cubrir las exigencias de tu vida tienes que aprender rápido, manejar el estrés, estar alerta, prestar atención, recordar las cosas importantes y mantener un estado de ánimo positivo, entonces tienes que dormir, hacer ejercicio y alimentarte bien y tomártelo en serio. Trabaja con tu médico y otros profesionales para optimizar tu salud. Ya sabes qué cosas deberías estar haciendo. ¡Hazlas!

## HÁBITO 3: AUMENTAR LA NECESIDAD

1. **Averigua quién necesita tu mejor jugada.** No puedes volverte extraordinario sin sentir que es absolutamente necesario sobresalir, por ti y por los demás. A partir de ahora, siempre que te sientes en tu despacho, pregúntate: "¿Quién es el que más necesita que haga mi mejor jugada ahora mismo? ¿Qué es lo que hay en mi identidad y obligaciones externas que me obliga a cumplir hoy?"

2. **Confirma el porqué.** Cuando verbalizas algo, se vuelve más real e importante para ti. Cuéntate tu "porqué" en voz alta a menudo, y compártelo con los demás. Esto te motivará para vivir de forma coherente con tus compromisos. Así que la próxima vez que quieras aumentar tu necesidad de rendimiento, declara (a ti mismo y a los demás) lo que quieres y por qué lo quieres.

3. **Sube el nivel a tu equipo.** Las emociones y la excelencia son contagiosas, así que pasa más tiempo con las personas más positivas y exitosas de tu grupo. Después, sigue armando tu red ideal de personas que te apoyen y te fortalezcan. Pregúntate: "¿Cómo

puedo trabajar con los mejores al embarcarme en este siguiente proyecto? ¿Cómo puedo inspirar a los demás para que eleven sus estándares?".

## HÁBITOS SOCIALES

### HÁBITO 4: AUMENTAR LA PRODUCTIVIDAD

1. **Aumenta los resultados que importan.** Decide cuáles son los resultados que más importan para determinar tu éxito, tu diferenciación y contribución a tu campo o tu sector. Concéntrate en eso, di no a casi todo lo demás y sé prolífico a la hora de crear esos resultados con altos estándares de calidad. Recuerda que lo principal es mantener lo principal como principal.

2. **Traza tus cinco movimientos.** Pregúntate: "Si sólo se necesitaran cinco grandes movimientos para lograr ese objetivo, ¿cuáles serían?" Piensa en cada gran movimiento como un gran cubo de actividades, un proyecto. En cuanto tengas claro todo eso, ponlas en tu calendario y programa la mayor parte de tu tiempo para trabajar en ellas.

3. **Vuélvete increíblemente bueno en las habilidades clave (dominio progresivo).** Decide cuáles son las cinco habilidades principales que tienes que desarrollar en los próximos tres años para convertirte en la persona que esperas llegar a ser. Después, prepárate para desarrollar esas habilidades con una concentración obsesiva, concéntrate por medio de los 10 pasos del dominio progresivo. Lo más importante es que siempre debes desarrollar las habilidades esenciales para lograr tu éxito futuro.

### HÁBITO 5: EJERCER INFLUENCIA

1. **Enseña a pensar a la gente.** En cada situación de influencia, prepárate y pregúntate cómo quieres que las demás personas piensen sobre a) sí mismas, b) otras personas y c) el mundo en general. Después comunícalo constantemente. Moldea el pensamiento de

la gente diciendo cosas como: "Piensa en ello de esta forma...", "¿qué piensas de...", "¿qué pasaría si intentáramos..."
2. **Desafía a las personas para que crezcan.** Observa el carácter de la gente, sus conexiones y sus contribuciones y desáfialas activamente para que desarrollen todo eso aún más. Pregúntales si lo dieron todo, si podrían tratar mejor a los que los rodean y si podrían dar aún más o servir con mayor excelencia y distinción.
3. **Ejemplifica el camino.** El 71% de las personas de alto rendimiento dice que piensa en ser un ejemplo a seguir todos los días. Quiere ser un buen ejemplo a seguir para su familia, el equipo y la comunidad en general. Así que pregúntate: "¿Cómo puedo manejar esta situación de forma que inspire a los demás para que crean en sí mismos, den lo máximo de ellos y sirvan a los demás con integridad, corazón y excelencia?"

## HÁBITO 6: DEMOSTRAR VALOR

1. **Honra la lucha.** Cuando tienes la oportunidad de aprender y servir, no te quejas del esfuerzo que implica. Considera la lucha como una parte necesaria, importante y positiva de tu viaje, para que puedas encontrar la paz real y el poder personal. No te lamentes de las adversidades inevitables de la superación personal y de perseguir tus sueños; venera los desafíos.
2. **Comparte tu verdad y tus ambiciones.** La motivación principal de la humanidad es ser libre, expresar nuestro verdadero yo y perseguir nuestros sueños sin restricciones... para experimentar lo que podría llamarse libertad personal. Para seguir este impulso, comparte constantemente tus verdaderos pensamientos, sentimientos, necesidades y sueños con los demás. No te hagas insignificante para aplacar a los demás. Vive tu verdad.
3. **Encuentra a alguien por quien luchar.** Necesitamos una causa noble por la cual luchar. Las personas de alto rendimiento suelen tener esa causa volcada en una sola persona; quieren luchar por esa persona para que pueda estar a salvo, mejorar o tener una mejor calidad de vida. Harás más por otros que por ti mismo. Y al hacer algo por los demás, encontrarás tu motivo para el valor, y tu causa para enfocarte y lograr la excelencia.

Estos seis hábitos y las tres prácticas que fortalecen cada uno son tu camino para lograr una vida extraordinaria. Hay otras estrategias básicas en el libro, pero estos seis metahábitos son los que más favorecen el progreso.

Si deseas obtener más recursos, como listas de comprobación, carteles, evaluaciones, planificadores, diarios y herramientas de capacitación corporativa, consulta HighPerformanceHabits.com/tools.

Consigue más recursos y oportunidades de educación continua en
HighPerformanceInstitute.com

## PLANIFICADOR

¿Necesitas ayuda para gestionar tu flujo de trabajo diario y tus prioridades, para fijar objetivos y evaluarte cada semana para tener éxito a largo plazo? ¡Consigue el planificador de alto rendimiento de Brendon Burchard! Disponible en varios tamaños.

Brendon está EN VIVO todos los meses únicamente para sus miembros del club de alto rendimiento mensual. Por sólo 49 dólares al mes tendrás nuevas capacitaciones de Brendon, así como boletos para seminarios, recomendaciones de libros, nuevas herramientas... ¡y mucho más!

## MEMBRESÍA

¡Consigue recompensas por tu crecimiento personal y profesional! Termina el programa de maestría en línea de una semana del HPI y después asiste a la capacitación en vivo de cuatro días. Los graduados reciben un certificado de aprovechamiento del High Performance Institute y una exclusiva comunidad en línea.

## MAESTRÍA

¿Quieres convertirte en un coach certificado en alto rendimiento (Certified High Performance Coach™)? CHPC es el programa de capacitación y certificación más distinguido para coaches de vida, coaches ejecutivos y profesionales de recursos humanos. Sólo solicitudes.

## CERTIFICACIÓN

# Sobre el autor

**BRENDON BURCHARD** es el mejor coach sobre alto rendimiento del mundo y uno de los capacitadores sobre crecimiento personal más vistos, citados y seguidos de la historia. La revista *Success* y *O, The Oprah Magazine* lo han nombrado uno de los líderes más influyentes sobre el crecimiento y logros personales. Ha capacitado y certificado a más personas sobre el tema del alto rendimiento que nadie en el mundo.

Después de padecer depresión y sobrevivir a un accidente automovilístico a los 19 años, Brendon se enfrentó a lo que él llama las últimas preguntas de la vida: "¿Viví profundamente? ¿Amé abiertamente? ¿Marqué la diferencia?" Su intención de ser feliz con las respuestas lo llevó a unas drásticas transformaciones personales y, más adelante, a su propósito en la vida de ayudar a los demás a vivir, amar e importar. Después de graduarse con una maestría en comunicación organizativa, trabajó como asesor de gestión del cambio para *Accenture*. En 2006 comenzó su carrera como escritor, organizador de seminarios, coach de clientes individuales y creador de cursos en línea.

En la actualidad, Brendon es una de las 100 figuras públicas más seguidas en Facebook y la estrella del programa más visto sobre autoayuda en YouTube. Sus videos de crecimiento personal los han visto más de 100 millones de veces. Más de 1.6 millones de personas han tomado sus cursos en línea o han visto sus videos. Por estos resultados, Oprah.com lo nombró "uno de los capacitadores en línea más exitosos de la historia".

Brendon es número 1 en ventas en el *New York Times*, en *USA TODAY* y en *Wall Street Journal*, y sus libros publicados son *El manifiesto por la motivación, Recárgate, El mensajero millonario, El ticket de tu vida* y *The Student Leadership Guide*. Su primer podcast, The Charged Life, debutó como número 1 en iTunes en todas las categorías y pasó más de 100 semanas entre los 10 mejores de su categoría.

Como presidente del High Performance Institute, Brendon lidera a un equipo de coaches, creadores e investigadores cuya misión es ayudar a la gente a crear y disfrutar vidas extraordinarias. Viaja por todo el mundo dando charlas y sirve como el capacitador principal de la High Performance Academy, el afamado seminario sobre desarrollo personal y profesional de cuatro días. La revista *Entrepreneur* clasificó su seminario para líderes de las redes sociales, Experts Academy, como "uno de los cinco mejores cursos a los que todo emprendedor debería asistir".

En reconocimiento por ser una autoridad mundial tanto en motivación personal como en marketing empresarial, Brendon recibió el premio Maharishi y está en la junta sobre innovación en la fundación XPRIZE.

Consulta su página en Brendon.com.

# Agradecimientos

Ésta es la sexta vez en mi vida que me he sentado a escribir los agradecimientos después de terminar la última página del manuscrito. Me siento afortunado de saber que tantas de las personas que inspiraron y apoyaron mis últimos cinco libros siguen estando en mi vida. Las relaciones duraderas son lo más importante para el éxito a largo plazo, o quizá el verdadero significado.

Si conoces mi obra, sabes que me siento agradecido con Dios en primer lugar y siempre por la segunda oportunidad que me dio después de mi accidente automovilístico. Cada día espero ganarme esa bendición (a la que yo llamo el ticket de la vida) tratando de vivir más plenamente, amar más abiertamente y marcar una mayor diferencia.

Mi obra no habría sido posible sin el amor y la fortaleza de mis padres, mis hermanos, mis mentores y mi esposa. Mamá, gracias por enseñarnos a todos cómo honrar la lucha y traer alegría a todos los momentos de nuestra vida. Papá, te extrañamos. No he pasado ni un solo día ni he escrito una sola página sin pensar en ti desde que falleciste. David, Bryan y Helen, gracias por inspirarme a ser un mejor hombre y un mejor hermano. Los amo más de lo que creen. Linda Ballew, fuiste una extensión de mi familia y mi primera mentora real. Gracias por enseñarme a crear, a escribir, a grabar y a liderar con excelencia. Denise, mi amor, gracias por creer en mí en todo momento, y por mostrarme lo que significa ser un ser humano atento, amable, cariñoso y extraordinario. Eres la persona más excepcional que he conocido y el mejor regalo de mi vida. A Marty y Sandy, gracias por el ejemplo y por animarnos.

A pesar de que desaparecí con frecuencia en el transcurso de estos últimos dos años y medio mientras escribía este libro, mi increíble equipo en The Burchard Group me animó, protegió mi tiempo y mantuvo la intensidad sirviendo a nuestros estudiantes y nuestra misión. A mi equipo, gracias por su compromiso, excelencia y creatividad al amplificar mi trabajo mucho más allá de estas páginas. Muy poca gente conocerá las bendiciones y las dificultades que supone servir a millones de estudiantes y decenas de millones de seguidores en este género. Pero ya lo sabes, y haces que suceda cada día. Estoy excesivamente agradecido y sobrecogido por lo que hemos creado.

Denise McIntyre, de algún modo, logra mantenernos a todos en el camino. Gracias, Dmac, por tu extraordinaria convicción, confianza, liderazgo y amistad. Has estado ahí durante todo el proceso y nunca te lo podré agradecer lo suficiente. Mel Abraham ha guiado muchas de mis grandes decisiones empresariales, me ha presentado en el escenario, me ha mantenido alejado de los malos y se ha convertido en uno de mis amigos más queridos. Todo el mundo debería tener la suerte de contar con unos compañeros tan generosos como Dmac y Mel. Éste es el equipo al completo con el que tengo el privilegio de servir todos los días: Jeremy Abraham, Adim Coleman, Karen Gelsman, Michael Hunter, Alex Houg, Hannah Houg, Michelle Huljev, Maggie Kirkland, Jessica Lipman, Helen Lynch, Jason Miller, Terry Powers, Travis Shields, Michele Smith, Danny Southwick y Anthony Trucks. Gracias también al equipo B original, a Jennifer Robbins, quien me apoyó en los primeros años de mi carrera y puso la vara para la excelencia que seguimos esforzándonos por mantener.

Hay más personas extraordinarias que hicieron posible este libro. Para dar vida a un libro y comercializarlo hacen falta muchas manos. Scott Hoffman, mi agente, creyó en mí desde el primer día. Durante los seis libros, nunca me he sentido solo, porque sabía que estabas ahí, amigo. Me siento honrado de tenerte como amigo y compañero en este increíble viaje. Reid Tracy me aceptó en Hay House después de que otro publicista no lograra ver el futuro de *El manifiesto por la motivación*. Reid, nunca olvidaré tu generosidad ni el honor que me concediste por ser parte de la familia de Hay House. Eres el líder más importante en la historia de la edición sobre desarrollo personal, y espero que seas consciente del impacto que has causado en mí y en el mundo. Perry

Crowe, mi editor en Hay House, acompañó a este bebé hasta su final con un espíritu paciente y amable. Gracias, Perry, por tu excelencia en la edición. Constance Hale le echó un vistazo al primer borrador y me hizo unos comentarios iniciales magníficos, y afortunadamente me asustó lo suficiente como para comenzar de nuevo. Gracias, Connie. Si este libro está en condiciones, es gracias a Michael Carr, el mejor revisor con el que jamás he trabajado. Michael ha revisado todos mis libros, algo que nunca ha sido fácil, ya que cada uno lo escribí con una voz distinta y en general no logré aprender de mis errores previos. Gracias, Michael, por todas tus desveladas con este libro, y por hacerme parecer un mejor escritor.

A mis muchos amigos, psicólogos, coaches profesionales y mentores que moldearon el pensamiento de este libro y me ayudaron con las encuestas, las investigaciones y el análisis, gracias. Debo dar las gracias especialmente a Danny Southwick por ser tan apasionado como yo respecto a este tema, por ayudarme a liderar a algunos de nuestros investigadores y por todas las largas noches de revisión. Eres mi hermano del alma, y tienes un talento y un don increíbles en el movimiento de la psicología positiva. Gracias también a Shannon Thompson, Alissa Mrazek y Mike Mrazek por brindarme un análisis adicional y por la revisión de la bibliografía. Alissa y Mike, gracias por los ahorros, la fiabilidad y el entusiasmo.

Mi equipo en Growth.com también me dio ánimos, sirvió a nuestros clientes de coaching con un profesionalismo de primer nivel y me enseñó muchísimo sobre la excelencia organizativa. Gracias, Dean Graziosi y Ethan Willis, por liderar Growth y por construir algo tan mágico. No puedo contar cuántas lecciones de vida y conocimientos empresariales he aprendido de ambos. Son mis nuevos mentores. A nuestros primeros líderes en Growth, estoy muy orgulloso de ustedes y muy agradecido, incluido todo el equipo de Dean y Damon Willis, Bryan Hatch y Cary Inouye.

A nuestra comunidad mundial de colegas que son coaches certificados en alto rendimiento, gracias por la dedicación, corazón y liderazgo que aportan al sector del coaching personal y profesional. Son los mejores coaches del mundo, y es un honor servir con ustedes.

También estoy profundamente agradecido con todos mis lectores, estudiantes en línea y seguidores de las redes sociales por todos sus amables comentarios y apoyo. A pesar de la atención reciente y generosa, sigo sintiendo que sólo soy una pequeña parte de una larga lista de personas que se dedicaron a enseñar sobre crecimiento personal. No habría logrado mucho en la vida si no hubiera leído tantos libros sobre psicología y superación personal. Desde los 19 años he leído al menos un libro cada semana. Lo complementé con al menos un artículo de investigación al día desde los 20 y sigo sintiéndome como un aprendiz. Este compromiso con la lectura fue, quizá, el mejor hábito que haya comenzado jamás. Como la gente siempre me pide mis recomendaciones, éstos son los maestros en mi campo que moldearon mis primeras opiniones y mi vida: Dale Carnegie, Napoleon Hill, Earl Nightingale, Og Mandino, Norman Cousins, Jim Rohn, John Wooden, Wayne Dyer, Marianne Williamson, Stephen Covey, Louise Hay, Marshall Goldsmith, Brian Tracy, Zig Ziglar, Harvey Mackay, Peter Drucker, Frances Hesselbein, James Redfield, Debbie Ford, Dan Millman, Tom Peters, Les Brown, Richard Carlson, Jack Canfield, Robin Sharma, Tony Robbins, Daniel Amen y Paulo Coelho. Y éstas son las mentes brillantes y los psicólogos cuyo trabajo me inspiró a investigar aún más y llevar a cabo este tipo de investigación: Abraham Maslow, Carl Rogers, Alfred Adler, Erich Fromm, Nathaniel Branden, Albert Bandura, Richard Davidson, Roy Baumeister, Barbara Fredrickson, Edward Deci, Richard Ryan, Mihaly Csikszentmihalyi, Martin Seligman, Daniel Goleman, John Gottman, Carol Dweck, Michael Merzenich, Angela Duckworth y Anders Ericsson. Yo sólo soy un coach, así que, si en verdad quieres comprender la condición humana y apreciar la excelencia académica en su máxima expresión, consulta su trabajo.

Si te enteraste sobre este libro a partir de alguna publicidad de un video en internet, se debe a que aprendí algo de eso de Jeff Walker, Frank Kern y otra docena o así de grandes capacitadores y anunciantes en línea. A todos aquellos que me han ayudado a aprender a compartir mi mensaje y a todos los que promovieron mi obra y mi misión, se los agradezco. ¿Quién hubiera dicho que el marketing en línea y las redes sociales se convertirían en esto? A mis amigos y colaboradores del sector, gracias por su ejemplo, su amistad y liderazgo, sobre todo a Joe Polish, Tony Robbins, Robin Sharma, Peter Diamandis, Daniel Amen, Chalene Johnson, Nick Ortner, Marie Forleo, J. J. Virgin, Gabby Bernstein, Mat Boggs, Mary Morrissey, Janet Attwood, Chris Attwood, Jack Canfield,

Brian Tracy, Harvey Mackay, Lewis Howes, Kris Carr, Tony Horton, Larry King, Shawna King, Arianna Huffington, Stuart Johnson y Oprah Winfrey.

A mis clientes de coaching en todo el mundo, gracias por la oportunidad y por enseñarme tanto.

A mis queridos amigos Ryan, Jason, Steve, Jesse, Dave, Nick, Stephan y a todos los salvajes y los Grizzlies de Montana, los amo y los extraño. Gracias por creer en el chico ruidoso y escuálido cuando nadie más lo hizo.

Por último, a todos mis amigos, colegas, estudiantes y seguidores que hayan podido sentirse abandonados en cualquier momento durante este proyecto de escritura —el más largo de mi carrera—, espero que encuentren que el resultado final justificó mi ausencia. Han estado presentes en mi mente y mi corazón cada día y en cada página.

# Notas finales

INTRODUCCIÓN

1. Muchos de mis amigos escritores se preguntaban por qué tomé esta decisión. Los libros de este género quedan desfasados enseguida cuando se basan demasiado en estudios de casos de empresas para apoyar sus afirmaciones. Puede que algunos ejemplos ayuden: *Empresas que sobresalen*, de Jim Collins. Entre sus célebres perfiles de compañías se encontraban Circuit City, ahora en quiebra, y Fannie Mae, acusada de fraude con títulos de valores que contribuyó de manera significativa a la crisis financiera de 2007-2008. Wells Fargo, otra "gran" empresa, recibió una multa de 185 millones de dólares, y despidió a más de 5 mil empleados, por abrir millones de cuentas fraudulentas. El impresionante libro de Gary Hamel *Liderando la revolución* elogiaba a Enron, cuyos principales directivos fueron encarcelados por operar una de las compañías más corruptas de todos los tiempos. El libro *En busca de la excelencia*, de Tom Peters, retrata a Atari, NCR, Wang Labs y Xerox, compañías que pronto empezarían a caer en declive. Esto no quiere decir que las afirmaciones de estos autores estuvieran equivocadas en ese momento. Significa que, inevitablemente, el rendimiento cambia, y si vas a plantear tu tesis apoyándote en empresas, terminas con un libro que acabará siendo irrelevante. Además, "rendimiento" de una compañía es un nombre poco apropiado, ya que son las personas las que rinden, no las compañías. Por eso yo elegí evitar los perfiles de las empresas en este libro. En su lugar, quise usar la perspectiva de un investigador y coach de alto rendimiento, y traté de buscar las diferencias individuales en el comportamiento que ayudan a algunas personas a tener más éxito que otras. Decidí no hablar de personajes contemporáneos por la misma razón: aunque te puede enganchar a la lectura a corto plazo, el material puede quedar desfasado. Las personas, al igual que las compañías, también pueden acabar decayendo y, en algún punto, la mayoría lo hacemos. Este libro no se muerde la lengua. El alto rendimiento no es algo que todo el mundo puede mantener para siempre. Por eso he elegido favorecer las estrategias que sabemos que funcionan, y no a personajes que resulta que, en la actualidad, son estrellas. He intercalado algunas anécdotas

de coaching y experiencias personales para que las tácticas y estrategias sobre cómo hacerlo no se vuelvan tediosas. Repito, esta decisión no fue fácil, pero saber que puedo compartir historias, casos prácticos y ejemplos puntuales de distintos espacios en línea me dio libertad para decidirme. Durante toda mi carrera me han recompensado por obtener resultados para la gente, no por entrevistarlas sobre sus antecedentes. Eso se refleja en esta obra. Si te gustan las entrevistas de personas fascinantes sobre su estilo de vida, te recomiendo que escuches podcasts o libros destinados a ese fin. Si quieres saber más de mis historias y puntos de vista personales, consulta mi podcast en iTunes. Si deseas más contenido relacionado con la investigación, consulta HighPerformanceInstitute.com.

## MÁS ALLÁ DE LO NATURAL: LA BÚSQUEDA DEL ALTO RENDIMIENTO

1. Para ocultar las identidades y proteger la privacidad de todos mis clientes y estudiantes he cambiado oportunamente sus nombres y los detalles de estas historias. Cualquier parecido con alguna persona viva o muerta es pura coincidencia y sin intención.
2. C. S. Dweck (2008); C. S. Dweck y E. L. Leggett (1988).
3. A. L. Duckworth (2016); A. L. Duckworth *et al.* (2015).
4. K. A. Ericsson y R. Pool (2016a); K. A. Ericsson (2014).
5. T. P. Munyon *et al.* (2015); D. Goleman *et al.* (2013); D. Goleman (2007).
6. Consulta L. Bossidy *et al.* (2011); D. Seidman (2011).
7. K. Reivich y A. Shatté (2002).
8. J. J. Ratey y E. Hagerman (2008).
9. Para consultar nuestro último informe de metodología sobre el indicador de alto rendimiento (High Performance Indicator, HPI), consulta HighPerformanceInstitute.com.
10. Para una discusión más académica sobre estos nueve factores, consulta HighPefor mance Institute.com/research.

## HÁBITO DE ALTO RENDIMIENTO 1: BUSCAR LA CLARIDAD

1. J. D. Campbell *et al.* (1996).
2. E. A. Locke y G. P. Latham (2002).
3. P. M. Gollwitzer y V. Brandstätter (1997).
4. P. M. Gollwitzer (1999); P. M. Gollwitzer y G. Oettingen (2016).
5. E. P. Torrance (1983).
6. Está claro que se puede argumentar que un menor tiempo de respuesta o un tono más desenfadado no tiene por qué indicar una mayor claridad. Puede que esa persona nunca hubiera pensado antes en estas preguntas, pero resulta que es más creativa o que asimila mejor las ideas a la primera. Quizá sea más extrovertida y pueda aseverar y articular sus ideas mejor. Pero no es eso lo que descubrí cuando comparé sus puntuaciones en el HPI con sus respuestas en las entrevistas (el HPI pregunta sobre creatividad, confianza y autoafirmación, por ejemplo, y muchas personas que informaron tener poca creatividad o autoafirmación en la

evaluación pudieron aun así responder con rapidez y confianza). Por lo general, las puntuaciones de alto rendimiento no suelen correlacionarse en exceso con la creatividad autodiagnosticada ni los descriptores de personalidad, por lo que tiene sentido que la velocidad y el tono de la respuesta signifiquen simplemente que las personas hayan pensado este tipo de preguntas con anterioridad. Pero tendremos que probar eso de una forma más controlada en una encuesta futura.

7. D. Goleman (1998); D. Goleman *et al.* (2001, 2013).
8. M. Boggs y J. Miller (2008).
9. J. Gottman y N. Silver (1995, 2015).
10. Las investigaciones empíricas apoyan esta actitud. Por ejemplo, se puede interpretar la ansiedad como estrés o como emoción, y experimentar distintos beneficios y consecuencias de esa decisión. Consulta A. J. Crum *et al.* (2013).
11. P. R. Kleinginna y A. M. Kleinginna (1981); P. J. Lang (2010); A. R. Damasio (1999).
12. Uso la palabra *reacción* en este contexto para describir tanto una reacción de un estímulo del mundo real, como algo que vemos o sentimos fuera de nosotros, como también una reacción de anticipación, algo que pasa en nuestro interior. Cuando nuestra mente anticipa algo que va a ocurrir o podría ocurrir, la emoción puede avivarse. Esa emoción es una reacción o el resultado de la anticipación.
13. Las emociones suelen ser el resultado del modo que nuestro cerebro se anticipa a las situaciones, conceptualiza sentimientos o recuerda situaciones anteriores. A pesar de mis ejemplos, y de los malos entendidos normales, tus emociones no siempre son las mismas que las mías, y hay una gran variabilidad en el modo en el que nuestro cerebro conceptualiza y genera emoción. Consulta L. F. Barrett (2017, 2017).
14. Para una explicación más amplia sobre las emociones, consulta M. Lewis *et al.* (2010).
15. C. D. Ryff y B. Singer (1998); K. D. Markman *et al.* (2013).
16. Para una discusión general más amplia sobre el significado, comienza con M. J. MacKenzie y R. Baumeister (2014); A. Wrzesniewski (2003); B. D. Rosso *et al.* (2010).
17. M. F. Steger *et al.* (2006).
18. J. Sun *et al.* (2017).
19. T. F. Stillman *et al.* (2009).
20. D. L. Debats (1999); N. M. Lambert *et al.* (2010); K. D. Markman *et al.* (2013).
21. Sobre la importancia de la seguridad, consulta D. A. Yousef (1998); sobre autonomía, consulta F. Herzberg *et al.* (1969); sobre el equilibrio, consulta C. A. Thompson y D. J. Prottas (2006).
22. F. Martela y M. F. Steger (2016).

## HÁBITO DE ALTO RENDIMIENTO 2: GENERAR ENERGÍA

1. Para más distinciones sobre este tema en general, consulta también H. L. Koball *et al.* (2010).
2. Esta relación es fuerte (r = .63).
3. C. L. Ogden *et al.* (2015).
4. Para las últimas directrices, consulta https://www.cdc.gov/ physicalactivity/basics/ adults.

5. American Psychological Association (2015).

6. American Psychological Association (2016).

7. E. Seppala y K. Cameron (2015); J. K. Harter *et al.* (2003); K. Danna y R. W. Griffin (1999).

8. S. Ghosh *et al.* (2013); G. Issa *et al.* (2010); G. E. Tafet *et al.* (2001); E. Isovich *et al.* (2000).

9. Para más información sobre ansiedad y bienestar, consulta P. Grossman *et al.* (2004); K. W. Brown y R. M. Ryan (2003). Sobre la creatividad, consulta R. Horan (2009).

10. E. R. Valentine y P. L. Sweet (1999).

11. Algunos han comentado que el planteamiento de "libera tensiones, establece intenciones" es más una técnica de relajación que una práctica de meditación. No tengo una opinión al respecto, y tanto las técnicas de relajación como las de meditación pueden ser tremendamente poderosas. Consulta S. Jain *et al.* (2007) para un ensayo controlado entre ambas, que concede a la meditación una ligera ventaja. Si quieres echar un vistazo a los efectos neuronales positivos de la meditación, sobre todo para la atención, consulta W. Hasenkamp y L. W. Barsalou (2012). Si eres de los estudiantes que quieren tener un punto de vista crítico sobre la exageración y la poca ciencia alrededor de la meditación, consulta P. Sedlmeier *et al.* (2012).

12. J. J. Miller *et al.* (1995).

13. S. Lyubomirsky *et al.* (2005).

14. T. Bryan y J. Bryan (1991).

15. T. Sy *et al.* (2005); B. M. Staw y S. G. Barsade (1993).

16. A. M. Isen *et al.* (1991).

17. A. M. Isen y P. F. Levin (1972); A. M. Isen *et al.* (1976).

18. R. J. Davidson *et al.* (2000).

19. M. D. Lemonick (2005).

20. Ésta es también una práctica muy investigada en la ciencia de la consecución de logros, llamada Contraste mental e intenciones de implementación (Mental-Contrasting and Implementation Intentions, MCII). Quiere decir que piensas sobre lo que quieres, piensas sobre los obstáculos que se interpondrán en el camino y estableces intenciones específicas sobre cómo sortearás dichos obstáculos. Es interesante observar que sólo visualizar lo que quieres (al estilo de *El secreto*) suele estar correlacionado negativamente con la consecución de logros. Pero visualizar el éxito y pensar un plan para sortear los obstáculos está muy asociado con la consecución de logros. Consulta A. L. Duckworth *et al.* (2011a) y G. Oettingen *et al.* (2001). Para una discusión sobre la charla con uno mismo en tercera persona, consulta E. Kross *et al.* (2014).

21. M. D. Lemonick (2005).

22. A. Schirmer *et al.* (2011); M. J. Hertenstein *et al.* (2009).

23. R. A. Emmons (2000).

24. M. E. Seligman *et al.* (2005).

25. Consulta J. J. Pilcher y A. J. Huffcutt (1996); R. M. Benca *et al.* (1992); F. P. Cappuccio *et al.* (2008).

26. Para una mirada más profunda a la ciencia relativa a la interacción de genes, conducta y entorno, comienza con D. G. Blazer y L. M. Hernández (2006).

27. C. W. Cotman y N. C. Berchtold (2002).

28. *Idem.*

29. P. D. Tomporowski (2003); G. Tenenbaum *et al.* (1993).
30. T. E. Foley y M. Fleshner (2008); J. J. Ratey y E. Hagerman (2008).
31. D. M. Castelli *et al.* (2007); A. F. Kramer y C. H. Hillman (2006); B. A. Sibley y J. L. Etnier (2003).
32. J. J. Ratey y E. Hagerman (2008); B. W. Penninx *et al.* (2002); C. Chen *et al.* (2016).
33. B. L. Jacobs (1994); B. L. Jacobs y E. C. Azmitia (1992); J. J. Ratey y E. Hagerman (2008).
34. C. D. Rethorst *et al.* (2009); B. L. Jacobs (1994); B. L. Jacobs y E. C. Azmitia (1992); J. J. Ratey y E. Hagerman (2008); F. Chaouloff *et al.* (1989).
35. E. Anderson y G. Shivakumar (2015); P. B. Sparling *et al.* (2003).
36. Estadísticas sobre la obesidad: C. Davis *et al.* (2004). Consumo en exceso: M. A. McCrory *et al.* (2002).
37. C. Davis *et al.* (2004).
38. Sobre la conexión entre nutrición y productividad, consulta J. Hoddinott *et al.* (2008); D. Thomas y E. Frankenberg (2002); J. Strauss y D. Thomas (1998).
39. J. R. Behrman (1993).
40. Por muchos motivos, consulta M. J. Grawitch *et al.* (2006); T. A. Wright y R. Cropanzano (2000).
41. Extraído de http://www.apa.org/news/press/releases/2016/06/workplace-well-being.aspx.

## HÁBITO DE ALTO RENDIMIENTO 3: AUMENTAR LA NECESIDAD

1. Los psicólogos suelen llamar a esto "identificación". Consulta E. L. Deci y R. M. Ryan (2010, 2002); R. Koestner (1996).
2. E. A. Locke y G. P. Latham (2002).
3. El autocontrol y otros mecanismos de retroalimentación son la clave de este resultado. Consulta A. Bandura y D. Cervone (1983).
4. Éste es un descubrimiento común de las personas exitosas y de la gente saludable en general. Consulta A. Bandura (1991).
5. Consulta B. Harkin *et al.* (2016).
6. P. J. Teixeira *et al.* (2015).
7. R. O. Frost y K. J. Henderson (1991).
8. Esto ha demostrado ser cierto en muchas situaciones de la vida, desde los deportes a la música, pasando por la vida cotidiana. Consulta S. L. Beilock y T. H. Carr (2001); C. Y. Wan y G. F. Huon (2005).
9. E. A. Locke y G. P. Latham (2002).
10. R. M. Ryan y E. L. Deci (2000a, 2000b).
11. K. A. Ericsson *et al.* (1993); A. L. Duckworth *et al.* (2011a, 2011b).
12. Consulta las conclusiones en HighPerformanceInstitute.com/research.
13. Por ejemplo, R. F. Baumeister (1984) definió la presión como "cualquier factor o combinación de factores que aumenta la importancia de rendir bien en una determinada ocasión". En lo que se refiere a la investigación sobre el alto rendimiento, defino las fuerzas externas de una forma más amplia que una ocasión o evento particular. Las veo como fuerzas o actividades complementarias que ya son importantes. Las fuerzas externas no tienen por qué aumentar el sentido de una persona

de la importancia de rendir bien en absoluto, sino que pueden simplemente hacer más social o más significativa en lo personal esa actividad ya importante.

14. De hecho, esa afirmación no predecía de manera significativa ninguna puntuación alta en ninguna de las categorías u otras variables indicadoras del alto rendimiento. Las únicas dos cosas con las que se correlacionaba la afirmación eran las cosas que no quieres realmente. La correlación más fuerte fue con "soporto más estrés que mis colegas", una relación significativa a nivel estadístico, pero débil. La siguiente más próxima era "la gente no comprende lo duro que trabajo", que sigue siendo significativa a nivel estadístico, aunque muy débil.

15. Reconozco los problemas que puede causar usar los términos *tarea*, *obligación* y *responsabilidad* en trazos tan amplios y de forma intercambiable, por lo que pido disculpas a los lingüistas y filósofos de todo el mundo. Sobre todo a Hume y a Kant. Sobre la filosofía relacionada con estos temas, consulta J. B. Schneewind (1992); J. Feinberg (1966); R. B. Brandt (1964); B. Wand (1956). Mi intención en este apartado es transmitir cómo hablan realmente las personas de alto rendimiento, cómo describen esa sensación general de que se "supone" que deben hacer algo y por qué "tienen" que tener éxito. Para hacer honor a sus descripciones, usaré deber de forma intercambiable con cualquier obligación o responsabilidad sociales que hace que las personas de alto rendimiento encuentren necesarias para tener éxito de forma constante.

16. Consulta J. S. Lerner y P. E. Tetlock (1999); D. F. Crown y J. G. Rosse (1995); J. Forward y A. Zander (1971); M. S. Humphreys y W. Revelle (1984). Para una discusión más amplia sobre el modo en el que la responsabilidad puede moldear el juicio y las decisiones individuales, consulta P. E. Tetlock, (1992).

17. Para múltiples perspectivas y mecanismos a este respecto, incluidos los pros y los contras, consulta G. A. Rummler y A. P. Brache (1995); M. Dubnick (2005); D. D. Frink y G. R. Ferris (1998).

18. A. J. Fuligni (2001).

19. G. B. Cunningham (2006); L. M. Sulsky (1999).

20. En este caso, las personas de alto rendimiento se definieron como aquellas que obtuvieron 4.4 en la categoría de productividad y 4.2 o más en la evaluación de HPI completa (la productividad es sólo una categoría del HPI, pero la evaluación completa incluye más de 100 variables que se suman a una puntuación total).

21. S. Leroy (2009).

22. M. Csikszentmihalyi y K. Rathunde (1993); M. Csikszentmihalyi (1975, 1997); M. Csikszentmihalyi *et al.* (2005).

23. En los últimos cinco años de encuestas nunca hemos visto una correlación fuerte entre el alto rendimiento y las descripciones comunes de la personalidad (de los "cinco grandes" rasgos de la personalidad). La investigación organizativa moderna parece confirmarlo. Un estudio reciente descubrió que los presidentes de empresas de alto rendimiento tienen tanta probabilidad de ser introvertidos como de ser extrovertidos. Consulta E. L. Botelho *et al.* (2017). Para una discusión total sobre los motivos por los que las personas introvertidas resultan engañadas, consulta S. Cain (2013). En rasgos más generales, en lo que se refiere al éxito, los rasgos de la personalidad tienen una validez predictiva extremadamente limitada. Consulta M. R. Barrick y M. K. Mount (1991); A. L. Duckworth *et al.* (2007); F. P. Morgeson *et al.* (2007). Observando los metaanálisis sobre personalidad y logros,

Angela Duckworth, una psicóloga de la Universidad de Pennsylvania y una genio ganadora de la beca MacArthur, descubrió que "en el mejor de los casos, cualquier rasgo de la personalidad cuenta menos de 2% de varianza en los logros". Consulta A. L. Duckworth *et al.* (2007).

24. J. Schimel *et al.* (2004).
25. C. L. Pury *et al.* (2007); C. L. Pury y R. M. Kowalski (2007).
26. Consulta N. A. Christakis y J. H. Fowler (2008b). Sobre el sueño, consulta S. C. Mednick *et al.* (2010); sobre los alimentos que consumes, M. A. Pachucki *et al.* (2011); sobre el comportamiento económico, E. O'Boyle (2016).
27. Sobre el consumo de tabaco, consulta N. A. Christakis y J. H. Fowler (2008a); sobre la obesidad, N. A. Christakis y J. H. Fowler (2007); sobre la soledad, J. T. Cacioppo *et al.* (2009); sobre la depresión, J. N. Rosenquist *et al.* (2011); sobre el divorcio, R. McDermott *et al.* (2013); sobre el consumo de drogas, S. C. Mednick *et al.* (2010).
28. Sobre la felicidad, consulta N. A. Christakis y J. H. Fowler (2008b); sobre la conducta prosocial, consulta J. H. Fowler y N. A. Christakis (2010).
29. D. Coyle (2009); D. F. Chambliss (1989).
30. N. A. Christakis y J. H. Fowler (2009).
31. V. J. Felitti *et al.* (1998).
32. A. Danese y B. S. McEwen (2012).
33. T. Lee (2016); N. Kristof (2016); E. Dunlap *et al.* (2009).
34. C. S. Dweck (2014).
35. S. Claro *et al.* (2016).
36. A. L. Duckworth (2016); M. E. P. Seligman (2012).
37. J. S. Beck (2011); S. Begley y R. Davidson (2012); A. C. Butler *et al.* (2006); M. E. P. Seligman (1990).
38. Puede resultar tentador decir: "Bueno, eso debe ser sólo porque son extrovertidos", pero éste no es el caso. El alto rendimiento no se correlaciona con la personalidad, y estas prácticas no van unidas necesariamente a una personalidad extrovertida. En su lugar, la conducta prosocial y los intentos de trabajar en red con grupos más avanzados de personas están unidos a deseos de crecimiento, logro y contribución, sin importar la personalidad.
39. Secretaría de Trabajo de los Estados Unidos (2016). Informe disponible en https://www.bls.gov/news.release/volun.nr0.htm.
40. Para, quizá, el mejor libro sobre la competitividad y sus efectos a la hora de ganar, perder y en la vida, consulta P. Bronson y A. Merryman (2013).

### HÁBITO DE RENDIMIENTO 4: AUMENTAR LA PRODUCTIVIDAD

1. Nuestra investigación descubrió que las personas que sienten que han dado más que sus colegas no tienen más probabilidades de ser productivas que la media de quienes respondieron. Tampoco las tienen aquellos que sienten que están marcando la diferencia. En otras palabras, una sensación de dar más o marcar la diferencia no estaba estrechamente correlacionada con la productividad. Las personas generosas pueden sentirlo con todo el corazón, pero no siempre terminan lo que empiezan.
2. M. Csikszentmihalyi (1996); E. A. Locke y G. P. Latham (1990).
3. C. P. Cerasoli *et al.* (2014).

4. E. Weldon *et al.* (1991); E. A. Locke y G. P. Latham (1990).
5. Sobre nutrición, consulta J. Hoddinott *et al.* (2008); sobre el ejercicio, consulta C. W. Cotman y N. C. Berchtold (2002).
6. Para las conexiones entre nutrición y productividad, consulta J. Hoddinott *et al.* (2008); D. Thomas y E. Frankenberg (2002); J. Strauss y D. Thomas (1998).
7. S. Lyubomirsky *et al.* (2005).
8. S. Lyubomirsky *et al.* (2005).
9. D. Sgroi (2015).
10. Consulta LexisNexis (2010).
11. Consulta http://www.nytimes.com/2013/05/05/opinion/sunday/a-focus-on-distraction.html.
12. N. Lavie (2010).
13. Sobre el rendimiento óptimo, consulta K. A. Ericsson *et al.* (1993); sobre la calidad del trabajo, consulta C. Newport (2016).
14. S. Leroy (2009).
15. G. Mark *et al.* (2005).
16. Sí, el estadounidense promedio la ve todas esas horas, con fecha de junio de 2016, conforme a *The New York Times*. Consulta J. Koblin (2016).
17. Los ejecutivos informaron un 19% de aumento de su sensación de bienestar y un 24% de aumento en su sentido de equilibrio entre el trabajo y la vida. Hicimos cinco preguntas relacionadas con ambos temas (bienestar y equilibrio entre el trabajo y la vida), y las personas que respondieron se evaluaron a sí mismas en cada pregunta en una escala del 1 al 10. El aumento de porcentaje fue una media del grupo de 16 después de seis semanas. Ésta fue una encuesta informal, y estamos trabajando para validar la puntuación para un estudio sobre productividad más amplio.
18. M. H. Immordino-Yang *et al.* (2012).
19. En el caso de que quieras darte más descansos durante el día, consulta https://www.fastcompany.com/3035605/how-to-be-a-success-at-everything/the-exact-amount-of-time-you-should-work-every-day.
20. J. P. Trougakos e I. Hideg (2009); J. P. Trougakos *et al.* (2008).
21. J. P. Trougakos *et al.* (2014).
22. M. G. Berman *et al.* (2008).
23. G. Garrett *et al.* (2016).
24. E. C. Carter *et al.* (2015).
25. Para una discusión coherente sobre cómo funciona la mente en esta época moderna de sobresaturación de información, consulta D. J. Levitin (2014).
26. T. Schwartz y C. McCarthy (2007).
27. Consulta https://www.fastcompany.com/3035605/how-to-be-a-success-at-everything/the-exact-amount-of-time-you-should-work-every-day.
28. K. A. Ericsson *et al.* (1993).
29. D. K. Simonton (1988).
30. M. Chui *et al.* (2012).
31. S. Whittaker *et al.* (mayo de 2011).
32. Para saber cómo funciona la industria de los expertos, consulta mi libro *El mensajero millonario*.
33. C. Senécal *et al.* (1995).

34. R. Wood y E. Locke (1990).
35. E. Weldon y L. R. Weingart (1993); E. Weldon *et al.* (1991).
36. Para los recursos cognitivos obtenidos al tener un plan, consulta E. J. Masicampo y R. F. Baumeister (2011).
37. Como ejemplo, Tom Brady empezó a programar sus prácticas y entrenamientos bien entrados los 40. En el momento en el que estaba revisando este libro, él lideraba a los Patriotas de Nueva Inglaterra hacia la victoria en el Super Bowl LI, en lo que muchos han llamado uno de los mejores retornos y actuaciones deportivas de la historia. Si quieres leer lo obsesivo que es para mantener su sistema, consulta "obsesivo" para mantener su sistema: https://www.si.com/nfl/2014/12/10/tom-brady-new-england-patriots-age-fitness.
38. Pero no siempre. Para una amplia y perspicaz exploración de habilidades, consulta I. Grugulis *et al.* (2017).
39. Consulta C. S. Dweck (2008); A. L. Duckworth (2016); K. A. Ericsson y R. Poole (2016a).
40. K. A. Ericsson y R. Pool (2016c).
41. Mi recopilación favorita de los mejores discursos es W. Safire (2004).

## HÁBITO DE ALTO RENDIMIENTO 5: EJERCER INFLUENCIA

1. Como ejemplo, en dos encuestas distintas, "soy más generoso que mis colegas" no logró alcanzar una correlación significativa con la influencia (mayor que r = .20). No fueron muestras pequeñas: el primer estudio involucró a 8 826 personas de alto rendimiento (63% eran mujeres) de 140 países y el segundo involucró a 4 626 individuos (67% de mujeres) de 50 países.
2. (r = .45).
3. En las mismas dos encuestas, "soy más creativo que mis colegas" estaba correlacionado con la influencia al .17 y .19, por lo que no se logra una correlación significativa.
4. Descubrimos que esto era cierto para ambas encuestas.
5. Una lectura obligada para quienes estén interesados en la influencia, sobre todo para aquellos que dicen que no pueden tenerla, es T. P. Munyon *et al.* (2015). Para investigación sobre cómo deriva la habilidad política en promoción, consulta W. A. Gentry *et al.* (2012).
6. F. J. Flynn y V. K. Bohns (2012).
7. K. Savitsky *et al.* (2001).
8. J. Jecker y D. Landy (1969).
9. K. Weaver *et al.* (2007).
10. M. J. Marquardt (2011); J. M. Kouzes y B. Z. Posner (2011); R. M. Kanter (1999); B. Nanus (1992).
11. A. Grant (2013).
12. R. B. Cialdini (2007); D. T. Regan (1971).
13. L. G. Bolman y T. E. Deal (2003).
14. Accede al informe completo en https://www.apaexcellence.org/assets/ general/2016-work-and-wellbeing-survey-results.pdf.
15. A. M. Grant y F. Gino (2010).

## HÁBITO DE ALTO RENDIMIENTO 6: DEMOSTRAR VALOR

1. Se observó que las mujeres, en promedio, obtenían mejores calificaciones en valor en comparación con los hombres, aunque este porcentaje era tan leve, y la muestra tan grande, que no supuso una diferencia significativa. En nuestras intervenciones de coaching no existe diferencia apreciable entre hombres y mujeres y sus respuestas (ni en su capacidad de mejora) relacionada con el valor.
2. De un estudio: les encanta dominar desafíos, r = .45; se perciben a sí mismos como seguros r = .43; se perciben a sí mismos como personas con confianza, r = .49; se perciben a sí mismos como personas de alto rendimiento, r = .41; se perciben a sí mismos con más éxito que sus colegas, r = .40; y son felices con su vida en general, r = .41.
3. S. J. Rachman (2010).
4. Para la "no ausencia de miedo", consulta S. J. Rachman (2010); para "actuar a pesar del miedo", consulta Norton y Weiss (2009).
5. S. Rachman (1990); Macmillan y Rachman (1988).
6. Sobre los desactivadores de bombas y los soldados, consulta D. Cox *et al.* (1983); sobre los astronautas, consulta Ruff y Korchin (1964).
7. S. Rachman (1990).
8. Para un examen exhaustivo sobre cómo conceptualizar el valor, consulta C. L. Pury y S. J. López (2010).
9. Esto concuerda con los componentes encontrados en un examen exhaustivo sobre los constructos del valor por C. R. Rate *et al.* (2007).
10. C. L. Pury *et al.* (2015); C. L. Pury y C. B. Starkey (2010).
11. C. L. Pury y A. D. Hensel (2010).
12. C. S. Dweck (2008).
13. C. S. Dweck y E. L. Leggett (1988).


## CUIDADO CON ESTAS TRES TRAMPAS

1. R. S. Nickerson (1998).
2. No es de sorprender que es más probable que las personas que se sienten superiores atribuyan su éxito (y los supuestos fracasos de los demás) a "rasgos permanentes", como la personalidad, el talento, el coeficiente intelectual o las buenas apariencias. Consulta J. L. Tracy *et al.* (2009).
3. Consulta K. A. Ericsson y R. Pool (2016a, 2016b, 2016c).
4. Es irónico que las personas propensas a tener sentimientos de superioridad sean menos estables emocionalmente que los demás. Y las que sienten que son mejores que los demás informan sentirse menos apoyadas y menos conectadas con los demás. Consulta J. L. Tracy *et al.* (2009).
5. J. C. Wright *et al.* (2017).
6. Consulta E. Kruse *et al.* (2014).
7. Recordarás la referencia anterior sobre el metaanálisis que abarca más de 275 mil personas y que demostró que la felicidad conduce a una serie de resultados positivos, como una vida más larga, menos enfermedad, más éxito económico, relaciones y matrimonios más satisfactorios, un trabajo más satisfactorio y productivo y una mayor influencia social. Consulta S. Lyubomirsky *et al.* (2005).

8. Consulta J. Grzegorek *et al.* (2004); K. G. Rice *et al.* (2003).
9. R. O. Frost y K. J. Henderson (1991).
10. P. L. Hewitt y G. L. Flett (2002).
11. Consulta P. Rozin y E. B. Royzman (2001).
12. R. Hanson (2013); D. Lykken (2000).
13. E. Diener y R. Biswas-Diener (2011); S. Lyubomirsky *et al.* (2005).
14. B. Fredrickson (2004).
15. M. Csikszentmihalyi (1997); N. A. Stavrou *et al.* (2007).
16. En cuanto a los trastornos provocados por el sueño, sobre todo en los resultados relacionados con el rendimiento, consulta C. Samuels (2009).
17. H. E. Marano (1999); D. Elkind (2007); E. Gil (2012).
18. En cuanto a los costos de la persistencia sobre la salud, consulta G. E. Miller y C. Wrosch (2007). Para los asuntos de la estrechez de mente y otros asuntos personales, consulta T. Kashdan (2017).
19. C. A. Bonebright *et al.* (2000).

## LO MÁS IMPORTANTE

20. La confianza se correlaciona de forma significativa con el alto rendimiento en general ($r = .59$). Esto significa que la confianza predice 35% de la varianza en alto rendimiento. La confianza también se correlaciona de forma significativa con todos los HP6. Claridad $r = .53$ (la confianza predice 28% de la varianza en claridad). Energía $r = .47$ (la confianza predice 22% de la varianza en energía). Productividad $r = .44$ (la confianza predice 19% de la varianza en productividad). Influencia $r = .41$ (la confianza predice 17% de la varianza en influencia). Necesidad $r = .37$ (la confianza predice 13% de la varianza en necesidad). Valor $r = .49$ (la confianza predice 24% de la varianza en valor).
21. "Estoy feliz con mi vida en general" ($r = .42$); la confianza predice 18% de la varianza. "Me encanta tratar de dominar desafíos nuevos" ($r = .44$); la confianza predice 19% de la varianza. "Siento que estoy marcando la diferencia" ($r = .46$); la confianza predice 21% de la varianza.
22. Hay una distinción entre la confianza en uno mismo en general y la autoeficacia. La confianza suele considerarse una estimación general del propio valor o las propias capacidades, mientras que la autoeficacia es la creencia en la propia capacidad de hacerlo bien en una determinada tarea o en un contexto determinado. Sin embargo, como las personas de alto rendimiento no hacen estas distinciones, y es más una distinción académica en general, usaremos ambos indistintamente. Si quieres saber más sobre autoeficacia, consulta A. Bandura (1980); A. D. Stajkovic y F. Luthans (1998).
23. K. Shoji *et al.* (2016).
24. D. C. Duff (2010).
25. De nuevo, esto suele conocerse como *autoeficacia*. Consulta A. Bandura (1980, 1982, 1991); A. Bandura y D. Cervone (1983).
26. E. L. Botelho *et al.* (2017).
27. K. M. Sheldon *et al.* (2015).

# Referencias

Las siguientes referencias fueron muy útiles en nuestra revisión de bibliografía para este proyecto. Aunque no citamos todos los recursos en las notas finales de este libro, cada una de ellas nos sirvió para esta obra y nuestros artículos de investigación complementarios en HighPerformanceInstitute.com. Anticipándonos al hecho de que una nueva generación de estudiantes interesados en este campo emergente buscará puertas de entrada adicionales para aprender, hemos incluido todo lo que consideramos relevante. El autor quiere dar las gracias a todos los investigadores y practicantes, tanto de aquí como de cualquier otra parte, que nos brindaron su experiencia y opiniones para este libro y para el resto de materiales que inspiran al mundo del alto rendimiento. Si quieres conocer más recursos, consulta www.HighPerformanceInstitute.com.

Accenture (2009). *Untapped potential: Stretching toward the future. International women's day 2009 global research results.* Recuperado de https://www.in.gov/icw/ files/Accenture_Research.pdf.

Aggerholm, K. (2015). *Talent development, existential philosophy and sport: On becoming an elite athlete.* Nueva York, NY: Routledge.

Amen, D. G. (2015). *Change your brain, change your life: The breakthrough program for conquering anxiety, depression, obsessiveness, lack of focus, anger, and memory problems.* Nueva York, NY: Harmony.

American Psychological Association (2015). *Stress in America: Paying with our health.* Recuperado de http://www.apa.org/news/press/re leases/stress/2014/stress-report.pdf.

American Psychological Association (2016). *2016 Work and well-being survey*. Recuperado de http://www.apaexcellence.org/assets/general/2016-work-and-wellbeing-survey-results.pdf.

Anderson, E., y G. Shivakumar (2015). "Effects of exercise and physical activity on anxiety. Progress in physical activity and exercise and affective and anxiety disorders: translational studies, perspectives and future directions", *Frontiers in Psychiatry, 4, 27*. Recuperado de http://journal.frontiersin.org/article/10.3389/fpsyt.2013.00027/full.

Aronson, J. (1992). "Women's sense of responsibility for the care of old people: 'But who else is going to do it?' ", *Gender y Society, 6*(1), 8-29.

Artz, B., A. H. Goodall y A. J. Oswald (2016). "Do women ask?", *IZA Discussion Papers*, núm. 10183. Recuperado de https://www.econstor.eu/bitstream/10419/147869/1/dp10183.pdf.

Bandura, A. (1980). "Gauging the relationship between self-efficacy judgment and action", *Cognitive Therapy and Research, 4*, 263-268.

—— (1982). "Self-efficacy mechanism in human agency", *American Psychologist, 37*(2), 122.

—— (1991). "Social cognitive theory of self-regulation", *Organizational Behavior and Human Decision Processes, 50*(2), 248-287.

Bandura, A., y D. Cervone (1983). "Self-evaluative and self-efficacy mechanisms governing the motivational effects of goal systems", *Journal of Personality and Social Psychology, 45*(5), 1017.

Barnwell, B. (27 de agosto de 2014). "The it factor", *Grantland*. Recuperado de http:// grantland.com/features/it-factor-nfl-quarterback-intangibles.

Barrett, L. F. (2017). "The theory of constructed emotion: an active inference account of interoception and categorization", *Social Cognitive and Affective Neuroscience, 12*(1), 1-23.

—— (2017). *How emotions are made: The secret life of the brain*. Nueva York, NY: Houghton Mifflin Harcourt.

Barrick, M. R., y M. K. Mount (1991). "The big five personality dimensions and job performance: a meta-analysis", *Personnel Psychology, 44*(1), 1-26.

Batty, G. D., I. J. Deary y L. S. Gottfredson (2007). "Premorbid (early life) IQ and later mortality risk: Systematic review", *Annals of Epidemiology, 17*(4), 278-288.

Baumeister, R. F. (1984). "Choking under pressure: Self-conscious and paradoxical effects of incentives on skillful performance", *Journal of Personality and Social Psychology, 46*(3), 610-620.

Bayer, A. E., y J. Folger (1966). "Some correlates of a citation measure of productivity in science", *Sociology of Education, 39*, 381-390.

Beck, J. S. (2011). *Cognitive behavior therapy: Basics and beyond.* Nueva York, NY: Guilford Press.

Begley, S., y R. Davidson (2012). *The emotional life of your brain: How its unique patterns affect the way you think, feel, and live—and how you can change them.* Nueva York, NY: Penguin.

Behrman, J. R. (1993). "The economic rationale for investing in nutrition in developing countries", *World Development, 21*(11), 1749-1771.

Beilock, S. L., y T. H. Carr (2001). "On the fragility of skilled performance: What governs choking under pressure?", *Journal of Experimental Psychology: General, 130*(4), 701.

Benca, R. M., W. H. Obermeyer, R. A. Thisted y J. C. Gillin (1992). "Sleep and psychiatric disorders: A meta-analysis", *Archives of General Psychiatry, 49*(8), 651-668.

Berman, M. G., J. Jonides y S. Kaplan (2008). "The cognitive benefits of interacting with nature", *Psychological Science, 19*(12), 1207-1212.

Blackwell, L., C. Dweck y K. Trzesniewski (2007). "Achievement across the adolescent transition: A longitudinal study and an intervention", *Child Development, 78*(1), 246-263.

Blazer, D. G., y L. M. Hernandez (eds.) (2006). *Genes, behavior, and the social environment: Moving beyond the nature/nurture debate.* Washington, D. C.: National Academies Press.

Bloom, B. S. (1985). "The nature of the study and why it was done", en B. S. Bloom (ed.), *Developing talent in young people* (pp. 3-18). Nueva York, NY: Ballantine.

Bolman, L. G., y T. E. Deal (2003). *Reframing organizations: Artistry, choice, and leadership.* Hoboken, NJ: John Wiley & Sons.

Boggs, M., y J. Miller (2008). *Project everlasting.* Nueva York, NY: Fireside.

Bonebright, C. A., D. L. Clay y R. D. Ankermann (2000). "The relationship of workaholism with work-life conflict, life satisfaction, and purpose in life", *Journal of Counseling Psychology, 47*(4), 469-477.

Borjas, G. J. (1990). *Friends or strangers: The impact of immigrants on the US economy.* Nueva York, NY: Basic Books.

Bossidy, L., R. Charan y C. Burck (2011). *Execution: The discipline of getting things done*. Nueva York, NY: Random House.

Botelho, E. L., K. R. Powell, S. Kinkaid y D. Wang (2017). "What sets successful CEOS apart", *Harvard Business Review*, mayo-junio, 70-77.

Brandt, R. B. (1964). "The concepts of obligation and duty", *Mind*, 73(291), 374-393.

Bronson, P., y A. Merryman (2013). *Top dog: The science of winning and losing*. Nueva York, NY: Random House.

Brown, K. W., y R. M. Ryan (2003). "The benefits of being present: Mindfulness and its role in psychological well-being", *Journal of Personality and Social Psychology, 84*(4), 822.

Bryan, T., y J. Bryan (1991). "Positive mood and math performance", *Journal of Learning Disabilities, 24*, 490-494.

Burt, C. (1966). "The genetic determination of differences in intelligence: A study of monozygotic twins reared together and apart", *British Journal of Psychology, 57*(12), 137-153.

Butler, A. C., J. E. Chapman, E. M. Forman y A. T. Beck (2006). "The empirical status of cognitive-behavioral therapy: A review of meta-analyses", *Clinical Psychology Review, 26*(1), 17-31.

Cacioppo, J. T., J. H. Fowler y N. A. Christakis (2009). "Alone in the crowd: The structure and spread of loneliness in a large social network", *Journal of Personality and Social Psychology, 97*, 977-991.

Cain, S. (2013). *Quiet: The power of introverts in a world that can't stop talking*. Nueva York, NY: Broadway Books.

Campbell, J. D., P. D. Trapnell, S. J. Heine, I. M. Katz, L. F. Lavallee y D. R. Lehman (1996). "Self-concept clarity: Measurement, personality correlates, and cultural boundaries", *Journal of Personality and Social Psychology, 70*(1), 141.

Cappuccio, F. P., F. M. Taggart, N. Kandala, A. Currie, E. Peile, S. Stranges y M. A. Miller (2008). "Meta-analysis of short sleep duration and obesity in children and adults", *SLEEP, 31*(5), 619.

Capron, C., y M. Duyme (1989). "Assessment of the effects of socioeconomic status on IQ in a full cross-fostering study", *Nature, 340*, 552-554.

Carter, E. C., L. M. Kofler, D. E. Forster y M. E. McCullough (2015). "A series of meta-analytic tests of the depletion effect: Self-control does not seem to rely on a limited resource", *Journal of Experimental Psychology: General, 144*(4), 796-815.

Caspi, A., B. W. Roberts y R. L. Shiner (2005). "Personality development: Stability and change", *Annual Review of Psychology, 56,* 453-484. Recuperado de http://dx.doi.org/10.1146/annurev.psych.55. 090902.141913.

Castelli, D. M., C. H. Hillman, S. M. Buck y H. E. Erwin (2007). "Physical fitness and academic achievement in third- and fifth-grade students", *Journal of Sport and Exercise Psychology, 29*(2), 239-252.

Center for Behavioral Health Statistics and Quality (2015). *Behavioral health trends in the United States: Results from the 2014 national survey on drug use and health* (HHS Publicación núm. SMA 15-4927, NSDUH Serie H-50). Recuperado de https://www.samhsa.gov/data/ sites/default/files/NSDUH-FRR1-2014/NSDUH-FRR1-2014.htm.

—— (2016). *Key substance use and mental health indicators in the United States: Results from the 2015 national survey on drug use and health.* Recuperado de https://www.samhsa.gov/data/sites/default/files/ NSDUH-FFR1-2015/NSDUH-FFR1-2015/NSDUH-FFR1-2015.pdf.

Cerasoli, C. P., J. M. Nicklin y M. T. Ford (2014). "Intrinsic motivation and extrinsic incentives jointly predict performance: A 40-year meta-analysis", *Psychological Bulletin, 140*(4), 980.

Chambliss, D. F. (1989). "The mundanity of excellence: An ethnographic report on stratification and Olympic swimmers", *Sociological Theory, 7*(1), 70-86.

Chaouloff, F., D. Laude y J. Elghozi (1989). "Physical exercise: Evidence for differential consequences of tryptophan on 5-HT synthesis and metabolism in central serotonergic cell bodies and terminals", *Journal of Neural Transmission, 78*(2), 1435-1463.

Chen, C., S. Nakagawa, Y. Kitaichi, Y. An, Y. Omiya, N. Song e I. Kusumi (2016). "The role of medial prefrontal corticosterone and dopamine in the antidepressant-like effect of exercise", *Psychoneuroendocrinology, 69,* 1-9.

Christakis, N. A., y J. H. Fowler (2007). "The spread of obesity in a large social network over 32 years", *New England Journal of Medicine, 357*(4), 370-379. doi:10.1056/NEJMsa066082.

—— (2008a). "The collective dynamics of smoking in a large social network", *New England Journal of Medicine, 358,* 2249-2258. doi:10.1056/NEJMsa0706154.

Christakis, N. A., y J. H. Fowler (2008b). "Dynamic spread of happiness in a large social network: Longitudinal analysis over 20 years in the Framingham Heart Study", *British Medical Journal*, 337(a2338), 1-9. doi:10.1136/bmj.a2338.

—— (2009). *Connected: The surprising power of our social networks and how they shape our lives* Nueva York, NY: Little, Brown and Company.

—— (2013) "Social contagion theory: Examining dynamic social networks and human behavior", *Statistics in Medicine*, 32(4), 556-577.

Chui, M., *et al.* (julio de 2012). "The social economy: Unlocking value and productivity through social technologies", *McKinsey Global Institute*.

Cialdini, R. B. (2007). *Influence: The psychology of persuasion*. Nueva York, NY: Harper Collins.

Claro, S., Paunesku, D., y C. S. Dweck (2016). "Growth mindset tempers the effects of poverty on academic achievement", *Proceedings of the National Academy of Sciences*, 113(31), 8664-8668.

Cole, J. R., y S. Cole (1973). *Social stratification in science*. Chicago, IL: University of Chicago Press.

Columbia University, CASA (julio de 2012). *Addiction medicine: Closing the gap between science and practice*. Recuperado de www.centero naddiction.org/download/file/fid/1177.

Connor, K. M., y J. R. T. Davidson (2003). "Development of a new resilience scale: The Connor-Davidson Resilience Scale (CD-RISC)", *Depression and Anxiety*, 18, 76-82.

Cotman, C. W., y N. C. Berchtold (2002). "Exercise: A behavioral intervention to enhance brain health and plasticity", *Trends in Neurosciences*, 25(6), 295-301.

Cox, D., R. Hallam, K. O'Connor y S. Rachman (1983). "An experimental analysis of fearlessness and courage", *British Journal of Psychology*, 74, 107-117.

Coyle, D. (2009). *The talent code: Greatest isn't born. It's grown. Here's how.* Nueva York, NY: Bantam.

Crown, D. F., y J. G. Rosse (1995). "Yours, mine, and ours: Facilitating group productivity through the integration of individual and group goals", *Organizational Behavior and Human Decision Processes*, 64, 138-150.

Crum, A. J., P. Salovey y S. Achor (2013). "Rethinking stress: The role of mindsets in determining the stress response", *Journal of Personality and Social Psychology*, 104(4), 716.

Crust, L., y P. J. Clough (2011). "Developing mental toughness: From research to practice", *Journal of Sport Psychology in Action, 2*(1), 21-32.

Csikszentmihalyi, M. (1975). *Beyond boredom and anxiety*. San Francisco, CA: Jossey-Bass.

—— (1996). *Creativity: Flow and the psychology of discovery and invention*. Nueva York, NY: Harper Collins.

—— (1997). *Finding flow: The psychology of engagement with everyday life*. Nueva York, NY: Basic Books.

Csikszentmihalyi, M., S. Abuhamdeh y J. Nakamura (2005). "Flow", en A. Elliot (ed.), *Handbook of competence and motivation* (pp. 598-698). Nueva York, NY: Guilford Press.

Csikszentmihalyi, M., y K. Rathunde (1993). "The measurement of flow in everyday life: Toward a theory of emergent motivation", en J. E. Jacobs (ed.), *Developmental perspectives on motivation: Volume 40 of the Nebraska Symposium on Motivation* (pp. 57-97). Lincoln, NE: University of Nebraska Press.

Culture (2016). En *Merriam-Webster's online dictionary* (11ª ed.). Recuperado de http://www.merriam-webster.com/dictionary/culture.

Cunningham, G. B. (2006). "The relationships among commitment to change, coping with change, and turnover intentions", *European Journal of Work and Organizational Psychology, 15*(1), 29-45.

Damasio, A. R. (1999). *The feeling of what happens: Body and emotion in the making of consciousness*. Boston, MA: Houghton Mifflin Harcourt.

Danese, A., y B. S. McEwen (2012). "Adverse childhood experiences, allostasis, allostatic load, and age-related disease", *Physiology y Behavior, 106*(1), 29-39.

Danna, K., y R. W. Griffin (1999). "Health and well-being in the workplace: A review and synthesis of the literature", *Journal of Management, 25*(3), 357-384.

Davidson, R. J., D. Jackson y N. H. Kalin (2000). "Emotion, plasticity, context, and regulation: Perspectives from affective neuroscience", *Psychological Bulletin, 126*, 890-909.

Davis, C., R. D. Levitan, P. Muglia, C. Bewell y J. L. Kennedy (2004). "Decision- making deficits and overeating: A risk model for obesity", *Obesity Research, 12*(6), 929-935.

Debats, D. L. (1999). "Sources of meaning: An investigation of significant commitments in life", *Journal of Humanistic Psychology, 39*(4), 30-57.

Deci, E. L., y R. M. Ryan (2002). *Handbook of self-determination research*. Rochester, NY: University of Rochester Press.

—— (2010). *Self-determination*. Hoboken, NJ: John Wiley & Sons.

Demerouti E., A. B. Bakker, F. Nachreiner y W. B. Schaufeli (2000). "A model of burnout and life satisfaction amongst nurses", *Journal of Advanced Nursing, 32*(2), 454-464.

Diener, C. I., y C. S. Dweck (1978). "An analysis of learned helplessness: Continuous changes in performance, strategy, and achievement cognitions following failure", *Personality and Social Psychology, 36*(5), 451-461.

Diener, E., y R. Biswas-Diener (2011). *Happiness: Unlocking the mysteries of psychological wealth*. Hoboken, NJ: John Wiley & Sons.

Diener, E., y M. E. Seligman (2004). "Beyond money: Toward an economy of well-being", *Psychological Science in the Public Interest, 5*(1), 1-31.

Diener, E. D., R. A. Emmons, R. J. Larsen y S. Griffin (1985). "The satisfaction with life scale", *Journal of Personality Assessment, 49*(1), 71-75.

Doidge, N. (2007). *The brain that changes itself: Stories of personal triumph from the frontiers of brain science*. Nueva York, NY: Penguin.

Doll, J., y U. Mayr (1987). "Intelligenz und schachleistung-Eine untersuchung an schachexperten [Intelligence and performance in chess-A study of chess experts]", *Psychologische Beiträge, 29*, 270-289.

Drennan, D. (1992). *Transforming company culture: Getting your company from where you are now to where you want to be*. Londres, RU: McGraw-Hill.

Dubnick, M. (2005). "Accountability and the promise of performance: In search of the mechanisms", *Public Performance y Management Review, 28*(3), 376-417.

Duckworth, A. L. (2016). *Grit: The power of passion and perseverance*. Nueva York, NY: Simon and Schuster.

Duckworth, A. L., J. C. Eichstaedt y L. H. Ungar (2015). "The mechanics of human achievement", *Social and Personality Psychology Compass, 9*(7), 359-369.

Duckworth, A. L., H. Grant, B. Loew, G. Oettingen y P. M. Gollwitzer (2011a). "Self-regulation strategies improve self-discipline in adolescents: Benefits of mental contrasting and implementation intentions", *Educational Psychology, 31*(1), 17-26.

Duckworth, A. L., T. A. Kirby, E. Tsukayama, H. Berstein y K. A. Ericsson (2011b). "Deliberate practice spells success: Why grittier competitors triumph at the National Spelling Bee", *Social Psychological and Personality Science, 2*(2), 174-181.

Duckworth, A. L., C. Peterson, M. D. Matthews y D. R. Kelly (2007). "Grit: Perseverance and passion for long-term goals", *Journal of Personality and Social Psychology, 92*(6), 1087.

Duff, D. C. (2010). *The relationship between behavioral intention, self-efficacy and health behavior: A meta-analysis of meta-analyses.* East Lansing: MI: Michigan State University Press.

Dunlap, E., A. Golub, B. D. Johnson y E. Benoit (2009). "Normalization of violence: Experiences of childhood abuse by inner-city crack users", *Journal of Ethnicity in Substance Abuse, 8*(1), 15-34.

Dweck, C. S. (2008). *Mindset: The new psychology of success.* Nueva York, NY: Random House.

—— (2014). *The power of believing that you can improve* [Archivo de video]. Recuperado de https://www.ted.com/talks/carol_dweck_the_po wer_of_believing_that_you_can_improve?language=en#t-386248.

Dweck, C. S., y E. L. Leggett (1988). "A social-cognitive approach to motivation and personality", *Psychological Review, 95*(2), 256-273.

Dweck, C. S., y N. D. Reppucci (1973). "Learned helplessness and reinforcement responsibility in children", *Journal of Personality and Social Psychology, 25*(1), 109-116.

Easterlin, R. A., L. A. McVey, M. Switek, O. Sawangfa y J. S. Zweig (2010). "The happiness-income paradox revisited", *Proceedings of the National Academy of Sciences, 107*(52), 22463-22468.

Elkind, D. (2007). *The power of play: How spontaneous imaginative activities lead to happier, healthier children.* Da Capo Press.

Elliott, E. S., y C. S. Dweck (1988). "Goals: An approach to motivation and achievement", *Journal of Personality and Social Psychology, 54*(1), 5-13.

Emmons, R. A. (2000). "Is spirituality an intelligence? Motivation, cognition, and the psychology of ultimate concern", *The International Journal for the Psychology of Religion, 10*(1), 3-26.

—— (2007). *Thanks!: How the new science of gratitude can make you happier.* Boston, MA: Houghton Mifflin Harcourt.

Ericsson, K. A. (2006). "The influence of experience and deliberate practice on the development of superior expert performance", en

K. A. Ericsson, N. Charness, P. J. Feltovich y R. R. Hoffman (eds.), *Cambridge handbook of expertise and expert performance* (pp. 685-706). Cambridge, RU: Cambridge University Press.

Ericsson, K. A. (2014). "Why expert performance is special and cannot be extrapolated from studies of performance in the general population: A response to criticisms", *Intelligence, 45,* 81-103.

Ericsson, K. A., y R. Pool (2016a). *Peak: Secrets from the new science of expertise.* Nueva York, NY: Houghton Mifflin Harcourt.

—— (2016b, 10 de abril). *Malcolm Gladwell got us wrong: Our research was key to the 10,000-hour rule, but here's what got oversimplified.* Recuperado de http://bit.ly/1S3LiCK.

—— (2016c, 21 de abril). *Not all practice makes perfect: Moving from naive to purposeful practice can dramatically increase performance.* Recuperado de http://nautil.us/issue/35/boundaries/not-all-practice-makes-perfect.

Ericsson, K. A., R. T. Krampe y C. Tesch-Romer (1993). "The role of deliberate practice in the acquisition of expert performance", *Psychological Review, 100*(3), 363-406.

Feinberg, J. (1966). "Duties, rights, and claims", *American Philosophical Quarterly, 3*(2), 137-144.

Felitti, V. J., R. F. Anda, D. Nordenberg, D. F. Williamson, A. M. Spitz, V. Edwards y J. S. Marks (1998). "Relationship of childhood abuse and household dysfunction to many of the leading causes of death in adults: The Adverse Childhood Experiences (ACE) Study", *American Journal of Preventive Medicine, 14*(4), 245-258.

Flynn, F. J., y V. K. Bohns (2012). "Underestimating one's influence in helpseeking", en D. T. Kenrick, N. J. Goldstein y S. L. Braver (eds.). *Six degrees of social influence: Science, application, and the psychology of Robert Cialdini* (pp. 14-26). Oxford, RU: Oxford University Press.

Flynn, J. R. (1987). "Massive IQ gains in 14 nations: What IQ tests really measure", *Psychological Bulletin, 101,* 171-191.

—— (2012). *Are we getting smarter? Rising IQ in the Twenty-first Century.* Cambridge, RU: Cambridge University Press.

Flynn, J. R., y L. Rossi-Casé (2012). "IQ gains in Argentina between 1964 and 1998", *Intelligence, 40*(2), 145-150.

Foley, T. E., y M. Fleshner (2008). "Neuroplasticity of dopamine circuits after exercise: Implications for central fatigue", *Neuromolecular Medicine, 10*(2), 67-80.

Forward, J., y A. Zander (1971). "Choice of unattainable group goals and effects on performance", *Organizational Behavior and Human Performance, 6*(2), 184-199.

Fowler, J. H., y N. A. Christakis (2010). "Cooperative behavior cascades in human social networks", *Proceedings of the National Academy of Sciences, 107*(12), 5334-5338. doi:10.1073/pnas.0913149107.

Fredrickson, B. (2004). "The broaden-and-build theory of positive emotions", *Philosophical Transactions of the Royal Society B, 359*(1449), 1367-1378.

Frink, D. D., y G. R. Ferris (1998). "Accountability, impression management, and goal setting in the performance evaluation process", *Human relations, 51*(10), 1259-1283.

Frost, R. O., y K. J. Henderson (1991). "Perfectionism and reactions to athletic competition", *Journal of Sport and Exercise Psychology, 13*, 323-335.

Fuligni, A. J. (2001). "Family obligation and the academic motivation of adolescents from Asian, Latin American, and European backgrounds", *New Directions for Child and Adolescent Development, 2001*(94), 61-76.

Gagné, F. (1985). "Giftedness and talent: Reexamining a reexamination of the definitions", *Gifted Child Quarterly, 29*(3), 103-112.

Gandy, W. M., C. Coberley, J. E. Pope, A. Wells y E. Y. Rula (2014). "Comparing the contributions of well-being and disease status to employee productivity", *Journal of Occupational and Environmental Medicine, 56*(3), 252-257.

Garrett, G., M. Benden, R. Mehta, A. Pickens, C. Peres y H. Zhao (2016). "Call center productivity over 6 months following a standing desk intervention", *IIE Transactions on Occupational Ergonomics and Human Factors, 4*(23), 188-195.

Gentry, W. A., D. C. Gilmore, M. L. Shuffler y J. B. Leslie (2012). "Political skill as an indicator of promotability among multiple rater sources", *Journal of Organizational Behavior, 33*(1), 89-104.

Ghaemi, N. (2011). *A first-rate madness: Uncovering the links between leadership and mental illness.* Nueva York, NY: Penguin.

Ghosh, S., T. R. Laxmi y S. Chattarji (2013). "Functional connectivity from the amygdala to the hippocampus grows stronger after stress", *Journal of Neuroscience, 33*(17), 7234-7244.

Gil, E. (2012). *The healing power of play: Working with abused children.* Nueva York, NY: Guilford Press.

Giorgi, S., C. Lockwood y M. A. Glynn (2015). "The many faces of culture: Making sense of 30 years of research on culture in organization studies", *Academy of Management Annals, 9*(1), 1-54.

Goleman, D. (1998). *Working with emotional intelligence.* Nueva York, NY: Bantam.

—— (2007). *Social intelligence.* Nueva York, NY: Random House.

Goleman, D., R. Boyatzis y A. McKee (2001). "Primal leadership: The hidden driver of great performance", *Harvard Business Review, 79*(11), 42-53.

—— (2013). *Primal leadership: Unleashing the power of emotional intelligence.* Boston, MA: Harvard Business Press.

Gollwitzer, P. M. (1999). "Implementation intentions: Strong effects of simple plans", *American Psychologist, 54*(7), 493.

Gollwitzer, P. M., y V. Brandstätter (1997). "Implementation intentions and effective goal pursuit", *Journal of Personality and Social Psychology, 73*(1), 186.

Gollwitzer, P. M., y G. Oettingen (2016). "Planning promotes goal striving", en K. D. Vohs y R. F. Baumeister (eds.), *Handbook of self-regulation: Research, theory, and applications* (3ª ed., pp. 223-244). Nueva York, NY: Guilford.

Gottfredson, L. S. (1997). "Why g matters: The complexity of everyday life", *Intelligence, 24*(1), 79-132.

—— (invierno de 1998). "The general intelligence factor", *The Scientific American Presents, 9*(4), 24-29.

Gottman, J., y N. Silver (1995). *Why marriages succeed or fail: And how you can make yours last.* Nueva York, NY: Simon and Schuster.

—— (2015). *The seven principles for making marriage work: A practical guide from the country's foremost relationship expert.* Nueva York, NY: Harmony.

Gould, S. J. (1996). *The mismeasure of man.* Nueva York, NY: W. W. Norton.

Grabner, R. H., E. Stern y A. C. Neubauer (2007). "Individual differences in chess expertise: A psychometric investigation", *Acta Psychologica, 124*(3), 398-420.

Grant, A. (2013). *Give and take: Why helping others drives our success.* Nueva York, NY: Penguin.

Grant, A. M., y F. Gino (2010). "A little thanks goes a long way: Explaining why gratitude expressions motivate prosocial behavior", *Journal of Personality and Social Psychology, 98*(6), 946-955.

Grawitch, M. J., M. Gottschalk y D. C. Munz (2006). "The path to a healthy workplace: A critical review linking healthy workplace practices, employee well-being, and organizational improvements", *Consulting Psychology Journal: Practice and Research, 58*(3), 129.

Grossman, P., L. Niemann, S. Schmidt y H. Walach (2004). "Mindfulnessbased stress reduction and health benefits: A meta-analysis", *Journal of Psychosomatic Research, 57*(1), 35-43.

Grugulis, I., C. Holmes y K. Mayhew (2017). "The economic and social benefits of skills", en J. Buchanan, D. Finegold, K. Mayhew y C. Warhurst (eds.), *The Oxford Handbook of Skills and Training* (p. 372). Oxford, RU: Oxford University Press.

Grzegorek, J., R. B. Slaney, S. Franze y K. G. Rice (2004). "Self-criticism, dependency, self-esteem, and grade point average satisfaction among clusters of perfectionists and nonperfectionists", *Journal of Counseling Psychology, 51,* 192-200. doi:10.1037/0022-0167.51.2.192.

Haeffel, G. J., y J. L. Hames (2013). "Cognitive vulnerability to depression can be contagious", *Clinical Psychological Science, 2*(1), 75-85.

Hampson, S. E., y L. R. Goldberg (2006). "A first large cohort study of personality trait stability over the 40 years between elementary school and midlife", *Journal of Personality and Social Psychology, 91*(4), 763.

Hanson, R. (2013). *Hardwiring happiness: The new brain science of contentment, calm, and confidence.* Nueva York, NY: Harmony.

Harkin, B., T. L. Webb, B. P. Chang, A. Prestwich, M. Conner, I. Kellar y P. Sheeran (2016). "Does monitoring goal progress promote goal attainment? A meta-analysis of the experimental evidence", *Psychological Bulletin, 142*(2), 198.

Harris, M. A., C. E. Brett, W. Johnson e I. J. Deary (2016). "Personality stability from age 14 to age 77 years", *Psychology and Aging, 31*(8), 862.

Hart, B., y T. R. Risley (2003). "The early catastrophe: The 30 million word gap by age 3", *American Educator, 27*(1), 4-9.

Harter, J. K., F. L. Schmidt y C. L. Keyes (2003). "Well-being in the workplace and its relationship to business outcomes: A review of the Gallup studies", *Flourishing: Positive Psychology and the Life Well-Lived*, 2, 205-224.

Hasenkamp, W., y L. W. Barsalou (2012). "Effects of meditation experience on functional connectivity of distributed brain networks", *Frontiers in Human Neuroscience*, 6, 38.

Heatherton, T. F., y J. L. E. Weinberger (1994). *Can personality change?* Washington, D. C.: American Psychological Association.

Hefferon, K., M. Grealy y N. Mutrie (2009). "Post-traumatic growth and life threatening physical illness: A systematic review of the qualitative literature", *British Journal of Health Psychology*, 14(2), 343-378.

Heilman, M. E., y A. S. Wallen (2010). "Wimpy and undeserving of respect: Penalties for men's gender-inconsistent success", *Journal of Experimental Social Psychology*, 46(4), 664-667.

Hertenstein, M. J., R. Holmes, M. McCullough y D. Keltner (2009). "The communication of emotion via touch", *Emotion*, 9(4), 566.

Herzberg, F., B. Mausner y B. Snyderman (1969). *The motivation to work*. Hoboken, NJ: John Wiley & Sons.

Hewitt, P. L., y G. L. Flett (2002). "Perfectionism and stress in psychopathology", en G. L. Flett y P. L. Hewitt (eds.), *Perfectionism: Theory, research, and treatment* (pp. 255-284). Washington, D. C.: American Psychological Association.

Hoddinott, J., J. A. Maluccio, J. R. Behrman, R. Flores y R. Martorell (2008). "Effect of a nutrition intervention during early childhood on economic productivity in Guatemalan adults", *The Lancet*, 371(9610), 411-416.

Horan, R. (2009). "The neuropsychological connection between creativity and meditation", *Creativity Research Journal*, 21(23), 199-222.

Howe, M. J., J. W. Davidson y J. A. Sloboda (1998). "Innate talents: Reality or myth?", *Behavioral and Brain Sciences*, 21(3), 399-407.

Hume, D. (1970). *Enquiries concerning the human understanding and concerning the principles of morals: Reprinted from the posthumous edition of 1777*. Oxford, RU: Clarendon Press.

Humphreys, M. S., y W. Revelle (1984). "Personality, motivation, and performance: A theory of the relationship between individual differences and information processing", *Psychological Review*, 91(2), 153.

Hyde, J. S. (2005). "The gender similarities hypothesis", *American Psychologist*, 60(6), 581-592.

Immordino-Yang, M. H., J. A. Christodoulou y V. Singh (2012). "Rest is not idleness: Implications of the brain's default mode for human development and education", *Perspectives on Psychological Science, 7*(4), 352-364.

Isen, A. M., y P. F. Levin (1972). "Effect of feeling good on helping: Cookies and kindness", *Journal of Personality and Social Psychology, 21*(3), 384-388.

Isen, A. M., M. Clark y M. F. Schwartz (1976). "Duration of the effect of good mood on helping: 'Footprints on the sands of time' ", *Journal of Personality and Social Psychology, 34*(3), 385-393.

Isen, A. M., A. S. Rosenzweig y M. J. Young (1991). "The influence of positive affect on clinical problem solving", *Medical Decision Making, 11*(3), 221-227.

Isovich, E., M. J. Mijnster, G. Flügge y E. Fuchs (2000). "Chronic psychosocial stress reduces the density of dopamine transporters", *European Journal of Neuroscience, 12*(3), 1071-1078.

Issa, G., C. Wilson, A. V. Terry y A. Pillai (2010). "An inverse relationship between cortisol and BDNF levels in schizophrenia: Data from human postmortem and animal studies", *Neurobiology of Disease, 39*(3), 327-333.

Jacobs, B. L. (1994). "Serotonin, motor activity and depression-related disorders", *American Scientist, 82*(5), 456-463.

Jacobs, B. L., y E. C. Azmitia (1992). "Structure and function of the brain serotonin system", *Physiol Rev, 72*(1), 165-229.

Jain, S., S. L. Shapiro, S. Swanick, S. C. Roesch, P. J. Mills, I. Bell y G. E. Schwartz (2007). "A randomized controlled trial of mindfulness meditation versus relaxation training: Effects on distress, positive states of mind, rumination, and distraction", *Annals of Behavioral Medicine, 33*(1), 11-21.

Jecker, J., y D. Landy (1969). "Liking a person as a function of doing him a favour", *Human Relations, 22*(4), 371-378.

Jensen, A. (1969). "How much can we boost IQ and scholastic achievement?", *Harvard Educational Review, 39*(1), 1-123.

Jensen, A. R. (1982). "Reaction time and psychometric g", en H. J. Eysenk (ed.), *A model for intelligence* (pp. 93-132). Berlín, Alemania: Springer Berlin Heidelberg.

Judge, T. A., C. J. Thoresen, J. E. Bono y G. K. Patton (2001). "The job satisfaction-job performance relationship: A qualitative and quantitative review", *Psychological Bulletin, 127*(3), 376-407.

Jung, R. E., B. S. Mead, J. Carrasco y R. A. Flores (2013). "The structure of creative cognition in the human brain", *Frontiers in Human Neuroscience, 7,* 330.

Kahneman, D., y A. Deaton (2010). "High income improves evaluation of life but not emotional well-being", *Proceedings of the National Academy of Sciences, 107*(38), 16489-16493.

Kant, I. (1997). *Lectures on ethics.* Cambridge, RU: Cambridge University Press.

Kanter, R. M. (1999). "The enduring skills of change leaders", *Leader to Leader, 1999*(13), 15-22.

Kashdan, T. (13 de abril de 2017). "How I learned about the perils of grit: Rethinking simple explanations for complicated problems", *Psychology Today.* Recuperado de https://www.psychologytoday.com/blog/curious/201704/how-i-learned-about-the-perils-grit.

Kaufman, S. (2015). *Ungifted: Intelligence redefined.* Nueva York, NY: Basic Books.

Kaufman, S. B., L. C. Quilty, R. G. Grazioplene, J. B. Hirsh, J. R. Gray, J. B. Peterson y C. G. DeYoung (2015). "Openness to experience and intellect differentially predict creative achievement in the arts and sciences", *Journal of Personality, 82,* 248-258.

King, L., y J. Hicks (2009). "Detecting and constructing meaning in life events", *Journal of Positive Psychology, 4*(5), 317-330.

Kleinginna, P. R., y A. M. Kleinginna (1981). "A categorized list of emotion definitions, with suggestions for a consensual definition", *Motivation and Emotion, 5*(4), 345-379.

Koball, H. L., E. Moiduddin, J. Henderson, B. Goesling y M. Besculides (2010). "What do we know about the link between marriage and health?", *Journal of Family Issues, 31*(8): 1019-1040.

Koblin, J. (30 de junio de 2016). "How much do we love TV? Let us count the ways", *The New York Times.* Recuperado de https://www.nytimes.com/2016/07/01/business/media/nielsen-survey-media-viewing.html.

Koestner, R., G. F. Losier, R. J. Vallerand y D. Carducci (1996). "Identified and introjected forms of political internalization: Extending self-determination theory", *Journal of Personality and Social Psychology*, 70(5), 1025.

Kouzes, J. M., y B. Z. Posner (2011). *Credibility: How leaders gain and lose it, why people demand it*. Hoboken, NJ: John Wiley & Sons.

Kramer, A. F., y C. H. Hillman (2006). "Aging, physical activity, and neurocognitive function", en E. Acevado y P. Ekkekakis (eds.), *Psychobiology of exercise and sport* (pp. 45-59). Champaign, IL: Human Kinetics.

Kristof, N. (28 de octubre de 2016). "3 TVs and no food: Growing up poor in America", *The New York Times*. Recuperado de http://www.nytimes.com/2016/10/30/opinion/sunday/3-tvs-and-no-food-growing-up-poor-in-america.html.

Kross, E., E. Bruehlman-Senecal, J. Park, A. Burson, A. Dougherty, H. Shablack y O. Ayduk (2014). "Self-talk as a regulatory mechanism: How you do it matters", *Journal of Personality and Social Psychology*, 106(2), 304.

Kruse, E., J. Chancellor, P. M. Ruberton y S. Lyubomirsky (2014). "An upward spiral between gratitude and humility", *Social Psychological and Personality Science*, 5(7), 805-814.

Ladd, H. A., y E. B. Fiske (eds.) (2015). *Handbook of Research in Education Finance and Policy* (2ª ed.). Nueva York, NY: Routledge.

Lambert, N. M., T. F. Stillman, R. F. Baumeister, F. D. Fincham, J. A. Hicks y S. M. Graham (2010). "Family as a salient source of meaning in young adulthood", *The Journal of Positive Psychology*, 5(5), 367-376.

Lang, P. J. (2010). "Emotion and motivation: Toward consensus definitions and a common research purpose", *Emotion Review*, 6(2), 93-99.

Lavie, N. (2010). "Attention, distraction, and cognitive control under load", *Current Directions in Psychological Science*, 19(3), 143-148.

Law, K. S., C. S. Wong, G. H. Huang y X. Li (2008). "The effects of emotional intelligence on job performance and life satisfaction for the research and development scientists in China", *Asia Pacific Journal of Management*, 25(1), 51-69.

Lee, T. (20 de octubre de 2016). "The city: prison's grip on the black family: The spirals of poverty and mass incarceration upend urban communities", *MSNBC*. Recuperado de http://www.nbcnews.com/specials/geographyofpoverty-big-city.

Lemonick, M. D. (9 de enero de 2005). "The biology of joy: Scientists know plenty about depression. Now they are starting to understand the roots of positive emotions", *TIME: Special Mind and Body Issue*. Recuperado de http://bit.ly/2mPoVcG.

Lerner, J. S., y P. E. Tetlock (1999). "Accounting for the effects of accountability", *Psychological Bulletin, 125*(2), 255.

Leroy, S. (2009). "Why is it so hard to do my work? The challenge of attention residue when switching between work tasks", *Organizational Behavior and Human Decision Processes, 109*(2), 168-181.

Levitin, D. J. (2014). *The organized mind: Thinking straight in the age of information overload*. Nueva York, NY: Penguin.

Lewis, K., D. Lange y L. Gillis (2005). "Transactive memory systems, learning, and learning transfer", *Organization Science, 16*(6), 581-598.

Lewis, M., J. M. Haviland-Jones y L. F. Barrett (eds.) (2010). *Handbook of emotions*. Nueva York, NY: Guilford Press.

LexisNexis (20 de octubre de 2010). "New survey reveals extent, impact of information overload on workers; from Boston to Beijing, professionals feel overwhelmed, demoralized" [comunicado de prensa]. Recuperado de http://www.lexisnexis.com/en-us/about-us/media/press-release.page?id=128751276114739.

Linley, P. A., y S. Joseph (2004). "Positive change following trauma and adversity: A review", *Journal of Traumatic Stress, 17*(1), 11-21.

Lipari, R. N., E. Park-Lee y S. Van Horn (29 de septiembre de 2016). *America's need for and receipt of substance use treatment in 2015*. (The CBHSQ Report.) Recuperado de Substance Abuse and Mental Health Services Administration website: http://bit.ly/2mPrRGl.

Locke, E. A., y G. P. Latham (1990). *A theory of goal setting and task performance*. Englewood Cliffs, NJ: Prentice-Hall.

—— (2002). "Building a practically useful theory of goal setting and task motivation: A 35-year odyssey", *American Psychologist, 57*(9), 705.

Lykken, D. (2000). *Happiness: The nature and nurture of joy and contentment*. Nueva York, NY: Picador.

Lyubomirsky, S., L. King y E. Diener (2005). "The benefits of frequent positive affect: Does happiness lead to success?", *Psychological Bulletin, 131*(6), 803-855.

MacKenzie, M. J., y R. F. Baumeister (2014). "Meaning in life: Nature, needs, and myths", en P. Russo-Netzer y A. Batthyany (eds.), *Meaning in positive and existential psychology* (pp. 25-37). Nueva York, NY: Springer.

Macmillan, T., y S. Rachman (1988). "Fearlessness and courage in paratroopers undergoing training", *Personality and Individual Differences, 9*, 373-378. doi:10.1016/0191-8869(88)90100-6.

Macnamara, B. N., D. Z. Hambrick y F. L. Oswald (2014). "Deliberate practice and performance in music, games, sports, education, and professions: A metaanalysis", *Psychological Science, 25*(8), 1608-1618.

Mahncke, H. W., B. B. Connor, J. Appelman, O. N. Ahsanuddin, J. L. Hardy, R. A. Wood y M. M. Merzenich (2006). "Memory enhancement in healthy older adults using a brain plasticity based training program: A randomized, controlled study", *Proceedings of the National Academy of Sciences, 103*(33), 12523-12528.

Marano, H. E. (1999). "The power of play", *Psychology Today, 32*(4), 36.

Mark, G., V. M. Gonzalez y J. Harris (abril de 2005). *No task left behind? Examining the nature of fragmented work.* Artículo presentado en la Conference on Human Factors in Computing Systems, Portland, OR.

Markman, K. D., T. E. Proulx y M. J. Lindberg (2013). *The psychology of meaning.* Washington, D. C.: American Psychological Association.

Marquardt, M. J. (2011). *Leading with questions: How leaders find the right solutions by knowing what to ask.* Hoboken, NJ: John Wiley & Sons.

Martela, F., y M. F. Steger (2016). "The three meanings of meaning in life: Distinguishing coherence, purpose, and significance", *Journal of Positive Psychology, 11*(5), 531-545.

Masicampo, E. J., y R. F. Baumeister (2011). "Consider it done! Plan making can eliminate the cognitive effects of unfulfilled goals", *Journal of Personality and Social Psychology, 101*(4), 667.

Maslow, A. (1962). *Towards a psychology of being.* Princeton, NJ: Van Nostrand.

—— (1971). *The farther reaches of human nature.* Nueva York, NY: Viking Press.

McAdams, D. P. (1994). "Can personality change? Levels of stability and growth in personality across the life span", en D. P. McAdams, J. L. Weinberger y J. Lee (eds.), *Can personality change?* (pp. 299-313). Washington, D. C.: American Psychological Association.

McCrory, M. A., V. M. Suen y S. B. Roberts (2002). "Biobehavioral influences on energy intake and adult weight gain", *Journal of Nutrition*, 132(12), 3830S-3834S.

McDermott, R., J. Fowler y N. Christakis (2013). "Breaking up is hard to do, unless everyone else is doing it too: Social network effects on divorce in a longitudinal sample", *Social Forces*, 92(2), 491.

Mednick, S. C., N. A. Christakis y J. H. Fowler (2010). "The spread of sleep loss influences drug use in adolescent social networks", *Public Library of Science One*, 5(3), e9775.

Merzenich, M. M. (2013). *Soft-wired: How the new science of brain plasticity can change your life*. San Francisco, CA: Parnassus.

Michaels, E., H. Handfield-Jones y B. Axelrod (2001). *The war for talent*. Boston, MA: Harvard Business Press.

Miller, G. E., y C. Wrosch (2007). "You've gotta know when to fold 'em: Goal disengagement and systemic inflammation in adolescence", *Psychological Science*, 18(9), 773-777.

Miller, J. (2016). "The well-being and productivity link: A significant opportunity for research-into-practice", *Journal of Organizational Effectiveness: People and Performance*, 3(3), 289311.

Miller, J. J., K. Fletcher y J. Kabat-Zinn (1995). "Three-year follow-up and clinical implications of a mindfulness meditation-based stress reduction intervention in the treatment of anxiety disorders", *General Hospital Psychiatry*, 17(3), 192-200.

Morgeson, F. P., M. A. Campion, R. L. Dipboye, J. R. Hollenbeck, K. Murphy y N. Schmitt (2007). "Are we getting fooled again? Coming to terms with limitations in the use of personality tests for personnel selection", *Personnel Psychology*, 60(4), 1029-1049.

Munyon, T. P., J. K. Summers, K. M. Thompson y G. R. Ferris (2015). "Political skill and work outcomes: A theoretical extension, meta-analytic investigation, and agenda for the future", *Personnel Psychology*, 68(1), 143-184.

Nanus, B. (1992). *Visionary leadership: Creating a compelling sense of direction for your organization*. San Francisco, CA: Jossey-Bass.

National Institute on Drug Abuse (2012). "Principles of drug addiction treatment: A research-based guide" (3ª ed.). Recuperado de https://www.drugabuse.gov/ publications/principles-drug-addiction-treatment-research-based-guide-third-edition/preface.

Newport, C. (2016). *Deep work: Rules for focused success in a distracted world*. Nueva York, NY: Hachette.

Nickerson, R. S. (1998). "Confirmation bias: A ubiquitous phenomenon in many guises", *Review of General Psychology, 2*(2), 175-220.

Nisbett, R. E. (2009). *Intelligence and how to get it: Why schools and cultures count*. Nueva York, NY: W. W. Norton.

Nisbett, R. E., J. Aronson, C. Blair, W. Dickens, J. Flynn, D. F. Halpern y E. Turkheimer (2012). "Intelligence: New findings and theoretical developments", *American Psychologist, 67*(2), 130.

Norton, P. J., y B. J. Weiss (2009). "The role of courage on behavioral approach in a fear-eliciting situation: A proof-of-concept pilot study", *Journal of Anxiety Disorders, 23*(2), 212-217.

Nuñez, M. (18 de junio de 2015). "Does money buy happiness? The link between salary and employee satisfaction". Recuperado de https://www.glassdoor.com/research/does-money-buy-happiness-the-link-between-salary-and-employee-satisfaction/.

O'Boyle, E. (2016). "Does culture matter in economic behaviour?", *Social and Education History, 5*(1), 52-82. doi:10.17583/hse.2016. 1796.

Oettingen, G., H. J. Pak y K. Schnetter (2001). "Self-regulation of goal-setting: Turning free fantasies about the future into binding goals", *Journal of Personality and Social Psychology, 80*(5), 736.

Ogden, C. L., M. D. Carroll, C. D. Fryar y K. M. Flegal (2015). "Prevalence of obesity among adults and youth: United States, 2011-2014", *National Center for Health Statistics Data Brief, 219*, 1-8. Recuperado de http://c.ymcdn.com/sites/www.acutept.org/resource/resmgr/Critical_EdgEmail/0216-prevalence-of-obesity.pdf.

Pachucki, M. A., P. F. Jacques y N. A. Christakis (2011). "Social network concordance in food choice among spouses, friends, and siblings", *American Journal of Public Health, 101*(11), 2170-2177.

Penninx, B. W., W. J. Rejeski, J. Pandya, M. E. Miller, M. Di Bari, W. B. Applegate y M. Pahor (2002). "Exercise and depressive symptoms: A comparison of aerobic and resistance exercise effects on emotional and physical function in older persons with high and low depressive symptomatology", *Journals of Gerontology Series B: Psychological Sciences and Social Sciences, 57*(2), P124-P132.

Pilcher, J. J., y A. J. Huffcutt (1996). "Effects of sleep deprivation on performance: A meta-analysis", *Sleep: Journal of Sleep Research y Sleep Medicine, 19*(4), 318-326.

Pink, D. H. (2011). *Drive: The surprising truth about what motivates us.* Nueva York, NY: Penguin.

Plomin, R., e I. J. Deary (2015). "Genetics and intelligence differences: Five special findings", *Molecular Psychiatry, 20*(1), 98-108.

Pury, C. L., y A. D. Hensel (2010). "Are courageous actions successful actions?", *Journal of Positive Psychology, 5*(1), 62-72.

Pury, C. L., y R. M. Kowalski (2007). "Human strengths, courageous actions, and general and personal courage", *The Journal of Positive Psychology, 2*(2), 120-128.

Pury, C. L., y S. J. López (eds.) (2010). *The psychology of courage: Modern research on an ancient virtue.* Washington, D. C.: American Psychological Association.

Pury, C. L., y C. B. Starkey (2010). "Is courage an accolade or a process? A fundamental question for courage research", en C. L. Pury y S. J. López (eds.), *The psychology of courage: Modern research on an ancient virtue* (pp. 67-87). Washington, D. C.: American Psychological Association.

Pury, C. L., R. M. Kowalski y J. Spearman (2007). "Distinctions between general and personal courage", *The Journal of Positive Psychology, 2*(2), 99-114.

Pury, C. L., C. B. Starkey, R. E. Kulik, K. L. Skjerning y E. A. Sullivan (2015). "Is courage always a virtue? Suicide, killing, and bad courage", *The Journal of Positive Psychology, 10*(5), 383-388.

Quoidbach, J., E. W. Dunn, K. V. Petrides y M. Mikolajczak (2010). "Money giveth, money taketh away: The dual effect of wealth on happiness", *Psychological Science, 21*(6), 759-763.

Rachman, S. (1990). *Fear and courage* (2ª ed.). Nueva York, NY: Freeman.

Rachman, S. J. (2010). "Courage: A psychological perspective", en C. L. Pury y S. J. López (eds.), *The psychology of courage: Modern research on an ancient virtue* (pp. 91-107). Washington, D. C.: American Psychological Association.

Rate, C. R., J. A. Clarke, D. R. Lindsay y R. J. Sternberg (2007). "Implicit theories of courage", *Journal of Positive Psychology, 2*(2), 80-98.

Ratey, J. J., y E. Hagerman (2008). *Spark: The revolutionary new science of exercise and the brain.* Nueva York, NY: Little, Brown and Company.

Regan, D. T. (1971). "Effects of a favor and liking on compliance", *Journal of Experimental Social Psychology, 7*(6), 627-639.

Reivich, K., y A. Shatté (2002). *The resilience factor: 7 essential skills for overcoming life's inevitable obstacles.* Nueva York, NY: Broadway Books.

Rethorst, C. D., B. M. Wipfli y D. M. Landers (2009). "The antidepressive effects of exercise", *Sports Medicine, 39*(6), 491-511.

Rice, K. G., y J. S. Ashby (2007). "An efficient method for classifying perfectionists", *Journal of Counseling Psychology, 54,* 72-85. doi:10.1037/0022-0167.54.1.72.

Rice, K. G., C. Bair, J. Castro, B. Cohen y C. Hood (2003). "Meanings of perfectionism: A quantitative and qualitative analysis", *Journal of Cognitive Psychotherapy, 17,* 39-58. doi:10.1521/jscp.2005.24.4. 580.

Roberts, B. W., J. Luo, D. A. Brile, P. I. Chow, R. Su y P. L. Hill (2017). "A systematic review of personality trait change through intervention", *Psychological Bulletin, 143*(2), 117-141.

Roe, A. (1953a). *The making of a scientist.* Nueva York: Dodd, Mead.

—— (1953b). "A psychological study of eminent psychologists and anthropologists, and a comparison with biological and physical scientists", *Psychological Monographs: General and Applied, 67*(2), 1.

Rosenquist, J. N., J. H. Fowler y N. A. Christakis (2011). "Social network determinants of depression", *Molecular Psychiatry, 16*(3), 273-281.

Rosso, B. D., K. H. Dekas y A. Wrzesniewski (2010). "On the meaning of work: A theoretical integration and review", *Research in Organizational Behavior, 30,* 91-127.

Rozin, P., y E. B. Royzman (2001). "Negativity bias, negativity dominance, and contagion", *Personality and Social Psychology Review, 5*(4), 296-320.

Ruff, G., y S. Korchin (1964). "Psychological responses of the Mercury astronauts to stress", en G. Grosser, H. Wechsler, M. Greenblatt (eds.), *The threat of impending disaster* (pp. 46-57). Cambridge, MA: MIT Press.

Rummler, G. A., y A. P. Brache (1995). *Improving performance: How to manage the white space on the organization chart* (2ª ed.). San Francisco, CA: Jossey-Bass.

Rushton, J. P., y A. R. Jensen (2010). "Race and IQ: A theory-based review of the research in Richard Nisbett's Intelligence and How to Get It", *Open Psychology Journal, 3*(1), 9-35.

Ruthsatz, J., D. K. Detterman, W. S. Griscom y B. A. Cirullo (2008). "Becoming an expert in the musical domain: It takes more than just practice", *Intelligence, 36*(4), 330-338.

Ryan, R. M., y E. L. Deci (2000a). "Intrinsic and extrinsic motivations: Classic definitions and new directions", *Contemporary Educational Psychology, 25*(1), 54-67.

——— (2000b). "Self-determination theory and the facilitation of intrinsic motivation, social development, and well-being", *American Psychologist, 55*(1), 68.

Ryff, C. D., y B. Singer (1998). "The contours of positive human health", *Psychological Inquiry, 9*(1), 1-28.

Safire, W. (2004). *Lend me your ears: Great speeches in history.* Nueva York: NY: W. W. Norton y Company.

Samuels, C. (2009). "Sleep, recovery, and performance: the new frontier in highperformance athletics", *Physical Medicine and Rehabilitation Clinics of North America, 20*(1), 149-159.

Savitsky, K., N. Epley y T. Gilovich (2001). "Is it as bad as we fear? Overestimating the extremity of others' judgments", *Journal of Personality and Social Psychology, 81*(1), 44-56.

Schein, Edgar H. (2010). *Organizational culture and leadership* (4ª ed.). San Francisco, CA: Jossey-Bass.

Schimel, J., J. Arndt, K. M. Banko y A. Cook (2004). "Not all selfaffirmations were created equal: The cognitive and social benefits of affirming the intrinsic (vs. extrinsic) self", *Social Cognition, 22*(1: Special Issue), 75-99.

Schirmer, A., K. S. Teh, S. Wang, R. Vijayakumar, A. Ching, D. Nithianantham y A. D. Cheok (2011). "Squeeze me, but don't tease me: Human and mechanical touch enhance visual attention and emotion discrimination", *Social Neuroscience, 6*(3), 219-230.

Schwartz, T., y C. McCarthy (2007). "Manage your energy, not your time", *Harvard Business Review, 85*(10), 63.

Scott, G., L. E. Leritz y M. D. Mumford (2004). "The effectiveness of creativity training: A quantitative review", *Creativity Research Journal, 16*(4), 361-388.

Sedlmeier, P., J. Eberth, M. Schwarz, D. Zimmermann, F. Haarig, S. Jaeger y S. Kunze (2012). "The psychological effects of meditation: A meta-analysis", *Psychological Bulletin, 138*(6), 1139.

Seidman, D. (2011). *How: Why how we do anything means everything.* Hoboken, NJ: John Wiley & Sons.

Seligman, M. E., T. A. Steen, N. Park y C. Peterson (2005). "Positive psychology progress: Empirical validation of interventions", *American Psychologist, 60*(5), 410.

Seligman, M. E. P. (1990). *Learned optimism: The skill to conquer life's obstacles, large and small.* Nueva York, NY: Pocket Books.

—— (2012). *Flourish: A visionary new understanding of happiness and well-being.* Nueva York, NY: Simon and Schuster.

Senécal, C., R. Koestner y R. J. Vallerand (1995). "Self-regulation and academic procrastination", *Journal of Social Psychology, 135*(5), 607-619.

Seppala, E., y K. Cameron (1° de diciembre de 2015). "Proof that positive work cultures are more productive", *Harvard Business Review.* Recuperado de https://hbr.org/2015/12/proof-that-positive-work-cultures-are-more-productive.

Sgroi, D. (2015). *Happiness and productivity: Understanding the happy-productive worker.* (SMF-CAGE Global Perspectives Series Paper 4.) Recuperado del sitio web de la Social Market Foundation: http://bit.ly/2ndmvFA.

Shadyab, A. H., C. A. Macera, R. A. Shaffer, S. Jain, L. C. Gallo, M. J. LaMonte y T. M. Manini (2017). "Associations of accelerometer-measured and self-reported sedentary time with leukocyte telomere length in older women", *American Journal of Epidemiology, 185*(3), 172-184.

Sheldon, K. M., P. E. Jose, T. B. Kashdan y A. Jarden (2015). "Personality, effective goal-striving, and enhanced well-being: Comparing 10 candidate personality strengths", *Personality and Social Psychology Bulletin.* doi:10.1177/0146167215573211.

Shoji, K., R. Cieslak, E. Smoktunowicz, A. Rogala, C. C. Benight y A. Luszczynska (2016). "Associations between job burnout and self-efficacy: a metaanalysis", *Anxiety, Stress, y Coping: An International Journal, 29*(4), 367-386.

Sibley, B. A., y J. L. Etnier (2003). "The relationship between physical activity and cognition in children: A meta-analysis", *Pediatric Exercise Science, 15*(3), 243-256.

Simonton, D. K. (1988). "Creativity, leadership, and chance", en R. J. Sternberg (ed.), *The nature of creativity: Contemporary psychological perspectives* (pp. 386-426). Nueva York, NY: Cambridge University Press.

Sparling, P. B., A. Giuffrida, D. Piomelli, L. Rosskopf y A. Dietrich (2003). "Exercise activates the endocannabinoid system", *Neuroreport, 14*(17), 2209-2211.

Spelke, Elizabeth S. (2005). "Sex differences in intrinsic aptitude for mathematics and science? A critical review", *American Psychologist, 60*(9), 950-958.

Stajkovic, A. D., y F. Luthans (1998). "Self-efficacy and work-related performance: A meta-analysis", *Psychological Bulletin, 124*(2), 240-261.

Stavrou, N. A., S. A. Jackson, Y. Zervos, K. Karterolliotis (2007). "Flow experience and athletes' performance with reference to the orthogonal model of flow", *Sport Psychologist, 21*, 438-457.

Staw, B. M., y S. G. Barsade (1993). "Affect and managerial performance: A test of the sadder-but-wiser vs. happier-and-smarter hypothesis", *Administrative Science Quarterly, 38*(2), 304-331.

Steger, M. F., P. Frazier, S. Oishi y M. Kaler (2006). "The meaning in life questionnaire: Assessing the presence of and search for meaning in life", *Journal of Counseling Psychology, 53*(1), 80.

Sternberg, R. J. (1999). *Handbook of creativity.* Cambridge, RU: Cambridge University Press.

Sternberg, R. J., y P. A. Frensch (1992). "On being an expert: A cost-benefit analysis", en R. R. Hoffman (ed.), *The psychology of expertise: Cognitive research and empirical AI* (pp. 191-203). Nueva York, NY: Springer.

Sternberg, R. J., y E. L. Grigorenko (2003). *The psychology of abilities, competencies, and expertise.* Cambridge, RU: Cambridge University Press.

Stevenson, B., y J. Wolfers (2013). "Subjective well-being and income: Is there any evidence of satiation?", *American Economic Review, 103*(3), 598-604.

Stillman, T. F., R. F. Baumeister, N. M. Lambert, A. W. Crescioni, C. N. DeWall y F. D. Fincham (2009). "Alone and without purpose: Life loses meaning following social exclusion", *Journal of Experimental Social Psychology, 45*(4), 686-694.

Strauss, J., y D. Thomas (1998). "Health, nutrition, and economic de-velopment", *Journal of Economic Literature, 36*(2), 766-817.

Sulsky, L. M. (1999). "Commitment in the workplace: Theory, research, and application" [Reseña del libro *Commitment in the workplace: Theory, research, and application*, de J. P. Meyer y N. J. Allen], *Canadian Psychology, 40*(4), 383-385.

Sun, J., S. B. Kaufman y L. D. Smillie (2017). "Unique associations between big five personality aspects and multiple dimensions of well-being", *Journal of Personality.* doi:10.1111/jopy.12301.

Sy, T., S. Cote y R. Saavedra (2005). "The contagious leader: Impact of the leader's mood on the mood of group members, group affective tone, and group process", *Journal of Applied Psychology, 90*(2), 295-305.

Tafet, G. E., V. P. Idoyaga-Vargas, D. P. Abulafia, J. M. Calandria, S. Roffman, A. Chiovetta y M. Shinitzky (2001). "Correlation between cortisol level and serotonin uptake in patients with chronic stress and depression", *Cognitive, Affective, y Behavioral Neuroscience, 1*(4), 388-393.

Tangney, J. P., R. F. Baumeister y A. L. Boone (2004). "High self-control predicts good adjustment, less pathology, better grades, and inter-personal success", *Journal of Personality, 72*(2), 271-324.

Tedeschi, R. G., y L. G. Calhoun (2004). "Posttraumatic growth: Conceptual foundations and empirical evidence", *Psychological Inquiry, 15*(1), 1-18.

Teixeira, P. J., E. V. Carraça, M. M. Marques, H. Rutter, J. M. Oppert, I. De Bourdeaudhuij y J. Brug (2015). "Successful behavior change in obesity interventions in adults: A systematic review of self-regu-lation mediators", *BMC Medicine, 13*(1), 84.

Tenenbaum, G., R. Yuval, G. Elbaz, M. Bar-Eli y R. Weinberg (1993). "The relationship between cognitive characteristics and decision making", *Canadian Journal of Applied Physiology, 18*(1), 48-62.

Tetlock, P. E. (1992). "The impact of accountability on judgment and choice: Toward a social contingency model", *Advances in Experimental Social Psychology, 25*, 331-376.

Thomas, D., y E. Frankenberg (2002). "Health, nutrition and prosperity: A microeconomic perspective", *Bulletin of the World Health Organization, 80*(2), 106-113.

Thompson, C. A., y D. J. Prottas (2006). "Relationships among organizational family support, job autonomy, perceived control, and employee well-being", *Journal of Occupational Health Psychology*, 11(1), 100.

Tognatta, N., A. Valerio y M. L. Sanchez Puerta (2016). *Do cognitive and noncognitive skills explain the gender wage gap in middle-income countries? An analysis using STEP data.* (World Bank Policy Research Working Paper No. 7878.) Recuperado del sitio web de SSRN: http://bit.ly/2nehVaf.

Tomporowski, P. D. (2003). "Effects of acute bouts of exercise on cognition", *Acta Psychologica*, 112(3), 297-324.

Torrance, E. P. (1983). "The importance of falling in love with 'something' ", *Creative Child y Adult Quarterly*, 8(2), 72-78.

Tracy, J. L., J. T. Cheng, R. W. Robins y K. H. Trzesniewski (2009). "Authentic and hubristic pride: The affective core of self-esteem and narcissism", *Self and Identity*, 8(2-3), 196-213.

Treffert, D. A. (2010). *Islands of genius: The bountiful mind of the autistic, acquired and sudden savant.* Londres, RU: Jessica Kingsley.

Treffert, D. A. (2014). "Accidental genius", *Scientific American*, 311(2), 52-57.

Trougakos, J. P., e I. Hideg (2009). "Momentary work recovery: The role of within-day work breaks", en P. Perrewé, D. Ganster y S. Sonnentag (eds.), *Research in occupational stress and wellbeing* (vol. 7, pp. 37-84). West Yorkshire, RU: Emerald Group.

Trougakos, J. P., D. J. Beal, S. G. Green y H. M. Weiss (2008). "Making the break count: An episodic examination of recovery activities, emotional experiences, and positive affective displays", *Academy of Management Journal*, 51(1), 131-146.

Trougakos, J. P., I. Hideg, B. H. Cheng y D. J. Beal (2014). "Lunch breaks unpacked: The role of autonomy as a moderator of recovery during lunch", *Academy of Management Journal*, 57(2), 405-421.

US Department of Labor (25 de febrero de 2016). "Volunteering in the United States: 2015" [comunicado de prensa]. Recuperado de https://www.bls.gov/news.release/volun.nr0.htm.

Vaeyens, R., M. Lenoir, A. M. Williams y R. M. Philippaerts (2008). "Talent identification and development programmes in sport", *Sports Medicine*, 38(9), 703-714.

Valentine, E. R., y P. L. Sweet (1999). "Meditation and attention: A comparison of the effects of concentrative and mindfulness meditation on sustained attention", *Mental Health, Religion y Culture*, 2(1), 59-70.

Wan, C. Y., y G. F. Huon (2005). "Performance degradation under pressure in music: An examination of attentional processes", *Psychology of Music*, 33(2), 155-172.

Wand, B. (1956). "Hume's account of obligation", *The Philosophical Quarterly (1950-)*, 6(23), 155-168.

Wang, G. J., N. D. Volkow, J. Logan, N. R. Pappas, C. T. Wong, W. Zhu y J. S. Fowler (2001). "Brain dopamine and obesity", *The Lancet*, 357(9253), 354-357.

Weaver, K., S. M. Garcia, N. Schwarz y D. T. Miller (2007). "Inferring the popularity of an opinion from its familiarity: A repetitive voice can sound like a chorus", *Journal of Personality and Social Psychology*, 92(5), 821.

Weldon, E., y L. R. Weingart (1993). "Group goals and group performance", *British Journal of Social Psychology*, 32(4), 307-334.

Weldon, E., K. A. Jehn y P. Pradhan (1991). "Processes that mediate the relationship between a group goal and improved group performance", *Journal of Personality and Social Psychology*, 61(4), 555.

Whittaker, S., T. Matthews, J. Cerruti, H. Badenes y J. Tang (mayo de 2011). "Am I wasting my time organizing email? A study of email refinding", en *Proceedings of the Conference on Human Factors in Computing Systems* (pp. 276-283). Recuperado de http://bit.ly/2n kpdGq.

Wigfield, A., y J. Eccles (2002). "The development of competence beliefs, expectancies for success, and achievement values from childhood through adolescence", en A. Wigfield y J. Eccles (eds.), *Development of achievement motivation* (pp. 91-120). San Diego, CA: Academic Press.

Wood, R., y E. Locke (1990). "Goal setting and strategy effects on complex tasks", en B. Staw y L. Cummings (eds.), *Research in organizational behavior* (vol. 12, pp. 73-109). Greenwich, CT: JAI Press.

Woodard, R. W., y C. L. S. Pury (2013). "The construct of courage: Categorization management", *Consulting Psychology Journal: Practice and Research*, 59(2), 135-147.

Wright, J. C., T. Nadelhoffer, T. Perini, A. Langville, M. Echols y K. Venezia (2017). "The psychological significance of humility", *The Journal of Positive Psychology, 12*(1), 3-12.

Wright, T. A., y R. Cropanzano (2000). "Psychological well-being and job satisfaction as predictors of job performance", *Journal of Occupational Health Psychology, 5*(1), 84.

Wrzesniewski, A. (2003). "Finding positive meaning in work", en K. S. Cameron, J. E. Dutton y R. E. Quinn (eds.), *Positive organizational scholarship: Foundations of a new discipline* (pp. 296-308). San Francisco, CA: Berrett-Koehler.

Young, W. T. (1971). "The role of musical aptitude, intelligence, and academic achievement in predicting the musical attainment of elementary instrumental music students", *Journal of Research in Music Education, 19*(4), 385-398.

Yousef, D. A. (1998). "Satisfaction with job security as a predictor of organizational commitment and job performance in a multicultural environment", *International Journal of Manpower, 19*(3), 184-194.

Yu, R. (2014). "Choking under pressure: The neuropsychological mechanisms of incentive-induced performance decrements", *Frontiers in Behavioral Neuroscience, 9*, 19-19.

*Hábitos de alto impacto* de Brendon Burchard
se terminó de imprimir en octubre de 2021
en los talleres de
Litográfica Ingramex, S.A. de C.V.
Centeno 162-1, Col. Granjas Esmeralda, C.P. 09810
Ciudad de México.